Modélisation des Facteurs de Succès
Tome III

Leadership Conscient et Résilience

Orchestrer l'Innovation et l'Aptitude pour le Futur

de
Robert B. Dilts

Conception et illustrations par
Antonio Meza

Édité par :

Dilts Strategy Group
P. O. Box 67448
Scotts Valley CA 95067
USA
Téléphone : (831) 438-8314
E-Mail: info@diltstrategygroup.com
Adresse du site : http://www.diltstrategygroup.com

Numéro de contrôle de la Library of Congress : 2016908590

I.S.B.N. 978-1-947629-45-5

Modélisation des Facteurs de Succès
Tome III

Leadership Conscient et Résilience

Orchestrer l'Innovation et l'Aptitude pour le Futur

de
Robert B. Dilts

Conception et illustrations
Antonio Meza

Titre original :
« Conscious Leadership and Resilience, orchestrating innovation and fitness for the future »
Traduit de l'anglais (USA) par Anne-Brigitte Lubrez

Table des Matières

Table des Matières

Table des Matières

Table des Matières

Dédicaces

Cet ouvrage est dédié à mes professeurs et mentors :

Gregory Bateson et *Milton Erickson*

qui par l'exemple de leur vie ont fait preuve de conscience et d'engagement au service d'un but supérieur, qualités nécessaires au leadership conscient et à la résilience.

Robert Dilts

Avec toute ma gratitude je dédie ce livre à mes parents :

Antonio Meza et *Amparo Andrade*

les meilleurs exemples de leadership conscient et de résilience dont j'ai pu rêver.

Antonio Meza

Nous souhaitons également dédier ce volumen en français à :

Isabelle Meiss

Isabelle nous a quittés au printemps 2020. Elle a activement contribué à la traduction des trois volumes de la série Modélisation des Facteurs de Succès. La passion d'Isabelle en tant que consultante, coach, facilitatrice et auteur était d'«aider à construire des ponts en promouvant l'expression du meilleur de chacun dans des contextes de changement et de transformation». Nous sommes fiers d'avoir été ses collègues, collaborateurs et amis. Isabelle avait à coeur de faire une difference postive dans les vies de ceux qui l'entouraient. Elle nous manque.

Anne-Brigitte Lubrez, Antonio Meza, Robert Dilts

Remerciements

Comme avec les deux premiers tomes de la série de la *Modélisation des Facteurs de Succès*, j'adresse une reconnaissance particulière à Antonio Meza pour son travail de conception de la mise en page de cet ouvrage et pour ses illustrations créatives et éclairantes. Antonio s'est aussi avéré être un conseiller et un partenaire précieux de bien d'autres façons dans la publication de ce livre.

Bien sûr, ce livre existe en grande partie grâce à la contribution majeure des personnes, groupes et organisations qui figurent dans les exemples de Cas de Facteurs de Succès et dans ceux illustrant les principes clefs et les facteurs de réussite. Je souhaite remercier et honorer Elon Musk (SpaceX, Tesla, SolarCity), Steve Jobs (Apple, NeXt, Pixar), Richard Branson (Groupe Virgin), Barak Obama (44e président américain), Phil Jackson (Chicago Bulls, LA Lakers), Chesley Sullenberger (US Airways), Jeff Bezos (Amazon.com), Anita Roddick (The Body Shop), Muhammed Yunus (Grameen bank), Howard Schultz (Starbucks), John Yokoyama (Poissonnerie Pike Place Market), William McKnight (3M) et Walt Disney (Walt Disney Productions).

J'aimerais remercier en particulier Tom Chi (GoogleX), Dr. Lim suet Wun (Hôpital de Tan Tock Seng, Singapour), Charles Matthews (Rolls Royce Motors), David Guo (Laboratoires Display Research), Jan E. Smith (Disney Store, Disney Interactive), Vahé Torossian (Microsoft) et Steig Westerberg (Stream Theory) pour leur participation aux entretiens individuels et interactions ainsi que pour avoir généreusement partagé avec moi leurs expériences et connaissances.

Toutes ces personnes sont de remarquables exemples d'entrepreneuriat nouvelle génération, de leadership conscient et de résilience.

L'expérience, les réflexions et les conseils d'autres dirigeants et entrepreneurs, trop nombreux pour être cités ici, sont transmises tout au long de ce livre sous forme de citations. Je suis profondément reconnaissant de leur inspiration et sagesse.

Je tiens également à exprimer ma gratitude et ma reconnaissance à nombre de mes confrères, leur collaboration a donné lieu à d'importantes contributions citées dans ce tome et les tomes précédents : Miklos (Mickey) Fehrer qui a travaillé avec moi sur la Carte de l'État d'Esprit SFM (SFM Mindset Maps); Mitchell et Olga Stevko qui ont co-fondé avec moi les groupes de Mastermind du Génie de la Réussite et des Leaders Conscients (the Successful Genius and Conscious Leadership Mastermind); Stephen Gilligan pour nos développements sur les principes et les pratiques du Changement Génératif; et Ian McDermott pour notre travail sur la Fraternité Choisie (Intentional Fellowship).

Je tiens aussi à remercier sincèrement Glenn Bacon, Michael Dilts et Benoit Sarazin pour leur temps et les efforts consacrés à la relecture du premier jet de ce livre, et à leur feedback et suggestions. Un grand merci également à Amanda Frost pour la relecture finale, en tant que professionnelle, de ce livre et des deux premiers volumes.

Enfin, j'ai une profonde reconnaissance pour mon frère John Dilts, dont la fascination pour la négociation gagnant-gagnant et le meta leadership, ainsi que son amour de la collaboration générative et sa passion à créer un monde d'entrepreneurs visionnaires sont à l'origine et demeurent le fondement de l'esprit de la Modélisation des Facteurs de Succès.

— Robert Dilts

Préface

Cette série de trois tomes sur la *Modélisation Facteurs de Succès*™ (SFM™) est la réalisation d'un rêve commencé en 1999 lorsque mon défunt frère cadet John Dilts (présenté au chapitre 4 du *Tome II SFM*, p. 236 à 246) et moi fondons le *Dilts Strategy Group* et commençons à explorer le processus de Modélisation des Facteurs de Succès (SFM™).

Nous avons cherché à répondre aux questions suivantes : « Quelle est la différence qui fait la différence entre les entrepreneurs, équipes, dirigeants et organisations qui réussissent et ceux qui sont moyennement voire sous-performants ? » et « Quels sont les facteurs de réussite essentiels pour démarrer ou développer une activité prospère et durable ? »

Nombre de nos découvertes sont décrites dans les deux premiers tomes de cette série, *Entrepreneurs Nouvelle Génération : Vivez vos Rêves et Créez un Monde Meilleur par votre Entreprise*, et *Collaboration Générative : Libérez la Puissance Créative de l'Intelligence Collective*. Cela implique de définir vos passion, vision, mission, ambition et rôle, et construire un « Cercle de Succès » en travaillant de façon novatrice et collective avec d'autres. Le *Tome I SFM*, par exemple, cerne l'esprit et l'euphorie (ainsi que l'engagement et le savoir-faire) liés au lancement d'une entreprise basée sur une passion et une vision. Le *Tome II SFM* étudie le processus que John et moi avons appelé « collaboration générative ». Il présente comment créer les conditions dans lesquelles les personnes peuvent travailler de façon créative et productive avec d'autres pour réaliser leurs rêves et visions.

Ce livre, le *Tome III SFM*, traite du *leadership conscient et de la résilience*. Cela concerne les capacités à inspirer aux autres des actions porteuses de sens, et à faire face aux défis et à surmonter l'adversité. Le sous-titre, *L'Orchestration de l'Innovation et l'Aptitude pour le Futur*, souligne l'importance de la créativité et de la durabilité comme facteurs de réussite majeurs pour créer une entreprise prospère et durable qui contribue positivement à la vie des autres. Ce livre vous aidera à suivre et à gérer l'interaction dynamique se jouant entre leadership, conscience, résilience, innovation, contribution et réussite durable.

Un autre thème de ce livre, et en fait toute l'approche de la Modélisation des Facteurs de Succès, est la relation étroite entre développement personnel et développement professionnel. Une découverte fondamentale et un préalable essentiel à la Modélisation des Facteurs de Succès est que, pour développer notre carrière professionnelle ou notre entreprise, nous devons aussi nous développer et évoluer personnellement. Pour contribuer davantage, nous devons davantage nous développer.

Pour l'exprimer d'une autre façon, il est nécessaire que nous transformions et fassions évoluer notablement notre état d'esprit pour passer à l'étape supérieure dans nos professions, nos entreprises ou nos vies. Cet état d'esprit qui nous a amenés là où nous sommes aujourd'hui ne nous conduira pas à l'étape suivante. Les pages qui suivent vous proposeront plusieurs ressources pour évaluer et renforcer votre état d'esprit ainsi que des feuilles de route et des outils pour surmonter l'adversité, « orchestrer l'innovation » , vous capaciter ainsi que les autres, passer de la vision à la réalisation et influencer positivement les autres à l'action par la persuasion raisonnée.

Lorsque John et moi avons commencé à partager notre travail avec SFM, plutôt que juste quelque chose de l'ordre des connaissances pour réussir en affaires, nous pensions qu'il s'agissait d'un mouvement qui contribuerait à enrichir la vie des gens et construire un monde meilleur. Cela fait maintenant bientôt vingt ans que j'applique les principes, savoir-faire et modèles identifiés par l'approche de la Modélisation des Facteurs de Succès. En plus de mes propres entreprises, j'ai (ainsi que beaucoup d'autres) utilisé les outils SFM pour accompagner toute une variété d'entreprises et d'organisations, allant des jeunes start-ups aux grandes multinationales avec une longue histoire. Il a été gratifiant de voir ce mouvement prendre de plus en plus d'ampleur.

J'espère que vous trouverez ce monde de la Modélisation des Facteurs de Succès et du leadership conscient aussi enthousiasmant et gratifiant à explorer que John et moi. Puisse-t-il vous apporter la réussite et la satisfaction d'orchestrer l'innovation et de développer votre aptitude pour le futur.

Robert Dilts
juin 2017
Santa Cruz, Californie

01
Leadership,Conscience et Aptitude pour le Futur

Le leadership signifie amener les gens à poursuivre ensemble une cause commune, à élaborer un plan pour y parvenir et s'y tenir jusqu'à atteindre l'objectif... Le leadership demande également la capacité à réagir à des problèmes et opportunités imprévus lorsqu'ils se présentent. [En tant que leader vous devez] être capable de définir clairement une vision de ce que vous voulez atteindre, de mettre au point une stratégie réaliste pour y arriver et d'attirer des personnes talentueuses et engagées dotées d'une grande variété de connaissances, de perspectives et de compétences pour faire ce qu'il y a à faire. Je crois que, dans le monde moderne, des résultats positifs et durables sont plus susceptibles de se produire lorsque les dirigeants pratiquent l'inclusion et la coopération plutôt que l'unilatéralisme autoritaire. Même ceux qui montrent la voie n'ont pas toutes les réponses.

Bill Clinton

ANTONIO MEZA

Présentation de la Modélisation des Facteurs de Succès (SFM™)

Leadership Conscient et Résilience est le troisième tome de cette série de livres sur la Modélisation des Facteurs de Succès™. La *Modélisation des Facteurs de Succès* est une méthodologie que j'ai initialement développée avec mon frère regretté John Dilts (voir SFM Tome II, p. 236 à 246) pour identifier, comprendre et mettre en œuvre les facteurs de succès déterminants qui pilotent et soutiennent des individus, groupes et organisations exceptionnels. SFM™ se fonde sur un ensemble de principes et particularités exceptionnellement adaptés pour analyser et distinguer les schémas fondamentaux des *pratiques des affaires* et des *compétences comportementales* mises en œuvre par des individus, équipes et entreprises efficaces pour atteindre les résultats qu'ils souhaitent.

La méthodologie SFM™ s'utilise pour discerner les caractéristiques et capacités clés communes aux entrepreneurs, équipes et entreprises exceptionnelles, puis définir des modèles, outils et savoir-faire précis que d'autres pourront utiliser pour augmenter notablement leurs chances de produire un impact et atteindre la réussite.

L'objectif de la méthodologie de la Modélisation des Facteurs de Succès est de créer une *carte pragmatique* – étayée par différents exercices, grilles et outils permettant aux gens d'appliquer les facteurs modélisés pour atteindre des résultats clés dans le contexte de leur choix. Pour ce faire, SFM™ utilise le modèle de base suivant :

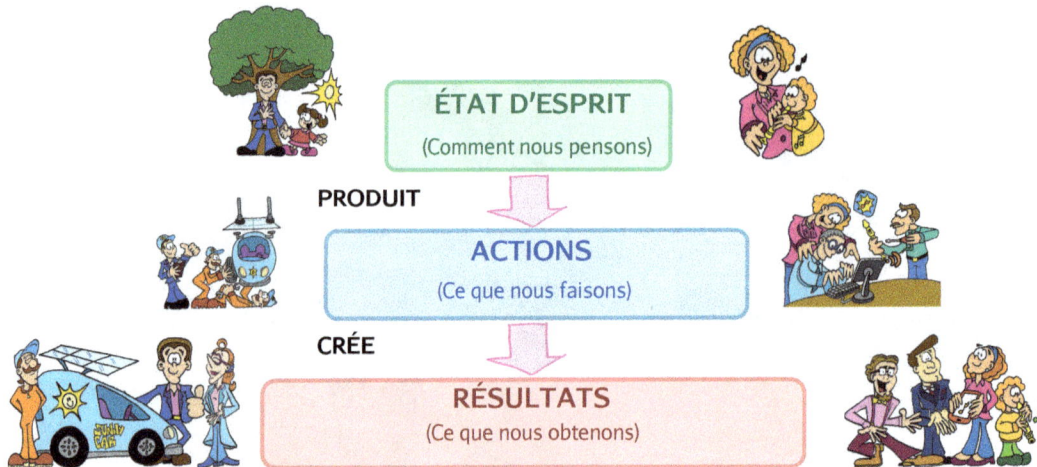

La Matrice de Base de la Modélisation des Facteurs de Succès

Notre état d'esprit – constitué de notre état interne, notre attitude et nos processus de pensée – produit des *actions* comportementales externes. C'est notre état d'esprit qui détermine ce que nous faisons et les actions que nous mettons en œuvre dans un contexte donné. Ces actions, à leur tour, créent des *résultats* dans le monde qui nous entoure. Un présupposé fondamental de la Modélisation des Facteurs de Succès est que pour atteindre les résultats souhaités dans notre environnement, il faut être dans un état d'esprit permettant de générer les actions nécessaires et appropriées.

Dans le premier tome de la série, *Entrepreneurs Nouvelle Génération : Vivez vos Rêves et Créez un Monde Meilleur par Votre Activité*, j'ai appliqué la méthodologie de la Modélisation des Facteurs de Succès pour poser certaines des compétences et étapes nécessaires à la création d'un « Cercle de Succès » et construire une entreprise rentable alignée sur la finalité de votre existence. Le Tome II, *Collaboration Générative : Libérer la Puissance Créative de l'Intelligence Collective* a exploré l'attitude et les pratiques dont les personnes ont besoin, en facilitation ou en travail d'équipe, pour augmenter leur capacité à travailler ensemble avec efficacité et créativité.

Appliquer la Modélisation des Facteurs de Succès au Leadership et à la Résilience

Ce livre a pour objet le leadership, l'innovation et la résilience. Il s'agit de trois des capacités les plus indispensables pour atteindre une réussite robuste et durable dans tout projet ou entreprise. La *résilience* est la capacité des individus, des équipes et des organisations à *tenir* ou *se rétablir rapidement dans des conditions difficiles* et à maintenir un état d'équilibre dans la réussite comme dans l'adversité. Lorsque les gens sont mis au défi, ils peuvent parfois se montrer à la hauteur. Mais si le défi semble trop important, ils peuvent « disjoncter ».

C'est là que les compétences de leadership s'avèrent une ressource essentielle. Il s'agit de veiller à ce que les personnes (y compris vous-même) soient prêtes à faire de leur mieux, à relever les défis, à surmonter les obstacles et à atteindre des objectifs déterminants. Le *leadership* se décrit généralement comme l'aptitude à «diriger les opérations, l'activité ou l'exécution de » (comme dans la «conduite » d'un orchestre), et « à mener à une certaine conclusion ou condition » (ex., « guider » pour atteindre un objectif).

En fait, « leading » et « leadership » viennent de *lithan*, mot du vieil anglais qui signifie « partir » ou «voyager » (par opposition à avoir du pouvoir ou contrôler). *Lædan* en vieil anglais signifie littéralement « amener à partir » . Selon le Dictionnaire Merriam-Webster, leadership signifie « guider sur une voie, notamment en marchant devant ». Ainsi, le leadership consiste souvent à « y aller le premier », puis à influencer les autres autant par ses propres actions que ses paroles.

De toute évidence, il est étroitement lié au fait de motiver et d'influencer les autres à agir. Dans les entreprises et les organisations, le « leadership » se distingue souvent du « management ». Le *management* se définit généralement comme « obtenir que des choses soient faites par d'autres ». En revanche, le leadership se définit comme « amener les autres à faire des choses ». Le management est d'ordinaire associé à l'amélioration de la productivité, à l'instauration de l'ordre et la stabilité, et à une exécution efficace et sans heurt. Le « leadership » s'impose pour continuer à progresser en période d'incertitude, de turbulence, de transformation sociale et de changement.

Modélisation des Facteurs de Succès™ étudie la question « quelle est la différence qui fait la différence ? » pour trouver les facteurs de réussite qui différencient les performances médiocres, moyennes et remarquables.

Le leadership, l'innovation et la résilience sont essentiels pour réussir dans toute entreprise.

Le leadership s'impose pour continuer à progresser, en particulier en période de changement et d'incertitude.

L'innovation est essentielle pour s'adapter en continu à des conditions changeantes et créer de nouvelles possibilités.

La résilience est indispensable pour tenir ou se rétablir rapidement dans des conditions difficiles et maintenir un état d'équilibre.

Compétences de Base du Leadership

Pour « aller » où que ce soit, nous avons besoin de deux choses : (1) une *direction* et (2) de l'*énergie*. Sans direction, nous errons sans but. Sans énergie, nous sommes immobilisés dans l'inertie ou la paralysie. Pour aller quelque part plus facilement, il est également aidant d'avoir un *véhicule* qui nous transporte et, si possible, un *chemin* à suivre. Dans le cas de l'entrepreneuriat, le véhicule est l'entreprise. Le chemin est le plan, la stratégie ou le « storyboard » (en français scénarimage). Dans de nombreux cas, il est nécessaire de continuer à créer le véhicule et découvrir le chemin après le début du voyage.

Le leadership consiste à aider les gens à aller quelque part (généralement vers du neuf) en donnant une direction et de l'énergie ; c.-à-d., exprimer une vision et motiver les gens.

C'est pourquoi l'essence du leadership est de *donner une direction* et *de dynamiser, apporter de l'énergie* ; c.-à-d., exprimer une vision et motiver les gens. Comme nous l'avons vu dans les précédents tomes de cette série, les visions du futur guident et orientent nos vies et notre travail, fournissant l'inspiration et l'impulsion pour la croissance et le changement. Les visions qui arrivent à être partagées par un certain nombre de personnes constituent le socle d'un travail d'équipe efficace et les bases de nos entreprises ; les visions qui arrivent à être partagées par des multitudes constituent la base de l'organisation, de la communauté, de la culture et, en fin de compte, du progrès de la civilisation.

Le leadership, comme l'entrepreneuriat, a été une de mes passions pendant de nombreuses années. Depuis les années 1980, j'ai eu l'occasion d'observer et de m'entretenir avec des leaders efficaces et des dirigeants du monde entier. Dans mon livre *Visionary Leadership Skills* (1996), j'ai souligné que, dans son sens le plus large, le leadership peut être vu comme la capacité à *impliquer les autres* dans le processus de *réalisation d'un objectif* au sein d'un *système* ou d'un environnement plus vaste. En d'autres mots, un leader est un exemple et influence les collaborateurs vers la réalisation d'un objectif dans le cadre d'un système plus vaste. Vu sous cet angle, le *leadership* peut être résumé comme la capacité à :

Dans son sens le plus large, le leadership est la capacité à impliquer d'autres personnes dans le processus de réalisation d'un objectif au sein d'un système plus vaste.

1. Exprimer une *vision*
2. *Influencer les autres* pour obtenir des résultats
3. Encourager *la coopération en équipe*
4. Être *un exemple*

Nous pouvons présenter le rapport entre ces capacités par le schéma en page suivante.

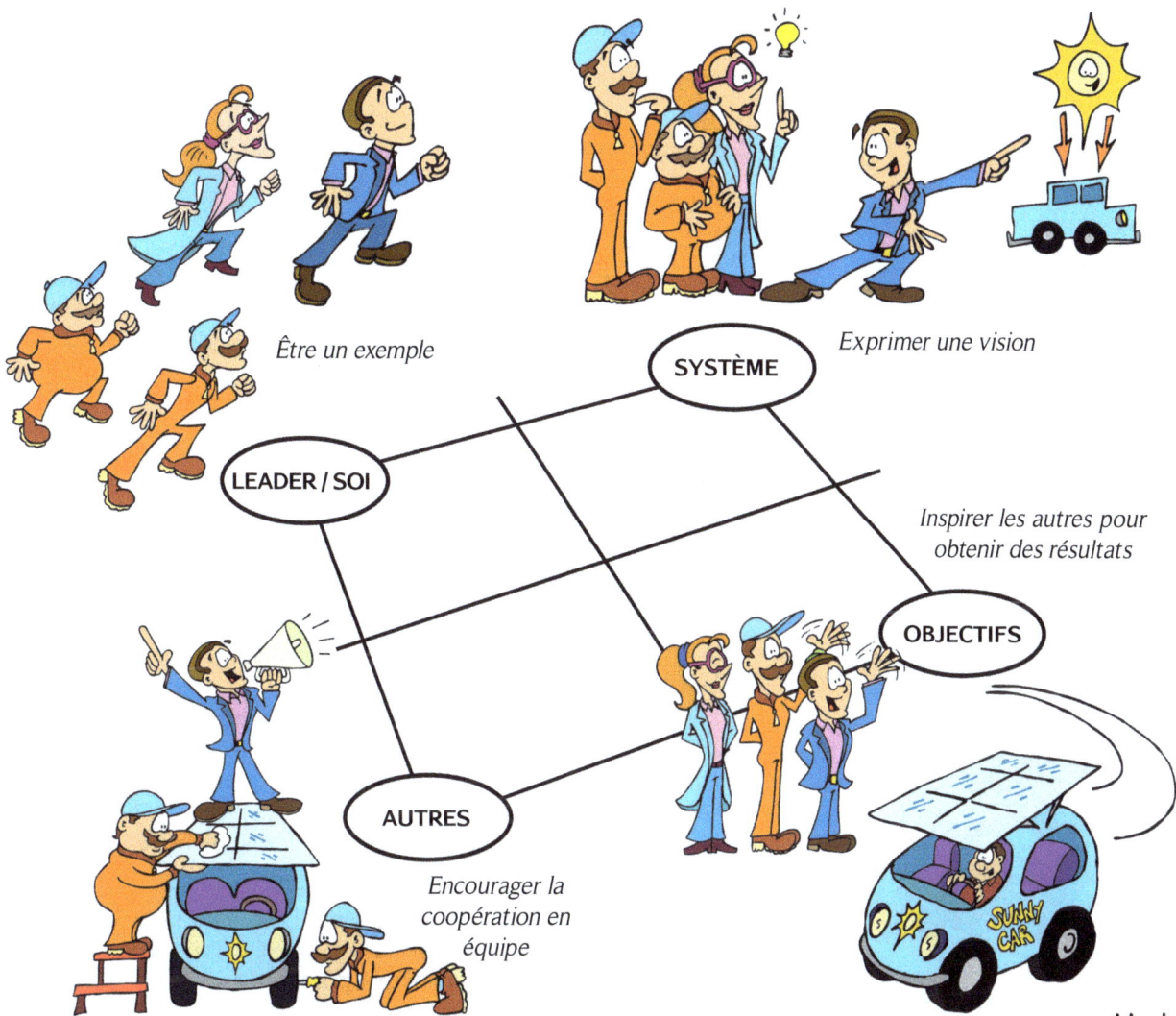

Être un exemple

Exprimer une vision

SYSTÈME

LEADER / SOI

Inspirer les autres pour obtenir des résultats

OBJECTIFS

AUTRES

Encourager la coopération en équipe

ANTONIO MEZA

Un leader donne une direction, agit avec exemplarité et entraine les autres dans la réalisation d'objectifs au sein d'un système.

L'une des compétences de base du leadership est la capacité à exprimer une vision.

Une autre des compétences majeures du leadership est l'aptitude à encourager la coopération et la « collaboration générative » de l'équipe.

Dans les précédents tomes de cette série, j'ai abordé certains principes et méthodes clés pour commencer à mettre en pratique chacune de ces capacités :

1. Composer et exprimer une vision afin de créer le futur et établir nos entreprises (voir *SFM Tome I*, p. 193-213).

2. Nous connaître et préciser nos propres missions, ambitions et motivations afin d'être un exemple inspirant (voir *SFM Tome I*, pp. 172-188 et 213-235).

3. Encourager la coopération en équipe avec les catalyseurs de collaboration et créer les conditions de l'intelligence collective (voir *SFM Tome II*, p. 116-127).

4. Motiver et encourager les autres à se joindre à nous en créant des collaborations gagnant-gagnant et en les associant à la réussite de nos entreprises (voir *SFM Tome II*, p. 168-175).

Chacune de ces capacités est d'égale importance pour surmonter l'adversité et augmenter le degré d'innovation et de résilience de nos entreprises. Dans ce tome, je présenterai des exercices et des pratiques pour renforcer et développer chacune de ces capacités afin que vous puissiez apprendre à maximiser le potentiel d'innovation et de résilience de votre entreprise, en particulier en période de défi et de changement.

Relever les Défis du Changement

On dit que les choses changent constamment, mais ne *progressent* pas toujours. En période d'adversité, de nombreux défis se présenteront : répondre à la peur de l'inconnu et de l'inhabituel, faire face aux pertes, avec un sentiment général de vulnérabilité. Ils peuvent nous plonger dans d'inutiles stratégies de survie – attaque, fuite ou paralysie – et entraîner une forme de régression, d'inertie, d'ambivalence, de confusion ou de conflit.

Pour progresser à travers le changement, il est important de cultiver des qualités comme l'attention, la flexibilité et la stabilité, l'équilibre, la connexion à nos ressources et la capacité à « lâcher-prise ». Il est aisé de resté équilibré lorsque la vie se déroule sans heurt, mais pour maintenir un équilibre en période de turbulences, il faut avoir développé ces qualités jusqu'à les inscrire « dans le muscle ». Se préparer au changement exige de la pratique.

Dans ce livre vous découvrirez des feuilles de route et des pratiques, et vous développerez des ressources et outils destinés à gérer efficacement les différentes étapes de l'adversité et du changement profond.

Résilience et Aptitude pour le Futur

L'aptitude d'un système se réfère à son état général de santé et à sa capacité à réagir à son environnement. Elle est en lien direct avec la longévité. En fait, *l'aptitude pour le futur* (voir *Organizations in Action*, J. Thompson, 1968) est considérée comme l'un des critères les plus importants pour la réussite à long terme et la survie de tout système ou entreprise - beaucoup plus significative que sa réussite passée. C'est particulièrement vrai dans un environnement dynamique et changeant où ce qui a fonctionné dans le passé peut s'avérer obsolète.

En systémique, cette « aptitude » est en lien avec la *Loi de la Variété Requise*, du théoricien des systèmes Ross Ashby qui indique *qu'un système doit être suffisamment varié pour s'adapter de façon efficace aux changements qui surviennent dans le monde qui l'entoure*. De ce point de vue, un système devient plus « apte » en élargissant son éventail de choix et de ressources. On y parvient généralement en augmentant la diversité des comportements, des mécanismes de rétroaction et des stratégies d'adaptation mis à disposition du système. Ainsi, l'innovation est une condition essentielle à l'aptitude pour le futur.

L'aptitude tant physique que mentale, par exemple, suppose de développer la souplesse et l'endurance. Celles-ci s'acquièrent plus par un exercice constant et des pratiques que par des techniques ou interventions ponctuelles. Ainsi, l'aptitude a plus trait aux schémas comportementaux constants ou au « style de vie » de l'individu ou de la culture de l'organisation qu'à des manifestations ou interventions spécifiques.

L'aptitude pour le futur implique des capacités à s'adapter aux changements et à tirer parti des opportunités qui se présentent, souvent de façon inattendue ou spontanée, alors qu'une personne, un groupe ou une entreprise va de l'avant. Comme l'auteur de science-fiction Arthur C. Clarke l'a si bien souligné, « *L'avenir n'est plus ce qu'il était* ».

Comme le dit un ancien dicton plein de sagesse : « mieux vaut prévenir que guérir ». Lorsque des ressources sont mises en valeur et disponibles à l'avance, une personne ou une organisation peut relever le défi au lieu de s'employer à régler des problèmes inutiles. L'aptitude pour le futur consiste à être préparé à des problèmes, buts et situations que nous n'avons pas encore anticipé ou même imaginé. Avoir des ressources déjà disponibles réduit la nécessité de « gestion de crise ».

L'aptitude pour le futur est essentielle pour la réussite à long terme et la survie de tout système ou entreprise, en particulier dans un environnement dynamique et évolutif.

L'aptitude pour le futur exige l'innovation qui permet la flexibilité, nécessaire pour s'adapter rapidement et efficacement et rebondir en réponse aux changements du monde qui nous entoure.

Le développement durable est une préoccupation essentielle des entrepreneurs de la nouvelle génération et des « zen-trepreneurs ».

Le développement durable implique la capacité à « répondre aux besoins actuels sans compromettre la capacité des générations futures à répondre aux leurs ».

Intégrer l'état d'esprit nécessaire pour favoriser l'aptitude pour le futur et soutenir le développement durable avec les compétences du leadership crée un nouveau type de leadership qui peut être appelé « leadership conscient ».

Développement Durable

L'aptitude pour le futur est intimement liée au développement durable. Le développement durable est l'un des enjeux les plus cruciaux de la génération d'entrepreneurs et d'organisations d'aujourd'hui. Le *développement durable* est défini comme « *un développement qui vise à produire une croissance économique durable tout en garantissant la capacité des générations futures à faire de même sans outrepasser la capacité de régénération de la nature* ». En d'autres termes, il s'agit de « favoriser un développement qui répond aux besoins du présent sans compromettre la capacité des générations futures à répondre aux leurs ». Plus largement, il s'agit du principe de gérance et de responsabilité dans l'utilisation et la gestion des ressources et l'atteinte d'un équilibre entre la croissance économique, l'évolution technologique et les aspects environnementaux. Un développement durable réussi est une préoccupation majeure des entrepreneurs de la nouvelle génération et des « zentrepreneurs » (voir *SFM Tome I*, pp. 66-73).

Le développement véritablement durable implique de dépasser la simple survie pour mobiliser pleinement la capacité à prospérer en tant qu'individu, équipe ou organisation. *Survivre* se définit comme « continuer à vivre ou exister en dépit d'un accident ou d'une épreuve » ou « arriver à s'en sortir dans des circonstances difficiles ». Cela implique que lorsque nous sommes en mode survie, nous nous battons pour que les « affaires continuent », mais ne sommes pas nécessairement en croissance ou prêts à grandir. *Prospérer* se définit comme « croître ou se développer correctement ou avec vigueur ; s'épanouir ou être florissant. » Donc, pour prospérer, nous devons nous adapter dynamiquement à notre environnement en utilisant les ressources de façon avisée et de manière à être apte pour le futur.

Pour passer d'un mode de survie à un mode de prospérité, nous devons élargir nos cartes mentales concernant qui nous sommes et ce qui est possible dans le monde, ainsi qu'appréhender les anciennes limitations d'une toute nouvelle manière. Cela nous demande de rompre avec notre ancien mode de pensée et de « sortir du cadre », d'apprendre à un niveau que l'anthropologue Gregory Bateson a appelé *apprentissage (de niveau) IV* - la création de quelque chose de « totalement inédit ». Un tel état génératif « inclut et transcende » nos connaissances et notre conscience antérieures, et c'est un élément essentiel de notre capacité à être résilient et à rester apte pour le futur. Intégrer ce changement d'état d'esprit avec les compétences de leadership hausse celui-ci à un nouveau niveau qui peut être appelé « leadership conscient ».

Leadership Conscient

Le *leadership conscient* implique de créer une entreprise viable et de vous guider ainsi que votre équipe depuis un état de présence centrée, d'avoir accès à des intelligences multiples et de faire vivre vos valeurs les plus hautes au service d'une plus vaste finalité dans l'intérêt de toutes les parties prenantes. Outre les compétences de base du leadership, le leadership conscient requiert d'être :

- Authentique
- Émotionnellement intelligent
- Intentionnel
- Responsable

Comme nous le verrons dans ce livre, acquérir la compétence du leadership conscient met en jeu des pratiques majeures comme :

1. Formuler et communiquer une vision qui fait sens et soit inclusive pour toutes les parties prenantes.
2. Se concentrer sur une finalité plus élevée.
3. Influencer par l'inspiration.
4. Équilibrer intérêt personnel et bien commun, pour soi-même et pour les autres.
5. Respecter et intégrer de multiples points de vue.
6. Faire preuve d'exemplarité (faire ce que l'on dit).
7. Exercer un leadership de soi conscient et réfléchir sur les leçons tirées de l'expérience.

Authentique Émotionnellement intelligent Intentionnel Responsable

Les qualités du Leadership Conscient

Exemple d'un Cas de Facteurs de Succès :
Elon musk :
Fondateur de PayPal, SolarCity, Tesla Motors et SpaceX

« Cherchez constamment comment vous pourriez faire mieux et questionnez-vous en permanence »

Elon musk

La notion d'« optimisation de la pertinence » d'Elon Musk suppose d'équilibrer la contribution à l'humanité avec le rendement financier et la viabilité économique.

L'entrepreneur Elon Musk est un bon exemple de leadership conscient, d'innovation et de résilience du monde des affaires d'aujourd'hui. Musk a fondé sa première entreprise (**Zip2** – un site qui fournissait un logiciel de publication de contenu en ligne pour divers organismes de presse) à 23 ans et l'a vendue en 1999 pour 300 millions de dollars. Son entreprise suivante a été la plateforme de paiement en ligne **PayPal** qui permet aux utilisateurs d'acheter et vendre en ligne en toute sécurité. Paypal est acquis par eBay en 2002 pour 1,5 milliard de dollars en titres, dont Musk a perçu 165 millions de dollars. Depuis, Musk a ré-orienté l'axe de sa vision vers l'énergie solaire accessible au grand public avec son entreprise **SolarCity** (créée en 2006), et a rendu possible le rêve d'une voiture électrique et bon marché avec **Tesla Motors** (constituée en 2003). Par ailleurs, sa société d'astronautique et de voyages spatiaux **SpaceX** (lancée en 2002) a créé la première navette à carburant liquide financée par le secteur privé à avoir placé un satellite en orbite autour de la terre et la première entreprise commerciale à avoir envoyé un vaisseau sur la Station Spatiale Internationale.

Musk, explicite quant à sa détermination à transformer la manière dont les gens vivent aujourd'hui, a clairement axé sa vision sur des entreprises qui soutiennent « l'aptitude pour le futur » et le développement durable. Il a choisi consciemment et intentionnellement ce qui selon lui pourra avoir le plus de répercussions positives sur le futur de l'humanité : Internet, l'énergie propre et l'exploration spatiale. Il a ensuite cherché à découvrir comment il pourrait en faire des entreprises prospères. Comme il le décrit :

Il s'agit vraiment d'une sorte d'optimisation de la pertinence : je cherche ce qui va faire la différence la plus importante pour l'avenir de l'humanité – puis j'essaye de voir si je peux obtenir que la valeur de la production soit supérieure à celle de l'apport, ce qui est nécessaire pour une entreprise en activité. Mais ce n'est vraiment pas sous l'angle du « meilleur retour sur investissement » ou quoique ce soit de similaire. Si l'on devait classer par ordre de retour sur investissement et de volume d'effort requis, je pense que l'espace et les voitures seraient parmi les derniers sur la liste... C'est donc juste du point de vue « Est-ce que je travaille sur des choses qui, je pense, auront le plus d'impact sur l'avenir ? » Enfin, il faut assurer l'aspect économique tout simplement parce que si vous ne le faites pas vous n'aurez aucun effet sur l'avenir.

C'est révélateur de noter que la passion de Musk pour créer des changements positifs a émergé d'une crise existentielle qu'il a traversée adolescent. Musk a grandi dans l'Afrique du Sud de l'Apartheid. Il a non seulement été témoin des effets des préjugés et de la discrimination d'une population envers une autre, mais a lui-même été souvent brutalisé parce qu'il était « intello » et différent. Ces expériences ainsi que le divorce difficile de ses parents l'ont profondément déprimé du fait de l'absence de réponses aux grandes questions existentielles, comme la finalité de l'existence. Plutôt que de devenir cynique ou de tomber dans des comportements addictifs comme beaucoup d'autres, Musk a transformé sa dépression en un engagement profond en faveur de l'expansion de la conscience mondiale et de l'avènement d'un « éveil collectif ». Il a développé la conviction que si on élargit la conscience mondiale, l'humanité sera peut-être capable de se poser les bonnes questions à l'avenir. Selon ses termes :

> Je suis parvenu à la conclusion que nous devrions chercher à élargir la portée et l'envergure de la conscience humaine pour mieux comprendre les questions à se poser. En réalité, la seule chose qui fasse sens c'est de faire tout son possible pour amener un plus grand éveil collectif.

Ces aspirations visant à « accroître la portée et l'ampleur de la conscience humaine » et le désir de « faire une différence positive dans l'avenir de l'humanité » sont au cœur de tous les dirigeants conscients. Les visions des dirigeants conscients pour leurs entreprises servent toujours une finalité plus élevée qui profite à un nombre maximum de parties prenantes.

Plutôt que de simplement fabriquer des voitures, par exemple, la mission de Tesla à un niveau plus profond consiste à « contribuer à accélérer l'avènement d'un transport durable » en produisant les meilleures voitures électriques possibles, en démontrant que les voitures électriques sont réalisables, rentables et souhaitables, et en aidant les autres constructeurs automobiles à passer plus rapidement aux véhicules électriques. En fait, en 2014, la société a entrepris la démarche inhabituelle d'une approche « open source » pour sa technologie, suspendant l'exécution de ses 200 et quelques brevets pour encourager le développement des voitures électriques. « Tesla n'engagera pas de poursuites judiciaires en matière de brevets contre quiconque qui, de bonne foi, veut utiliser notre technologie », a déclaré Musk. « Lorsque j'ai commencé avec ma première société, Zip2, je pensais que les brevets étaient une bonne chose et j'ai travaillé dur pour les obtenir », dit-il. « Et peut-être que c'était très bien autrefois, mais trop souvent de nos jours plutôt que de servir les inventeurs, ils ne servent qu'à étouffer les progrès, renforcer la position des grandes entreprises et enrichir les représentants juridiques... Tesla Motors a été créée pour accélérer l'avènement du transport durable. Si nous ouvrons une voie vers la création de véhicules électriques convaincants, mais minons le terrain par la propriété intellectuelle pour freiner les autres, nous agissons à l'opposé de ce but. »

La passion de Musk pour créer des changements positifs en faisant tout son possible pour contribuer à un éveil collectif a émergé de son enfance malmenée dans l'Afrique du Sud de l'apartheid.

Considérant son rôle comme celui d'un « catalyseur de changement », Musk a adopté une approche inédite « open source » pour les technologies développées chez Tesla Motors.

De même, l'objectif fondamental de SpaceX n'est pas juste de faire des vaisseaux spaciaux mais de servir un but beaucoup plus élevé, qui consiste à ouvrir la voie à une humanité « devenant une espèce multi-planétaire ».

Dans la vision plus large d'Elon Musk, Internet peut servir de système nerveux mondial, les énergies renouvelables peuvent allonger la période pendant laquelle l'humanité peut chercher à se poser les bonnes questions avant l'effondrement économique ou écologique, et l'exploration spatiale peut être une voie de secours pour la vie elle-même. Pour Musk, devenir une civilisation de l'espace est une étape importante de l'évolution elle-même, du même niveau que la première vie reptilienne sur terre. Selon ses termes :

> *Mon but est d'accélérer la transition du monde vers l'énergie durable et d'aider à faire de l'humanité une civilisation multi-planétaire, ce qui aurait pour conséquence la création de centaines de milliers d'emplois et d'un avenir plus inspirant pour tous.*

Une Vision Générative

Clairement, la vision et la mission d'Elon Musk pour ses entreprises viennent plutôt de la perspective d'être une partie de quelque chose de plus grand que lui que de celle d'un individu isolé centré sur son intérêt personnel. Sa vision est profondément enracinée dans une passion, une intention et une implication à changer les choses pour le meilleur. Une vision de ce type est par essence *générative*. Cela signifie qu'elle continue à créer de nouveaux scénarios futurs spécifiques au fur et à mesure que le territoire au sein duquel nous agissons change et évolue. Elle n'est pas fixée rigidement sur les détails ou le contenu d'un contexte ou de circonstances en particulier.

Ce type de vision n'est axée sur aucun but spécifique. Sa finalité est au contraire de fournir une direction propice à l'émergence de toutes sortes d'entreprises et produits. La passion et l'intention de Musk d'« accroître la portée et l'envergure de la conscience humaine », de « s'efforcer d'amener un plus grand éveil collectif » et d'avoir un impact positif sur l'avenir de l'humanité ont généré une série de projets et d'entreprises successives, et de nouvelles continuent à émerger et évoluer tandis que le monde change.

En août 2013, par exemple, Musk a dévoilé le concept d'un « Hyperloop » entre Los Angeles et San Francisco. La vision est celle d'un système de transport à grande vitesse comprenant des tubes de pression réduite dans lesquels des capsules pressurisées circulent sur un coussin d'air propulsées par des moteurs à induction linéaires et des compresseurs d'air. La conception de Musk rendrait le voyage moins cher que n'importe quel autre mode de transport pour de longues distances.

La vision générative d'Elon Musk d'un futur meilleur et plus durable continue d'essaimer de nouveaux produits et entreprises.

En décembre 2015, Musk a annoncé la création d'OpenAI, une société de recherche sur l'intelligence artificielle (IA – AI en anglais) à but non lucratif. *Open AI* vise à développer l'intelligence générale artificielle de façon sûre et bénéfique pour l'humanité. En rendant l'IA accessible à tous, Musk veut « contrebalancer les grandes entreprises qui peuvent gagner trop de pouvoir en déposant des systèmes de super-intelligence dédiés au profit, ainsi que les gouvernements qui peuvent utiliser l'IA pour gagner du pouvoir et même opprimer leurs citoyens ».

Fin 2016, Musk a annoncé un projet de production de tuiles solaires conçues pour remplacer un toit traditionnel et produire en même temps de l'électricité. Musk affirme que les tuiles de Tesla seraient plus résistantes et tiendraient plus longtemps que les tuiles de toit ordinaires, tout en produisant de l'électricité. En outre, les nouvelles tuiles solaires seraient réellement moins chères qu'un toit normal. « Du coup, la proposition de base sera : Voulez-vous un toit plus joli qu'un toit normal, qui dure deux fois plus longtemps, coûte moins cher et qui – au passage – produit de l'électricité ? » dit Musk. « Pourquoi prendre autre chose ? »

Début 2015, Musk a présenté une batterie domestique appelée *Powerwall*, dans l'objectif de réduire la dépendance des consommateurs envers les grandes compagnies d'énergie. La batterie est conçue comme un moyen de stockage pour l'énergie solaire, telle que celle fournie par les panneaux et les tuiles solaires ; mais Musk indique qu'elle fonctionnera également pour des consommateurs non équipés en solaire en cas de coupure de courant. « Elle procure la sécurité, la liberté et la paix d'esprit » dit Musk. La génération la plus récente de la batterie Powerwall, par exemple, peut alimenter un foyer de deux chambres pendant une journée entière. « Notre objectif est de changer fondamentalement la façon dont le monde utilise l'énergie », revendique Musk. « Ça semble fou, mais nous voulons convertir toute l'infrastructure énergétique du monde en zéro carbone. » Il ajoute que « tout ce dont nous avons besoin » est de déployer 2 milliards de Powerwalls pour répondre aux besoins énergétiques du monde entier, et que les communautés les plus pauvres ne disposant pas de réseau électrique en soient les principales bénéficiaires. Musk admet que le chiffre de 2 milliards « semble être un nombre fou », « mais il est comparable au nombre de voitures et de camions en circulation [partout dans le monde], et le parc est complètement renouvelé tous les 20 ans. »

Pour assurer le développement du Powerwall et produire les batteries nécessaires à la ligne de voiture de Tesla, Musk construit une *Gigafactory* de plus de 450.000 mètres carrés au Nevada. La structure à plusieurs milliards de dollars sera, évidemment, alimentée par des panneaux solaires. « L'usine elle-même est un produit,« explique Musk, »c'est la machine qui construit les machines et qui présente plus de problèmes à résoudre que le produit qu'elle fabrique. L'usine a un potentiel d'innovation nettement plus élevé que le produit lui-même. »

Le champ de la vision de Musk va de l'énergie renouvelable à l'intelligence artificielle en passant par le transport durable et finalement le voyage spatial.

Le désir de Musk d'« accroître la portée et l'ampleur de la conscience humaine » et de faire une différence positive sur l'avenir de l'humanité s'est transformé en vision des voitures électriques, de l'énergie solaire, des fusées réutilisables et des êtres humains comme une « espèce multiplanétaire ».

Les plans de Musk pour débuter une colonie humaine sur Mars dès 2023 afin d'assurer la survie de notre espèce constituent un exemple clair de la promotion de l'aptitude pour le futur.

En mars 2017, Musk annonce le lancement d'une nouvelle entreprise appelée *Neuralink*, dont le but est de créer un lien direct entre le cerveau humain, les ordinateurs et l'intelligence artificielle. La vision de la société est de créer des dispositifs pouvant être implantés dans le cerveau humain, pour que les gens puissent télécharger directement leurs pensées vers ou à partir d'un ordinateur à l'aide de ce que Musk appelle une « dentelle neurale ».

L'entreprise la plus ambitieuse de Musk est de coloniser Mars. Musk conçoit un système de lancement et de transport en plusieurs étapes, y compris une fusée à propulsion réutilisable – que SpaceX a déjà testée avec succès. Le propulseur, avec un « module interplanétaire » sur le dessus, serait presque aussi long que deux avions Boeing 747. Il pourrait initialement accueillir jusqu'à 100 passagers. Musk a déjà dit qu'il souhaitait lancer le premier voyage non habité vers Mars avant 2018. Il veut envoyer les premiers humains sur Mars en 2022, avec arrivée du vaisseau en 2023. Son but ultime est d'assurer la continuité de la vie telle que nous la connaissons. « Si nous restons indéfiniment sur Terre, » affirme-t-il, « il y aura inévitablement un événement menant à l'extinction... J'augmente mes avoirs personnels pour financer cela. Je n'ai vraiment pas d'autre objectif que de rendre la vie interplanétaire. »

Signification de la Tâche et Travail d'Équipe

Ce type de vision et de finalité plus larges crée énormément de ce qu'on appelle « signification de la tâche » (*voir SFM Vol. II*, pp. 56-57). La *signification de la tâche* est liée à la perception que le travail et les actions qu'on réalise ont un impact important et chargé de sens sur les autres. La recherche montre que la perception de la signification de la tâche a une influence conséquente sur la motivation et la performance. Savoir que leur travail a un impact positif sur d'autres accroît considérablement le niveau d'énergie et d'effort des gens, engendrant un sens fort de *mission* qui peut être défini comme « *un objectif ou un appel fortement ressenti* » à servir quelque chose au-delà de soi-même (voir *SFM Vol. I*, pp. 45-47). Cela a un impact considérable sur la motivation, la coopération en équipe et la résilience. Comme le dit Elon Musk, « Faire de grosses journées pour une société, c'est difficile. Faire de grosses journées pour une cause c'est facile. »

La capacité d'Elon Musk à identifier hiérarchiser les défis et les problèmes éminents a fait de lui un dirigeant que certains des plus talentueux du monde sont disposés à suivre. Le haut degré de signification de la tâche dans ses entreprises permet à Musk de s'entourer de beaucoup des meilleurs professionnels et experts au monde. Il oriente ensuite leurs efforts à résoudre certains des problèmes les plus ambitieux et les plus passionnants actuellement rencontrés par la race humaine. Cela amène un haut niveau de motivation dans les équipes, portées par leur conviction que le travail qu'ils accomplissent aujourd'hui pourrait être la contribution la plus importante de leur vie à l'avance de l'humanité. Comme le dit Musk :

La mission d'Elon Musk d'accélérer la transition mondiale vers l'énergie durable et d'aider à faire de l'humanité une civilisation multiplanétaire lui a permis d'attirer certaines des personnes les plus talentueuses du monde entier et de piloter leurs efforts vers la résolution de certains des problèmes les plus importants de la race humaine.

Si vous pouvez réunir un groupe de personnes réellement talentueuses, les unir autour d'un défi et les faire travailler ensemble au mieux de leurs capacités, alors l'entreprise réalisera de grandes choses.

Et il est indéniable que Musk et ses équipes ont réalisé de grandes choses. Dans les dix jours suivant le lancement du Powerwall au début de 2015, par exemple, la société s'est retrouvée à court de batteries jusque mi-2016, ce qui s'est traduit 800 millions de dollars de réservations. C'est devenu l'un des rares produits à rivaliser avec les ventes de l'iPhone.

Musk et ses équipes ont été les instigateurs de certains des lancements de ventes les plus importants et les plus réussis de l'histoire.

Une semaine après l'annonce de son véhicule tout électrique plus abordable Model 3 en avril 2016, Tesla a reçu plus de 325 000 précommandes de clients potentiels – dont chacun a versé 1 000 dollars pour réserver une voiture – le plus grand lancement d'un produit en une semaine jamais réalisé. L'exploit est d'autant plus remarquable que l'entreprise n'a pas fait de publicité ni financé de recommandations. En fait, l'intérêt s'est propagé de façon complètement organique, porté par la passion des anciens et futurs clients, convaincus par ce que l'entreprise cherchait à réaliser. Au moment de la rédaction de ce texte, moins de cinq ans après la mise sur le marché de son premier modèle S, Tesla était devenue l'usine automobile la plus prospère d'Amérique.

Résilience et Feedback

Bien sûr, le parcours de Musk n'a pas toujours été facile. En fait, il a exigé une résilience incroyable. En tant qu'« entrepreneur en série » (« serial entrepreneur », quelqu'un qui a lancé plusieurs entreprises) Musk n'est pas juste un rêveur. Il est très conscient des défis du lancement d'une start-up. Il affirme :

Démarrer une entreprise est une chose très difficile... vous pouvez vous attendre à ce que ce soit vraiment dur. Ça va être nettement plus difficile que de décrocher un emploi quelque part, et il y a un sérieux risque que vous perdiez l'argent que vous ou vos amis avez investi.

En fait, c'est juste les données de base. Si ça ne vous dérange pas que les choses soient vraiment difficiles et à haut risque, alors c'est une bonne idée de lancer une entreprise. Sinon c'est sans doute imprudent. Ce serait trop stressant pour vous. Je pense qu'il faut être vraiment déterminé pour y arriver. Autrement, vous allez juste faire votre propre malheur.

L'accent mis par Elon Musk sur la finalité plus élevée lui a permis de prendre des risques plus importants que d'autres et de développer une capacité remarquable de résilience.

Cela souligne l'importance de la « signification de la tâche » et de la vision comme un appui nécessaire à la passion et aux ambitions entrepreneuriales. Comme je l'ai souligné dans les volumes précédents de la *Modélisation des Facteurs de Succès* (voir *SFM Vol. I*, pp. 41 – 44), une caractéristique clé de la vision des entrepreneurs et leaders nouvelle génération qui réussissent est qu'elle est toujours orientée au-delà d'eux-mêmes. En d'autres termes, il s'agit de ce qu'ils veulent voir en plus ou autrement dans le monde – de « créer un monde auquel les gens veulent appartenir. » Musk conseille :

> *Concentrez-vous sur quelque chose qui a une grande valeur pour quelqu'un d'autre, soyez vraiment rigoureux dans cette évaluation car l'être humain a naturellement tendance à faire des vœux pieux; le défi pour les entrepreneurs est bien de savoir faire la différence entre croire vraiment à ses idéaux et s'y tenir ou poursuivre un rêve irréaliste sans valeur.*

Selon Elon Musk, il est vital pour les entrepreneurs d'être conscient de la différence entre « croire vraiment à ses idéaux et s'y tenir ou poursuivre un rêve irréaliste et sans valeur ».

Lorsque notre sentiment de passion et d'ambition est lié à une solide expérience de la vision et de la mission, il crée une motivation puissante. C'est ce qui incite les entrepreneurs de la nouvelle génération et les dirigeants conscients à prendre de grands risques et à faire ce qui semble impossible à d'autres. Comme l'affirme Musk, « Quand quelque chose est important et que toutes les chances sont contre vous, faites-le quand-même. »

Ce degré de motivation intense est nécessaire pour traverser les périodes difficiles, inévitables dans tout projet ou entreprise. Comme Musk l'explique :

> *Lorsque vous lancez la société, les choses semblent optimistes et toutes roses et passionnantes. Je pense pendant les six premiers mois à un an tout va plutôt bien, puis les choses commencent à se gâter... et vous faites des erreurs, vous vous trouvez face à des problèmes inattendus, vous marchez sur des mines... c'est juste affreux. Les années deux à cinq sont généralement très difficiles. Vous devrez être prêt à faire tout ce qui sera nécessaire, travailler le nombre d'heures qu'il faudra. Aucune tâche n'est trop insignifiante. Je pense que c'est la bonne attitude pour le PDG d'une start-up.*

Gérer Crise et Transition de façon Tenace, Innovante et Déterminée

Musk a démontré une résilience incroyable à la suite de la crise financière mondiale de 2008 lorsque ses 3 sociétés ont commencé à s'effondrer simultanément.

Elon musk est un exemple authentique de son propre conseil. Dirigeant trois grosses entreprises en même temps, il a dû surmonter des obstacles majeurs, et il est connu pour travailler 80 à 100 heures par semaines.

Juste après la crise financière mondiale de 2008, par exemple, Musk s'est trouvé face au plus grand défi de sa carrière jusque là. Ses 3 sociétés ont commencé à s'effondrer simultanément. En tentant de sortir la première voiture de Tesla, le Roadster, et d'envoyer les fusées SpaceX en toute sécurité dans l'espace, Musk a personnellement investi dans les deux sociétés presque tous les fonds obtenus de EBay pour l'acquisition de PayPal. Pour faire face à la crise, Musk a dû licencier près du tiers de son personnel et fermer le site Tesla à Detroit. SolarCity a également commencé à chanceler. La banque qui garantissait leurs crédits s'est retirée. En outre, Musk traversait un divorce difficile et très médiatisé.

Avec seulement une semaine de trésorerie à la banque, la situation était sombre. « Je me souviens de m'être réveillé le dimanche avant Noël 2008 en pensant, 'je ne croyais pas être du genre à faire une dépression nerveuse' ». « Je me suis rendu compte que je n'en avais jamais été si proche. Parce que c'était vraiment, vraiment sombre. »

Alors, presque miraculeusement, le 23 décembre 2008 la NASA a attribué à SpaceX un contrat de 1,6 milliards de dollars pour transporter au moins 20 tonnes de cargaison à la station spatiale internationale en 12 vols programmés. Musk se souvient : « La NASA a appelé et nous a dit que nous avions remporté un contrat de 1,5 milliards de dollars ». « Je n'arrivais pas à tenir le téléphone. J'ai juste bredouillé, 'Je vous aime !' » Environ trois mois plus tôt, le 28 septembre, 2008, après quatre années d'essais et trois échecs, la fusée Falcon I de SpaceX avait finalement décollé et mis une charge factice sur orbite. « À l'époque, nous tournions sur du vent, » dit Musk. « Nous n'avions quasiment pas de fonds... un quatrième échec aurait été la fin définitive du jeu. Terminé. » Depuis, sa capsule de fret est allée avec succès à de nombreuses reprises sur la station spatiale, en revenant en toute sécurité sur Terre.

Deux jours après l'appel de la NASA, les investisseurs de Tesla ont décidé de placer plus d'argent dans l'entreprise. Après avoir frôlé de près l'échec total, les rêves de Musk ont été sauvés en trois jours. Évidemment, s'il avait craqué et abandonné plus tôt, la reprise n'aurait jamais eu lieu.

L'un des principaux facteurs de succès de Musk est sa propension à prendre tous les risques, particulièrement lorsqu'il est confronté à de multiples échecs. Lors d'une interview, on lui a demandé « Après le troisième échec consécutif [de lancement de fusée], vous êtes-vous dit, 'Il faut que j'arrête' ? » Musk a répondu, « Jamais... Je n'abandonne jamais. Il faudrait que je sois mort ou complètement impotent. »

On ne peut pas attendre ce type de détermination extrême des hauts responsables des grandes multinationales publiques avec lesquelles Musk est en compétition. Les cadres dirigeants classiques sont payés pour minimiser les risques et maximiser les retours aux investisseurs. La mission de Musk est essentiellement de changer le monde ou d'échouer en essayant, alors que les cadres dirigeants ont habituellement pour objectif de générer des retours légèrement au-dessus des rendements moyens tout en minimisant les risques et surtout en évitant l'échec. Toutefois, comme l'affirme Musk :

Ici, l'échec fait partie des options. S'il n'y a pas de ratés, c'est que vous n'innovez pas suffisamment... Pour moi, c'est un état d'esprit. Vous devez décider, « Nous allons essayer de faire les choses différemment. » En mieux, bien entendu.

La clef de la résilience remarquable d'Elon Musk est son extrême détermination et sa volonté de prendre tous les risques particulièrement face à des échecs multiples.

Ne faites pas les choses différemment juste parce-que c'est différent. Elles doivent être différentes ou mieux. Il faut en quelque sorte décider, « Réfléchissons au-delà des habitudes dans un environnement ou ce type de pensée est encouragé et récompensé et où l'échec est accepté. » Parce-que quand vous essayez de nouvelles choses, vous testez cette idée, celle-là... bon nombre d'entre elles ne marcheront pas, et ça doit être okay. Si chaque fois que quelqu'un sort une idée ça doit être une réussite, personne ne vous proposera d'idées.

L'état d'esprit d'Elon Musk, sa ténacité et sa détermination uniques lui ont permis de rebondir juste au bord de la catastrophe et de réaliser des choses qui semblaient impossibles.

Par sa mentalité, sa ténacité et sa détermination uniques, Musk a été en mesure de rebondir à la limite de la catastrophe et de faire des avancées considérables. Quatre ans après la crise de 2008, par exemple, Tesla produit la berline Model S, que même les sceptiques de Detroit ont saluée comme étant peut-être la meilleure voiture jamais construite. SpaceX a posé une fusée sur la Station spatiale Internationale et SolarCity est entrée en bourse. Musc était au bord du désastre total avant de faire l'un des plus grands retours de l'histoire sur la scène entrepreneuriale.

Elon musk résume l'essence de son état d'esprit par le conseil suivant :

Réfléchissez constamment à la manière dont vous pourriez faire mieux et questionnez-vous en permanence... Soyez très rigoureux dans votre auto-analyse, bien sûr extrêmement tenace, et tout simplement travaillez comme un fou. Travaillez 80 à 100 heures chaque semaine. Tous ces facteurs améliorent les chances de réussite.

La recommandation de Musk de « réfléchir constamment à la manière dont vous pourriez faire mieux et de se questionner en permanence » renferme l'une des pratiques les plus importantes des dirigeants conscients : exercer un leadership de soi conscient et réfléchir sur les enseignements tirés de l'expérience. « Je crois que c'est très important d'avoir une boucle de rétroaction, dans laquelle vous réfléchissez à ce que vous avez fait et comment vous pourriez le faire mieux », dit Musk. « Prenez tous les retours d'informations et commentaires de la part du plus grand nombre de personnes possible pour chacune de vos idées. Recherchez les critiques. Demandez-leur ce qui ne va pas. Il faut souvent aller dans les nuances pour comprendre ce qui est erroné. »

Musk conseille aux entrepreneurs et dirigeants d'avoir « une boucle rétro-active, où vous réfléchissez constamment à ce que vous avez fait et comment vous pouvez le faire mieux, » et « prendre tous les retours d'informations et conseils d'autant de personnes que possible ».

En plus d'aller chercher les réactions extérieures, Musk affirme qu'il est essentiel de se questionner en permanence, d'examiner ses propres croyances, cartes mentales et hypothèses par une auto-analyse précise. Comme il l'explique :

Une auto-analyse précise. C'est difficile de le faire, puisque vous êtes par définition trop proche de vous-même. Les gens n'ont pas une pensée suffisamment critique. Les gens prennent trop de choses pour des vérités, sans fondement suffisant. C'est très important que les gens analysent de près ce qui est censé être vrai, et que de là ils construisent une analyse selon les principes fondamentaux, et non par analogie ou par convention.

Gratitude et Générosité

Dans la *Modélisation des Facteurs de Succès, Volume I* (p. 131 à 132), j'ai souligné que les personnes qui réussissent vraiment ressentent intérieurement à la fois de la reconnaissance et de la générosité. Ils sont reconnaissants pour ce qu'ils ont reçu et réussi et sont en même temps capables de partager généreusement ce qu'ils ont avec les autres. En d'autres termes, les personnes qui réussissent ont assez de ce qui leur est nécessaire et ressentent l'envie donner quelque chose en retour. En tant qu'entrepreneur et dirigeant conscient, Elon Musk en est un excellent exemple.

En plus d'être extrêmement motivé et ambitieux, Musk est également immensément généreux. Il est président de la Fondation Musk, par exemple, qui concentre ses efforts philanthropiques sur l'éducation scientifique, la santé pédiatrique et l'énergie propre. Il est également administrateur de la Fondation X Prize, qui encourage les technologies des l'énergies renouvelables. Il est membre des conseils de la Space Foundation, du National Academies Aeronautics and Space Engineering Board, de la Planetary Society, et du Stanford Engineering Advisory Board (structures à but non lucratif). Musk est également membre du conseil d'administration du California Institute of Technology.

Par le biais de sa fondation il a initié en 2010 un programme de don de kits solaires pour répondre aux besoins critiques dans les zones sinistrées. Le premier kit solaire a été remis à un centre d'intervention en cas d'ouragan en Alabama qui avait été délaissé par les aides nationale et fédérale. Afin d'établir clairement qu'il ne s'agissait pas de servir les intérêts commerciaux de Musk, SolarCity a indiqué ne pas avoir d'activité commerciale présente ni prévue en Alabama. Lors d'une visite à Soma City, dévastée par le tsunami, à Fukushima au Japon en 2011, il a fait don d'un projet d'énergie solaire à la ville d'une valeur estimée à 250 000 dollars.

Musk rejoint a rejoint le mouvement The Giving Pledge (voir *SFM Vol. I*, p. 129) en avril 2012, offrant un engagement éthique de donner la majorité de sa fortune à des causes philanthropiques. Musc devient membre de la campagne, popularisée à l'origine par Warren Buffett et Bill Gates, et rejoint plus de 81 des plus grandes fortunes du monde à dédier au moins la moitié de leurs richesses aux efforts humanitaires.

Les actes caritatifs de Musk et ses efforts philanthropiques démontrent un haut degré de gratitude et de générosité caractéristique des personnes qui réussissent vraiment.

Conclusion

Elon musk incarne un certain nombre des facteurs de réussite qui étayent l'innovation, la résilience et le leadership conscients. Les succès sans précédent que Musk a remportés malgré les nombreux défis qu'il a rencontrés illustrent clairement comment notre état d'esprit est en fin de compte le facteur le plus important dans le lancement d'un projet ou d'une entreprise, et pour passer de la survie à la prospérité. L'attitude mentale de Musk produit clairement l'innovation permanente, la détermination tenace et l'amélioration continue. Cela lui a permis, ainsi qu'à ses entreprises, d'apporter une contribution significative dans la robustesse financière, la croissance et la résilience.

La capacité d'Elon Musk à rebondir et prospérer, malgré les nombreux défis qu'il a rencontrés, illustre clairement comment l'état d'esprit est en fin de compte le facteur le plus important pour lancer un projet ou une entreprise et parvenir au succès durable.

En tant que dirigeant, Elon Musk fait assurément preuve de toutes les compétences de base en leadership identifiées précédemment dans ce chapitre :

1. Il exprime une vision riche et puissante d'un futur possible.

2. Il *influence les autres* à atteindre des résultats en les inspirant de la conviction que le travail qu'ils accomplissent aujourd'hui pourrait être la contribution la plus importante de leur vie à la progression de l'humanité.

3. Il encourage *la coopération en équipe* en alignant les membres de l'équipe sur des défis et en créant une culture favorable à l'innovation et qui fait place à l'échec.

4. Il dirige par l'*exemple*, en prenant les plus grands risques et en travaillant autant ou aussi dur que quelqu'un d'autre pour atteindre la mission.

Musk doit clairement une grande partie de sa réussite à ses capacités de persévérance et de résistance. Il est tout aussi clair que sa tolérance au risque, son aptitude à « maintenir le cap » et sa capacité à rebondir face à des catastrophes potentielles sont stimulées par son approche axée sur un objectif plus élevé, et sa conviction dans ce qu'il fait et dans la capacité de son équipe et de lui-même à y parvenir. Il semble également évident que l'accent mis par Musk sur un but plus élevé, conjugué à son équilibre entre l'intérêt propre et le bien commun, a suscité une vision et des entreprises qui cherchent à produire un développement durable et « l'aptitude pour le futur ».

Sa capacité de persévérance et sa tolérance au risque sont portées par sa concentration sur une finalité plus élevée, sa conviction dans ce qu'il fait et dans la capacité de son équipe et de lui-même à y parvenir.

Un autre aspect clé de l'état d'esprit de Musk est son engagement et sa détermination à « essayer de faire les choses différemment et mieux ». Il comprend parfaitement et embrasse la Loi de la Variété Requise d'Ashby – que pour survivre et prospérer, un système nécessite un degré de variabilité suffisant afin de s'adapter efficacement aux changements qui se produisent dans le monde autour de lui. En fait, toutes ses actions semblent dédiées au principe selon lequel l'innovation est le socle de la viabilité de toute espèce ou entreprise prospère.

En résumé, l'exemple d'Elon Musk nous fournit un prototype puissant de toutes les caractéristiques essentielles des dirigeants conscients énumérées précédemment :

1. Le succès et la portée de ses trois grandes entreprises, ainsi que ses autres projets, démontrent une aptitude à *formuler et communiquer des visions porteuses de sens et intégratrices profitables à toutes les parties prenantes.*

2. Ses aspirations à « accroître la portée et l'ampleur de la conscience humaine » et le désir de « faire une différence positive sur l'avenir de l'humanité » reflètent *une attention profonde à une finalité plus élevée.*

3. Sa capacité de transmettre aux gens la conviction que le travail qu'ils accomplissent aujourd'hui pourrait être la contribution la plus importante de leur vie à la progression de l'humanité est une illustration puissante de l'utilisation de la signification de la tâche pour *influencer par l'inspiration.*

4. La capacité de Musk à l'« optimisation de la pertinence » dans laquelle il équilibre la contribution à l'humanité avec le rendement financier et la viabilité économique est un exemple de la manière dont il cherche constamment à *équilibrer l'intérêt propre et le bien commun.*

5. Son conseil « prenez tous les retours d'informations et commentaires de toutes les personnes que vous pourrez pour chacune de vos idées », illustre sa forte capacité à *respecter et intégrer des perspectives multiples* en recherchant les réactions de nombreuses sources.

6. La formidable éthique de travail de Musk et sa volonté d'assumer l'impact du risque pour ses entreprises incarnent la pratique de *diriger par l'exemple* (« joindre le geste à la parole »).

7. Son engagement à s'interroger constamment et son insistance sur « l'auto-analyse exacte » montre qu'il est déterminé à *exercer un leadership conscient et à réfléchir pleinement aux leçons tirées de l'expérience.*

L'exemple d'Elon Musk fournit un prototype puissant des caractéristiques essentielles des dirigeants conscients.

Bien sûr, il est important de garder en tête que personne ne peut être parfait ou parfaitement « conscient ». Elon musk a également ses lacunes et « angles morts ». Le fait qu'il ait été divorcé (deux fois de la même femme) montre qu'il y a des domaines importants auxquels il pourrait porter plus d'attention et d'équilibre dans ses relations personnelles, ses relations professionnelles et sa propre prise en charge. La voie du leadership conscient, de l'innovation et de la résilience est le chemin d'une vie.

En fait, un objectif majeur de ce livre est de fournir un certain nombre de principes, d'outils, de pratiques et de disciplines qui nous soutiennent tous dans la démarche vers une vie plus consciente et créative. Ces processus aborderont plusieurs niveaux de facteurs de réussite.

Il est également important de garder à l'esprit que personne ne peut être parfait ou parfaitement « conscient » et que la voie menant au leadership conscient, à l'innovation et à la résilience est le chemin d'une vie.

L'exemple d'Elon Musk fournit un prototype puissant des caractéristiques essentielles des dirigeants conscients.

Niveaux Clés des Facteurs de Succès

Dans les volumes précédents de la Modélisation des Facteurs de Succès, j'ai présenté un certain nombre de niveaux de facteurs de réussite différents liés à la performance effective des individus, des équipes et des organisations. Ces niveaux ont été détaillés dans les deux premiers volumes de ce travail et dans d'autres ouvrages que j'ai écrits (*From Coach to Awakener*, 2003 paru en français en 2008 sous le titre « Être coach, de la performance à l'Éveil » et *NPL II : The Next Generation*, 2010 (PNL II : la nouvelle génération).

- **Les facteurs environnementaux** déterminent les possibilités et les contraintes externes qu'une personne, une équipe ou une organisation doivent reconnaître et auxquelles elles doivent réagir. Les facteurs environnementaux impliquent l'état du contexte extérieur dans lequel nous vivons et agissons – *où* et *quand* nos actions se déroulent. Les objectifs et les résultats des individus, des équipes et des organisations sont invariablement définis et mesurés en fonction d'un type de production ou d'impact environnemental ; par exemple, fabriquer une voiture électrique, réduire les émissions de carbone, envoyer une fusée dans l'espace, etc. Le premier retour sur nos actions provient de l'environnement concret autour de nous.

  La réussite et l'aptitude pour le futur reposent sur notre capacité à comprendre notre influence sur notre environnement et à réagir efficacement, avec souplesse et écologiquement aux changements et aux incertitudes dans cet environnement. Elon musk donne un bon exemple de la capacité d'un dirigeant conscient à prendre en compte les facteurs environnementaux comme éléments fondamentaux de sa stratégie des affaires et de ses entreprises, en examinant les conséquences à long et à court terme de ses actions et en cherchant à maximiser son impact positif tout en s'adaptant avec souplesse aux défis et aux changements.

L'exemple d'Elon Musk illustre également un certain nombre de facteurs clefs de succès associés à la performance effective des individus, des équipes et des organisations.

Comme une pyramide, les différents niveaux de facteurs de réussite sont fondés sur les aspects concrets du comportement et l'environnement extérieur – *où*, *quand* et *quoi* faire.

Comme les barreaux d'une échelle, nos capacités, nos croyances et nos valeurs nous permettent d'adapter, d'affiner et d'aligner nos actions sur notre objectif plus élevé en clarifiant *comment* **et** *pourquoi* **faire ce que nous avons à faire.**

Les facteurs comportementaux se rapportent aux mesures concrètes prises pour répondre efficacement à l'environnement et atteindre les résultats souhaités. Ils impliquent *ce qui*, en particulier, doit être réalisé et accompli afin de tirer parti des possibilités ou de réagir au changement dans l'environnement. Le niveau de leadership « comportemental » s'applique aux activités comportementales spécifiques que le ou la dirigeant(e), ses collaborateurs et collaboratrices et son entreprise doivent engager pour surmonter l'adversité et poursuivre leurs objectifs et leurs résultats. Les comportements spécifiques que les personnes adoptent activement, comme les tâches et les interactions interpersonnelles, constituent le principal moyen d'atteindre les objectifs de l'organisation : la collecte de fonds, la faillite, etc., définissent ce qu'un entrepreneur réalise ou non. C'est ainsi que les actions que nous entreprenons créent les résultats que nous obtenons. Comme Elon Musk l'a souligné, « Si les autres fournissent 40 heures de travail par semaine, et que vous en fournissez 100, vous réaliserez en quatre mois ce qui leur demandera un an. » Tout le leadership est finalement enraciné dans l'action.

- **Les capacités** ont trait aux cartes mentales, plans, stratégies et autres méthodes conduisant à l'innovation, à la résilience et au succès. Ils déterminent *comment* les actions sont générées, choisies et pilotées. Une question clé pour rebondir dans l'adversité et accéder à la réussite n'est pas simplement combien de mesures il faut prendre, mais *quelles* mesures prendre. Réussir n'est pas tant une affaire de travailler plus que de travailler plus intelligemment. Comme l'exemple d'Elon Musk l'a montré, notre état d'esprit détermine nos actions. Les « capacités » se rapportent aux processus et stratégies mentales que les responsables et leurs collaborateurs développent et appliquent afin de guider et d'orienter leurs comportements spécifiques. Simplement prescrire des comportements ne garantit pas que les tâches seront accomplies et les objectifs atteints. La fonction du niveau des capacités est de fournir la perception et la direction nécessaires pour sélectionner et, si nécessaire, créer les actions appropriées nécessaires pour atteindre des objectifs particuliers.

Le leadership au niveau des capacités est essentiellement mental. Il implique d'influencer l'esprit et l'état d'esprit des personnes. Le conseil d'Elon Musk de « réfléchir constamment à la manière dont vous pourriez faire mieux et vous questionner en permanence » est clairement orienté vers le niveau des capacités. La notion de « l'optimisation de la pertinence » dans laquelle Musk équilibre la contribution à l'humanité avec le retour financier et la viabilité économique est un autre exemple d'une capacité essentielle de leadership conscient. Il guide les actions sélectionnées et mises en œuvre.

- **Les croyances et valeurs** donnent la motivation et l'appui qui soutiennent ou inhibent des capacités et des comportements particuliers. Ils sont liés au *pourquoi* les gens prennent une direction plutôt qu'une autre, et aux motivations profondes qui les incitent à agir ou persévérer. Le leadership au niveau des « croyances et valeurs » consiste à influencer le cœur des gens autant que leurs esprits. Outre le développement des compétences et des capacités comportementales, un dirigeant efficace doit également prendre en compte les croyances et les valeurs de ses clients, collaborateurs, parties prenantes et partenaires. La mesure dans laquelle un produit, un service ou une tâche s'intègre (ou non) aux systèmes de valeurs personnels ou culturels de ses clients, collaborateurs et parties prenantes déterminera la mesure dans laquelle ils vont y adhérer ou y résister.

Les croyances et les valeurs constituent l'un des aspects les plus importants de l'état d'esprit du dirigeant conscient. L'entrepreneure Cindana Turkatte (profilée dans SFM Vol., pp. 163 – 171) affirme que la réussite d'une entreprise commence avec l'« implication et l'empathie » des personnes pour ce qu'elles font. « Vous ne pouvez pas abandonner, » dit-elle. « Vous devez croire en ce que vous faites. Si vous ne croyez pas en ce que vous faites, vous devriez faire autre chose. » Elon musk, comme nous l'avons vu, est capable d'inspirer les gens avec la conviction que le travail qu'ils accomplissent aujourd'hui pourrait être « la contribution la plus importante de leur vie à la progression de l'humanité ».

- **Les facteurs identitaires** se rapportent à la perception que les personnes ont de leur mission, de leur rôle et de leur position par rapport aux autres. Ces facteurs dépendent de *qui* la personne ou le groupe pense être. Le niveau de l'« identité » est lié aux caractéristiques distinctives uniques qui définissent un individu, un groupe ou une organisation. C'est le fondement de la « marque » et de l'« image » d'un individu, d'un groupe ou d'une entreprise.

Le niveau d'identité est à bien des égards une intégration et une synthèse de tous les autres niveaux : valeurs, croyances, capacités et comportements. C'est l'une des raisons pour lesquelles l'exemplarité est un aspect si important du leadership et particulièrement du leadership conscient. Au niveau de l'identité, nous dirigeons à travers notre « être ». Comme Gandhi l'indique clairement, « Vous devez *être* le changement que vous voulez voir dans le monde ». Lorsque quelque chose atteint le niveau de l'identité, il fait partie de notre « ADN ». Les déclarations d'Elon Musk, « je n'abandonne jamais, » et « il faudrait que je sois mort ou complètement impotent, » indiquent que

Les croyances et les valeurs constituent l'un des aspects les plus importants de l'état d'esprit du dirigeant conscient, apportant la motivation et l'appui qui soutiennent ou inhibent des capacités et des comportements particuliers.

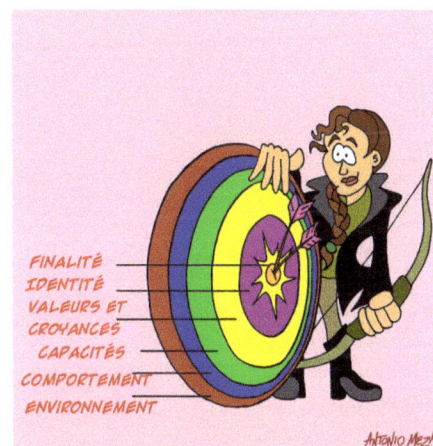

Comme le « mille » sur une cible, notre sens de l'identité et de l'objectif fournit une direction claire et impérieuse pour notre comportement en définissant *qui* **nous sommes et** *à qui* **et** *à quoi* **nous consacrons nos actions.**

Notre sentiment de finalité vient de la perception d'appartenir à, et de servir quelque chose de plus grand que nous-mêmes.

ses buts et ses intentions sont au niveau de la mission et de l'identité. Les motivations du niveau de l'identité sont encore plus profondes que les croyances et les valeurs.

- **La finalité** se rapporte à la perception qu'ont les personnes de contribuer au système plus vaste dont elles font partie. Ces facteurs se rapportent au *pour qui* ou *pour quoi* on a choisi une action ou une voie. Notre sens de la finalité vient de notre sentiment d'être une partie de systèmes de plus en plus vastes qui nous entourent. Elle détermine la direction générale et la signification des actions, des capacités et de l'identité d'une personne, d'une équipe ou d'une organisation.

La finalité est peut-être la plus puissante de toutes les motivations. C'est pourquoi la « signification de la tâche » a une incidence aussi importante sur l'effort et la performance. Les gens sont disposés à faire des sacrifices plus importants et à prendre des risques plus importants pour quelque chose de plus important qu'eux que pour leur propre propre profit. La focalisation sur et l'implication vers une finalité plus élevés sont l'un des signes distinctifs de tous les dirigeants conscients. C'est clairement la première chose mise en avant par les dirigeants comme Elon Musk dans sa détermination à « accroître la portée et l'ampleur de la conscience humaine » et son désir de « faire une différence positive pour l'avenir de l'humanité ».

Holons, Holarchies et Leadership

Comme je l'ai souligné dans *SFM Vol. I* (p. 22 à 23) et *SFM Vol. II* (p. 54 à 55), notre sens de la finalité provient de la perception que nous sommes des « holons » et parties d'une « holarchie » interconnectée. C'est une réalité intrigante de notre existence que, d'une part, nous sommes des êtres complets et indépendants. D'autre part, nous sommes également des éléments de systèmes qui sont plus grands que nous. Arthur Koestler a utilisé le terme *holarchie* pour décrire la dynamique de cette relation. Dans *The Act of Creation* – L'Acte de Création – (1964, p. 287) Koestler explique :

> *Un organisme vivant ou un corps social n'est pas un amalgame de particules ou processus élémentaires ; c'est une hiérarchie intégrée de sous-ensembles semi-autonomes, constitués de sous-sous-ensembles, et ainsi de suite. De ce fait, les unités fonctionnelles de chaque niveau de la hiérarchie ont deux aspects : elles se comportent comme un tout vis-à-vis des éléments plus petits, comme des parties vis-à-vis de l'ensemble plus grand.*

C'est à dire que quelque chose qui intègre des parties du niveau inférieur en un tout plus grand devient à son tour une partie du niveau supérieur. L'eau, par exemple, est une entité unique qui nait de la combinaison de l'hydrogène et de l'oxygène. Mais l'eau elle-même peut devenir un élément de nombreuses autres entités, du jus d'orange aux océans, en passant par le corps humain. Ainsi, l'eau est à la fois un tout composé de parties plus petites et une partie d'ensembles plus grands.

Dans *Une Brève Histoire de Tout* (1997) l'écrivain et formateur transformationnel Ken Wilber décrit ainsi cette relation :

> *Arthur Koestler a inventé le terme « holon » pour désigner une entité qui forme un ensemble par elle-même et constitue en même temps une partie d'un autre ensemble. Et si vous commencez à examiner de près les choses et les processus qui existent de fait, il devient rapidement évident que ce ne sont pas seulement des touts, ce sont aussi des parties de quelque chose d'autre. Ce sont des touts/parties, ce sont des holons.*
>
> *Par exemple, un tout atome est une partie d'un tout molécule, et le tout molécule est une partie du tout cellule, et le tout cellule est une partie d'un tout organisme, et ainsi de suite. Chacune de ces entités n'est ni un tout ni une partie, mais un tout/partie, un holon.*

C'est une réalité intrigante de notre existence que, d'une part, nous sommes des êtres complets et indépendants. D'autre part, nous sommes également des éléments de systèmes qui sont plus grands que nous.

Les notions de « holon » et de « holarchie » décrivent le fait que tout ce qui existe est à la fois constitué de touts de plus en plus petits et partie de touts de plus en plus grands.

Chaque personne est un ensemble, composé d'ensembles (cellules, organes, états psychologiques, etc.) et fait partie d'un ensemble plus grand (par exemple la famille, le groupe, la communauté, etc.).

La principale mesure de la « conscience » d'un leader conscient est la taille de l'holarchie la plus grande qu'il est en mesure de garder en conscience lorsqu'il ou elle fait des plans pour l'avenir, prend des décisions et agit.

D'après Wilber, chaque nouveau tout *inclut* et en même temps *transcende* les parties du niveau inférieur. Il est important de souligner que, dans une holarchie, si l'un des niveaux inférieurs du système est manquant les niveaux supérieurs ne pourront pas être pleinement manifestés. Les niveaux inférieurs sont les composants nécessaires de tous les niveaux supérieurs.

Chacun d'entre nous est alors un holon. Nous sommes constitués de touts atomes, qui forment des touts molécules, qui se combinent pour former des touts cellules, qui se rassemblent pour former des touts organes et un tout système nerveux interconnecté qui forment notre tout corps. À notre tour, nous sommes des parties d'ensembles de plus en plus vastes : une famille, une communauté professionnelle, l'ensemble des créatures vivantes de cette planète qui, à son tour, fait partie de notre système solaire et finalement tout l'univers.

Pour les leaders conscients, les notions de « holon » et d'« holarchie » ne sont pas seulement des concepts intellectuels intéressants, elles sont des principes d'organisation pour la vie et l'activité professionnelle. Comme l'illustre bien le cas d'Elon Musk, un leader conscient se considère comme un membre contributeur d'une holarchie beaucoup plus grande. L'envergure de la conscience et de la vision de Musk comprend l'ensemble de la planète et atteint même le système solaire avec son plan pour que l'humanité devienne une espèce interplanétaire.

Ainsi, nous pouvons dire que la principale mesure de la « conscience » d'un leader conscient est la taille de l'holarchie la plus grande qu'il est en mesure de garder en conscience lorsqu'il ou elle fait des plans pour l'avenir, prend des décisions et agit. Plus on est conscient, plus grande est l'holarchie que l'on est capable de prendre en considération pour créer de multiples résultats gagnant-gagnant (ou au moins pas de gagnant-perdant). Et bien sûr, plus grande est l'holarchie considérée, plus le nombre de parties prenantes sera élevé. C'est le défi majeur du leadership conscient et, en fait, le défi majeur de l'humanité aujourd'hui.

Où posons-nous les limites de l'holarchie dont nous faisons partie ? Où mettons-nous les frontières et les murs ? Plaçons-nous la limite de l'holarchie à nous-mêmes, notre famille, notre entreprise, notre communauté, notre pays, notre continent, notre planète ?

Chaque personne est un tout, composé d'autres touts (cellules, organes, états psychologiques, etc.) et fait partie d'un ensemble plus grand (par exemple la famille, le groupe, la communauté, etc.).

Composer avec les Limites de la Conscience

Ce sont les limites de notre conscience à cet égard qui sont responsables de la majorité des problèmes que nous voyons dans le monde aujourd'hui. Lorsque notre conscience est limitée, un « gain » pour une partie de l'holarchie est obtenu aux dépens d'une autre partie. Nous pourrions sacrifier notre famille ou notre vie personnelle à notre succès professionnel ; ou sacrifier la santé de la planète pour le succès de notre entreprise ; ou sacrifier la santé de nos organismes pour assurer notre devoir envers notre famille ou notre communauté ; ou sacrifier une communauté, une culture ou un pays pour assurer le succès d'un autre.

Lorsque notre conscience de l'holarchie est limitée, nous prendrons des mesures qui créent un « gagnant » pour une partie du système aux dépens d'une autre partie. Cela crée des déséquilibres qui peuvent devenir des crises majeures.

Par exemple, j'ai un collègue cofondateur d'une entreprise au Royaume-Uni qui a connu une croissance rapide et a été financièrement très prospère. Toutefois, deux ans après l'ouverture de la société, deux des sept fondateurs avaient divorcé, deux autres étaient atteints d'un cancer et mon collègue a fait une dépression. Il ne s'agissait manifestement pas d'une situation durable ni profitable.

J'ai rencontré d'innombrables situations et histoires de ce style au cours de mes activités de coaching et de conseil. Les tentatives d'une personne pour réussir dans un domaine de l'holarchie entraînent l'abandon et l'effondrement d'un autre.

Tout le monde sait que si nous ne prenons pas soin de notre cœur, nous risquons une crise cardiaque. Si nous ne prenons pas soin de notre famille ou de notre mariage, la famille ou le mariage peuvent souffrir. Si nous ne prenons pas soin de notre entreprise, elle commence à s'effondrer. Si nous ne prenons pas soin de nos communautés, ces communautés commencent à décliner. Si nous ne prenons pas soin de notre environnement, il peut devenir contaminé et instable.

Créer une réussite durable est une question de conscience et d'équilibre concernant toutes les parties du système – le microcosme et le macrocosme.

Créer une réussite durable est une question de conscience et d'équilibre vis-à-vis de toutes les parties du système. Il y a un vieux dicton qui nous conseille de « penser à l'échelle mondiale et d'agir localement. » Du point de vue des dirigeants conscients, il est tout aussi important d'examiner le microcosme que le macrocosme. J'ai depuis longtemps exprimé que l'objectif du leadership conscient est de « créer un monde auquel les gens veulent appartenir », nous-mêmes compris. La manière dont nous nous soucions de nous-mêmes et de notre famille est une expression de la même conscience et des mêmes valeurs que nous appliquons aux membres de notre équipe, aux clients et à la communauté. Comme mon professeur et mentor Gregory Bateson (un personnage important de la théorie des systèmes modernes) avait l'habitude de souligner, « Tout est une métaphore pour tout le reste . » L'authenticité, la responsabilité et l'alignement consistent à amener un leadership conscient à tous les niveaux de l'holarchie. Comme un arbre, les racines doivent être aussi profondes et aussi larges que les branches qui montent vers le ciel.

Même des leaders conscients comme Elon Musk sont en difficulté face au défi de créer des gains durables pour toutes les parties de l'holarchie plus grande, comme le montrent ses multiples divorces et une attention incohérente à son régime alimentaire et à sa santé physique.

Développer la Portée de la Conscience

Ceci met en avant l'importance de l'intelligence somatique, de l'intelligence collective et de la capacité à s'accorder au « champ »(voir *SFM Vol. II*, p. 350 à 353) en tant que compétences essentielles du leadership conscient. La compréhension cognitive ne suffit pas à atteindre le niveau de conscience nécessaire pour tenir toutes les dimensions de l'holarchie nécessaire pour prendre des décisions harmonieuses et durables. Nous devons aussi être en mesure de tirer parti de ce que j'ai appelé l'« inconscient créatif » dans les volumes précédents de la *Modélisation des Facteurs de Succès* (voir *SFM Vol.I*, p. 44 & pp. 202-205 et *SFM Vol. II* , pp. 176-179 & p. 352). L'inconscient créatif est une forme de conscience qui va au-delà des limites de notre esprit cognitif et renforce notre capacité de sagesse.

> *La compréhension cognitive ne suffit pas à atteindre le niveau de conscience nécessaire pour tenir toutes les dimensions de l'holarchie nécessaire pour prendre des décisions harmonieuses et durables.*

Steve jobs (profilé dans SFM Vol. I, p. 252 à 280) a reconnu l'importance d'avoir d'autres formes de conscience pour un leader lorsqu'il affirmait :

> *J'ai commencé à réaliser qu'une compréhension et une conscience intuitives étaient plus importantes que la pensée abstraite et l'analyse logique intellectuelle. L'intuition est une chose très puissante, plus puissante que l'intellect, à mon avis. Cela a eu un impact considérable sur mon travail.*

En conseillant d'« avoir le courage de suivre votre cœur et votre intuition, » Jobs a pris des mesures délibérées pour développer sa propre conscience, comme l'attestent ses commentaires sur l'expérimentation du LSD lorsqu'il était jeune. « La prise de LSD a été une expérience profonde, l'une des choses les plus importantes dans ma vie, » a-t-il raconté. « Le LSD vous montre qu'il y a un autre côté à la pièce, et vous n'arrivez pas à vous en souvenir lorsque les effets se dissipent, mais vous le savez. Il a renforcé mon sens de ce qui était important – créer des choses plutôt que de faire de l'argent, remettre les choses dans le courant de l'histoire de la conscience humaine autant que je peux. »

> *L'intuition et l'accès à « l'inconscient créatif » sont essentiels à l'innovation, à la résilience et au leadership conscient.*

Bien que Jobs lui-même ait été clairement imparfait à bien des égards, comme en témoigne son décès prématuré et les « histoires d'épouvantes » racontées par certains de ses collaborateurs, il a également fait preuve de bon nombre des caractéristiques du leadership conscient dans d'autres domaines de sa vie personnelle et professionnelle. Et il est indéniable que Jobs a obtenu un degré de réussite très élevé

Le Premier Ministre israélien Golda Meir a affirmé qu'elle n'avait jamais pris de décision importante « *sans consulter au préalable au moins deux personnes – mon arrière-grand-mère, qui n'est plus de ce monde, et mon arrière-petite-fille, qui n'est pas encore née.* **»**

dans de nombreux domaines où il a fait preuve de leadership conscient. Selon ses termes :

> *Nous sommes ici pour marquer une empreinte sur l'univers. Sinon, pourquoi serions-nous là ? Nous créons une conscience complètement nouvelle, comme un artiste ou un poète. Voilà la manière dont vous devez le voir. Nous réécrivons l'histoire de la pensée humaine avec ce que nous faisons...*

> *Nous essayons d'utiliser les talents que nous avons pour exprimer nos sentiments profonds, pour montrer notre appréciation de toutes les contributions qui nous ont précédés, et pour ajouter quelque chose à ce flux. C'est ce qui m'a porté.*

Les commentaires de Job sur « remettre les choses dans le courant de l'histoire de la conscience humaine », « réécrire l'histoire de la pensée humaine » et montrer « l'appréciation de toutes les contributions qui nous ont précédés, et d'ajouter quelque chose à ce flux » mettent en avant l'importance de la dimension temporelle pour le leadership conscient. Le holon plus grand dont nous faisons partie n'est pas seulement une question d'espace. C'est également une question de temps. Nous faisons partie d'un patrimoine qui part de nos ancêtres et s'étend aux générations qui nous suivront. Golda Meir, la première femme Premier Ministre d'Israël (1969-1974), aurait déclaré qu'elle n'avait jamais pris de décision importante « sans consulter d'abord au moins deux personnes, mon arrière-grand-mère, qui n'est plus de ce monde, et mon arrière-petite-fille, qui n'est pas encore née. »

La déclaration de Meir reflète la notion amérindienne de *l'intendance sur sept générations* qui conseille aux personnes de se souvenir de sept générations passées et d'envisager sept générations à venir lorsqu'elles prennent des décisions critiques. Le principe de « l'intendance sur sept générations » provient de la Grande Loi des Iroquois. Selon le principe, il est important de penser à sept générations à venir (environ 150 ans dans le futur) lorsqu'on prend des décisions aujourd'hui afin d'être sûr que ces décisions profiteront à nos descendants dans sept générations.

Le leadership conscient exige donc l'élargissement de la portée de la conscience dans des dimensions multiples. C'est clairement une étape difficile mais importante dans notre évolution et notre capacité de résilience et de survie. L'appel à une plus grande conscience n'est peut-être nulle part mieux exprimé que dans la déclaration suivante du grand scientifique Albert Einstein.

Un être humain est une partie du tout que nous appelons univers, une part limitée dans le temps et l'espace. Il se vit et vit ses pensées et ressentis comme quelque chose de séparé du reste, une sorte d'illusion optique de sa conscience. Cette illusion est pour nous une sorte de prison, nous limitant à nos désirs personnels et à l'affection pour quelques personnes très proches. Nous avons pour tâche de nous libérer de cette prison en élargissant notre cercle de compassion pour embrasser l'ensemble des créatures vivantes et la nature dans toute sa beauté.

Comment élargir notre cercle de conscience et de compassion ? Qu'est-ce qui nous en empêche ? Comment nous libérer de la prison créée par l'« illusion » de notre conscience que nous sommes séparés les uns des autres ? Quelle influence cela a-t-il sur les décisions que nous prenons pour nos vies et nos entreprises ?

Voilà quelques-unes des questions clés que nous aborderons concrètement dans les chapitres à venir de ce livre.

Albert Einstein a affirmé que « *un être humain est une partie du tout que nous appelons univers,* mais que, parce que nous sommes « *limités dans le temps et l'espace* » nous nous percevons ainsi que nos pensées et nos sentiments comme quelque chose « *séparé du reste* ». Selon Einstein, notre tâche doit consister à « *élargir notre cercle de compassion pour embrasser l'ensemble des créatures vivantes et la nature dans son entièreté.* »

Quel processus, déclencheur ou expérience de référence vous connecte automatiquement au ressenti d'un soi plus grand au-delà de votre identité d'individu séparé?

Tom Chi
Cofondateur de GoogleX

Trouver sa Connexion à l'« Holarchie » plus Vaste

Ressentir la connexion à la plus grande holarchie dont nous sommes une partie nous aide à retrouver un sens de la finalité, de l'axe et de l'engagement. Il existe certains déclencheurs naturels ou des points de référence qui peuvent immédiatement nous connecter ou nous rappeler que nous faisons partie de quelque chose de plus grand que nous-mêmes. La prière, les icônes, les rituels, etc., en sont des exemples. Certaines personnes, stimuli et autres phénomènes peuvent aussi devenir des ancres qui nous relient à la conscience que nous faisons partie de quelque chose de plus grand.

Un exemple fascinant est fourni par Tom Chi, cofondateur du laboratoire de développement de Google, Google X ; une division de Google qui est responsable du développement des innovations, telles que :

- Lunettes connectées Google Glass
- Véhicules sans conducteur
- Lentilles de contact qui mesurent la glycémie dans les larmes
- Ballons dans la stratosphère qui fournissent internet au monde entier

Chi, qui était également participant de mon groupe « Silicon Valley Conscious Leaders Mastermind Group », partageait que l'une de ses pratiques pour étendre sa conscience et se connecter à l'holarchie plus grande était de choisir tout simplement un objet dans son environnement et de commencer à imaginer « toutes les mains responsables de sa présence ici ».

Par exemple, mettons que vous regardez un verre d'eau sur la table près de vous. Il y a les mains qui ont rempli le verre et les mains qui l'ont posé sur la table. Il y a les mains qui ont sorti le verre de son placard. Il y a les mains qui l'avaient posé dans le placard. Il y a les mains qui ont lavé le verre avant de le ranger ; les mains qui tenaient le verre pour boire avant qu'il ne soit lavé ; les mains qui l'ont déballé à son emplacement actuel ; les mains qui l'y ont expédié ; les mains qui l'ont emballé pour expédition ; les mains qui l'ont transporté à l'emballage ; les mains qui l'on retiré de la machine qui l'a fait ; les mains qui ont fait cette machine ; les mains qui ont conçu la machine ; les mains qui ont conçu le verre ; les mains qui ont récolté les matières premières dont le verre a été fabriqué ; les mains qui ont conçu le verre qui a inspiré la conception de ce verre particulier ; et ainsi de suite.

Chi se rappelle que l'un des déclencheurs qui lui rappellent immédiatement qu'il fait partie de quelque chose de plus grand que lui-même est le souvenir d'une maladie grave dont il a souffert au début de sa carrière. Le traitement de la maladie a exigé qu'il reçoive une série de transfusions sanguines d'urgence qui ont remplacé presque tout le sang dans son corps. En récupérant, Chi a réalisé soudainement « une grande partie de moi est quelqu'un d'autre ». Il a réalisé que « je suis vivant grâce à la générosité d'au moins 10 personnes que je ne rencontrerai jamais ». Il a pris l'engagement d'être reconnaissant de ce qu'il appelle la « générosité invisible » de tant de personnes « qui vous permet de tenir debout ».

Cela a également stimulé certaines questions fondamentales chez lui : « Comment devons-nous penser pour avoir le monde que nous voulons ? » et la question de la fondation des « moonshots » de Google (Ndt : Google X est surnommé 'The Moonshot Factory', la fabrique des voyages sur la lune) : « comment pouvons-nous changer positivement un milliard de vies ? » C'est ce genre de questions qui l'ont inspiré à cofonder GoogleX.

Aujourd'hui, Chi est un partisan du « prototypage rapide » qu'il considère comme un moyen d'accélérer les innovations qui créeront le monde de demain.

La prise de conscience de Tom Chi qu'il était « vivant grâce à la générosité d'au moins 10 personnes » qu'il ne connaitrait jamais a fait émerger en lui des questions fondamentales comme : « Comment devons-nous penser pour avoir le monde que nous voulons ? » et la question de la fondation des « moonshots » de Google (Ndt : Google X est surnommé 'The Moonshot Factory', la fabrique des voyages sur la lune) : « comment pouvons-nous changer positivement un milliard de vies ? »

Prenez un objet dans votre environnement immédiat et demandez-vous « combien de main sont responsables de sa présence ici ? »

L'Ego et l'Âme

En résumé, les leaders conscients doivent tenir compte des motivations découlant de deux aspects complémentaires de notre réalité : ce qui émerge (1) de notre existence en tant que tout indépendant et séparé, et (2) notre existence en tant que partie d'un tout plus vaste (ex : famille, profession, communauté, etc.) La part de notre existence que nous percevons comme un *tout individuel*, nous l'appelons *ego*. La part de notre existence que nous percevons comme un *holon* (partie d'un tout plus vaste) peut être appelée notre *âme*.

Notre « ego » est notre sentiment d'être un soi séparé, une identité individuelle et un tout distinct.

Notre « âme » se dégage de notre expérience d'être un holon intégré dans quelque chose de plus grand que nous.

Du point de vue de la Modélisation des Facteurs de Succès, ces deux aspects, ego et âme, sont nécessaires à une existence saine et couronnée de succès. Les questions fondamentales liées à notre *ego* concernent ce que nous voulons réaliser pour nous-mêmes en termes d'*ambition* et de *rôle* : « Quel type de vie est-ce que je veux créer pour moi-même ? » et « Quel type de personne est-ce que je dois être pour créer la vie que je veux ? » Il s'agit de vivre nos rêves pour nous-mêmes. Les questions fondamentales liées à l'*âme* concernent notre *vision* et notre *mission* pour les systèmes plus vastes dont nous faisons partie : « Qu'est-ce que je veux apporter au monde qui soit plus grand que moi ?» et « Quelle est ma contribution unique qui va concourir à réaliser cette vision ? »

Dans l'approche SFM, ces caractéristiques de l'*ego* (nous en tant que tout indépendant) et de l'*âme* (nous en tant que holons faisant partie d'un système plus vaste) se combinent avec les différents niveaux de facteurs de succès, comme indiqué dans l'illustration qui suit.

Les dimensions complémentaires de l'ego et de l'âme apportent des éclairages différents à chaque niveau des facteurs de succès. Le côté de l'ego met l'accent sur l'ambition, le rôle, l'importance de l'autorisation, la stratégie et les réactions appropriées aux contraintes et dangers potentiels de l'environnement. Le côté de l'âme accorde la priorité à la vision, la mission, la motivation intérieure et l'activation de l'énergie et de l'intelligence émotionnelle nécessaires pour tirer parti des opportunités de l'environnement de façon proactive.

Notre plus haut niveau de performance et notre plus grande satisfaction surviennent lorsque nous équilibrons et alignons les motivations de notre ego et de notre âme ; englobant la double réalité que nous sommes simultanément des touts séparés et des holons intégrés.

Les recherches avec la Modélisation des Facteurs de Succès révèlent que les performances d'un individu, d'une équipe ou d'une organisation sont optimales quand les niveaux de facteurs de succès, tant pour l'ego que pour l'âme, sont équilibrés, alignés et intégrés. Le leadership conscient ne consiste pas seulement à créer une valeur pour les actionnaires. Il crée de la valeur pour toutes les « parties prenantes », y compris celles qui n'existent pas encore.

Pour atteindre cet équilibre et cette intégration il est essentiel de clarifier et d'aligner vision, mission, ambition et rôle. Ces quatre jalons sont les fondations d'un état d'esprit entrepreneurial performant et constituent la base des projets et entreprises que nous menons en tant qu'entrepreneurs.

EGO
Tout
Distinct

ÂME
Holon
Intégré

Actionnaires

Équipe

Clients

Ambition
(Statut et niveau de performance désirés)

FINALITÉ
Pour Qui?
Pour Quoi?

Vision
(Changer la donne dans l'intérêt des clients)

Passion

Rôle
(Tâches prescrites)

IDENTITÉ
Qui?

Mission
(Contribution unique)

Permission
(Approbation, Autorisation)

VALEURS et CROYANCES
Pourquoi?

Motivation
(Inspiration, enthousiasme)

Stratégie
(Intelligence Intellectuelle)

CAPACITÉS
Comment?

Énergie
(Intelligence Émotionnelle)

Réaction
(Réponse appropriée à l'environnement)

COMPORTEMENT
Quoi?

Proaction
(Initiative dynamique)

Contraintes Menaces

ENVIRONNEMENT
Où? Quand?

Opportunités Options

Manager Efficace

Niveaux des Facteurs en lien avec « l'Ego et l'Âme »

Leader Entrepreneurial

Développer la Sagesse

Nous devons ajouter une autre dimension aux quatre jalons énumérés ci-dessus. Outre la vision, la mission, l'ambition et le rôle, il y a un autre facteur important lié à l'état d'esprit nécessaire pour créer une entreprise performante et durable qui est « apte pour le futur » : un certain degré de sagesse. La *sagesse* selon le dictionnaire est « la capacité à penser et agir en utilisant le savoir, l'expérience, la compréhension, le bon sens et la perspicacité ». Ces aspects de l'« état d'esprit » sont mis en œuvre pour parvenir à « une évaluation optimale des mesures à prendre ». La sagesse consiste donc à avoir un point de vue élargi et équilibré permettant à une personne ou un groupe de faire des choix et prendre des décisions plus réfléchis et plus écologiques.

La sagesse implique d'avoir une perspective élargie et équilibrée permettant à une personne ou un groupe de faire des choix et prendre des décisions meilleures et plus écologiques.

Dans son article LinkedIn de novembre 2013 *How to Think like a Wise Person (Comment penser en sage)*, l'auteur et professeur universitaire Adam Grant (voir *SFM Vol. II* , pp. 56 – 57 & p. 294) distingue les étapes suivantes pour développer la sagesse :

1. Réfléchir avec attention aux leçons tirées de l'expérience.

2. Voir le monde en nuances de gris, pas en noir et blanc.

3. Équilibrer intérêt personnel et bien commun.

4. Défier le statu quo.

5. Chercher à comprendre, plutôt qu'à juger.

6. Se concentrer sur la finalité avant le plaisir.

Ces mesures sont clairement alignées sur les pratiques caractérisant le leadership conscient. Nous pouvons facilement dire que les leaders conscients sont des dirigeants sages, et que les leaders sages sont des dirigeants conscients.

Une plus grande sagesse est une conséquence naturelle du leadership conscient.

Dans les chapitres à venir de ce livre, je vais fournir des principes, des modèles et des outils qui vous aideront à développer les capacités essentielles du leadership conscient; en particulier dans le contexte d'un entrepreneur. Nos objectifs seront, selon les mots d'Elon Musk, d'« accroître la portée et l'ampleur de la conscience humaine » afin de « faire une différence positive dans l'avenir de l'humanité ». Il n'y a peut-être rien de plus important que nous puissions faire pour nous-mêmes, notre monde aujourd'hui et pour notre avenir.

Résumé du chapitre

La *Modélisation des Facteurs de Succès™* est une méthodologie dont l'objectif est d'identifier les facteurs de succès critiques – les « différences qui font la différence » – partagée par les entrepreneurs, les équipes et les organisations remarquables, puis définir des modèles, outils et savoir-faire précis que d'autres peuvent utiliser pour augmenter significativement leurs chances de produire un impact et d'atteindre la réussite. Pour ce faire, SFM™ examine les liens entre les états d'esprit, les actions et les résultats afin de rechercher les schémas les plus importants et reproductibles des *pratiques des affaires* et des *compétences comportementales* utilisées par des individus, des équipes et des entreprises efficaces pour atteindre leurs résultats souhaités.

Ce livre, le volume III de la *Modélisation des Facteurs de Succès*, met l'accent sur le leadership, l'innovation et la résilience. La *résilience* est la capacité des individus, des équipes et des organisations à résister ou à se redresser rapidement dans des conditions difficiles et à maintenir un état d'équilibre en ce qui concerne la réussite et l'adversité. L'innovation et le leadership sont nécessaires pour y parvenir.

Le leadership *efficace* implique de donner une direction et fournir de l'énergie ; c.-à-d., exprimer une vision et motiver les gens. Il consiste également à encourager la coopération en équipe et être un exemple. Un bon leader fournit des orientations, agit comme un exemple et incite les autres à travailler efficacement ensemble pour atteindre des objectifs porteurs de sens.

Les bons dirigeants doivent également veiller à ce que leurs entreprises soient « aptes pour le futur. » C'est-à-dire qu'elles soient capables de s'adapter et de réagir efficacement aux défis et aux changements qui vont inévitablement survenir. Cela exige une flexibilité et une innovation suffisantes afin d'élargir leur éventail de choix et de ressources.

L'aptitude pour le futur va de pair avec le *développement durable :* « assurer le développement qui répond aux besoins actuels sans compromettre la capacité des générations futures à satisfaire leurs propres besoins ». Cela exige l'utilisation et la gestion créatrices et responsables des ressources et la réalisation d'un équilibre entre la croissance économique, l'évolution technologique et les considérations environnementales.

La réalisation de cet ensemble exige un *leadership conscient* - la capacité de « construire une entreprise durable et de vous guider vous-même ainsi que votre équipe à partir d'un état de présence centrée, en accédant à des intelligences multiples et de faire vivre vos valeurs les plus élevées au service d'une plus vaste finalité dans l'intérêt de toutes les parties prenantes. » Les leaders conscients sont authentiques, émotionnellement intelligents et responsables.

Le leadership conscient implique la capacité de « construire une entreprise durable et de vous guider vous-même et votre équipe depuis un état de présence centrée, en accédant à des intelligences multiples et de faire vivre vos valeurs les plus élevées au service d'une plus vaste finalité dans l'intérêt de toutes les parties prenantes ».

Elon Musk fournit un bon exemple de toutes les caractéristiques essentielles du leadership conscient. Fondateur visionnaire de sociétés comme PayPal, SpaceX, Tesla Motors et SolarCity, Musk aspire à « faire une différence positive pour l'avenir de l'humanité » en « accroissant la portée et l'ampleur de la conscience humaine » et en « faisant tout son possible pour amener un plus grand éveil collectif ». Par l'intermédiaire de ses entreprises, ses objectifs déclarés consistent à « accélérer la transition mondiale vers l'énergie durable et aider à faire de l'humanité une civilisation multiplanétaire, une conséquence étant la création de centaines de milliers d'emplois et d'un avenir plus stimulant pour tous ».

Cela exige une quantité incroyable de ténacité, de détermination et d'innovation. Musc a dû composer avec de nombreux revers et survivre à une crise dans laquelle trois de ses sociétés étaient sur le point de faire faillite. Il a pu faire un des plus grands retours de l'histoire sur la scène entrepreneuriale en raison de sa dédication à une finalité plus élevée et sa capacité d'innovation et d'auto-réflexion. Ses conseils aux autres dirigeants et entrepreneurs : « Cherchez constamment comment vous pourriez faire mieux et questionnez-vous en permanence. »

L'exemple d'Elon Musk révèle des éléments clés sur plusieurs niveaux de *Facteurs de Succès* identifiés par la Modélisation des Facteurs de Succès : environnement, comportement, capacités, croyances et valeurs, identité et finalité. Il illustre également l'importance de la capacité des dirigeants conscients à se considérer comme un membre contributeur d'une plus grande « holarchie », un système intégré de parties et de touts qui va des particules sub-atomiques à l'univers.

Selon la notion d'*holarchie*, nous sommes constitués de touts atomes, qui forment des touts molécules, qui se combinent pour former des touts cellules, qui s'assemblent en touts organes et un tout système nerveux interconnecté qui forment notre tout corps. À notre tour, nous sommes des parties d'ensembles de plus en plus vastes : une famille, une communauté professionnelle, l'ensemble des créatures vivantes de cette planète qui, à son tour, fait partie de notre système solaire et finalement tout l'univers. La principale mesure de la « conscience » d'un leader conscient est la taille de l'holarchie la plus grande qu'il est en mesure de garder en conscience lorsqu'il ou elle fait des plans pour l'avenir, prend des décisions et agit. Plus on est conscient, plus grande est l'holarchie que l'on est capable de prendre en considération pour créer de multiples résultats gagnant-gagnant.

Ainsi, l'un des objectifs de ce volume de la Modélisation des Facteurs de Succès est d'aider les dirigeants et les entrepreneurs à élargir en pratique « la portée et l'envergure de leur conscience ». Un point de départ est de *trouver votre connexion à l'holarchie plus grande*. Cela peut se faire en recherchant quel processus, déclencheur ou expérience de référence vous connecte automatiquement au ressenti d'un soi plus grand au-delà de votre identité d'individu séparé. Des personnes comme Steve Jobs (cofondateur de la pomme), Golda Meir (première femme Premier Ministre d'Israël) et Tom Chi (cofondateur de GoogleX) donnent des exemples intéressants de la manière dont ce lien peut être fait et pourquoi il est important.

Peut-être l'un des facteurs de réussite les plus significatifs liés au leadership, à l'innovation et à la résilience conscients est l'équilibre entre l'*ego* (notre existence indépendante en tant que tout indépendant et séparé) et l'*âme* (notre existence en tant que partie d'un tout plus vaste). Les performances d'un individu, d'une équipe ou d'une organisation sont optimales quand les différents niveaux de facteurs de succès, tant pour l'ego que pour l'âme, sont équilibrés, alignés et intégrés.

Pour finir, l'aptitude pour le futur, le développement durable, l'innovation et la résilience exigent un certain degré de sagesse. *Le développement de la sagesse* exige que nous réfléchissions avec attention aux leçons tirées de l'expérience ; voir le monde en nuances de gris plutôt qu'en noir et blanc ; équilibrer intérêt personnel et bien commun ; défier le statu quo ; chercher à comprendre plutôt qu'à juger ; et se concentrer sur la finalité avant le plaisir.

Toutes ces questions, capacités et facteurs de réussite seront développés dans les chapitres suivants de ce livre.

Références :

- Bill Clinton On Leadership, Fortune Magazine, April 7, 2014.
- Elon Musk : Tesla, SpaceX and a quest for a Fantastic Future, Vance, Ashlee, HarperCollins Publishers, New York, NY, 2015.
- http://vator.tv/news/2010-12-23-elon-musk-work-twice-as-hard-as-others
- http://www.inc.com/jana-kasperkevic/google-hangout-advice-elon-musk-richard-branson.html
- http://www.mentvalleyinsights.com/how-tom-chi-cofonder-of-google-x-innovates-like-crazy/

Rebondir face à l'adversité – Développer la Résilience

Si tu peux rester ton maitre alors qu'autour de toi,
Nul n'est resté le sien, et que chacun t'accuse ;
Si tu peux te fier à toi quand tous en doutent,
En faisant cependant sa part juste à leur doute ;

Si tu sais patienter sans lasser ta patience,
Si, sachant qu'on te ment, tu sais ne pas mentir ;
Ou, sachant qu'on te hait, tu sais ne pas haïr,
Sans avoir l'air trop bon ou paraitre trop sage ;

Si tu aimes rêver sans t'asservir au rêve ;
Si, aimant la pensée, tu n'en fais pas ton but,
Si tu peux affronter, et triomphe, et désastre,
Et traiter en égaux ces deux traitres égaux ;

Si tu peux endurer de voir la vérité,
Que tu as proclamée, masquée et déformée,
Par les plus bas valets en piège pour les sots,
Si voyant s'écrouler l'œuvre qui fut ta vie,
Tu peux la rebâtir de tes outils usés ;

Si tu peux rassembler tout ce que tu conquis,
Mettre ce tout en jeu sur un seul coup de dés,
Perdre et recommencer du point d'où tu partis
Sans jamais dire un mot de ce qui fut perdu ;

Si tu peux obliger ton cœur, tes nerfs, ta moelle,
À te servir encore lorsqu'ils ont cessé d'être ;
Si tu restes debout quand tout s'écroule en toi
Sauf une volonté qui sait survivre à tout ;

Si t'adressant aux foules tu gardes ta vertu,
Si, fréquentant les Rois, tu sais rester toi-même,
Si ton plus cher ami, si ton pire ennemi,
Sont tous deux impuissants à te blesser au cœur,

Si tout homme avec toi compte sans trop compter ;
Si tu sais mettre en la minute inexorable,
Exactement pesées les soixante secondes.
Alors la terre est tienne et tout ce qu'elle porte,
Et mieux encore tu seras un [leader conscient - RD] !

Rudyard Kipling
(Traduit de l'anglais par Germaine Bernard-Cherchevski, 1942)

Développer la Discipline pour Rebondir

Comme l'illustre clairement l'exemple d'Elon Musk, la capacité à anticiper et à faire face à l'adversité est un facteur de succès crucial pour les entrepreneurs et les dirigeants. Musk prévient que « créer une entreprise est une chose très difficile... vous devez avoir la certitude que ce sera très difficile ». Il avertit que, lors du lancement d'une nouvelle entreprise, il est inévitable que vous « fassiez des erreur s », « rencontriez des problèmes auxquels vous ne vous attendiez pas » et « marchiez sur des mines ». Comme il le fait remarquer, « Vous devez être prêt à faire tout ce qu'il faut. »

Les entrepreneurs prospères et les leaders conscients savent bien que la résilience, l'aptitude pour le futur et la durabilité (surtout pendant les périodes difficiles) exigent un degré de discipline élevé. La discipline est une activité d'exercices et de pratiques permanentes plutôt que de techniques de « réparation rapide » ou d'interventions ponctuelles.

Dans son travail révolutionnaire, *The Fith Discipline* (1990 ; paru en français : La Cinquième discipline, 2015), Peter Senge a affirmé qu'il y avait **cinq disciplines** qui doivent être pratiquées par tous dans une entreprise pour qu'elle devienne véritablement une entité durable ou « organisation apprenante ». Ces cinq disciplines peuvent être considérées comme les piliers de la résilience, de l'aptitude pour le futur et du développement durable :

1. Atteindre et encourager la maîtrise personnelle.
2. Prendre conscience et étudier les cartes mentales et les suppositions.
3. Développer la vision et créer l'avenir.
4. Encourager l'apprentissage en équipe.
5. Développer la capacité de pensée systémique.

Même si cela fait plus de 25 ans que Senge a formulé ces cinq disciplines, elles sont tout aussi pertinentes pour les individus, les équipes et les organisations d'aujourd'hui. En fait, elles sont remarquablement parallèles aux « trois joyaux » du Zen-trepreneuriat identifiés dans *SFM volume I* (pp. 70 – 71) – Dharma, Bouddha et Sangha :

- Poursuivre la maîtrise personnelle et accroître la conscience des cartes mentales et des suppositions, c'est travailler pour atteindre notre expression la plus élevée et atteindre la meilleure version de nous-mêmes (Bouddha).
- Développer une vision, créer le futur et pratiquer la pensée systémique, c'est vivre authentiquement nos chemins de vie et accomplir notre finalité en harmonie avec notre environnement (Dharma).
- Encourager l'apprentissage en équipe consiste à développer une communauté de pairs, de mentors, de parrains et de collaborateurs qui utilisent les mêmes méthodes et travaillent à la réalisation des mêmes objectifs (Sangha).

Les volumes précédents de la *Modélisation des Facteurs de Succès* ont présenté un certain nombre d'outils, de modèles et de méthodes qui soutiennent les cinq disciplines de Senge et rendent la résilience, l'aptitude pour le futur et le développement durable plus pratiques et accessibles. Ce volume continuera d'explorer les compétences, les outils et les exercices qui aident à mettre en pratique l'ensemble de ces cinq disciplines afin de promouvoir l'aptitude pour le futur et la capacité de résilience au niveau individuel et organisationnel.

Nous commencerons par une exploration de l'intelligence émotionnelle et de la maîtrise personnelle.

L'importance de l'Intelligence Émotionnelle

Dans la définition du leadership conscient que j'ai donnée dans la section précédente, j'ai identifié l'intelligence émotionnelle comme l'une des capacités clés caractérisant les leaders conscients. Il est certain que le développement d'une plus grande intelligence émotionnelle est un facteur de réussite essentiel pour atteindre la résilience, la réussite durable et l'aptitude pour le futur.

L'*intelligence émotionnelle* (QE) est considérée comme un type d'intelligence à orientation sociale distinct de l'intelligence rationnelle abstraite traditionnelle (QI). Selon l'auteur Daniel Goleman, l'intelligence émotionnelle implique « la capacité à être à l'écoute de ses propres émotions et de celles des autres, de les distinguer entre elles et d'utiliser l'information pour guider sa pensée et ses actions ».

Ainsi, l'intelligence émotionnelle fait référence à la capacité de reconnaître nos propres sentiments et ceux des autres, de nous motiver, et de gérer les émotions en nous et dans nos relations. Ces capacités sont distinctes, mais complémentaires, de l'intelligence académique ou des capacités purement cognitives mesurées par le QI.

Un certain nombre d'études indiquent que l'intelligence traditionnelle (QI) n'est qu'un des facteurs qui déterminent la réussite dans la vie. Des recherches convaincantes indiquent que le QE (Quotient d'Intelligence Émotionnelle) est *deux fois plus important que le QI et les compétences techniques* pour des performances exceptionnelles. La corrélation entre les résultats des tests de QI et les performances des gens dans leur carrière indique que le QI n'a qu'une part d'environ 25% dans la réussite d'une personne. Le reste, c'est le QE.

La plupart des éléments de l'intelligence émotionnelle sont considérés comme des compétences essentielles pour le leadership, le travail d'équipe et la collaboration efficaces, et qu'on peut apprendre. Le développement de l'intelligence émotionnelle nous aide à être personnellement préparés à être à notre meilleur, à relever les défis, surmonter les obstacles et rester concentrés sur notre état désiré.

L'un des principaux objectifs de ce volume de la *Modélisation des Facteurs de Succès* est de fournir des compétences et outils qui aident les entrepreneurs et les leaders à améliorer leur intelligence émotionnelle dans les deux dimensions suivantes : (1) le QE personnel – la capacité à comprendre ses propres sentiments et motivations, et (2) le QE social – la capacité à comprendre les sentiments et les intentions des autres.

Le QE personnel est la capacité à reconnaître et à gérer nos propres réactions émotionnelles.

Le QE (Quotient Émotionnel) social comprend la capacité à comprendre et répondre aux sentiments et aux intentions des autres.

Les Cinq Composantes de l'Intelligence Émotionnelle

Selon Goleman, l'intelligence émotionnelle comprend cinq composantes fondamentales :

Conscience de Soi
- Conscience de soi émotionnelle
- Auto-évaluation exacte (la compétence de « méta position »)

Auto-régulation
- Contrôle de Soi et Gestion de l'État Interne
- Flexibilité Comportementale
- Alignement Personnel

Auto-Motivation
- Autodiscipline
- Persévérance
- Responsabilité

Empathie
- Sensibilité sociale (enrichissement de la compétence de « deuxième position »)
- Adoption de positions perceptives multiples

Compétences Sociales
- Établir le rapport
- Influence interpersonnelle (capacité de « synchroniser et guider »)
- Adapter son style de communication

Le tableau suivant résume certaines des capacités et caractéristiques clés de l'intelligence émotionnelle que nous allons explorer dans ce chapitre et les sections à venir.

Lorsqu'une situation intérieure n'est pas rendue consciente, elle apparaît à l'extérieur comme une fatalité.
– Carl Jung

La connaissance n'est qu'une rumeur jusqu'à ce qu'elle soit dans le muscle.
– Proverbe de Nouvelle-Guinée

	Définition	Caractéristiques	
Conscience de Soi	Capacité à reconnaître et à comprendre vos humeurs, émotions et pulsions ainsi que leurs effets sur les autres	Confiance en Soi, Auto-développement Réaliste, Authenticité	
Auto-Régulation	Capacité à gérer ou à rediriger les impulsions et les humeurs perturbatrices. Propension à suspendre le jugement - à réfléchir avant d'agir	Fiabilité et intégrité, Confort avec l'ambiguïté, Ouverture au changement	
Auto-Motivation	Une passion pour travailler pour des raisons qui vont au-delà de l'argent ou du statut, Capacité à équilibrer l'intérêt personnel avec le bien commun	Discipliné, Optimiste face à l'échec, Responsable	
Empathie	Capacité à comprendre le maquillage émotionnel des autres, Aptitude à traiter les gens en fonction de leurs réactions émotionnelles	Expertise en matière de développement et de conservation des talents, Sensibilité interculturelle	
Compétences Sociales	Capacité à trouver un terrain d'entente et à établir des relations, Habileté à gérer les relations et à créer des réseaux	Efficacité dans la conduite du changement, Persuasion, Expertise dans la constitution et la direction d'équipes	

Il est intéressant de noter que ces éléments s'alignent bien avec les résultats de l'étude de Google sur le « QI collectif » que j'ai citée dans *SFM Vol. II* (pp. 300 – 301). Dans l'étude, les chercheurs de Google ont découvert que les membres des équipes les meilleures et les plus efficaces de l'entreprise affichaient des degrés élevés d'empathie et de compétences sociales. Il s'agissait notamment de la « *sensibilité sociale* » – c'est-à-dire la perception de ce que les autres ressentent en fonction du ton de leur voix, de leurs expressions faciales et d'autres indices non verbaux – et de la « *sécurité psychologique* » – un climat d'équipe caractérisé par la confiance interpersonnelle et le respect mutuel dans lequel les gens sont à l'aise d'être eux-mêmes. De toute évidence, le QE (Quotient d'intelligence Émotionnelle) est une composante fondamentale du « QI collectif ».

L'intelligence émotionnelle est également l'un des principaux facteurs de succès que nous avons découvert chez les entrepreneurs et les dirigeants efficaces, surtout lorsqu'ils font face à l'adversité et qu'ils ont besoin de maximiser la résilience. Tout au long de la suite de ce livre, nous vous fournirons des aperçus et des exercices pour vous aider à développer un niveau plus élevé d'intelligence émotionnelle pour vos propres sentiments et les motivations et les sentiments des autres.

Développer l'Intelligence Émotionnelle

L'*intelligence*, en général, est définie comme : *la capacité à interagir avec succès avec son environnement, en particulier face à un défi ou un changement.* Le dictionnaire Webster définit l'intelligence comme « la capacité de savoir ou de comprendre » et d'avoir « un bon jugement ».

L'*intelligence émotionnelle* implique donc la capacité d'interagir avec succès avec les émotions en les comprenant, en ayant un bon jugement à leur égard et en choisissant entre elles de manière appropriée. Développer une intelligence émotionnelle efficace implique d'appliquer ces compétences (a) à *nous-mêmes*, (b) aux *autres* et (c) aux *groupes*.

Les principaux domaines concernés par l'application de l'intelligence émotionnelle pour un leader ou un entrepreneur sont :

(1) faire face à des états émotionnels difficiles et

(2) stimuler ou susciter des états de ressources émotionnelles.

Les réactions émotionnelles sont généralement considérées comme la «sève» qui apporte de l'énergie dans une situation ou une interaction particulière. Les réactions émotionnelles elles-mêmes peuvent toutefois être perçues comme « positives » ou « négatives ». Les émotions positives sont associées à la motivation et à l'enthousiasme. Les émotions négatives sont associées aux problèmes et aux limitations. Cependant, les émotions elles-mêmes ne sont généralement pas le problème. C'est le comportement produit par l'émotion, et les effets de ce comportement sur les autres, qui détermine si une émotion particulière est un problème ou une ressource.

Selon l'Encyclopédie de Grolier :

> *Une émotion est une condition qui affecte l'organisme tout entier et influence la qualité de la façon dont il interagit avec son environnement. Les émotions sont des réactions à d'importants problèmes de la vie, comme être confronté à un danger ou à un rival, être en compétition pour la nourriture ou l'emploi, trouver un partenaire, ou perdre un proche. De telles réactions aident l'individu face au problème, c'est-à-dire en se battant, en s'enfuyant, en tombant amoureux, ou en appelant à l'aide. Bien que l'émotion représente un changement dans l'état intérieur d'une personne, c'est aussi un changement de comportement ; plus important encore, le comportement est conçu pour avoir un effet sur les personnes ou les événements autour de la personne.*

Ainsi, les émotions sont des états complexes ayant une manifestation tant interne qu'externe. Les aspects internes et subjectifs des émotions sont décrits en des termes tels que « heureux », « triste », « en colère », « dégoûté », etc. Les manifesta-

---

Le leadership efficace requiert de l'intelligence émotionnelle et la capacité d'inspirer des états de ressources émotionnelles, et de gérer les états émotionnels difficiles chez soi et chez les autres.

Les émotions elles-mêmes ne sont ni «positives» ni «négatives», mais peuvent être exprimées de manière aidante ou préjudiciable.

Les émotions sont les réactions intérieures d'une personne face à la perception de problèmes de vie importants qui stimulent des comportements qui visent à avoir un effet sur les personnes ou les événements autour d'elle.

tions extérieures des émotions sont désignées en termes de comportement, comme « sourire », « froncer les sourcils », « pleurer », « embrasser », « frapper », « s'enfuir », etc.

Compétences pour Gérer les Émotions « Négatives »

Traiter les émotions «négatives» d'une manière émotionnellement intelligente implique (a) de reconnaître qu'elles ont une valeur de survie, (b) de rechercher et de comprendre l'intention positive qui les sous-tend, et (c) d'ajouter d'autres alternatives comportementales, compte tenu de l'intention et du contexte spécifiques liés à la réponse émotionnelle. Vu sous l'angle de la modélisation des facteurs de succès, le *quoi* (le comportement) associé à la réponse émotionnelle doit être séparé du *pourquoi* (les croyances, les valeurs et l'intention) qui sont les sources de la réponse émotionnelle. L'intention derrière une réaction émotionnelle est la signification ou le but de cette émotion. L'*intention positive* de la « peur », par exemple, peut être « protection ». L'intention positive de la « colère » peut être la motivation à « agir » ou « fixer des limites ».

Une fois l'intention identifiée, on peut explorer des choix de comportements appropriés et connectés à l'intention derrière l'émotion. Plutôt que de réagir par un comportement violent lorsqu'elle est en colère, par exemple, une personne peut apprendre d'autres choix qui répondent à l'intention de la colère : c'est-à-dire exprimer ses sentiments, se promener, se concentrer sur un projet, etc. Cela implique le développement d'un certain nombre de compétences clés, notamment :

1. *Constater* (calibrer) la présence d'un état émotionnel particulier

2. *Admettre* la présence de l'état sans jugement

3. *Accueillir* l'état émotionnel dans un environnement d'« équanimité » (lui donner de la place)

4. *Comprendre* l'état émotionnel et sa fonction (intention positive)

5. *Donner des ressources* à l'état émotionnel en le reliant à d'autres émotions et états complémentaires

6. *Transformer* ou affiner l'expression de l'état émotionnel pour le rendre plus harmonieux et productif par rapport à son intention positive

7. *Intégrer* l'état émotionnel en tant que partie contributive d'un système plus large

Dans ce chapitre, nous explorerons comment développer et appliquer ces compétences, à vous-même et aux autres, afin de rebondir dans l'adversité et devenir plus apte pour le futur.

Pour traiter efficacement les émotions, en particulier les émotions « négatives », il faut identifier le but ou l'intention sous-jacents de l'état ressenti et relier cette intention à une réponse comportementale appropriée.

Conscience de soi

Auto-Régulation

Coordonner la Tête, le Cœur et les Tripes

L'intelligence émotionnelle exige clairement qu'on utilise plus que notre simple intelligence cognitive. Le QE implique l'accès aux connaissances et aux informations somatiques. Nous devons aligner les cerveaux du ventre et du cœur avec celui de la tête. On ne nous apprend généralement pas comment utiliser ces autres cerveaux à l'école, mais ils sont le socle de l'intelligence émotionnelle.

Le Cerveau dans le Ventre

Le *système nerveux entérique* dans notre intestin, par exemple, se compose d'environ 500 millions de neurones – cinq fois plus que les 100 millions de neurones de la moelle épinière humaine, et environ les 2/3 du système nerveux complet d'un chat. En fait, le système nerveux entérique est souvent appelé le « deuxième cerveau » du corps humain.

Les biologistes pensent que, au cours de l'évolution des mammifères, le système nerveux entérique est devenu trop important pour résider dans la tête d'un nouveau-né, avec de longues connexions descendant jusqu'au ventre. Les bébés ont besoin de manger et de digérer de la nourriture dès la naissance. Le processus d'évolution semble donc avoir préservé le système nerveux entérique comme un circuit indépendant. Il n'est que faiblement connecté au système nerveux central et peut principalement fonctionner seul, sans contrôle par le cerveau dans la tête.

Tout comme celui dans notre tête, le « cerveau dans le ventre » envoie et reçoit des impulsions, enregistre les expériences et répond aux émotions en utilisant les mêmes neurotransmetteurs que les cellules cérébrales de notre tête. Le système nerveux entérique est situé dans les gaines des tissus qui tapissent l'œsophage, l'estomac, l'intestin grêle et le côlon. Considéré comme une entité unique, il s'agit d'un réseau de neurones, de neurotransmetteurs et de protéines qui transmettent des messages entre les neurones, formant un circuit complexe qui lui permet d'agir de manière indépendante, d'apprendre et de se souvenir en produisant les « ressentis des tripes ».

Lorsque le système nerveux central rencontre une situation menaçante, par exemple, il libère des hormones de stress qui préparent le corps à se battre ou à fuir. Le système entérique contient de nombreux nerfs sensoriels qui sont stimulés par cette poussée chimique – d'où l'expérience que nous appelons « grenouilles ».

Pour cette raison, le cerveau dans l'intestin est généralement associé à l'intuition et à l'évaluation.

Le système nerveux entérique, avec presque autant de neurones que le cerveau d'un chat, est considéré comme le « deuxième cerveau » du corps humain.

Le Cerveau dans le Cœur

En plus du cerveau dans le ventre, un nombre croissant de recherches montrent que votre cœur est bien plus qu'une pompe mécanique. Le domaine en développement de la *neurocardiologie* démontre que le cœur est, en fait, un centre de traitement de l'information très complexe et auto-organisé, doté de son propre « cerveau » fonctionnel qui communique avec le cerveau de notre tête et l'influence par l'intermédiaire du système nerveux, du système hormonal et d'autres voies. Ces influences affectent profondément le fonctionnement du cerveau et la plupart des principaux organes du corps, affectant considérablement notre état interne et finalement notre qualité de vie.

Tout comme le système nerveux entérique, le circuit élaboré du cœur lui permet d'agir indépendamment du cerveau dans le crâne – d'apprendre, de se souvenir, et même de sentir et de ressentir. Le système nerveux du cœur contient environ 40 000 neurones, appelés neurites sensoriels, qui détectent les hormones circulantes et les neurotransmetteurs chimiques et perçoivent le rythme cardiaque et les niveaux de pression.

Divers groupes, notamment l'Institute of HeartMath, à Boulder Creek, en Californie, ont travaillé sur des moyens de faire appel à l'intelligence du « cerveau dans le cœur ». Affirmant que « le cœur est le générateur le plus puissant de schémas d'informations rythmiques dans le corps humain », les chercheurs de l'Institut HeartMath affirment que « en tant que point nodal critique dans de nombreux systèmes en interaction dans le corps, le cœur est positionné de manière unique comme un point d'entrée puissant dans le réseau de communication qui relie le corps, le mental, les émotions et l'esprit ».

Ce n'est donc pas étonnant que les gens associent subjectivement le cœur à la relation et à la passion.

Il est clair que les dirigeants conscients doivent utiliser leur tête et leur intelligence cognitive, mais ils ont besoin de plus que cela. Le leadership conscient demande plus qu'un « cerveau et un tableur ». Les leaders conscients sont aussi émotionnellement intelligents, des leaders «cœur et tripes» qui utilisent l'holarchie de leur système nerveux tout entier – tête, cœur et tripes – pour prendre des décisions et inspirer les autres.

Apprendre à utiliser les trois cerveaux ensemble est un élément clé de la maîtrise de l'intelligence émotionnelle et de ce que l'on appelle le « Jeu Intérieur ».

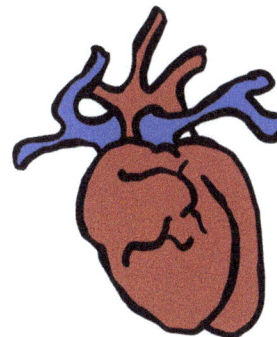

Il y a aussi un cerveau dans le cœur, ce qui crée un réseau de communication qui relie le corps, le mental, les émotions et l'esprit.

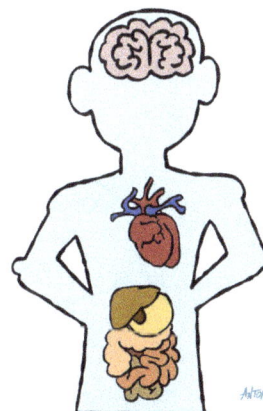

Les leaders conscients alignent leur tête, leur cœur et leurs tripes pour prendre des décisions et inspirer les autres.

La résilience et le « Jeu Intérieur »

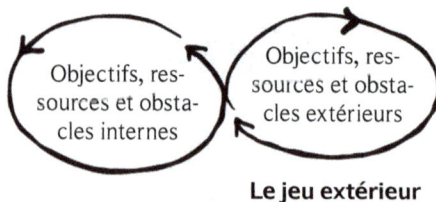

Dans chaque entreprise humaine, il existe deux théâtres d'engagement : l'extérieur et l'intérieur. Le jeu externe se joue sur un théâtre externe pour surmonter les obstacles externes pour atteindre un objectif externe. Le jeu intérieur se déroule dans l'esprit du joueur et se joue contre des obstacles tels que la peur, le doute de soi, les pertes de concentration et les concepts ou suppositions limitants. Le jeu intérieur est joué pour surmonter les obstacles auto-imposés qui empêchent une personne ou une équipe d'accéder à son plein potentiel.

– Timothy Gallwey

La clé de la résilience, de l'aptitude pour le futur et du leadership conscient est la maîtrise de notre « jeu intérieur ». Le *Jeu Intérieur* a à voir avec la mobilisation de nos ressources intérieures, le dépassement des obstacles auto-imposés et la fidélité à nos valeurs et à notre finalité. Comme le savent tous les athlètes, leaders et interprètes qui réussissent, pour gagner le jeu extérieur, nous devons d'abord réussir dans le jeu intérieur. L'intelligence émotionnelle est un élément clé de la maîtrise du jeu intérieur.

Il est probablement évident pour la plupart d'entre nous que si, dans notre tentative d'atteindre un objectif extérieur, nous rencontrons un obstacle intérieur, il sera beaucoup plus difficile d'atteindre cet objectif extérieur. Si nous rencontrons un obstacle extérieur avec des ressources intérieures, nous l'aborderons comme un défi et donnerons le meilleur de nous-mêmes pour réussir (comme Elon Musk). Lorsqu'un obstacle intérieur rencontre une ressource extérieure, nous sommes « chanceux » et nous nous sentirons probablement soutenus. Si nous rencontrons un obstacle extérieur avec un obstacle intérieur, par contre, nous avons très probablement créé un problème insoluble. En d'autres termes :

- Lorsqu'un *obstacle extérieur* rencontre un *obstacle intérieur*, le résultat est un problème insoluble.
- Lorsqu'*un obstacle extérieur* rencontre des *ressources intérieures*, le résultat est un défi atteignable.
- Lorsqu'*un obstacle intérieur* rencontre des *ressources extérieures*, le résultat est une chance.
- Lorsque les *ressources intérieures* rencontrent des *ressources extérieures*, le résultat est magique !

Apprendre à maîtriser votre « Jeu Intérieur » est une clé de la performance réussie en toutes circonstances et le fondement de *la maîtrise personnelle*. Le « Jeu Extérieur » de toute activité concerne ses aspects comportementaux et environnementaux. Dans le sport, cela concerne les aspects physiques liés à la pratique du jeu et à l'utilisation de l'équipement (raquette de tennis, skis, balle,

Timothy Gallwey
Auteur et créateur du « Jeu Intérieur »

Pour être efficaces, dirigeants et entrepreneurs doivent apprendre à maîtriser leur « jeu intérieur ».

Le jeu intérieur

Objectifs, ressources et obstacles internes

Objectifs, sources et obstacles extérieurs

Le jeu extérieur

L'état de notre jeu intérieur détermine notre efficacité dans le jeu extérieur.

batte, gant, etc.). Dans un environnement commercial, cela concerne l'application des outils et la mise en œuvre des procédures nécessaires pour accomplir les tâches critiques de la mission et être compétitif sur le marché.

Le *Jeu Intérieur* est en rapport avec votre approche mentale et émotionnelle de ce que vous faites. Cela comprend votre attitude, la confiance en vous-même et en votre équipe, votre capacité à vous concentrer efficacement, à faire face aux erreurs et à la pression, etc. Le concept de « Jeu Intérieur » a été développé par Timothy Gallwey (1974, 2000) comme un moyen d'aider les gens à atteindre l'excellence dans divers sports (par exemple, le tennis, le golf, le ski, etc.), la musique et aussi la formation en affaires et en gestion. La réussite dans n'importe quel domaine de performance implique l'utilisation de votre mental et de vos émotions ainsi que de votre corps. La préparation mentale et émotionnelle est l'essence même de votre jeu intérieur pour une bonne performance.

La clé du jeu intérieur est notre capacité à rester dans un état de performance optimal face à des circonstances difficiles. En période d'adversité ou de crise, nous avons le choix. Soit nous trouvons notre « zone intérieure d'excellence » et nous nous redynamisons en nous connectant à notre objectif supérieur et à nos ressources intérieures, soit nous abandonnons ou flanchons devant les défis et obstacles auxquels nous sommes confrontés.

De fait, conformément à l'avertissement d'Elon Musk, de nombreux défis se présenteront dans nos entreprises : peur de l'inconnu (qu'arrivera-t-il demain ?), faire face à une perte (un travail, un membre de l'équipe, un foyer, etc.) et un sentiment général de vulnérabilité (c'est-à-dire, comment puis-je réussir dans des circonstances défavorables ?). Ceux-ci peuvent nous plonger dans des stratégies de survie telles que l'agression, l'évasion ou la rigidité qui ne seront d'aucune aide.

Par contre, lorsque nous sommes en mesure de nous ancrer dans notre « zone intérieure », les actions découlent d'un type d'excellence sans effort qui s'appelle « jouer dans la zone ». Voici quelques éléments indiquant que vous êtes focalisé et dans « la zone » :

- Un sentiment d'« autorité humble » - la confiance en soi sans arrogance, un sentiment de confiance et l'absence d'anxiété et de doute de soi
- Une concentration sur la qualité et l'excellence de la réalisation
- Un état de préparation détendue dans le corps et d'espace centré dans le mental
- La performance vient sans faire d'effort et sans y penser

L'état contraire – anxiété, manque de confiance, faible énergie, peur, stress, paralysie mentale et émotionnelle – est responsable de nombreuses difficultés et échecs. En d'autres termes, *les limitations des personnes limitent leurs performances, ce qui limite l'entreprise.*

Jeu extérieur

Jeu intérieur

Compétences pour Maîtriser Votre Jeu Intérieur

Maîtriser votre jeu intérieur et augmenter votre résilience est un volet du développement de compétences clés d'autogestion.

Conscience de soi

Auto-Régulation

Les entrepreneurs et les dirigeants émotionnellement intelligents savent reconnaître quand ils sont dans leur « zone d'excellence » intérieure et quand ils sont hors de cette zone. Ils savent également quoi faire pour revenir « dans la zone » s'ils en ont besoin. Cela demande de l'entraînnement.

C'est la pratique physique qui renforce les compétences de votre jeu extérieur et les met dans la « mémoire musculaire » afin que vous n'ayez pas à y penser lorsque vous jouez. De même, il y a des compétences mentales et somatiques et des exercices qui peuvent vous aider à améliorer votre jeu intérieur. Voici certaines compétences clés du jeu intérieur :

- *Conscience de soi* – Accroître votre conscience des principaux éléments cognitifs et somatiques qui composent et influencent votre état intérieur et votre état d'esprit

- *Auto-Calibration* – Évaluer l'état actuel de ces éléments clés par rapport à leur valeur optimale

- *Auto-ajustement* – Ajuster les éléments clés pour produire une expression plus appropriée ou optimale et explorer les nouvelles options qui en découlent

- *Auto-Ancrage* – Trouver des indices et des déclencheurs qui vous aideront à vous souvenir et à consolider l'expression optimale de votre état d'esprit et votre état intérieur

En ce qui concerne la maîtrise de soi et le maintien d'un état d'esprit optimal, ces processus sont généralement appliqués dans la séquence suivante :

1. Apporter une nouvelle *conscience* à l'état émotionnel ou à l'état d'esprit problématique qui est déclenché par ou contribue à un état problématique actuel ou à une situation où vous avez perdu votre connexion avec votre « zone intérieure d'excellence ». Cela implique de prendre conscience de sa structure cognitive et somatique profonde.

2. *Calibrer* l'état actuel de votre état d'esprit par rapport à son état optimal. Cela permet de commencer à identifier les facteurs clés qui influencent votre état d'esprit; c'est-à-dire les « différences qui font une différence ».

3. *Ajuster* l'amplitude de l'intensité ou de l'activité des facteurs clés afin de les amener à un niveau plus approprié ou plus efficace. Explorer l'impact de cet ajustement sur les émotions, le comportement et la situation associés à l'état problématique afin de découvrir quels nouveaux choix sont possibles. Il est important de garder à l'esprit que le niveau optimal n'est pas toujours le niveau maximum.

4. *Ancrage* d'un certain degré d'intensité ou d'activité d'un ensemble de facteurs clés afin de les maintenir à un niveau optimal, en particulier dans des situations changeantes et difficiles.

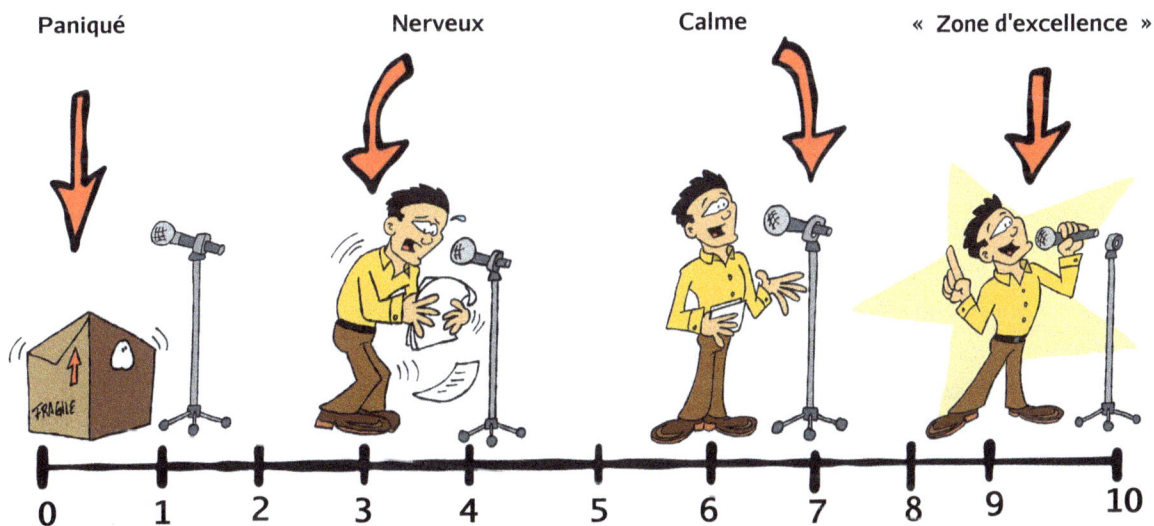

Apprendre à calibrer et ajuster votre état intérieur est une compétence importante pour la maîtrise de soi.

Créer des Ancres de Ressources

L'ancrage fait référence au processus d'association d'une réponse interne particulière avec un signal ou un déclencheur environnemental, de façon à pouvoir réactiver la réponse rapidement. L'ancrage est un processus similaire à la technique de « conditionnement » utilisée par Pavlov pour créer un lien entre l'audition d'une cloche et la salivation chez les chiens. En associant le son d'une cloche à l'acte de donner de la nourriture à ses chiens, Pavlov a découvert qu'il pouvait finalement faire saliver les chiens juste en sonnant la cloche, même sans donner de nourriture.

Une compétence importante pour maîtriser votre jeu intérieur, augmenter la résilience et rester dans votre « zone d'excellence » est la création des ancres de ressources.

Vous pouvez utiliser le processus d'ancrage pour vous aider à vous remémorer et accéder à vos ressources intérieures. Un certain objet, par exemple, peut devenir une ancre pour un état interne positif. Un vêtement peut devenir un point d'ancrage pour un sentiment de confiance, par exemple. Un morceau de musique peut devenir un point d'ancrage pour un état d'excitation ou de détermination. Certains de ces types d'associations sont spontanés et naturels. Vous pouvez également choisir d'établir consciemment, de renforcer et de réactiver des associations positives. De cette façon, une ancre devient un outil pour maîtriser votre jeu intérieur.

L'ancrage est un processus qui permet de créer des indices ou des déclencheurs qui vous remémoreront vos objectifs et vos ressources intérieures. Les gens ont toutes les ressources dont ils ont besoin pour faire des changements positifs et obtenir ce qu'ils veulent. Cependant, ils oublient souvent ces ressources au moment où ils en ont le plus besoin. Parfois, vous avez besoin d'un déclencheur ou d'une «ancre» pour entrer en contact avec eux. L'ancrage peut être un outil très utile pour aider à établir et à réactiver les états internes associés au but, à la créativité, à l'apprentissage, à la concentration et à d'autres ressources internes importantes.

Une ancre de ressource est un objet, une image ou un autre stimulus qui aide à vous remémorer et à vous reconnecter aux ressources internes.

Voici les étapes de base pour créer un ancrage de ressources :

1. Rappelez-vous un moment où vous avez fortement vécu l'expérience de ressource. Voyez ce que vous avez vu, entendez ce que vous avez entendu et ressentez ce que vous avez ressenti aussi intensément que vous le pouvez.

2. Trouvez quelque chose à utiliser comme point d'ancrage à activer pour vous aider à vous rappeler et vous reconnecter à l'expérience de ressource (Objet, image, vêtement, mot clé, geste, etc.).

3. Replongez-vous dans l'expérience de ressource. Voyez ce que vous avez vu, entendez ce que vous avez entendu et ressentez ce que vous avez ressenti aussi intensément que vous le pouvez. Connectez le souvenir de cette expérience à votre ancre en déplaçant momentanément votre attention sur le signal ou le déclencheur.

4. Videz votre esprit et changez d'état pendant un moment. Faites quelque chose pour vous distraire.

5. Mettez votre attention sur votre ancre. Vous devriez immédiatement ressentir la ressource. Sinon, répétez les étapes 3 et 4 encore quelques fois jusqu'à ce que l'association soit automatique.

Dans mon groupe « Conscious Leaders Mastermind » (voir *SFM Vol. II*, pp. 69 – 71), nous disons en plaisantant que « celui qui a le plus d'ancres gagne ». Par « gagner » dans ce cas, nous n'entendons pas faire perdre quelqu'un d'autre, mais plutôt être capable de maintenir un état d'esprit optimal et de rester dans sa zone d'excellence quoi qu'il arrive. Le fait d'avoir de nombreux points d'ancrage de ressources garantit que vous serez en mesure d'être au meilleur de vous-même dans toutes les situations.

À titre d'exemple, dans une interview du 16 janvier 2016, l'ancien président américain Barak Obama a révélé que, pour s'inspirer, il avait toujours avec lui certains des souvenirs que les gens lui avaient donnés depuis qu'il avait commencé à faire campagne. Il a soutenu qu'ils l'ont aidé à faire face aux mauvais jours parce qu'ils lui ont rappelé que « quelqu'un m'a donné le privilège de travailler sur ces problèmes qui vont les affecter ». Cela l'a connecté à son objectif supérieur, lui donnant l'énergie et la motivation pour « se remettre au travail ».

Lorsqu'on lui a demandé un exemple, Obama a sorti de la poche droite de son pantalon un curieux assortiment d'objets dont des perles de rosaire du pape François, un minuscule bouddha, un jeton de poker en métal qui, selon lui, provient d'un cycliste chauve à la moustache en guidon rencontré dans l'Iowa en 2007, une croix copte d'Éthiopie et une statuette du dieu Hanuman. Il a assuré qu'en mettant la main dans sa poche il pouvait surmonter la fatigue ou le découragement. Obama a trop de souvenirs pour tous les porter, mais souligne : « J'en choisis quelques uns... pour me rappeler toutes les personnes que j'ai rencontrées en chemin et les histoires qu'elles m'ont racontées ».

Comme Obama, j'ai moi-même de nombreuses ancres de ressources que j'utilise constamment. Certains sont des souvenirs signifiants ; d'autres sont des portraits de mentors clés que j'ai dessinés, des photographies, des cartes postales, des récompenses, etc. Une de mes préférées est un Albert Einstein « animé » alimenté à l'énergie solaire. Quand la lumière arrive sur la batterie solaire, son bras droit pointe vers le côté droit de sa tête. Cela me rappelle l'importance du « cerveau droit » imaginatif en plus du « cerveau gauche » logique.

L'ancien président américain Barak Obama porte des ancres de ressources sous la forme de souvenirs qui lui rappellent son objectif supérieur.

Obama affirme que ces ancres l'aident à faire face à des situations difficiles en lui rappelant « toutes les personnes que j'ai rencontrées en chemin et les histoires qu'ils m'ont racontées. »

Gérer Votre Énergie

En plus d'avoir un riche assortiment d'ancres de ressources, la maîtrise de soi et la réussite dans votre jeu intérieur exigent des pratiques qui vous aident à gérer efficacement votre niveau intérieur d'énergie afin de rester dans votre « zone intérieure d'excellence ». À titre d'exemple, il y a quelques années, je facilitais un projet de développement du leadership pour des cadres de très haut niveau dans une entreprise technologique internationale bien connue. Ce groupe constituait la division la plus rentable de l'organisation, au niveau mondial. Alors que nous explorions les «différences qui font la différence» dans le leadership efficace, le responsable de cette division a fait remarquer que, pour lui, en plus de fournir une vision et une direction, le leadership consistait essentiellement à apporter une énergie proactive dans ses interactions. Qu'il s'agisse de son équipe, de son organisation ou d'une réunion en particulier, il considérait que son travail était d'apporter une énergie positive et proactive. Et bien sûr, pour ce faire, il devait aussi gérer les inévitables chutes ou perturbations d'énergie qui peuvent se produire.

Gérer votre énergie et savoir comment récupérer ou réinitialiser votre niveau d'énergie interne est une autre capacité du jeu intérieur importante pour les leaders et les entrepreneurs.

Une des choses que ce leader pratiquait quotidiennement, chaque matin avant le travail, c'était d'amener son attention dans son corps et ressentir son niveau d'énergie intérieur. Ensuite, il s'engageait à rentrer chez lui avec la même quantité d'énergie pour retrouver sa famille à la fin de la journée.

Cela exigeait qu'il soit très en phase avec son propre niveau d'énergie tout au long de la journée. S'il baissait, il avait des moyens pour l'augmenter. En cas de perturbation, il avait des stratégies pour la corriger. Si elle se bloquait, il avait des méthodes pour la débloquer ou la « réinitialiser ». C'est ce que l'on pourrait appeler des « catalyseurs d'énergie ».

L'identification et l'utilisation de « catalyseurs d'énergie » personnels peuvent être utiles pour établir et récupérer un bon niveau d'énergie quand vous en avez besoin.

Une de ses modalités pour gérer l'énergie perturbée ou négative, par exemple, était de chanter (et il n'était pas un «chanteur» naturellement talentueux). Il a raconté l'anecdote amusante qui l'a amené un jour où il passait d'une réunion particulièrement difficile à un autre rendez-vous, à prévenir le chauffeur de taxi qu'il allait chanter pendant le trajet parce qu'il ne voulait pas aborder la prochaine réunion en se sentant tendu et en colère.

La capacité de ce cadre supérieur à sentir, régler et maintenir un niveau positif d'énergie corporelle nécessite un type particulier d'intelligence somatique et émotionnelle. La gestion de notre énergie est un élément clé de notre jeu intérieur. Explorez certains de vos propres « catalyseurs d'énergie » à travers les réflexions suivantes :

1. Accordez-vous à votre niveau d'énergie interne dès maintenant. Quelle est sa force ? Quel type de qualité a-t-il ? Développez votre propre façon de détecter et de mesurer votre niveau et votre qualité d'énergie.

2. Identifiez plusieurs situations où vous devez maintenir un bon niveau et une bonne qualité d'énergie, mais où cela vous semble parfois difficile ou compliqué.

3. De quelles façons par le passé avez-vous augmenté, corrigé, débloqué ou réinitialisé votre niveau d'énergie (c.-à-d. vos catalyseurs d'énergie passés) ? Comment pourriez-vous les utiliser pour améliorer l'énergie que vous ressentez maintenant et dans les situations difficiles que vous avez identifiées ?

4. De quelles autres manières pouvez-vous utiliser votre corps, votre voix ou d'autres niveaux de facteurs de réussite internes (comportements, pensées, croyances, sentiment d'identité, lien avec votre objectif, etc.) pour augmenter et améliorer le niveau et la qualité de l'énergie que vous ressentez maintenant ou dans les situations difficiles que vous avez identifiées ?

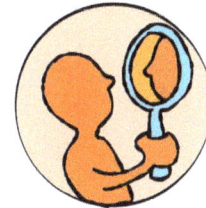

Conscience de soi

Auto-Régulation

Le leadership conscient nécessite la capacité à vous accorder en vous-même et sur le niveau et la qualité de votre énergie, et d'avoir des moyens de corriger, débloquer ou réinitialiser votre niveau d'énergie s'il est perturbé.

Le Pouvoir de la Présence

La présence est un autre élément important du « jeu intérieur » pour les entrepreneurs et les dirigeants. Le dictionnaire Merriam-Webster définit la *présence* comme « une qualité d'équilibre et d'efficacité qui permet à un interprète d'établir une relation étroite avec son public ». Savoir être équilibré, efficace et établir un lien étroit avec ceux avec qui nous interagissons est une qualité essentielle pour réussir en tant qu'entrepreneur ou leader.

Comme l'implique la définition ci-dessus, l'équilibre et la connectivité découlent de la capacité d'être présent, centré en vous-même et en relation avec ceux qui vous entourent – c.à.d. en contact avec la plus grande « holarchie ». La qualité de la présence est souvent la « différence qui fait la différence » dans notre capacité à profiter de la vie, collaborer de façon générative et contribuer à la croissance et à la transformation des autres. La présence est associée à des sentiments de vivacité, de connexion, de créativité, de satisfaction et de fluidité. Lorsque nous ne sommes pas présents et que nous sommes déconnectés, nous pouvons nous sentir vides, hors de contrôle, distants et indisponibles.

Mon collègue, l'enseignant transformationnel Richard Moss, souligne que *la distance entre nous et les autres est la même que la distance entre nous et nous-mêmes*. Cela implique que notre relation aux autres et au monde qui nous entoure est un miroir de notre relation à nous-mêmes. C'est de cette relation fondamentale avec nous-mêmes qu'émergent nos relations avec les autres et avec le monde extérieur. Cette relation de soi à soi est souvent limitée par ces sentiments que nous ne savons pas comment aborder, accepter et intégrer en nous-mêmes.

Lorsque les gens sont à la fois connectés à eux-mêmes et présents les uns avec les autres, les sentiments naturels qui émergent sont la compassion, l'empathie, l'intérêt sincère pour l'autre, la spontanéité, l'authenticité et la joie. Ces sentiments sont la base de toutes les relations personnelles et professionnelles efficaces.

Considérez les commentaires suivants sur le pouvoir de la présence par Phil Jackson, largement considéré comme l'un des plus grands entraîneurs de l'histoire de la National Basketball Association (NBA). Sa réputation a été établie en tant qu'entraîneur principal des Chicago Bulls de 1989 à 1998 ; pendant son mandat, Chicago a remporté six titres de NBA. Son équipe suivante, les Lakers de Los Angeles, a remporté cinq titres de NBA de 2000 à 2010. Au total, Jackson a remporté 11 titres de NBA en tant qu'entraîneur. Il est le vainqueur du plus grand nombre de championnats de l'histoire de la NBA en tant que joueur et entraîneur principal.

Développer une plus grande capacité à être présent dans votre corps et dans l'instant est un autre facteur clé de réussite pour entrer dans votre « zone d'excellence » intérieure et maîtriser votre jeu intérieur.

Phil Jackson
Entraîneur-chef de
11 équipes gagnantes du titre NBA

Selon Jackson, la présence est la porte d'entrée de notre zone d'excellence intérieure. Selon ses termes :

Comme la vie, le basket est désordonné et imprévisible. C'est lui qui a le dessus sur vous, peu importe comment vous essayez de le contrôler. L'astuce est de vivre chaque instant avec un esprit clair et un cœur ouvert. Quand vous faites ça, le jeu – et la vie – suivront d'eux – mêmes.

Gagner compte pour moi, mais ce qui m'apporte une vraie joie, c'est l'expérience d'être pleinement engagé dans tout ce que je fais.

Au basket – comme dans la vie – la vraie joie vient du fait d'être pleinement présent à chaque instant, et pas seulement lorsque les choses vont dans votre sens. Bien sûr, ce n'est pas un hasard si les choses ont plus de chances de se passer comme vous le souhaitez lorsque vous cessez de vous inquiéter de savoir si vous allez gagner ou perdre et que vous concentrez toute votre attention sur ce qui se passe en ce moment même.

Jackson confirme le principe selon lequel la maîtrise du jeu intérieur est la clé du succès dans le jeu extérieur.

Explorez le pouvoir de la présence pour vous-même :

- *Comment cela se passe-t-il quand vous êtes présent et pleinement engagé dans ce que vous faites ?*

- *Comment restez-vous présent dans votre corps « l'esprit clair et le cœur ouvert » dans les situations contraires ?*

- *Quels types de perturbations extérieures et de réponses intérieures mettent au défi votre capacité à rester « pleinement présent à chaque instant » ? Qu'est-ce qui vous aide à recentrer « votre pleine attention sur ce qui se passe maintenant » ?*

L'entraîneur de basketball gagnant du titre NBA Phil Jackson maintient qu'« être pleinement présent à chaque moment » et vivre chaque moment « avec un esprit clair et un cœur ouvert » améliore la satisfaction et la performance.

Auto-Régulation

COACH Versus CRASH

Dans un état CRASH vous êtes contracté, émotionnellement réactif, mentalement paralysé, séparé des autres et de vos propres ressources, et vous vous sentez hostile et blessé.

Comme nous l'avons déjà dit, les choses changent constamment, mais ne progressent pas toujours. Pendant les périodes d'infortune, il est possible que nous puissions nous effondrer dans un état de blocage intérieur qui peut être résumé par les lettres du mot CRASH :

> **C**ontraction
>
> **R**éaction
>
> **A**nalyse Paralysante
>
> **S**éparation
>
> **H**ostilité, Blessure ou Haine

En cas de « CRASH », nous sommes hors de notre « zone d'excellence intérieure » et tout devient plus difficile. Nous ne nous considérons plus comme un holon en relation avec la plus grande holarchie et perdons notre lien avec notre « âme ». Lorsque nous faisons face à un obstacle extérieur en étant dans l'état « CRASH », nous le vivons comme un problème insurmontable.

Afin de progresser par le changement, il est important de cultiver des qualités telles que la flexibilité et la stabilité, l'équilibre, la connexion à quelque chose de plus grand que nous et la capacité de lâcher prise. Cela vient d'être centré et dans notre « zone intérieure d'excellence » et connecté avec quelque chose au-delà des limites de notre ego individuel. Ces processus sont caractérisés par ce que nous appelons l'état COACH (voir *SFM Vol. I*, pp. 34 – 35 et *SFM Vol. II*, p. 15 et p. 74 – 75):

> **C**entré et présent dans notre corps
>
> **O**uvert aux possibilités et aux autres
>
> **A**ttentif et conscient
>
> **C**onnecté à nous-mêmes, à notre objectif et aux autres autour de nous
>
> **H**onorant ce qui se présente par un état de ressource et de curiosité (hospitalité)

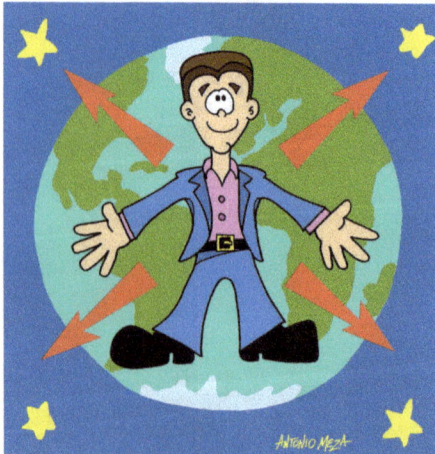

Dans un état COACH, vous êtes centré et présent dans votre corps, ouvert à recevoir et à donner, mentalement alerte et conscient, pleinement connecté à vous-même et aux autres et capable d'accueillir tout ce qui se passe en vous ou autour de vous à partir d'un état de ressources.

Ces cinq qualités sont les piliers de la maîtrise de soi et la clé de la résilience personnelle et de la capacité à rester dans notre zone d'excellence intérieure dans des circonstances difficiles.

L'état COACH est la base d'un état d'esprit de réussite et le fondement de l'intelligence émotionnelle et de la maîtrise de notre jeu intérieur. L'état COACH est avant tout un état intérieur de présence, de ressource, de curiosité et de réceptivité.

Nous nous mettons en état COACH pour « ouvrir notre canal » et nous connecter à l'expérience d'être à la fois un tout individuel et une partie de quelque chose de plus grand que nous-même qui nous donne une finalité et de l'énergie. Atteindre et maintenir cet état est la pierre angulaire de toute performance réussie. Faire de l'état COACH son état de performance de base est l'un des facteurs de réussite les plus importants pour le leadership conscient et la résilience.

Comme je l'ai souligné dans *SFM Volume II* (p. 73), une bonne analogie pour entrer dans l'état COACH consiste à allumer votre ordinateur portable, tablette ou téléphone portable et le connecter à un réseau sans fil d'une sorte ou d'une autre. Cela donne à l'appareil un accès au « cloud », ce qui en fait un type de « holon » en ce sens qu'il est capable d'accéder à sa propre programmation et à ses données internes et en même temps il est connecté à un champ plus large d'« intelligence collective≈ ». Une fois connecté à la toile, un portable ou une tablette peut recevoir en temps réel des informations sur des événements de l'autre bout du monde. Il/elle peut même télécharger de nouvelles applications pour élargir sa polyvalence et sa performance. Il/elle peut aussi transmettre, par le réseau sans fil, des informations à d'autres appareils et au cloud. Une fois sur le cloud, ces informations et ces connaissances peuvent être consultées et utilisées par de nombreux autres appareils.

Si notre tablette ou notre smartphone est « hors ligne », cependant, il est limité aux données et applications déjà existantes dans sa mémoire.

Nos systèmes nerveux sont un peu comme ces appareils. Nos cellules nerveuses forment une sorte de circuit qui exécute divers programmes ou applications. Dans l'état COACH, nous avons un accès complet à toutes nos applications et données personnelles, et nous sommes aussi en ligne et avons le potentiel de nous connecter au « cloud » de connaissances dans le champ de l'intelligence collective autour de nous. Dans d'autres états, nous avons un accès plus restreint à nos propres ressources et aux connaissances et idées venant des autres. Dans l'état CRASH, par exemple, où nous sommes contractés, réactifs, bloqués dans notre propre paralysie d'analyse, séparés et hostiles, nous n'avons accès qu'à une petite partie de nos renseignements et ressources potentiels.

Les cinq qualités de l'État COACH sont les piliers de la maîtrise de soi et la clé de la résilience personnelle et de la capacité à rester dans notre zone d'excellence intérieure dans des circonstances difficiles.

Entrer dans l'état COACH, c'est comme mettre votre système nerveux « en ligne » et le connecter au « cloud » et au champ plus large de « l'intelligence collective ».

Pratiquer l'État COACH :

Trouver Votre « Zone Intérieure d'Excellence »

Notre double capacité de résilience et d'innovation découle du fait d'être centré, dans notre « zone intérieure d'excellence » et connecté à quelque chose au-delà des limites de notre ego. Ces processus sont caractérisés par ce que nous avons appelé l'état COACH :

Il est important d'avoir des pratiques qui aident à créer et à renforcer l'état COACH afin que nous puissions rester dans notre zone d'excellence et donner le meilleur de nous-mêmes dans tout ce que nous faisons. C'est facile de rester en pleine possession de ses moyens quand la vie s'écoule tranquillement, mais pour maintenir l'équilibre en phase de turbulences il faut avoir développé ces qualités jusqu'à ce qu'elles soient « dans le muscle ».

Tout comme la maîtrise de la performance dans le jeu extérieur, la maîtrise de votre jeu intérieur exige de la pratique.

Pratiquer l'état COACH aide à en faire votre réponse naturelle par défaut à tout ce qui se passe dans votre jeu extérieur.

Conscience de soi

1. Asseyez-vous ou tenez-vous debout dans une position confortable avec les deux pieds sur le sol et votre colonne vertébrale droite mais détendue (c'est-à-dire « dans votre axe vertical »). Assurez-vous d'avoir une respiration ventrale régulière. (Une respiration thoracique courte et rapide indiquerait que vous êtes dans un mode stressé.)

2. Portez votre attention sur la plante de vos pieds (c.à.d., mettez votre « mental » dans vos pieds.). Prenez conscience du monde des sensations au fond de vos pieds. Ressentez la surface de vos talons, de vos orteils, de vos voûtes et de la plante de vos pieds.

3. Commencez à élargir votre conscience pour inclure le volume physique (l'espace tridimentionnel) de vos pieds, puis faites remonter votre conscience le long de vos mollets, genoux, cuisses, bassin et hanches. Prenez conscience du *centre de votre ventre*, amenez-y votre respiration profonde et dites-vous : « Je suis là. » « Je suis présent. » « Je suis centré. »

4. Tout en restant conscient du bas de votre corps, élargissez votre conscience en montant vers votre plexus solaire, votre colonne vertébrale, vos poumons, votre cage thoracique et votre poitrine. Apportez la conscience au *centre de votre cœur* dans le haut de votre poitrine, respirez dans votre poitrine et dites-vous : « Je suis ouvert. » « Je suis en train de m'ouvrir. »

5. Poursuivez l'expansion de votre conscience dans vos épaules, vos bras, vos coudes, vos avant-bras, vos poignets, vos mains et vos doigts, montez dans votre cou, votre gorge et votre visage. Assurez-vous d'inclure tous les sens dans la tête : les yeux, les oreilles, le nez, la bouche et la langue. Portez votre conscience à votre crâne, votre cerveau et au *centre de votre tête*. Respirez comme si vous respiriez dans le centre de votre tête, en apportant de l'oxygène et de l'énergie, et dites-vous : « Je suis réveillé. » « Je suis conscient. » « Je suis alerte et clair. »

6. En restant en contact avec l'évolution des sensations physiques dans votre corps, depuis vos pieds et incluant les trois centres (ventre, cœur et tête), prenez conscience de tout l'espace en dessous de vous, vers le centre de la Terre ; tout l'espace au-dessus de vous, vers le ciel ; tout l'espace à votre gauche ; tout l'espace à votre droite ; tout l'espace derrière vous ; tout l'espace devant vous. Sentez un profond sentiment de connexion à vos pieds et aux centres de votre ventre, de votre cœur et de votre tête, ainsi qu'à l'environnement et au champ (l'holarchie) autour de vous. Soyez conscient du vaste éventail de ressources dont vous disposez en vous-même et dans le champ qui vous entoure. Lorsque vous éprouvez une connexion à ce sentiment d'un Soi plus large, dites-vous : « Je suis connecté. »

7. En gardant votre conscience simultanément sur votre corps et l'espace autour de vous, ressentez un type de champ ou d'environnement porteur dans lequel vous pouvez accueillir toutes les ressources, la force, l'intelligence et la sagesse à votre disposition en même temps que les énergies dérangeantes telles que la peur, la colère, la tristesse, etc. Sentez le courage et la confiance nécessaires pour faire face à ce qui se présente à vous, tout en restant centré, présent à vous-même et ouvert à votre environnement. Dites-vous : « Je suis prêt. »

Nous sommes ce que nous faisons régulièrement. L'excellence n'est donc pas un acte, mais une habitude.

– Aristote

Pratiquer signifie accomplir, encore et encore face à tous les obstacles, un acte de vision, de foi, de désir. La pratique est un moyen d'inviter la perfection souhaitée.

Nous apprenons par la pratique. Qu'il s'agisse d'apprendre à danser en pratiquant la danse ou d'apprendre à vivre en pratiquant la vie, les principes sont les mêmes. On devient dans un certain domaine un athlète de Dieu.

– Martha Graham

Auto-Régulation

Pratiquer les compétences du jeu intérieur est également nécessaire pour augmenter votre capacité de résilience personnelle.

Conscience de soi

Auto-Régulation

Bien sûr, c'est une chose de trouver votre zone d'excellence dans un contexte calme et neutre. C'en est une autre de maintenir un état d'esprit optimal dans des conditions physiquement et émotionnellement difficiles. C'est là que l'entraînement et la discipline deviennent des facteurs de réussite essentiels. Cela pourrait littéralement sauver votre vie et celle des autres (au sens figuré et au sens propre).

Pratiquer régulièrement les étapes suivantes vous permettra de développer vos capacités et d'enrichir considérablement votre répertoire d'options pour la résilience dans tous les domaines de votre vie.

1. *Connaissance de Soi :* Pensez à une situation difficile où il vous est difficile de rester dans votre « zone d'excellence », c'est-à-dire où vous tendez au CRASH. Mettez-vous dans cette expérience en utilisant votre mémoire ou votre imagination. Portez votre attention sur votre état intérieur et votre jeu intérieur. De quoi êtes-vous conscient? (Images, sons, sentiments, sensations, etc.)

2. *Auto-Calibration :* Sur une échelle de 0 à 10 (0 signifiant pas du tout et 10 signifiant complètement), à combien évaluez-vous votre état COACH lorsque vous pensez être dans cette situation?

3. *Auto-Ajustement :* Que pouvez-vous simplement et facilement ajuster afin d'augmenter votre état COACH juste un peu plus? (par exemple : respirer, ajuster votre position, vous dire quelque chose, visualiser une ressource, vous souvenir d'une expérience de référence positive, penser à un bon modèle de rôle, agir « comme si » vous étiez dans votre état COACH, etc.)

4. Lorsque vous effectuez l'ajustement, que devient votre niveau d'état COACH? Qu'est-ce que ça change? Comment ça affecte votre énergie créative? L'accès à vos ressources? Votre disponibilité relationnelle? Qu'est-ce qui devient possible maintenant? Comment ça affecte votre jeu extérieur?

5. *Auto-Ancrage :* Comment pourriez-vous « ancrer » ce niveau de ressource pour qu'il vous soit accessible la prochaine fois que vous serez dans cette situation? Quelle image, quel geste, objet, etc., vous aidera à vous rémémorer/maintenir ce niveau?

Développer la résilience implique la conscience de soi pour être en mesure de calibrer votre état interne et faire des ajustements pour vous ramener dans votre « zone d'excellence » intérieure.

Récupération à partir d'un CRASH :
Rassembler les Ressources Nécessaires pour Accueillir des Sentiments Difficiles

Malgré la qualité de notre préparation, dans certains cas, nous serons incapables d'éviter un CRASH complet. Au lieu de faire des ajustements à notre état intérieur, nous devrons le « réinitialiser » et transformer tout ce qui crée l'état CRASH. Un aspect clé de la maîtrise de soi et de la réussite dans son jeu intérieur est la capacité à reconnaître et à transformer les obstacles et les interférences intérieures avec sa « zone d'excellence » ; ceux-ci se présentent souvent sous la forme de sentiments difficiles qui créent un « verrouillage neuromusculaire ».

Afin de réinitialiser notre état et de transformer les obstacles pour les intégrer, nous devons être capables de nous connecter « en dessous » d'eux (à quelque chose de plus profond en nous) et de nous connecter « au-delà » (à quelque chose de plus grand que nous). Dans *SFM Vol. I* (p. 158), par exemple, l'entrepreneur Mark Fizpatrick a parlé de l'importance de développer la capacité de « juste rester les pieds sur terre et garder le tout en perspective ». Il a parlé de la prière, une façon de se connecter à quelque chose de plus grand que soi. Ces commentaires reflètent un parallèle évident avec la capacité d'Elon Musk à se connecter à son objectif supérieur afin de traverser la période où ses trois entreprises étaient en faillite en 2009.

Créer une « Maison d'Hôtes » pour les Sentiments Difficiles

Le cadre plus large ou le champ psychologique dans lequel accueillons les sentiments difficiles détermine généralement l'impact ou l'influence qu'ils ont sur nous. L'innovatrice en thérapie familiale Virginia Satir, par exemple, posait fréquemment deux questions à ses clients lorsqu'ils étaient dans un état de CRASH, aux prises avec un des défis de la vie. La première question était : « Que ressentez-vous ? » Un client peut répondre à cette question qu'il se sent en colère, triste, effrayé, coupable ou un autre type de sentiment difficile. Ensuite, Virginia posait une deuxième question : « Qu'est-ce que ça vous fait de ressentir ça ?

*Cet être humain est une maison d'hôtes
Chaque matin une nouvelle arrivée.
Une joie, une déprime, une mesquinerie,
Un moment de pleine conscience qui arrive
comme un visiteur inattendu.
Accueillez-les tous !
Même s'ils sont une foule de douleurs,
qui balaient violemment votre maison
la vident de ses meubles,
traitez toujours chaque invité honorablement.
Il pourrait vous débarrasser et vous épurer pour de nouvelles joies.
Les pensées sombres, la honte, la méchanceté,
allez à leur rencontre sur le pas de la porte en riant,
et invitez-les à entrer.
Soyez reconnaissant envers de celui qui vient,
parce-que chacun
a été envoyé comme un guide venu d'ailleurs.*

– Rumi

La réponse à cette deuxième question est assez significative et détermine beaucoup l'impact et la signification de la réponse à la première question. Ça fait une sérieuse différence si quelqu'un se sent calme ou curieux de se sentir en colère plutôt que de se sentir coupable, impuissant ou frustré. Ce sont ces seconds sentiments qui déterminent la facilité et la qualité avec lesquelles nous sommes capables de rester centrés et accueillir avec ressource le premier ensemble de sentiments. Comme mon collègue Richard Moss aime à le demander, « Votre peur est-elle en sécurité à l'intérieur de vous ? »

Dans le travail génératif de coaching que j'ai développé avec mon collègue Stephen Gilligan, nous utilisons plusieurs déclarations, ou « mantras », comme nous les appelons, comme moyen de créer un environnement intérieur positif et émotionnellement intelligent (une « maison d'amis » selon les mots du poète Rumi) pour les sentiments qui créent généralement une forme ou une autre de CRASH. Voici les quatre énoncés fondamentaux :

1. « C'est intéressant. »
2. « Je suis sûr que cela a du sens. »
3. « Quelque chose doit être entendu, accueilli ou guéri »
4. « Bienvenue... »

La déclaration « C'est intéressant » nous rappelle qu'il y a quelque chose à apprendre ou à mieux comprendre en ce qui concerne la situation ; c'est aussi un domaine où nous pouvons potentiellement évoluer et grandir. L'affirmation «Je suis sûr que cela a du sens» reconnaît le fait qu'il y a très probablement une intention positive derrière la réponse, même si nous ne comprenons pas encore laquelle ; c'est le « guide venu d'ailleurs » du poème de Rumi. L'affirmation « quelque chose doit être entendu, accueilli ou guéri » fait prendre conscience que tout ce qui se passe fait partie d'une holarchie plus grande et mérite d'être reconnu, traité avec respect et peut gagner à recevoir nos ressources. La déclaration « Bienvenue » signifie que nous lui donnons intentionnellement une place et que nous n'essayons pas de « nous en débarrasser ».

Nous avons constaté que la pratique ces déclarations pour nous-mêmes et avec les autres était assez puissante. Ils apportent souvent un relâchement quasi immédiat de l'état CRASH et une diminution marquée de l'agitation intérieure. Cela permet aux gens de commencer à se connecter à leurs ressources et au plus grand holon d'eux-mêmes.

Notre réponse intérieure à nos sentiments et à nos états émotionnels reflète la relation que nous entretenons avec eux et détermine si ces sentiments seront un problème ou non.

L'intelligence émotionnelle nécessite de voir et de répondre aux états émotionnels avec curiosité et compassion. Cela demande de la conscience de soi et de la pratique.

Accueillir les Sentiments Difficiles

En m'inspirant du travail de Virginia Satir, j'ai développé l'exercice suivant pour m'aider moi-même ainsi que les autres à découvrir et appliquer les ressources nécessaires pour éviter le CRASH face à des émotions fortes et difficiles ou « négatives », afin d'en identifier et d'en transformer les causes. Comme vous le verrez, cela nécessite d'utiliser au moins autant votre intelligence somatique (par le mouvement du corps et les gestes) que le raisonnement intellectuel.

1. Identifiez une situation dans laquelle vous éprouvez un sentiment difficile que vous n'êtes pas en mesure d'accueillir avec ressources et qui, par conséquent, crée un obstacle ou vous entraîne dans une forme d'état CRASH. Mettez-vous dans cette expérience en utilisant votre mémoire ou votre imagination. Portez votre attention sur votre état intérieur et votre jeu intérieur. Répétez-vous les quatre déclarations « C'est intéressant », « Je suis sûr que cela a du sens », « Quelque chose doit être entendu, contenu ou guéri », « Bienvenue ». Apportez la conscience au sentiment et permettez à votre corps de l'exprimer naturellement dans un geste et un mouvement (par exemple, serrer les poings).

2. Maintenant, écartez-vous de l'endroit où vous étiez en train de vivre cette sensation difficile. Depuis ce nouveau lieu physique, réfléchissez à ce vous qui éprouve des sentiments difficiles. Que ressentez-vous face à ces sentiments difficiles ? Qu'est-ce que ça vous fait de ressentir ça ? Quelle est votre relation avec ces sentiments et avec vous-même lorsque vous les ressentez ? Il est plus que probable que vous ressentirez une autre forme de sentiments peu aidants ou stériles, comme la frustration, l'impuissance, le jugement de soi ou le désespoir. À nouveau, pour le deuxième sentiment, répétez les quatre déclarations « C'est intéressant », « Je suis sûr que cela a du sens », « Quelque chose doit être entendu, accueilli ou guéri », « Bienvenue ». Trouvez le geste ou le mouvement qui exprime ce deuxième sentiment (par exemple, les mains repoussent).

3. Reculez maintenant à un troisième endroit et mettez-vous dans un état de ressources dans lequel vous êtes centré, ouvert, éveillé (l'état COACH) et connecté à l'holarchie plus grande. Rappelez-vous le processus, le déclencheur ou l'expérience de référence que vous avez découvert dans la section précédente, qui vous connecte automatiquement au ressenti d'un moi plus large au-delà de votre identité en tant qu'individu séparé. Quelles ressources (par exemple, la confiance, l'acceptation, la curiosité, la force, etc.) pourraient vous aider à « rester les pieds sur terre et garder le tout en perspective ? » Quelle(s) ressource(s) vous permettrait d'accueillir les deux séries de sentiments depuis votre Soi plus large plutôt que de rester coincé ou en conflit avec eux ?

4. Intégrez complètement dans votre corps et votre jeu intérieur les ressources que vous avez identifiées. (Vous pouvez faciliter cela en trouvant des expériences de référence pour ces ressources et en les revivant aussi pleinement que possible.) Trouvez un geste et un mouvement qui exprime cette ressource et l'intègre dans votre corps (par exemple, bras ouverts au-dessus de votre tête).

5. Revenez au deuxième emplacement en apportant les ressources et le geste de l'étape 4. N'essayez pas de changer quoi que ce soit. Accueillez juste les sentiments et les réponses associés au deuxième emplacement dans le champ plus vaste de la ressource. Faites le geste et le mouvement associés à la ressource que vous avez choisie. Remarquez ce qui change dans votre perception et votre attitude envers les sentiments difficiles et le « vous » qui les ressent dans la situation difficile.

6. Retournez à l'endroit où vous avez placé la situation dans laquelle vous ressentez les sentiments difficiles en apportant les ressources que vous avez identifiées. Encore une fois, n'essayez pas de changer quoi que ce soit. Accueillez juste les sentiments et les réponses associés au deuxième emplacement dans le champ plus vaste de la ressource. Faites le geste et le mouvement associés à la ressource que vous avez choisie. Que ressentez-vous maintenant face à ces sentiments difficiles ? Quels changements dans votre capacité à accueillir ces sentiments difficiles ? Qu'est-ce qui devient possible ?

Apprendre à accueillir les sentiments difficiles implique de leur créer une « maison d'hôtes » par le biais d'un lien avec votre objectif supérieur et l'holarchie plus large.

Transformer les États « CRASH »

Une fois que vous êtes capable d'accueillir des sentiments difficiles et de leur souhaiter la bienvenue dans votre « maison d'hôtes », il devient possible de les comprendre, de les transformer et de les intégrer. Plus tôt dans ce chapitre, j'ai identifié sept compétences pour gérer les émotions « négatives » :

1. *Reconnaître* (calibrer) la présence d'un état émotionnel particulier

2. *Admettre* la présence de l'état sans jugement

3. *Accueillir* l'état émotionnel dans un environnement d'« équanimité » (lui donner de la place)

4. *Comprendre* l'état émotionnel et sa fonction (intention positive)

5. *Apporter des ressources* à l'état émotionnel en le reliant à d'autres émotions et états complémentaires

6. *Transformer* ou affiner l'expression de l'état émotionnel pour être plus harmonieux et productif par rapport à son intention positive

7. *Intégrer* l'état émotionnel en tant que partie contributive d'un système plus large

Le processus Accueillir les Sentiments Difficiles applique les trois premières compétences, reconnaitre, admettre et accueillir la réponse émotionnelle problématique de manière efficace. Pour transformer et intégrer la réponse, il est nécessaire de comprendre son intention positive et de la relier à d'autres états complémentaires. Vous pouvez le faire avec le sentiment difficile sur lequel vous avez travaillé avec l'exercice précédent en suivant les étapes ci-dessous.

1. Associez-vous au sentiment difficile qui crée un état « CRASH » et sur lequel vous avez travaillé avec l'exercice précédent. Répétez le geste ou le mouvement qui est associé à cet état de sentiment ou qui le représente (par exemple, serrer les poings) en observant de près la façon dont il affecte votre jeu intérieur. Remarquez de quelle manière ce mouvement vous éloigne de votre état COACH. (Il augmente très probablement une forme de « verrouillage neuro-musculaire ».)

2. Revenez maintenant à l'état de ressource que vous avez identifié à la troisième étape de l'exercice précédent et effectuez le geste et le mouvement associé à cet état (par exemple, les bras ouverts au-dessus de votre tête).

Afin de transformer les sentiments difficiles et les états CRASH, il est nécessaire de comprendre leurs intentions positives et de les relier à des états de ressources complémentaires.

Conscience de soi

3. En restant dans l'état COACH, revenez lentement au mouvement associé au sentiment difficile. Répétez le mouvement (par exemple, serrer les poings) plusieurs fois *très* lentement, en restant centré avec une conscience accrue. Tandis vous le faites, considérez l'*intention positive* du mouvement et l'état émotionnel associé. Qu'est-ce qu'il essaie de faire ou d'accomplir pour vous ?

4. En gardant à l'esprit la sensation et l'intention positive du mouvement, revenez lentement au geste associé à l'état de ressource (p.ex., bras ouverts au-dessus de votre tête). Prenez conscience de la manière dont cette ressource peut soutenir l'intention positive du sentiment difficile.

5. En restant en état COACH, entraînez-vous à faire des allers et retours entre les deux gestes, lentement, avec grâce et en conscience. Remarquez comme les combinaisons et variations d'expression entre les deux gestes et mouvements sont nombreuses. Trouvez un moyen de fusionner les deux gestes et mouvements en un seul. Qu'est-ce qui devient possible dans votre jeu intérieur et extérieur avec le mouvement intégré ?

Auto-Régulation

Vous pouvez répéter ces mêmes étapes avec le deuxième sentiment de l'exercice précédent.

Tout comme la callisthénie et l'exercice physique peuvent améliorer la santé et la forme de votre corps, et l'étude et la pratique mentale peuvent améliorer votre fonctionnement cognitif, la pratique d'exercices comme ceux de ce chapitre peut renforcer votre intelligence émotionnelle et votre capacité de résilience. C'est une capacité cruciale lorsque vous naviguez dans le jeu extérieur difficile du lancement, du développement et du maintien d'une entreprise prospère.

De la même manière que la callisthénie et l'exercice physique sont nécessaires pour améliorer la santé et la forme physique de votre corps, il faut de la pratique pour renforcer votre intelligence émotionnelle et votre capacité de résilience.

Parfois, lorsque vous êtes au milieu d'une de ces crises, vous n'êtes pas sûr d'arriver à l'autre bout. Mais nous avons toujours réussi, et nous avons donc un certain degré de confiance, même si parfois on se demande.

Je pense que l'essentiel est que nous ne soyons pas tous terrifiés en même temps.

Steve Jobs

Entrer collectivement dans l'état COACH peut créer un sentiment fort et riche d'interconnexion et de ressources.

S'entrainer à Accueillir des Sentiments Difficiles en Groupe

Comme l'implique le commentaire adjacent de Steve Jobs, l'une des clés pour gérer les crises et rebondir dans l'adversité est de créer un « champ » de confiance et de ressources afin que les membres de l'équipe puissent se soutenir mutuellement dans les moments de doute et de peur. L'une des principales façons d'y parvenir en tant que leader est de nous ancrer dans notre état COACH et d'accompagner les autres à faire de même. Lorsque nous pouvons le faire, nous créons un champ de ressources entre nous et les autres qui contribue à faire ressortir le meilleur de chacun. En fait, on pourrait dire que le véritable leader dans une situation difficile est la personne qui est capable d'accueillir avec ressources les sentiments les plus difficiles.

Nous appelons cette relation spéciale et le champ qu'elle produit le *contenant COACH*. Créer un contenant COACH solide et riche avec des collaborateurs est essentiel pour renforcer la capacité à faire face aux défis et à l'incertitude et augmente le potentiel de rebond face à l'adversité.

Dans le volume II de SFM (pp. 73 – 75), j'ai présenté un processus simple pour créer un contenant COACH dans un groupe comprenant les étapes suivantes :

1. Tenez-vous face à face dans une posture détendue, alignée et équilibrée.

2. Amenez votre conscience dans votre corps et votre respiration et devenez présent.

3. Faites ensemble les étapes de l'exercice Pratique de l'État COACH (présenté aux pages 66 – 67).

4. Lorsque chaque membre du groupe sent qu'il est pleinement présent et dans son état COACH, il ou elle l'indique à voix haute aux autres, « Je suis là" ou « Je suis prêt(e) ».

5. Une étape supplémentaire intéressante consiste à ce que les membres du groupe se regardent entre eux, et à chaque contact visuel, se disent à haute voix: « Je te vois. Bienvenue. »

Fait avec authenticité et présence, cela devrait créer un sens fort et riche de liens et de ressources. C'est ce que nous appelons le champ relationnel ou « contenant ». Il est souvent utile de partager ensemble comment vous sentez le « contenant » ou le champ de votre relation. Vous préférerez peut-être utiliser une métaphore ou un symbole. Cela peut également aider à créer une ancre ensemble (un mouvement, une verbalisation, un symbole, etc.) que vous pourrez utiliser pour revenir plus rapidement à la pleine expérience du contenant COACH que vous avez créé. Les équipes sportives, par exemple, effectuent souvent un court rituel ou une acclamation avant le début d'un match pour rassembler tous les joueurs dans une « zone d'excellence » collective.

L'objet de cette pratique est d'assurer que tous les participants commencent leur interaction à partir du meilleur d'eux-mêmes, pour que l'interaction soit optimale. Tout comme les athlètes ont des pratiques d'échauffement qui leur permettent d'être le meilleur d'eux-mêmes pendant la compétition ou l'entraînement, le contenant COACH prépare les collaborateurs en équipes et en groupes à obtenir le meilleur des uns des autres.

Créer une « ancre » partagée, comme un mouvement ou un geste collectif, peut aider les membres d'un groupe à revenir rapidement à un état de ressources.

Empathie

Accueillir les Sentiments Difficiles dans un Groupe

La résilience et la gestion efficace de la crise, du défi et de l'incertitude exigent l'acceptation et l'intégration de nombreuses émotions et états intérieurs différents. Le champ du groupe a besoin d'accueillir et de reconnaître toutes ces énergies et ces états intérieurs afin d'être authentique et productif. Ce qui est retenu devient un type d'« ombre » qui affaiblit le champ.

Comme pour développer la capacité d'accueillir des sentiments difficiles dans le cadre de notre jeu intérieur, les groupes de collaborateurs ont besoin de faire de l'espace pour les réponses émotionnelles qui peuvent découler de leurs interactions, en particulier en période d'adversité et d'incertitude. Lorsque les émotions peuvent être reconnues, admises, accueillies depuis un espace plus vaste d'équanimité sans jugement et leurs intentions positives comprises, il devient possible de trouver les ressources qui permettent aux émotions de passer ou de se transformer et de s'intégrer comme partie productive de l'expérience du groupe.

L'exercice suivant peut être fait avec un groupe de collaborateurs afin de s'exercer à reconnaître et à accueillir les sentiments difficiles qui peuvent émerger au sein du groupe.

1. Créez un « contenant COACH » solide en suivant les étapes de l'exercice précédent.

2. L'un des membres du groupe commence à rappeler l'expérience d'un sentiment difficile tel que :
   - Anxiété/Peur
   - Obstination/Résistance
   - Besoin
   - Hostilité

   Lorsque la personne est capable de ressentir de manière authentique un certain degré de présence du sentiment difficile, elle le reconnaît en disant : « Je ressens… » et nomme l'état. (Il n'est pas nécessaire d'essayer de justifier ou expliquer ce sentiment.)

3. Les autres membres du groupe doivent créer un espace pour le sentiment difficile en utilisant les déclarations « C'est intéressant », « Je suis sûr que ça a du sens », « Quelque chose doit être entendu, accueilli ou guéri », « Bienvenue ».

4. Les membres du groupe maintiennent l'état COACH et ouvrent leur attention à la plus grande holarchie et au sens du but commun. (Ils

---

En appliquant les principes et les pratiques de l'intelligence émotionnelle aux groupes, les collaborateurs peuvent apprendre à faire de la place pour les réponses émotionnelles qui peuvent découler de leurs interactions.

Lorsque les émotions peuvent être reconnues sans jugement, admises et leurs intentions positives comprises, il devient possible de trouver les ressources qui permettent aux émotions de simplement passer ou d'être transformées et intégrées en tant que partie productive de l'expérience du groupe.

peuvent le faire en rappelant un processus, un déclencheur ou une expérience de référence qui les relie automatiquement au sentiment d'un Soi plus grand qui dépasse leur identité en tant qu'individu distinct, tel qu'exploré dans le chapitre précédent.)

5. À l'écoute de leur cœur et de leurs tripes, les membres du groupe doivent devenir curieux de savoir quelles ressources pourraient aider la personne partageant son sentiment difficile à « rester les pieds sur terre et garder le tout en perspective ». Plutôt que d'essayer de résoudre la situation de façon cognitive ou rationnelle, les membres du groupe doivent plutôt utiliser leur intelligence émotionnelle et « laisser quelque chose venir » à eux intuitivement. Cela peut prendre la forme de mots, images, symboles, gestes ou autres sentiments.

6. Chaque personne partage ensuite à son tour la ressource qui a émergé avec le reste du groupe en disant à haute voix : « La ressource qui me vient est... et exprime les mots, l'image, le symbole ou le geste ».

7. Une fois que tous les membres du groupe ont partagé leurs ressources, la personne avec le sentiment difficile décrit ce qui a changé vis-à-vis du sentiment et dans son jeu intérieur.

Le processus est répété jusqu'à ce que chaque membre du groupe ait eu l'occasion de partager un sentiment difficile.

Il s'agit, bien entendu, d'une procédure hautement ritualisée dont le but est de donner aux gens la possibilité de pratiquer des compétences spécifiques d'intelligence émotionnelle dans une atmosphère de sécurité psychologique. Ce n'est qu'un des nombreux supports possibles pour aider à améliorer la coopération et la résilience des équipes. J'ai présenté d'autres exercices et pratiques de ce type dans *le volume II de la Modélisation des Facteurs de Succès* comme :

• *Appliquer l'Intervision pour Promouvoir la Collaboration Générative pour la Résolution de Problèmes* (pp. 124 – 127)

• *Passer de l'État CRASH à l'État COACH* (pp. 304 – 305)

• *Transformer les Conflits Potentiels grâce au Tétra Lemme* (pp. 306 – 309)

Comme nous le verrons dans les chapitres à venir, il y a beaucoup d'autres procédures et formes qui permettent d'exprimer et traiter des sentiments difficiles dans un groupe, comme les réunions de « mairie » et les séances de « purification de l'air ». L'intérêt de mettre de telles structures en place est que lorsque les inévitables défis inattendus surviennent, le leader et les membres de l'équipe sont prêts à réagir rapidement avec des ressources.

Aider les autres à trouver des ressources pour faire face aux sentiments difficiles crée un champ de soutien positif et aide à développer le QE social.

Empathie

Dr. Lim Suet Wun

Le Dr Lim Suet Wun a fait la démonstration de beaucoup des compétences de l'intelligence émotionnelle en tant que directeur de l'hôpital Tan Tock Seng à Singapour lors de l'épidémie de SRAS en 2003.

Compétences Sociales

L'exemple de Cas de Facteur de Succès suivant en fournit une bonne illustration, ainsi que d'un certain nombre des principes que nous avons abordés aux deux premiers chapitres.

Exemple d'un Cas de Facteurs de Succès :

Dr. Lim Suet Wun – Directeur du Tan Tock Seng Hospital

L'épicentre de Singapour pour l'épidémie de SRAS de 2003

Lorsque le Dr Lim Suet Wun a pris la direction de l'hôpital Tan Tock Seng à Singapour, rien ne pouvait le préparer à la crise à laquelle il allait être confronté lorsque l'épidémie de SRAS (Syndrome Respiratoire Aigu Sévère) a frappé le pays au début de 2003. L'hôpital Tan Tock Seng est l'endroit où le premier cas de la maladie mortelle et virulente du SRAS est apparu à Singapour. Il est donc devenu l'hôpital responsable de l'endiguement de la maladie – le « Ground Zero » pour lutter contre l'épidémie de SRAS dans le pays.

Par décision du gouvernement, tout le personnel et les patients ont été mis en quarantaine à l'hôpital pendant des mois. Ils n'étaient pas autorisés à partir à cause du risque de propagation de la maladie. Les gens ont été contraints de vivre ensemble dans des espaces restreints, confrontés à une maladie inconnue, mortelle et hautement infectieuse. C'était une « situation de vie ou de mort », et près de la moitié des personnes infectées étaient du personnel hospitalier et des agents de soins, y compris des médecins seniors. En fait, les travailleurs hospitaliers étaient le groupe le plus susceptible de contracter la maladie. En outre, tous les nouveaux cas de patients atteints de la maladie dans le pays étaient envoyés à l'hôpital, augmentant le risque de contamination des salariés et des patients déjà présents. Au début, personne ne savait avec certitude ce qui causait la maladie, comment elle se transmettait ou comment en protéger les gens. « C'était une crise compliquée par l'incertitude », explique Wun.

En réfléchissant à la façon dont il a affronté la crise, le Dr Wun a identifié trois facteurs clés de succès :

1. *Obtenir et filtrer les informations nécessaires pour prendre des décisions .*

   C'était essentiel pour Wun de parvenir à un « contrôle efficace des rumeurs ». On a dit que « c'est dans la nature humaine de s'attendre au pire » lorsque la situation est dangereuse et incertaine. « Les rumeurs sont comme un cancer dans cette situation », dit le Dr Wun. Il a eu la chance d'avoir déjà pris des mesures pour s'assurer que l'infrastructure et les processus de communication appropriés soient en place – p. ex., des réunions de « mairie », des points de contact clairs, des protocoles de messages en cascade, etc. « La crise a essentiellement intensifié les structures déjà en place », explique-t-il. Une crise encore pire a été évitée car les gens connaissaient les canaux de communication et « faisaient confiance au processus ».

2. *Diffuser les informations et les décisions et assurer la coopération.*

« L'essentiel était que tout le monde travaille ensemble et coopère en équipe », explique Wun. Pour ce faire, il est primordial de veiller à ce que tout le monde, à tous les niveaux de l'organisation, soit « sur la même longueur d'onde ». Comme l'a dit Wun, « Les gens de la chaufferie doivent savoir où va le bateau.» Le respect et la responsabilité concernant les décisions étaient également extrêmement importants. Dans une telle situation de vie et de mort, il a fallu, pour reprendre les termes de Wun, quelques « pendaisons publiques » ; c'est à dire que certains ont été publiquement réprimandés ou sanctionnés. Il a ironisé que, pour certaines personnes, vous devez « leur tirer sur la queue et ils rattraperont. »

3. *Démontrer la confiance et la foi dans les décisions par l'exemple.*

Le plus difficile était de gérer la façon dont l'incertitude affectait les états émotionnels des membres de l'équipe. Il y avait un sentiment d'anxiété et de peur qui aurait facilement pu se transformer en panique ou autre état CRASH. Les situations de crise sont celles où « les actions parlent plus fort que les mots ». Un exemple puissant : au début de l'épidémie de SRAS, certains membres du personnel s'inquiétaient de savoir si le port de masques et de gants était une protection adéquate. En raison de son engagement envers sa mission de médecin et de leader, Wun s'est astreint à rendre une visite quotidienne à l'ensemble du personnel et des patients de l'hôpital et à leur serrer la main en portant cet équipement. En d'autres termes, il disait par l'action : « Je crois suffisamment en notre mission et en nos décisions pour risquer ma vie » et « Je suis le premier à adhérer aux conséquences de nos décisions ». C'est l'exemple de « Faire ce qu'on dit ». Les rondes et la visibilité de Wun ont également permis d'établir et de renforcer les liens et la confiance avec le personnel et les patients.

Incarner le Leadership et l'Intelligence Émotionnelle

Le comportement calme du Dr Wun et ses actions congruentes ont créé un « champ » de calme, de ressources et de coopération permettant de contenir efficacement la maladie. Cela a permis d'éviter ce qui aurait pu devenir une

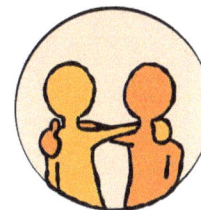

Empathie

Auto-Motivation

La maîtrise du jeu intérieur du Dr Wun, son comportement calme et ses actions congruentes en tant que leader dans une situation d'incertitude avec un potentiel de grande anxiété et de peur ont créé un « champ » de calme, de ressources et de coopération permettant de contenir la crise et d'éviter la catastrophe.

La gestion réussie de la crise du SRAS par le Dr Wun à l'hôpital Tan Tock Seng démontre l'importance de : (1) la préparation et pratique ; (2) un sens de la mission du but plus élevé qui connecte à un Moi plus large au-delà de l'ego individuel ; et (3) la création et l'alimentation d'un « champ » de soutien plein de ressources (un « contenant COACH »).

catastrophe majeure dans un petit pays densément peuplé comme Singapour.

Le succès du Dr Wun et sa gestion de la situation à l'hôpital Tan Tock Seng démontrent l'importance de :

1. La préparation et la pratique - Avoir des structures et des protocoles de coopération en place.

2. Un sens de la mission et un but supérieur qui relie l'individu à un Soi plus vaste au-delà de l'ego individuel – l'engagement du Dr Wun dans sa mission de médecin et leader.

3. La création et l'alimentation d'un « champ » de soutien (un « contenant COACH ») – Serrer la main à chaque membre du personnel et patient chaque jour.

Le cas du Dr Wun est une démonstration claire des capacités fondamentales de leadership pour 1) exprimer une direction claire (donc le « Les gens dans la chaufferie doivent savoir où va le bateau. »), 2) influencer et inspirer une action appropriée aux autres, 3) encourager la coopération en équipe, et 4) être un exemple. Les actions du Dr Wun ont également démontré une compréhension intuitive des cinq composants de l'intelligence émotionnelle : Conscience de Soi, Auto-Régulation, Auto-Motivation, Empathie et Compétences Sociales.

L'un de ses principaux défis a été de reconnaître et d'aborder des sentiments très intenses et difficiles. Son exemple illustre les capacités à :

- reconnaître et comprendre les émotions, les pulsions et leurs effets sur les autres

- gérer et réorienter les impulsions et les humeurs perturbatrices

- travailler pour des raisons qui vont au-delà de l'argent et du statut

- équilibrer l'intérêt personnel avec le bien commun

- comprendre la constitution émotionnelle des autres

- traiter les gens en fonction de leurs réactions émotionnelles

- trouver un terrain d'entente et établir la relation

- gérer les relations et renforcer la confiance

Ces compétences ont contribué à transformer une crise en modèle de réussite.

Résumé du chapitre

La capacité à anticiper et faire face à l'adversité est un facteur de succès essentiel tant pour les entrepreneurs que pour les dirigeants. La capacité de résilience se développe par la pratique et la discipline. Les *cinq disciplines* d'une organisation apprenante de Peter Senge – maîtrise personnelle, examen des cartes mentales et des suppositions, vision et création de l'avenir, apprentissage en équipe et pensée systémique – fournissent une feuille de route puissante pour améliorer la résilience et l'aptitude pour le futur.

Une autre compétence essentielle pour les leaders conscients et les entrepreneurs de la nouvelle génération : l'*intelligence émotionnelle* qui fait référence à la capacité à reconnaître nos propres sentiments et ceux des autres, se motiver et gérer les émotions en nous et dans nos relations. Selon l'auteur Daniel Goleman, il existe cinq composantes fondamentales de l'intelligence émotionnelle : Conscience de Soi, Auto-Régulation, Auto-Motivation, Empathie et Compétences Sociales.

Les principaux domaines concernés par l'application de l'intelligence émotionnelle pour un leader ou un entrepreneur sont : (1) faire face à des états émotionnels difficiles chez soi et chez les autres et (2) stimuler ou susciter des états émotionnels générateurs de ressources. Gérer les émotions « négatives » d'une manière émotionnellement intelligente implique de (a) reconnaître qu'elles ont une valeur de survie, (b) rechercher et comprendre l'intention positive qui les sous-tend, et (c) ajouter d'autres alternatives comportementales, compte tenu de l'intention et du contexte spécifiques liés à la réponse émotionnelle.

L'intelligence émotionnelle exige que nous utilisions plus que notre intellect cognitif. Cela implique l'accès aux connaissances et informations somatiques. Des recherches neurologiques récentes ont confirmé qu'il existe un niveau d'intelligence substantiel dans le ventre (le système nerveux entérique) et le cœur comme dans la tête. Alors que le cerveau dans notre tête est principalement associé à la raison et à la planification, le cerveau dans l'intestin est généralement lié à l'intuition et à l'éva-luation, tandis que le cœur est lié à la connexion interpersonnelle et à la passion. Les dirigeants conscients doivent apprendre à utiliser les trois cerveaux – tête, cœur et corps – pour prendre des décisions et inspirer les autres.

La maîtrise de notre « jeu intérieur » est une autre clé de la résilience, de l'aptitude pour le futur et du leadership conscient. Le *jeu intérieur* a à voir avec la mobilisation de nos ressources intérieures, le dépassement des obstacles auto-imposés et la fidélité à nos valeurs et à notre objectif. Le jeu intérieur est lié à votre approche mentale et émotionnelle de ce que vous faites. Cela comprend votre attitude, la confiance en vous-même et en votre équipe, votre capacité à vous concentrer efficacement, à faire face aux erreurs et à la pression, etc.

Maîtriser le jeu intérieur implique d'identifier et de s'enraciner dans votre « *zone intérieure d'excellence* », un état caractérisé par un sentiment d'autorité humble et une performance sans effort. Pour y parvenir, il faut certaines compétences fondamentales telles que la Conscience de Soi, l'Auto-Calibration, l'Auto-Ajustement et l'Auto-Ancrage.

La réussite dans le jeu interne est soutenu par la possibilité de créer des *ancres de ressources*. L'ancrage est un processus qui permet de créer des indices ou des déclencheurs qui vous remémoreront vos objectifs et vos ressources intérieures. Le fait d'avoir de nombreux points d'ancrage de ressources garantit que vous serez en mesure d'être au meilleur de vous-même dans toutes les situations.

Gérer votre énergie est une autre capacité essentielle pour maîtriser votre jeu intérieur. La capacité à apporter une énergie positive et proactive à soi-même et aux autres est essentielle pour les leaders et les entrepreneurs. Être capable de reconnaître notre niveau d'énergie interne et sa qualité, et faire face aux inévitables chutes ou perturbations d'énergie qui peuvent émerger, est essentiel à notre succès. Développer des pratiques qui aident à augmenter, corriger, débloquer ou réinitialiser votre niveau d'énergie est une autre discipline importante pour un leadership conscient.

Une autre caractéristique vitale du leadership conscient est la présence. *La présence* peut être définie comme « une qualité d'équilibre et d'efficacité qui permet à un interprète d'établir une relation étroite avec son public ». Savoir être équilibré, efficace et établir un lien étroit avec ceux avec qui nous interagissons est une qualité essentielle pour réussir en tant qu'entrepreneur ou leader. Lorsque les gens sont à la fois connectés à eux-mêmes et présents aux autres, les sentiments naturels qui émergent sont la compassion, l'empathie, l'intérêt sincère pour l'autre, la spontanéité, l'authenticité et la joie. Ces sentiments sont la base de toutes les relations personnelles et professionnelles efficaces.

Pratiquer l'état *COACH* est un moyen de découvrir et renforcer votre zone d'excellence intérieure, d'accroître votre capacité à gérer votre énergie et d'accroître le pouvoir de votre présence. L'état COACH implique d'être 1) Centré sur notre Soi profond, 2) Ouvert aux possibilités, 3) Conscient et alerte, 4) Connecté à nous-mêmes, à notre but et à un champ de soutien plus large, et 4) capable d'accueillir tout ce qui se passe à partir de un état de ressources, de curiosité et d'hospitalité.

Le contraire de l'état COACH est l'état *CRASH* : Contracté, Réactif, pris dans l'Analyse paralysante, Séparé de nous-mêmes et des autres, et Hostile. En cas de CRASH nous sommes hors de notre « zone intérieure d'excellence » et tout devient plus difficile. Lorsque nous faisons face à un obstacle extérieur en étant dans l'état « CRASH », nous le vivons comme un problème insurmontable.

Pratiquer la résilience implique d'apprendre à détecter quand vous quittez votre zone intérieure d'excellence et perdez votre état COACH et de savoir quels ajustements faire pour récupérer. Le faire régulièrement vous aidera à enrichir votre répertoire d'options de résilience dans tous les domaines de votre vie.

Même avec la meilleure préparation, il y aura des situations dans lesquelles nous ne pourrons pas éviter un CRASH complet. Au lieu de faire des ajustements à notre état intérieur, nous devrons le « réinitialiser » et transformer tout ce qui crée

l'état CRASH. Se remettre d'un CRASH implique de créer une « *Maison d'Hôtes* » *pour les sentiments difficiles* et d'apprendre à les accueillir avec ressources en se connectant « en dessous » d'eux (à quelque chose de plus profond en nous) et « au-delà » (à quelque chose de plus grand que nous).

Transformer les États « CRASH » implique d'intégrer la réponse qui crée le CRASH en comprenant son intention positive et en la reliant à d'autres états de ressource complémentaires. Le mieux est d'activer notre intelligence somatique par des gestes et des mouvements tout en utilisant nos capacités cognitives.

En période de défis et de crise, il est important que les leaders soient en mesure de s'ancrer dans leur « zone intérieure d'excellence », ou état COACH, et d'aider les autres à faire de même. Cela sert à créer un champ de ressources entre eux et les autres qui aide à faire ressortir le meilleur de l'autre *Pratiquer l'accueil des sentiments difficiles en groupe* est un moyen de mettre en œuvre des compétences spécifiques d'intelligence émotionnelle dans une atmosphère de sécurité psychologique afin de créer un « Champ » de confiance et de ressources pour que les membres de l'équipe puissent se soutenir les uns les autres dans les moments de doute et de peur. Pour ce faire, il faut créer un *contenant COACH* puissant et riche, de la façon dont les équipes sportives passent souvent par un bref rituel ou une acclamation avant de commencer un match pour amener tous les joueurs dans une « zone d'excellence » collective.

La résilience et la gestion efficace de la crise, du défi et de l'incertitude exigent l'acceptation et l'intégration de nombreuses émotions et états intérieurs différents. Le champ du groupe a besoin d'accueillir et de reconnaître toutes ces énergies et ces états intérieurs afin d'être authentique et productif. Ce qui est retenu devient un type d'« ombre » qui affaiblit le champ. Comme on développe la capacité d'accueillir des sentiments difficiles dans le cadre de notre jeu intérieur, les groupes de collaborateurs ont besoin de faire de l'espace pour les réponses émotionnelles qui peuvent découler de leurs interactions, en particulier en période d'adversité et d'incertitude. La pratique d'*Accueillir les Sentiments Difficiles dans un Groupe* permet de reconnaitre, admettre et accueillir les émotions difficiles à partir d'un espace plus grand d'équanimité sans jugement, et de comprendre leurs intentions positives. Il devient alors possible de trouver les ressources qui permettent aux émotions de passer ou de se transformer et de s'intégrer comme partie productive de l'expérience de groupe.

L'intérêt de mettre en place de telles pratiques et structures est que lorsque les défis inévitables et inattendus arrivent, les dirigeants et les membres de l'équipe sont prêts à réagir rapidement et avec ressources.

Le succès du Dr Lim Suet Wun dans la gestion de la situation très tendue à l'hôpital Tan Tock Seng de Singapour lors de l'épidémie mortelle de SRAS de 2003 est un exemple puissant de la manière dont les principes et les capacités de leadership conscient et d'intelligence émotionnelle peuvent être appliqués dans une situation « de vie ou de mort » afin de traverser une crise et de rebondir face à l'adversité.

Dans les prochains chapitres, nous reviendrons sur ces principes et compétences en explorant l'état d'esprit et les actions nécessaires pour lancer une entreprise durable et pour faire face aux contraintes, dangers et opportunités qui se présentent lorsque vous cherchez à mettre votre vision en action.

Références et Lectures Connexes :

- *The Fifth Discipline* ; Senge, P. ; Doubleday, New York, New York, 1995.
- *Emotional Intelligence : Why It Can Matter More Than IQ* ; Goleman, D. ; Bantam Books, New York, NY, 1995.
- *The Inner Game of Tennis*, Gallwey, T., Random House, New York, NY, 1974.
- *The Inner Game of Work : Focus, Learning, Pleasure and Mobility in the Workplace*, Gallwey, T., Random House Trade Paperbacks, New York, NY, 2000.
- *What Does Obama Carry In His Pocket ? Hanuman Statue Among Lucky Charms*, Associated Press, January 16, 2016.
  http://www.ndtv.com/world-news/what-does-barack-obama-carry-in-his-pocket-find-out-on-youtube-1266454
- *Next Generation NLP : The Inner Game* (audio CD), Dilts, Robert and Bacon Dilts, Deborah, Journey to Genius, Santa Cruz, CA, 2011.
  www.journeytogenius.com
- *Next Generation NLP : Holding Difficult Feelings* (audio CD), Dilts, Robert and Bacon Dilts, Deborah, Journey to Genius, Santa Cruz, CA, 2011.
  www.journeytogenius.com

03

Leadership conscient et Entrepreneurs Nouvelle Génération

Les dirigeants que nous vénérons et les entreprises qui durent ne sont généralement pas le résultat d'une poursuite étroite de la popularité ou de l'avancement personnel, mais du dévouement à un objectif plus grand. C'est la marque d'un véritable succès. L'autre piège du succès pourrait être le sous-produit de cette mission plus vaste, mais ce ne peut pas être l'élément central.

Barack Obama

Dès le moment où on s'engage pleinement, la providence se met également en marche. Pour nous aider, se mettent en œuvre toutes sortes de choses qui sinon n'auraient jamais eu lieu. Tout un enchaînement d'événements, de situations et de décisions crée en notre faveur toutes sortes d'incidents imprévus, des rencontres et des aides matérielles que nous n'aurions jamais rêvé de rencontrer sur notre chemin.

Goethe

Caractéristiques Clés des Entrepreneurs de la Nouvelle Génération

Un entrepreneur de la nouvelle génération est quelqu'un qui crée une entreprise ou un projet durable afin de vivre son propre rêve, tout en proposant un produit ou un service qui fait une différence positive dans le monde et qui stimule également sa croissance personnelle.

L e *volume I de la modélisation des facteurs de succès* a présenté les compétences nécessaires pour devenir un « entrepreneur de nouvelle génération » prospère. J'ai défini un *entrepreneur de la nouvelle génération* comme quelqu'un qui crée une entreprise ou un projet durable afin de vivre son propre rêve, tout en livrant un produit ou un service qui fait une différence positive dans le monde et stimule également sa croissance personnelle (voir *SFM Vol. I*, p. 64 – 71). Un entrepreneur de la nouvelle génération, ou « zentrapreneur », est une personne qui s'engage à :

- Vivre son rêve ; c'est-à-dire qu'il se passionne pour quelque chose au-delà de l'argent

- Faire une différence positive dans le monde

- Établir une entreprise économiquement robuste et durable (voire en croissance)

- Apporter quelque chose de nouveau, porteur de sens et innovant

Ainsi, les entrepreneurs de la nouvelle génération veulent créer une entreprise ou une carrière à la fois prospère *et* porteuse de sens, alliant ambition avec contribution et mission avec le désir de développement et d'épanouissement personnel. Ils cherchent aussi à attirer et collaborer avec d'autres personnes qui partagent la même vision, mission et ambition. Tout comme le leadership conscient, l'entrepreneuriat de la nouvelle génération implique de *créer un monde auquel les gens veulent appartenir.*

Les entrepreneurs de la nouvelle génération veulent créer une entreprise ou une carrière qui soit à la fois réussie et porteuse de sens, alliant l'ambition d'accomplissement avec la volonté de contribuer et le désir de croissance et d'épanouissement personnels.

Comme je l'ai souligné dans *SFM Vols. I & II*, les entrepreneurs de la nouvelle génération qui réussissent y parviennent grâce aux cinq pratiques clés suivantes :

- Grandir personnellement et spirituellement

- Apporter sa contribution à la société et à l'environnement

- Construire une entreprise et une carrière réussies et durables

- Soutenir le bien-être émotionnel et physique de soi-même et des autres

- Partager visions et ressources avec une communauté de pairs, suscitant de nouvelles possibilités

Ces pratiques peuvent être résumées par le schéma suivant :

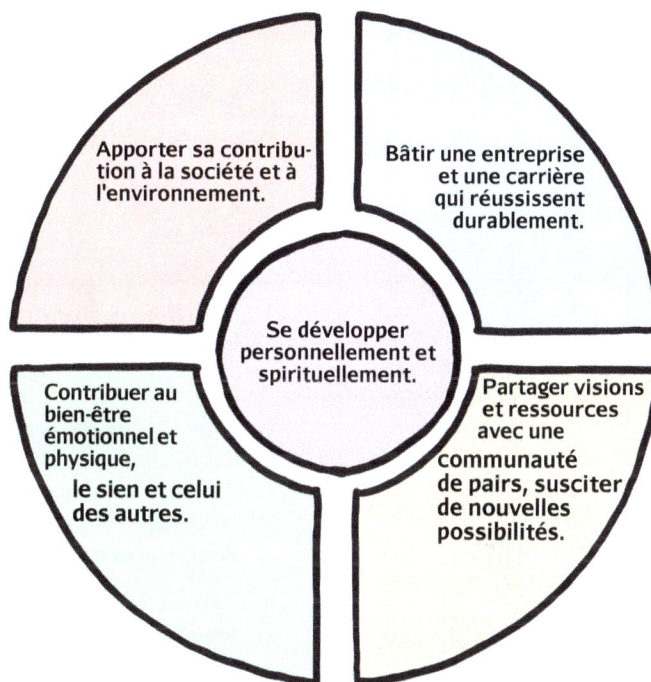

Pratiques clés liées à la réussite authentique et à la création d'un monde auquel les gens veulent appartenir

Il est évident que ces cinq pratiques des entrepreneurs de la nouvelle génération sont tout aussi importantes pour les dirigeants conscients. La recherche avec la modélisation des facteurs de succès a montré que, pour transformer ces cinq clés d'un succès authentique en un projet ou une entreprise, les entrepreneurs de la prochaine génération créent ce que nous appelons le *Cercle du Succès SFM™* (voir *SFM Vol. I*, pp. 76 – 95 et SFM Vol. II, pp. 18 – 26).

Le Cercle du Succès SFM™

Un « cercle de succès » est construit en rassemblant les résultats, les actions et l'état d'esprit nécessaires à la construction d'une entreprise réussie. Les cinq pratiques de réussite authentique définies précédemment se traduisent naturellement en cinq *résultats clés* à atteindre pour créer une véritable entreprise de nouvelle génération. Ces cinq réalisations sont :

1. *Satisfaction personnelle* issue de la *croissance personnelle et spirituelle.*

2. *Contribution significative* résultant du fait de faire une différence positive pour la société et l'environnement

3. *Robustesse financière,* conséquence de la construction d'une entreprise et d'une carrière réussies et durables

4. *Innovation et résilience,* résultant du soutien du bien-être émotionnel et physique de soi-même et des autres

5. *Croissance évolutive* soutenue par le partage de visions et ressources avec une communauté de pairs, déclenchant de nouvelles possibilités

Nous avons observé que pour atteindre ces résultats, les fondateurs d'entreprises prospères répartissent leur attention et leurs actions de manière équilibrée sur cinq axes fondamentaux : 1) eux-mêmes, leur sens de la finalité et leur motivation pour ce qu'ils font, 2) leurs clients et leurs produits et services, 3) leurs investisseurs et parties prenantes, 4) les membres de leur équipe ou leurs employés et 5) leurs partenaires et alliés stratégiques.

Autrement dit, pour arriver à ces cinq réalisations de base caractérisant une entreprise de nouvelle génération performante, les entrepreneurs doivent s'engager dans différentes actions essentielles auprès des personnes et groupes clés. Ces *actions essentielles* comprennent :

1. *Se relier* à **eux-mêmes** et à leur *sens de la finalité et leur motivation* pour l'entreprise.

2. *Développer des produits et des services* pour leurs **clients** et *générer suffisamment d'intérêt et de revenus* pour soutenir leur entreprise – en établissant à la fois une « part d'intérêt » et une part de marché suffisantes.

3. Faire grandir une équipe de **membres compétents** en *créant l'alignement* sur la mission de l'entreprise et en continuant à *accroître leurs compétences* à mesure que l'entreprise mûrit.

4. *Collecter des fonds et sécuriser d'autres ressources* essentielles nécessaires pour soutenir l'entreprise afin qu'elle atteigne son ambition, puis continuer à *développer l'activité et à créer de la valeur* pour **les parties prenantes et les investisseurs.**

5. *Construire des relations gagnant-gagnant* et établir des alliances avec des partenaires **stratégiques** qui permettent à toutes les parties d'enrichir *et de lever des ressources* de manière à accroître leur visibilité et à élargir leurs rôles sur le marché.

Comme l'évoque le nom de « Cercle de Succès », nous représentons le lien entre ces démarches essentielles et les réalisations fondamentales qu'elles génèrent par un cercle, avec au centre soi, sa finalité et sa motivation et autour quatre quadrants pour les clients/marché, membres de l'équipe/employés, parties prenantes/investisseurs et partenaires/alliances.

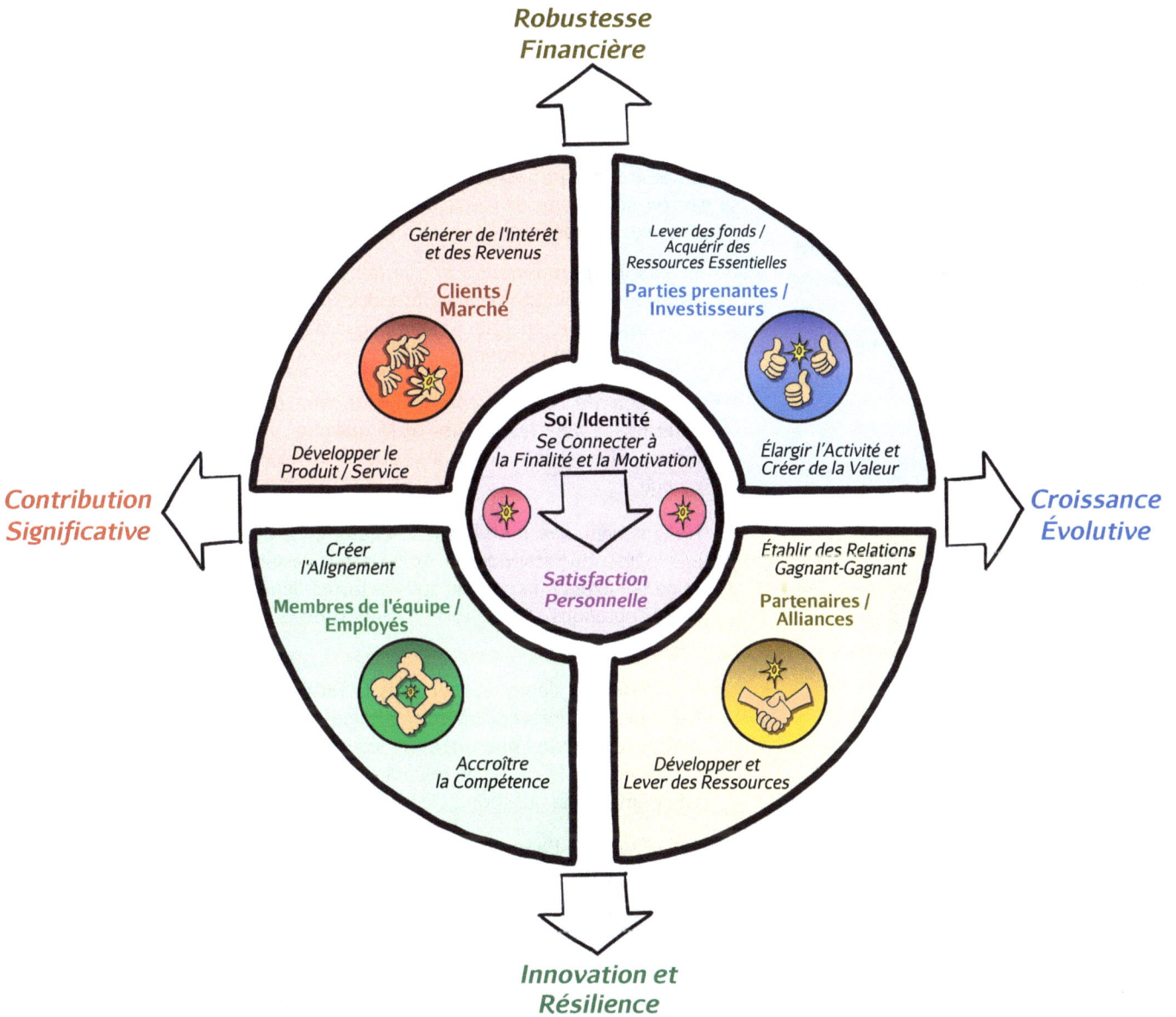

Robustesse Financière

Générer de l'Intérêt et des Revenus

Clients / Marché

Développer le Produit / Service

Lever des fonds / Acquérir des Ressources Essentielles

Parties prenantes / Investisseurs

Élargir l'Activité et Créer de la Valeur

Soi /Identité
Se Connecter à la Finalité et la Motivation

Satisfaction Personnelle

Créer l'Alignement

Membres de l'équipe / Employés

Accroître la Compétence

Établir des Relations Gagnant-Gagnant

Partenaires / Alliances

Développer et Lever des Ressources

Contribution Significative

Croissance Évolutive

Innovation et Résilience

Le Cercle du Succès SFM™

Nos études de Modélisation des Facteurs de Succès ont démontré qu'en définitive la création d'une entreprise qui réussit s'appuie sur un *état d'esprit entrepreneurial* qui produit et inspire les démarches nécessaires aux réalisations de base. Cet état d'esprit est fonction de la capacité d'un entrepreneur à partager sa *passion*, sous forme de *vision, de mission, d'ambition* et de *rôle*, par rapport aux perspectives clés définies par le Cercle de Succès.

La création d'une entreprise réussie repose sur un esprit entrepreneurial fondé sur la capacité d'une personne à comprendre et à partager sa passion, sous la forme d'une vision, d'une mission, d'une ambition et d'un rôle.

- La passion **personnelle** vient du fait de se connecter pleinement à soi-même et son identité la **plus** profonde et de découvrir ce **qui** nous apporte enthousiasme et énergie. Cela implique d'étudier la question : *Qu'est-ce que vous aimez vraiment faire ?*

- La vision **de l'entrepreneur** est fonction de sa passion personnelle extériorisée vers **les clients et le marché** afin d'apporter une contribution. Elle est la réponse à la question : *Que voulez-vous apporter au monde ?*

- L'alignement des **membres de l'équipe et des employés** travaillant ensemble pour atteindre la vision est le résultat de la communication et du partage de la passion sous la forme de la **mission** de l'entreprise. Nous l'obtenons en répondant à la question : *Quelle est votre contribution unique à la vision ?*

- La passion de l'entrepreneur sous la forme de son **ambition** de construire une entreprise prospère et durable et de créer de la valeur est ce qui motive **les parties prenantes et les investisseurs** à offrir les ressources et prendre le risque de rejoindre l'entreprise. Il s'agit ici de répondre précisément à la question : *Que voulez-vous accomplir pour vous-même ?*

- La passion de l'entrepreneur pour appliquer son domaine d'excellence sous la forme d'un **rôle** et l'établissement de relations gagnant-gagnant avec des pairs qui enrichissent et lèvent des ressources est la base de partenariats **et d'alliances** efficaces. Cela demande d'élucider la question : *Qui devez-vous être pour honorer votre mission et votre ambition ?*

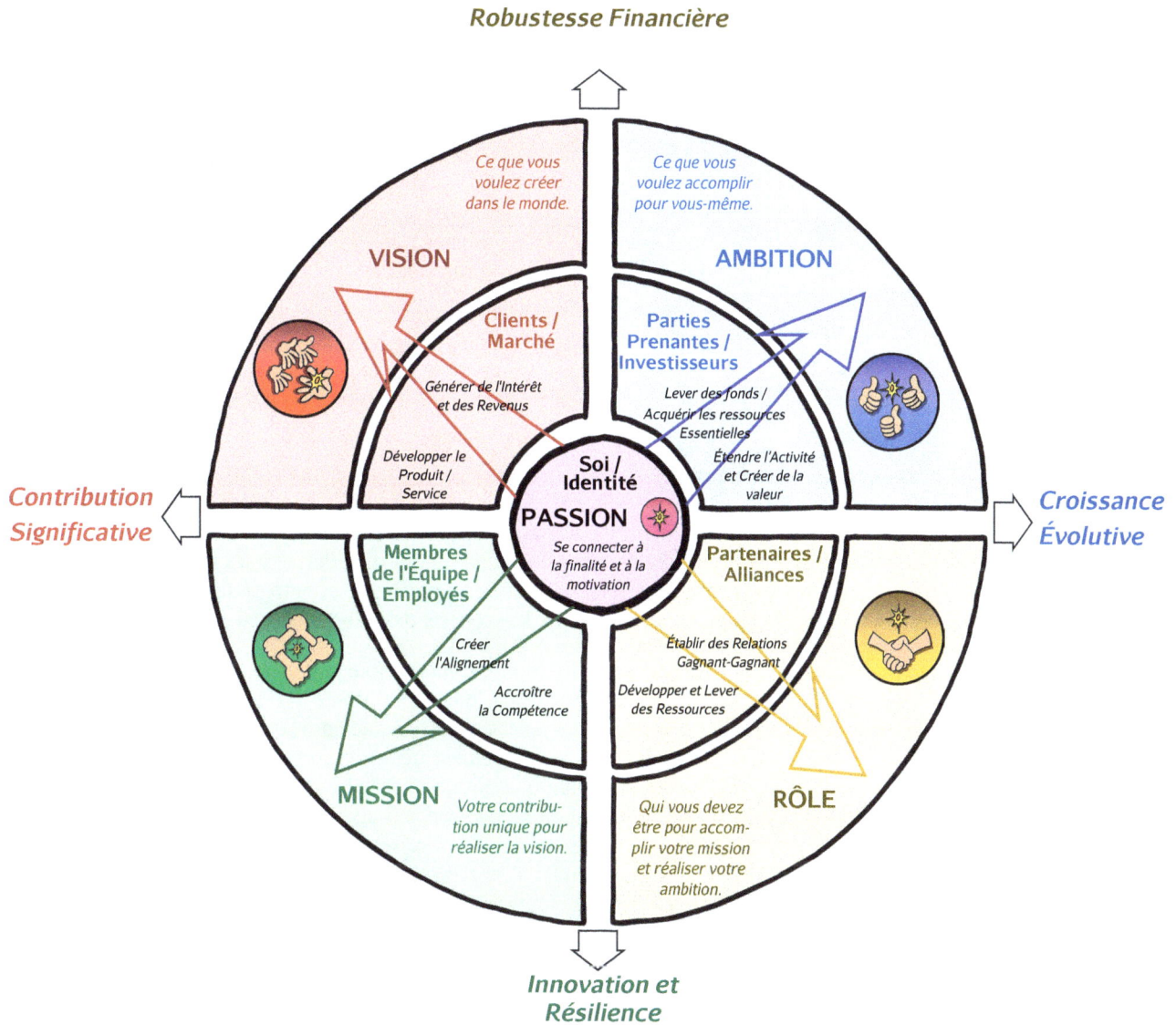

Robustesse Financière

Ce que vous voulez créer dans le monde.

Ce que vous voulez accomplir pour vous-même.

VISION

AMBITION

Clients / Marché

Parties Prenantes / Investisseurs

Générer de l'Intérêt et des Revenus

Lever des fonds / Acquérir les ressources Essentielles

Développer le Produit / Service

Étendre l'Activité et Créer de la valeur

Soi / Identité

PASSION

Se connecter à la finalité et à la motivation

Contribution Significative

Croissance Évolutive

Membres de l'Équipe / Employés

Partenaires / Alliances

Créer l'Alignement

Établir des Relations Gagnant-Gagnant

Accroître la Compétence

Développer et Lever des Ressources

MISSION

Votre contribution unique pour réaliser la vision.

Qui vous devez être pour accomplir votre mission et réaliser votre ambition.

RÔLE

Innovation et Résilience

Vision, Mission, Ambition et Rôle, et le Cercle de Succès SFM™

Exemple : Le Cercle de Succès d'Elon Musk

L'étonnante capacité d'Elon Musk à créer des innovations qui changent la donne et à les transformer en entreprises durables est un exemple clair du potentiel d'une mentalité entrepreneuriale et de l'importance de savoir construire un Cercle de Succès.

Un bon exemple de la manière de construire un cercle de succès est l'exemple d'Elon Musk présenté au chapitre 1. La passion précoce de Musk pour « l'éveil collectif » et son désir de changer les choses pour le mieux ont été le fondement d'une vision générative pour « augmenter la portée et l'ampleur de la conscience humaine » et « faire une différence positive pour l'avenir de l'humanité ». Cette vision plus large s'est manifestée dans des produits spécifiques tels que les voitures électriques, les panneaux solaires et les fusées réutilisables.

L'intérêt sans précédent suscité par des produits tels que le Powerwall et le Tesla Model 3, malgré peu ou pas de publicité, illustre la manière dont l'intérêt et les revenus peuvent être générés par la passion suscitée chez les clients actuels et futurs qui croient fermement à la vision qu'une entreprise tente d'atteindre.

La mission de Musk « d'accélérer la transition du monde vers l'énergie durable et de contribuer à faire de l'humanité une civilisation multi-planétaire » et sa capacité à identifier et prioriser les défis et problèmes valables lui ont permis de s'entourer d'équipes composées des plus grands professionnels et experts au monde. Sa capacité à les unir autour d'un défi et à les faire « travailler ensemble au mieux de leurs capacités » a permis à ses entreprises d'apporter des contributions significatives et de « réaliser de grandes choses ». Comme Musk l'explique :

> *Je pense qu'il est important que tout le monde comprenne exactement quelle est la mission, quel est l'objectif et que quand ils rejoignent l'entreprise, ils soient amenés à atteindre cet objectif global. Tant que cet objectif est clairement défini et compris et que les gens disent « oui », ils sont d'accord avec cet objectif lorsqu'ils rejoignent l'entreprise – donc, ils ne rejoignent pas seulement pour un salaire mais ils croient en ce que fait l'entreprise – alors vous pouvez revenir vers eux et si leur activité n'est pas alignée avec l'entreprise, vous pouvez dire : « Hé, tu dois changer ton comportement de cette façon particulière. » Et puis ils le font généralement. Dans les rares occasions où quelqu'un ne le fait pas, alors vous devez être prêt à le laisser quitter l'équipe.*

L'ambition de Musk de créer « des centaines de milliers d'emplois et un avenir plus inspirant pour tous » lui a permis d'attirer et d'acquérir des investissements et d'autres ressources essentielles pour poursuivre sa vision. Sa capacité à « optimiser la pertinence » et à équilibrer la contribution à l'humanité avec le rendement financier et la viabilité économique lui a permis de développer son entreprise et de créer de la valeur pour les investisseurs et les autres parties prenantes.

Le rôle de Musk en tant que catalyseur du changement et de l'approche « open source » de la technologie a ouvert la porte à nombre de partenariats gagnant-gagnant importants qui lui permettent de faire avancer ses projets à un rythme accéléré. Sa société Open AI, par exemple, a des partenariats majeurs avec Microsoft, Y Combinator et d'autres. Tesla a établi un partenariat avec le concurrent potentiel BMW pour développer la technologie des batteries. Solar City s'est associé à Nest pour installer des thermostats « intelligents » qui améliorent la consommation d'énergie. En plus de la NASA, SpaceX a des partenariats avec des compagnies aériennes comme Boeing et a récemment établi un partenariat clé avec Google pour lancer des satellites qui fourniraient une couverture Internet mondiale.

La stratégie puissante d'optimisation de la pertinence de Musk rassemble vision et contribution à l'humanité avec ambition et rentabilité pour les investisseurs et les autres parties prenantes.

Le Cercle de Succès d'Elon Musk

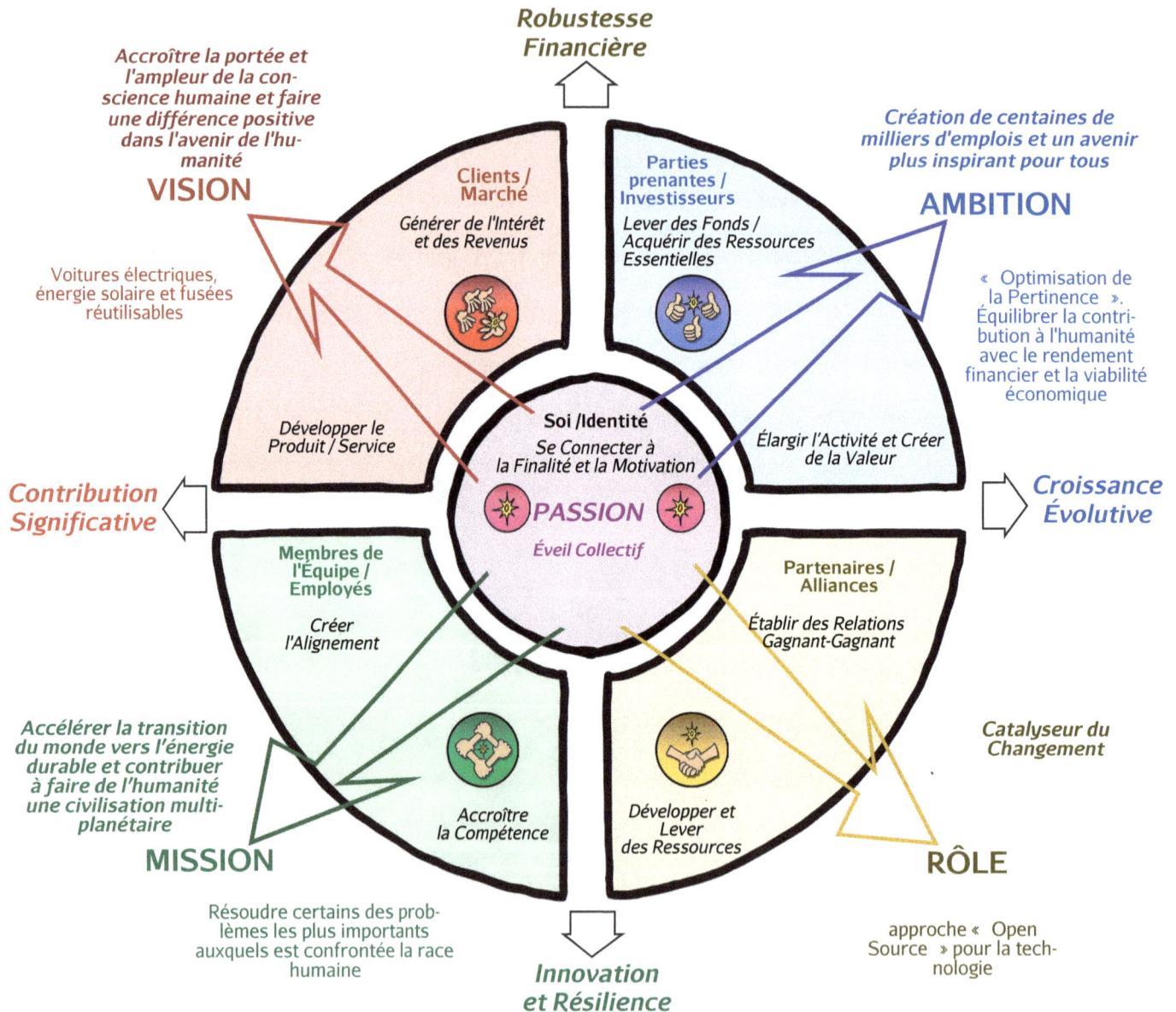

Robustesse Financière

Accroître la portée et l'ampleur de la conscience humaine et faire une différence positive dans l'avenir de l'humanité

VISION

Voitures électriques, énergie solaire et fusées réutilisables

Création de centaines de milliers d'emplois et un avenir plus inspirant pour tous

AMBITION

« Optimisation de la Pertinence ». Équilibrer la contribution à l'humanité avec le rendement financier et la viabilité économique

Clients / Marché
Générer de l'Intérêt et des Revenus

Parties prenantes / Investisseurs
Lever des Fonds / Acquérir des Ressources Essentielles

Développer le Produit / Service

Élargir l'Activité et Créer de la Valeur

Soi / Identité
Se Connecter à la Finalité et la Motivation

PASSION
Éveil Collectif

Contribution Significative

Croissance Évolutive

Membres de l'Équipe / Employés
Créer l'Alignement

Partenaires / Alliances
Établir des Relations Gagnant-Gagnant

Accroître la Compétence

Développer et Lever des Ressources

Accélérer la transition du monde vers l'énergie durable et contribuer à faire de l'humanité une civilisation multi-planétaire

MISSION

Résoudre certains des problèmes les plus importants auxquels est confrontée la race humaine

Catalyseur du Changement

RÔLE

approche « Open Source » pour la technologie

Innovation et Résilience

LE CERCLE DE SUCCÈS D'ELON MUSK

VISION
Clients / Marché

ACCROÎTRE LA PORTÉE ET L'AMPLEUR DE LA CONSCIENCE HUMAINE ET FAIRE UNE DIF-FÉRENCE POSITIVE POUR L'AVENIR DE L'HUMANITÉ.

* VOITURES ÉLECTRIQUES, ÉNERGIE SOLAIRE ET FUSÉES RÉUTILISABLES

AMBITION
Parties Prenantes / Investisseurs

CRÉATION DE CENTAINES DE MILLIERS D'EMPLOIS ET D'UN AVENIR PLUS INS-PIRANT POUR TOUS

* OPTIMISATION DE LA PERTINENCE. ÉQUILIBRER LA CONTRIBUTION À L'HUMANITÉ AVEC LE RENDEMENT FINAN-CIER ET LA VIABILITÉ ÉCONOMIQUE

MISSION
Membres de l'Équipe / Employés

ACCÉLÉRER LA TRANSITION DU MONDE VERS L'ÉNERGIE DURA-BLE ET CONTRIBUER À FAIRE DE L'HUMANITÉ UNE CIVILISA-TION MULTI-PLANÉTAIRE

* RÉSOUDRE CERTAINS DES PRO-BLÈMES LES PLUS IMPORTANTS AUXQUELS EST CONFRONTÉE LA RACE HUMAINE

RÔLE
Partenaires / Alliances

CATALYSEUR DU CHANGEMENT

* APPROCHE « OPEN SOURCE » POUR LA TECHNOLOGIE

Soi / Identité - Passion

ÉVEIL COLLECTIF

La Carte Mentale SFM du Succès (SFM Success Mindset Map™)

Une mission majeure de La Modélisation des Facteurs de Succès est d'aider les entrepreneurs et les leaders conscients de toutes sortes à construire un Cercle du Succès efficace comme Elon Musk. Dans le cadre de cette mission, mon collègue Mickey A. Feher – un entrepreneur et coach international – et moi-même, avec le soutien de l'illustrateur Antonio Meza, avons développé ce que nous appelons la *SFM Success Mindset Map™*.

Pour créer la carte, nous avons appliqué les caractéristiques de la modélisation des facteurs de succès pour analyser des entrepreneurs connus tels que Elon Musk, Steve Jobs d'*Apple Inc.*, Richard Branson du groupe *Virgin*, Jeff Bezos d'*Amazon.com*, Howard Schultz de *Starbucks*, Muhammed Yunus de la *Grameen Bank*, Anita Roddick de *The Body Shop* et bien d'autres. En plus des éléments clés de l'état d'esprit entrepreneurial énumérés précédemment – passion, vision, mission, ambition et rôle - nous avons établi un certain nombre d'autres modèles spécifiques d'état d'esprit, de comportements et d'habitudes qui soutiennent l'entrepreneuriat de la nouvelle génération et le leadership conscient.

En fait, la SFM Success Mindset Map™ identifie trois domaines principaux d'un état d'esprit de réussite :

> 1. *État d'esprit méta (Meta Mindset)* – Clarté de la grande image
>
> 2. *État d'esprit macro (Macro Mindset)* – Habitudes de réussite
>
> 3. *État d'esprit micro (Micro Mindset)* – Priorités permanentes

Notre **État d'esprit méta** a à voir avec notre attitude fondamentale envers notre travail, notre monde et notre place dans ce monde. Il se rapporte aux facteurs de succès au niveau du *but* et de *l'identité*. Notre état d'esprit méta est essentiellement composé de notre sens de la passion, de la vision, de la mission, de l'ambition et du rôle. Ils fournissent la « *clarté de la grande image* » en ce qui concerne notre projet ou notre entreprise.

L'État d'esprit macro se rapporte aux disciplines et aux pratiques mentales nécessaires pour se focaliser sur la vue d'ensemble de notre entreprise et commencer à la mettre en action. Ces pratiques et ces disciplines impliquent des facteurs de réussite au niveau des *capacités* comme la gestion de notre énergie et concentration, la recherche de commentaires honnêtes et fréquents, la recherche d'opportunités, la gestion efficace des risques et de l'adversité, et la capacité à nous recharger et nous équilibrer nous-mêmes. En ce sens, notre état d'esprit macro définit nos *habitudes de réussite*.

La SFM Success Mindset Map™ identifie trois domaines principaux d'un état d'esprit de la réussite : Méta, Macro et Micro.

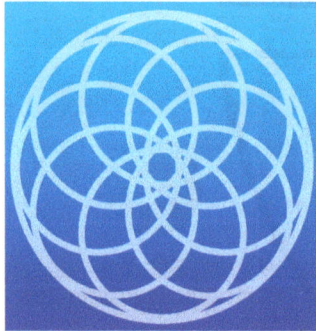

Mindset Maps International a créé une application qui vous permet d'évaluer vos points forts dans les différents domaines de la SFM Success MindsetMap™ (Carte Mentale du Succès SFM). Disponible sur *http://www.mindsetmaps.com.*

Notre **État d'esprit micro** produit et guide les actions spécifiques nécessaires pour construire une entreprise durable. L'état d'esprit micro se concentre sur les facteurs de réussite au niveau des *comportements*. Il détermine nos *priorités permanentes* telles que la clarification de l'objectif et de la motivation, le développement de notre produit ou service, la génération d'intérêt et de revenus, le développement et l'alignement d'une équipe efficace, l'acquisition des ressources nécessaires, l'expansion de notre activité, la création de valeur pour les parties prenantes et la construction de partenariats gagnant-gagnant qui enrichissent et lèvent les ressources disponibles.

Ces trois domaines de l'état d'esprit peuvent être intégrés ensemble pour constituer ce que nous appelons la « SFM Mindset Compass », (la boussole de l'état d'esprit SFM). La notion fondamentale d'une **boussole de l'état d'esprit** est que des aspects particuliers de l'état d'esprit sont plus nécessaires que d'autres pour atteindre les divers résultats fondamentaux définis par le Cercle du Succès. Par exemple, garantir la solidité financière nécessiterait une combinaison d'attributs d'état d'esprit méta, macro et micro différente de celle qui serait nécessaire, par exemple, pour accroître l'innovation et la résilience. Ainsi, à l'instar d'une boussole littérale, la SFM Mindset Compass montre quelle voie prendre si vous voulez ou avez besoin de déplacer votre projet ou votre entreprise dans une certaine direction.

La boussole SFM Mindset Compass spécifie quels éléments des trois domaines de réflexion, Méta, Macro et Micro, sont les plus importants et pertinents pour atteindre les résultats fondamentaux définis par le Cercle du Succès.

En résumé, la boussole de l'état d'esprit spécifie quels éléments des trois domaines de l'état d'esprit, méta, macro et micro, sont les plus importants et pertinents pour atteindre les différents résultats de base définis par le Cercle du Succès. Selon votre *Méta Objectif* ou votre *orientation actuelle* pour votre entreprise, ce résultat pourrait être le renforcement de la satisfaction personnelle, une contribution porteuse de sens, la consolidation financière, l'augmentation de l'innovation et de la résilience ou la réalisation d'une croissance évolutive. La boussole Mindset Compass vous aide à identifier vos aptitudes et tendances particulières et à savoir celles que vous devez prioriser et renforcer pour porter votre projet ou votre entreprise au niveau suivant.

La suite de ce chapitre vous permettra d'explorer chacun de ces domaines de votre propre état d'esprit et de réfléchir à vos points forts et à vos points à développer. Je fournirai des informations plus détaillées sur chacun des domaines de l'état d'esprit et vous aurez l'occasion de faire une partie de l'auto-analyse précise, si cruciale pour le succès selon Elon Musk. Commençons cette exploration avec le Meta Mindset.

Meta Mindset - Clarté de la grande image

Comme nous l'avons établi, le *Meta Mindset* est lié aux facteurs de succès des niveaux de la *finalité* et de l'*identité* ; il se rapporte à notre attitude fondamentale envers notre travail, notre monde et notre place dans ce monde. Pour aider à clarifier et enrichir chaque élément du Meta Mindset, Mickey Feher et moi avons sélectionné comme modèle de rôle pour chaque aspect du Meta Mindset un entrepreneur bien connu qui le caractérise.

Le lancement d'une nouvelle entreprise ressemble aussi beaucoup aux voyages des premiers explorateurs. Ils avaient besoin d'un certain état d'esprit et d'outils pour arriver aux destinations souhaitées. Nous avons donc également choisi d'utiliser un certain nombre d'explorateurs, de navigateurs et de dirigeants légendaires, tels qu'Ulysse, Earnest Shakleton, Christophe Colomb, Sir Francis Drake, l'amiral Horatio Nelson et Noé, pour symboliser les aspects clés du Meta Mindset des entrepreneurs de la nouvelle génération et des leaders conscients.

Le Meta Mindset des entrepreneurs et dirigeants qui réussissent est composé des six éléments suivants.

Meta Mindset - Clarté de la grande image

1. **Sachez ce que vous aimez vraiment faire (Sachez ce qui vous passionne).**

   La passion est un désir ou un enthousiasme intense pour quelque chose. C'est une quête intérieure implacable pour trouver ce qui vous intéresse profondément et pour quoi vous êtes doué, et le poursuivre de tout votre cœur. Notre symbole de la passion est l'**étincelle**

qui allume le feu de votre enthousiasme, de votre détermination et de votre énergie pour faire une différence.

Nous avons choisi l'entrepreneur **Richard Branson** comme modèle de passion pour les affaires. Reconnu comme un leader passionné et inspirant, Branson est surtout connu comme fondateur du groupe Virgin, qui compte plus de 400 entreprises.

À propos du lancement de ses entreprises, Branson a déclaré: « Mon intérêt pour la vie vient du fait que je me lance d'énormes défis apparemment irréalisables et que j'essaye de les relever... dans la mesure où je voulais vivre pleinement ma vie, je sentais que je devais le tenter ».

Il faut de la passion et de l'énergie pour créer une entreprise vraiment réussie. Vous ne pouvez rien faire de mieux de votre vie et de votre travail que de suivre vos passions – d'une manière qui sert le monde et vous-même.

Richard Branson – *Le Groupe Virgin*

Nous avons sélectionné le célèbre voyageur mythique **Ulysse** comme notre autre modèle de rôle pour la passion. Dans les œuvres d'Homère, Dante et Tennyson, Ulysse est décrit comme un voyageur passionné qui « a soif d'aventure ». Dans l'*Odyssée*, l'Ulysse d'Homère déclare avec ferveur : « *Le sujet, c'est le voyage.* » Affirmant que « chaque homme se délecte du travail qui lui convient le mieux », Ulysse déclare :

Ulysse

« *Ne me laissez pas mourir sans gloire et sans lutte, mais laissez-moi d'abord faire quelque chose de grand que les hommes se raconteront plus tard.* »

Selon l'Ulysse de Tennyson, « *Je ne peux pas me reposer du voyage : Je boirai la Vie jusqu'à la lie* [le sédiment au fond de la bouteille] ; *à chaque moment j'ai goûté de grandes joies et de grandes souffrances, tant avec ceux qui m'aimaient que seul.* » Il se dit animé par le désir « *de lutter, de chercher, de trouver et de ne pas céder.* »

La passion pour ce que vous faites est le socle d'un état d'esprit favorable à la réussite.

Pour explorer cet aspect de votre Meta Mindset, cherchez à répondre clairement aux questions suivantes :

- *Qu'est ce que vous aimez vraiment faire ?*
- *Qu'est-ce qui vous enthousiasme ?*
- *Qu'est-ce qui est intéressant et irrésistible pour vous ?*
- *Qu'est-ce qui vous transporte et vous donne de l'énergie ?*

2. Sachez ce que vous voulez contribuer à créer à long terme (Soyez clair sur votre destination ; et votre vision à plus long terme)

La vision peut être définie au mieux comme « une image mentale de ce que l'avenir sera ou pourrait être ». La vision créative des entrepreneurs qui réussissent est liée à cette aptitude à imaginer et se concentrer sur des possibilités à long terme qui améliorent nos vies d'une façon ou d'une autre. Elle implique la capacité à voir au-delà des limites du « ici et maintenant » et à imaginer des scénarios futurs. Elle implique également la capacité à fixer et à se concentrer sur des buts à plus long terme, en adoptant des plans à long terme et une vision globale. Notre symbole pour ce type de vision est une **carte** qui montre la destination que vous tentez d'atteindre.

Une vision est « une image mentale de ce que l'avenir sera ou pourrait être » qui se concentre sur la façon dont la vie des gens pourrait être améliorée d'une manière ou d'une autre.

Nous sommes entêtés sur la vision. Nous sommes flexibles sur les détails... Amazon.com s'efforce d'être la destination de commerce électronique où les consommateurs peuvent trouver et découvrir tout ce qu'ils veulent acheter en ligne.

Jeff Bezos – *Amazon.com*

Je me suis juré qu'un jour, j'irais dans le pays de la glace et de la neige et que je continuerais à avancer jusqu'à ce que j'arrive à l'un des pôles de la terre, l'extrémité de l'axe sur lequel tourne cette grande boule ronde.

Ernest Shackleton

Une vision pour l'avenir est parfois plus une direction particulière qu'un objectif ou une destination spécifique.

Jeff Bezos, fondateur du géant du commerce électronique Amazon, est notre modèle de rôle de vision. Bezos affirme avoir quitté son « emploi bien payé » dans un fonds spéculatif de New York lorsqu'il « a appris la croissance rapide de l'utilisation d'Internet » aux États-Unis. C'était à ses yeux une opportunité majeure pour les gens d'accéder plus facilement aux produits (d'abord des livres) et de payer moins cher parce que les achats en ligne n'étaient pas taxés. Il a lancé Amazon.com en 1994 après avoir traversé le pays en voiture de New-York à Seattle, en écrivant le business plan d'Amazon en route. Comme d'autres entrepreneurs en herbe, il a d'abord lancé sa vision depuis son garage. En 2014, Amazon était devenu le plus grand détaillant en ligne du monde.

Sir Ernest Henry Shackleton était un explorateur polaire qui a dirigé trois expéditions britanniques en Antarctique. En raison de la poursuite inlassable de sa vision, Shackleton a été la première personne à voir et à parcourir le Plateau Antarctique. Le leadership dévoué de Shackleton et sa détermination à atteindre sa destination à tout prix ont fait de lui l'une des principales figures de la période connue sous le nom d'Âge Héroïque de l'Exploration de l'Antarctique.

Pour explorer cet aspect de votre Meta Mindset, cherchez à répondre clairement aux questions suivantes :

- *Que voulez-vous apporter au monde qui soit plus grand que vous ?*
- *Quelles nouvelles possibilités voulez-vous voir dans le monde ?*
- *Quel est le monde auquel vous souhaitez appartenir ?*

3. **Soyez clair sur votre direction, que vous connaissiez ou non la destination finale.**

La *vision* consiste à regarder vers l'avenir pour voir ce que vous voulez créer dans le monde par votre entreprise. Cependant, lorsque nous regardons au loin, nous ne pouvons pas toujours voir le résultat final bien clairement. Parfois, un entrepreneur a une orientation en tête, mais *pas* un objectif final ou une destination précise. Les entrepreneurs comme Jeff Bezos étaient très clairs sur leur destination. D'autres comme Anita Roddick connaissaient leur direction mais pas la destination ultime.

Nous avons choisi une **boussole** pour représenter ce type de vision dans laquelle vous savez dans quelle direction vous voulez aller, mais pas nécessairement où vous vous retrouverez.

Anita Roddick était une femme d'affaires britannique, militante des droits de l'homme et de l'environnement, plus connue comme la fondatrice de *The Body Shop* - une société de cosmétiques qui produit et vend au détail des produits de beauté naturels qui ont façonné le consumérisme éthique. La société a été l'une des premières à interdire l'utilisation d'ingrédients testés sur les animaux et l'une des premières à promouvoir le commerce équitable avec les pays du tiers monde.

Au départ, Roddick voulait simplement créer un gagne-pain pour elle-même et sa fille. Elle pensait également que le monde devait « devenir vert », comme elle le disait. En se basant sur ses premiers voyages autour du monde, elle n'a cessé de se demander « Pourquoi gaspiller un contenant quand on peut le remplir à nouveau ? » « Et si on pouvait créer une entreprise qui repose sur une philosophie verte et le commerce équitable ? » Roddick a affirmé qu'elle n'avait aucune idée de comment elle avait construit une société qui : « est une entreprise multi-locale avec plus de 2 045 magasins servant plus de 77 millions de clients dans 51 marchés différents dans 25 langues différentes et sur 12 fuseaux horaires. » Elle avait clairement la « boussole » mais pas la carte avec la destination exacte.

Christophe Colomb est l'exemple emblématique d'un voyageur qui était clair sur sa direction, mais qui n'avait aucune idée précise de l'endroit où cela les mènerait, lui et son équipage. Convaincu que la Terre était ronde et qu'il pouvait atteindre les Indes orientales en naviguant vers l'ouest assez longtemps, Colomb a utilisé une boussole pour tenir son cap (magnétique) vers l'ouest pendant des semaines. Ce faisant, il a fini par découvrir un tout nouveau monde, inconnu des Européens de l'époque, et a lancé le début de l'exploration européenne et de la colonisation des continents américains.

Pour explorer cet aspect de votre Meta Mindset, cherchez à répondre clairement aux questions suivantes :

- *Que voulez-vous voir de mieux ou de différent dans le monde ?*
- *De quoi voulez-vous voir plus et moins à l'avenir ?*

Vous pouvez créer un moyen de subsistance honorable où vous utilisez vos compétences pour gagner votre vie, cela donne un sentiment de liberté et permet d'équilibrer votre vie comme vous voulez.

Les originaux voient et ressentent des choses que d'autres ne ressentent pas. Mais vous devez croire que tout est possible. Si vous le croyez, ceux qui vous entourent le croiront aussi.

Anita Roddick – *The Body Shop*

Je ne me soucie pas d'examiner quoi que ce soit en particulier ici, ce qui ne pourrait d'ailleurs être fait en cinquante ans, parce que mon désir est de faire toutes les découvertes possibles.

Christophe Colomb

La mission d'un individu ou d'une organisation a trait à sa contribution à un objectif et à une vision plus grands que lui-même.

4. Connaissez votre but – sachez ce que vous défendez et pourquoi vous faites ce que vous faites. Soyez clairs sur votre mission – la contribution unique que vous voulez apporter par l'intermédiaire de votre entreprise.

La *mission* d'un individu ou d'une organisation a trait à sa contribution à la manifestation d'une vision particulière. Le mot vient du latin *missio*, qui signifie « l'action d'envoyer ». En fait, la mission est définie dans le dictionnaire comme « un devoir important à effectuer à des fins politiques, religieuses ou commerciales ». La mission se rapporte au don et à la contribution uniques que vous mettez sur la table lorsque vous vous mettez en chemin pour réaliser votre vision. La mission de l'individu au sein d'une organisation est liée à sa contribution à cette organisation et sa vision. De même, la mission d'une organisation sera en lien avec le système plus large de ses clients et de leurs besoins.

Nous avons choisi un **tonneau** comme symbole du but et de la mission car il représente la cargaison que vous apportez aux autres afin de faire une différence positive dans leur vie.

Gagner de l'argent est un bonheur. Et c'est une grande motivation. Rendre les autres heureux est un super bonheur.
Muhammed Yunus – *Banque Grameen*

Muhammed Yunus est un modèle puissant pour le sens du but et de la mission. Il est le fondateur de la *Grameen Bank*, pionnière du concept de microcrédit pour soutenir les entrepreneurs dans les pays en développement (voir *SFM Vol. I*, pp. 66 – 67). La vision de Yunus a émergé lorsqu'il a découvert que des prêts minimes pouvaient faire une différence énorme pour les personnes ayant peu de ressources économiques. Dans son pays natal, le Bangladesh, par exemple, Yunus a observé que les villageoises qui fabriquaient des meubles en bambou avaient du mal à maintenir leurs petites entreprises et qu'elles étaient souvent exploitées quand elles tentaient d'emprunter de l'argent. Les banques traditionnelles refusaient de faire des prêts aux personnes pauvres, considérées à haut risque d'insolvabilité. En revanche, Yunus était convaincu que si on leur donnait leur chance, les femmes seraient plus que disposées à rembourser l'argent avec un intérêt raisonnable. Yunus prêta $27 de ses fonds personnels à 42 femmes du village et fit un profit modeste mais significatif sur chacun des prêts. Ce qui a validé sa vision et renforcé sa conviction que le microcrédit était un modèle économique viable qui pourrait améliorer la vie des personnes vivant dans la pauvreté.

Le 1er octobre 1983, Yunus a lancé une banque à part entière pour les Bangladais pauvres appelée Grameen Bank (« la Banque du Village »). En juillet 2007, Grameen avait prêté 6,38 milliards de dollars à 7,4 millions d'emprunteurs. En 2006, Yunnus et la Grameen Bank ont reçu le prix Nobel de la Paix pour ces efforts, dont le succès a inspiré des programmes similaires dans le monde entier.

Noé est le personnage biblique qui a construit un gigantesque vaisseau (une arche) afin de sauver les espèces animales de la terre (par couples) de l'anéantissement par le déluge. De toute évidence, Noé représente un voyageur sans direction ni destination particulière, mais il a plutôt une mission et un but forts – la préservation de la vie terrestre sur la planète. Noé est un modèle d'avoir accepté avec diligence l'appel à servir quelque chose de plus grand que lui, sans jamais faiblir.

Une grande inondation arrive. Les eaux des cieux rencontreront les eaux de la terre. Nous construisons un navire pour survivre à la tempête. Nous construisons une arche.

Noé

Pour explorer cet aspect de votre Meta Mindset, cherchez à répondre clairement aux questions suivantes :

- *Quel service apportez-vous au système et à la vision plus vastes ?*
- *Quelle est votre contribution unique pour concrétiser la vision ?*
- *Quels sont les talents, ressources, capacités et actions spéciaux que vous apportez au système plus vaste pour contribuer à atteindre la vision ?*

5. Soyez clair quant à votre ambition – ce que vous voulez devenir et réaliser dans les deux à cinq prochaines années.

L'*ambition* est le résultat du désir et de la volonté de réussir et être reconnu. L'ambition se définit comme « un profond désir de faire ou de réaliser quelque chose, nécessitant en général de la détermination et un travail acharné » dont on retire un avantage personnel. Nos ambitions sous la forme de rêves et aspirations pour nos vies émergent d'un ego sain et viennent du besoin de croissance et de maîtrise. Les ambitions naissent de nos rêves, désirs, pulsions et besoins personnels. Par exemple, comme fruit de nos activités, en plus d'un salaire raisonnable ou confortable, nous pouvons désirer nous développer, nous réaliser ou avoir besoin de reconnaissance et d'approbation.

L'ambition est fonction du désir d'accomplissement et de reconnaissance. Il découle de la volonté de croissance et de maîtrise.

Nous avons choisi un **chronomètre** comme symbole de l'ambition pour deux raisons. Premièrement, il s'agit d'une sorte de « course contre la montre », une tentative de réaliser quelque chose dans un délai déterminé. Deuxièmement, cela indique l'idée que, comme l'a souligné Steve Jobs, notre « temps est limité » et il est important de rester concentré sur nos objectifs et nos aspirations.

Nous sommes là pour faire une empreinte sur l'univers. Sinon, pourquoi être ici ? Notre objectif est de fabriquer les meilleurs appareils au monde, pas d'être les plus gros.

Votre temps est compté, alors ne le gaspillez pas à vivre la vie de quelqu'un d'autre.

Steve Jobs – *Apple Inc.*

Dérange-nous, Seigneur, quand nous sommes trop satisfaits de nous-mêmes, quand nos rêves se sont réalisés, parce que nous avons trop peu rêvé, quand nous sommes arrivés sains et saufs. Parce que nous avons navigué trop près des côtes.

Dérange-nous, Seigneur, pour oser plus hardiment, pour s'aventurer sur des mers plus sauvages où les tempêtes montreront ta maîtrise ; où perdant de vue la terre, nous trouverons les étoiles.

Sir Francis Drake

À bien des égards, **Steve Jobs** est l'incarnation même de l'ambition entrepreneuriale (voir *SFM Vol. I*, pp 252 – 280). Jobs a fondé Apple Computer avec Steve Wozniak dans un garage de la « Silicon Valley » dans la région de la baie de San Francisco, en Californie, en 1976 à l'âge de 21 ans. Lorsque l'entreprise est entrée en Bourse en 1980, elle a généré plus de capital que toute autre introduction depuis Ford Motor Company en 1956, et créé 300 nouveaux millionnaires du jour au lendemain. Au moment du décès de Jobs en octobre 2011, Apple était devenue la plus grande entreprise de technologie au monde avec une recette annuelle des ventes de 127,8 milliards. En mars 2012 sa valeur boursière avait atteint 500 milliards de dollars.

Sir Francis Drake est un modèle saisissant d'aventurier audacieux et ambitieux. Capitaine de bateau, corsaire, navigateur et homme politique anglais de l'époque élisabéthaine, Drake a réalisé le deuxième tour du monde en une seule expédition, de 1577 à 1580. Son incursion dans le Pacifique a également initié une ère de raids corsaires et de piraterie contre les Espagnols sur la côte ouest des Amériques. Il était commandant en second de la flotte anglaise qui a vaincu l'Armada espagnole en 1588. Marin britannique le plus renommé de son temps, Drake a été fait chevalier en 1581 par Elizabeth I.

Pour explorer cet aspect de votre Meta Mindset, cherchez à répondre clairement aux questions suivantes :

- *Quel genre de vie voulez-vous vous créer ?*
- *Que voulez-vous accomplir ? Quel type de statut et performance voulez-vous atteindre par rapport à vous-même et aux autres ?*
- *Pour quoi aimeriez-vous qu'on vous reconnaisse et/ou qu'on se souvienne de vous ? Qu'aimeriez-vous pouvoir ajouter à votre CV ou votre biographie ?*

6. **Soyez clair quant à votre rôle – la position que vous avez par rapport aux autres dans votre marché/environnement.**

Le *rôle* est défini comme « la fonction assumée ou le personnage joué par une personne dans une situation particulière ». Les rôles sont donc en lien à la fois avec la « fonction » basée sur la compétence et « le personnage joué » déterminé par la position hiérarchique ou le statut. Ainsi d'une part, le rôle reflète les savoir-faire, aptitudes et travail personnels. Il est lié à ce que la personne fait (ou est supposée faire). En fait, les personnes réussissent mieux dans des rôles qui sont « compatibles avec leurs savoir-faire et caractéristiques personnelles. » D'autre part, le rôle reflète le « statut », c.à.d. qui nous sommes par rapport aux autres. En d'autres termes, le rôle est à la croisée entre la position qu'une personne occupe par rapport aux autres et les capacités et comportements attendus associés à cette position.

Le rôle d'une personne ou d'une organisation est le résultat de la place qu'elle occupe et de l'objectif qu'elle sert par rapport aux autres.

Nous avons choisi un **drapeau** comme symbole du rôle, les drapeaux eux-mêmes étant le plus souvent utilisés comme des symboles puissants représentant le rôle, le statut ou l'identification à une fonction ou une identité particulière.

Starbucks est devenue omniprésente dans le monde entier en tant que marque qui représente un rôle particulier connu sous le nom de « culture des cafés ». Dès le 14ème siècle, les cafés d'Europe occidentale et de la Méditerranée orientale étaient traditionnellement des lieux de rencontre, ainsi que des centres artistiques et intellectuels. **Howard Schultz** a eu la vision d'apporter le rôle et la tradition du café italien aux États-Unis, en en faisant « un lieu pour la conversation et un sens de la communauté ; un troisième lieu entre le travail et la maison ». Embrassant ce rôle, Schultz a décidé de faire de Starbucks un type d'entreprise différent. Une qui non seulement célébrait le café et la riche tradition, mais qui apportait également un sentiment de connexion. Aujourd'hui, Starbucks est considéré comme le principal représentant du « café de deuxième vague » et exploite 23 768 sites dans le monde entier dans plus de 70 pays différents.

Le rôle et la relation significative de Starbucks avec les gens ne concernent pas uniquement le café.

Howard Schultz – *Starbucks*

Lord Horatio Nelson était l'un des plus grands commandants de la marine britannique. Il a eu une longue et brillante carrière au cours de laquelle il s'est forgé une réputation de maître tacticien de grande bravoure personnelle. Nelson est un exemple convaincant de quelqu'un qui a trouvé et embrassé son rôle. À l'âge de 12 ans seulement, Nelson a rejoint la marine en tant que mousse travaillant dans les grades les plus bas. Cependant, son aptitude et son enthousiasme pour son travail lui ont fait gravir rapidement les échelons, jusqu'à ce qu'il reçoive son propre navire et devienne capitaine à seulement 20 ans. Au fil des ans, Nelson a développé une réputation de très bon commandant, hardi, audacieux et – si nécessaire – disposé à désobéir aux ordres. Il perdit son bras droit et l'usage de l'un de ses yeux dans l'exercice de sa fonction. L'heure de gloire de Nelson est venue à la bataille de Trafalgar, où la victoire décisive de la Grande-Bretagne sur la flotte de Napoléon a mis fin à la menace d'une invasion française de l'Angleterre. Elle a également coûté la vie à Nelson. Peu de temps avant sa mort, on l'entendit murmurer : « Dieu merci, j'ai fait mon devoir ».

Rappelez-vous que vous devez être un marin pour être un officier et aussi que vous ne pouvez pas être un bon officier sans être un gentleman.

Le devoir est la grande affaire d'un officier de marine ; toutes les considérations privées doivent s'y soumettre, aussi douloureux que cela puisse être.

Amiral Horatio Nelson

Pour explorer cet aspect de votre Meta Mindset, cherchez à répondre clairement aux questions suivantes :

- *Quel type de personne devez-vous être et quel rôle devez-vous avoir pour créer la vie que vous voulez et réussir dans votre ambition ? Mission ? Vision ?*
- *Quelle est votre position par rapport aux autres dans votre environnement ?*
- *Quelles sont les compétences de base nécessaires pour être le type de personne dont vous avez besoin ou pour atteindre et conserver le poste ou le statut nécessaire ?*

Évaluer votre Meta – Mindset

Évaluez votre Méta Mindset en notant les six énoncés suivants sur une échelle de 0 à 10 (où 10 est le plus vrai pour vous et 0 n'est pas vrai du tout pour vous).

1. **Je sais ce que j'aime vraiment faire (Je sais ce qui me passionne).**

0	1	2	3	4	5	6	7	8	9	10

2. **Je sais ce que je veux aider à créer à plus long terme (je suis clair sur ma destination et ma vision à plus long terme)**

0	1	2	3	4	5	6	7	8	9	10

3. **Je suis clair quant à ma direction, que je connaisse ou non la destination finale.**

0	1	2	3	4	5	6	7	8	9	10

4. **Je connais mon objectif – je sais ce que je défends et pourquoi je fais ce que je fais. Je suis clair sur ma mission – la contribution unique que je veux apporter à travers mon entreprise.**

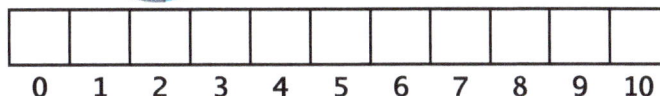

0	1	2	3	4	5	6	7	8	9	10

5. **Je suis clair sur mon ambition – c.à.d. ce que je veux devenir et réaliser dans les deux à cinq prochaines années.**

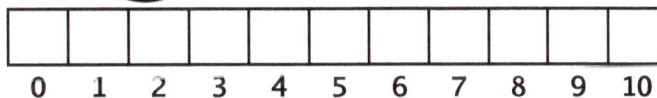

0	1	2	3	4	5	6	7	8	9	10

6. **Je suis clair sur mon rôle – c.à.d. la position que j'ai par rapport aux autres dans mon marché / environnement.**

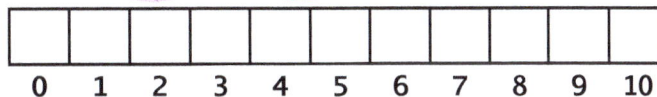

0	1	2	3	4	5	6	7	8	9	10

Maintenant, réfléchissez aux réponses que vous avez données ci-dessus. Lesquelles ont une note inférieure à 7 ? Ce sont des domaines d'amélioration potentielle. Ils peuvent même être des domaines d'amélioration essentiels en fonction de vos objectifs pour votre projet ou entreprise, comme nous le verrons.

Dans la suite de cet ouvrage, je fournirai des outils et des exercices pour vous aider à développer ces différents aspects de votre Meta Mindset. Il y a aussi quelques exercices importants et utiles dans *le volume I* de la modélisation des facteurs de succès.

- Clarifier votre passion : pp. 175 – 179
- Clarifier votre vision et votre destination à long terme : pp. 200 – 201
- Clarifier votre direction (même si la destination n'est pas claire) : pp. 206 – 207
- Clarifier votre mission et votre contribution : pp. 213 – 216
- Clarifier votre ambition : pp. 222 – 228 and 233 – 235
- Clarifier votre rôle : pp. 236 – 237

Macro Mindset – Habitudes de Réussite

C'est très gratifiant de travailler sur quelque chose qui, selon vous, va faire une grande différence. Oui, c'est un peu plus difficile, mais je pense que la passion que l'on peut y mettre apporte tellement plus d'énergie que vous êtes plus susceptible de réussir.

Sergey Brin – Google

Cherchez constamment la critique. Une critique bien pensée de ce que vous faites vaut de l'or. Et vous devriez la rechercher auprès de tous ceux que vous pouvez, mais surtout auprès de vos amis.

Elon Musk – Tesla, SpaceX, Solar City

L'optimisme a sa place, mais pour une première expérience entrepreneuriale, il faut surtout être pragmatiquement pessimiste. Vous devez définir tous les pires scénarios en termes de perte financière, perte de temps, etc., regardez ce que vous apprendrez si cela se produit et acceptez cela avant de commencer. Si vous partez directement batailler en essayant de conquérir le monde avec des lunettes roses, au premier pépin sérieux vous abandonnerez.

Tim Ferriss – La semaine de 4 heures

Macro Mindset – Habitudes de Réussite

Comme indiqué précédemment, le Macro Mindset se rapporte aux disciplines et pratiques mentales nécessaires pour mettre l'accent sur la vue d'ensemble de votre entreprise et commencer à la mettre en action. Comme soulever des haltères, de telles pratiques renforcent la discipline mentale nécessaire à un succès durable. Il s'agit de capacités telles que gérer votre énergie et votre concentration, rechercher des commentaires honnêtes et fréquents, être à l'affut des opportunités, gérer efficacement les risques et l'adversité, vous ressourcer et vous équilibrer.

L'état d'esprit macro des entrepreneurs et des dirigeants qui réussissent se compose des cinq « habitudes de réussite » suivantes. J'ai sélectionné des citations d'un certain nombre d'entrepreneurs prospères pour aider à définir et à clarifier la signification et le but de chaque pratique.

1. **Faites ce qui vous passionne et investissez beaucoup d'énergie et de concentration sur ce que vous voulez**

   Nous avons choisi le symbole de la **voile** pour cet aspect de l'état d'esprit car il indique que vous avez l'énergie et la motivation pour votre entreprise et que vous êtes prêt à partir « toutes voiles dehors » pour ce que vous voulez. Il s'agit d'un attribut essentiel nécessaire pour commencer ou mener à bien toute activité entrepreneuriale.

   Vous devez avoir un investissement émotionnel dans ce que vous faites. Si vous n'aimez pas ce que vous faites, l'échec est quasiment garanti. Le succès n'est garanti en aucun cas, mais l'échec est beaucoup plus probable si vous n'aimez pas ce que vous faites.

   – **Biz Stone** – Twitter

2. **Recherchez des commentaires et établissez des moyens d'obtenir des commentaires honnêtes et fréquents**

   Nous avons choisi le symbole du **télescope** ou « **longue-vue** »pour cet aspect de l'état d'esprit car il indique que vous avez les moyens d'obtenir des commentaires continus et pertinents. Obtenir des commentaires honnêtes et fréquents est une habitude de réussite importante afin d'éviter les problèmes et les obstacles et de faire les corrections de cap nécessaires.

   Ce que vous devez vraiment faire, c'est penser : « Quel est le plus petit test possible que je puisse faire pour cette idée, pour ce concept, pour cette théorie? » Sortez-le et incitez les clients à l'utiliser, parce que ce sont vos clients qui vous diront si cela fonctionne vraiment ou pas.

   – **Leah Busque** – TaskRabbit

3. Soyez à l'affut des opportunités et investissez du temps pour les créer

Nous avons choisi le symbole du **Nid de Pie** pour cet aspect de l'état d'esprit car il indique que vous avez l'habitude de scruter constamment votre horizon à la recherche de possibilités et de « signaux faibles » qui peuvent indiquer des opportunités importantes. C'est une caractéristique clé de tous les entrepreneurs qui réussissent.

Lorsque je trouve des idées, je me demande toujours : « Quel genre de nouveau marché cela crée-t-il ? » Et puis « Quelle partie de ma journée et quel problème résout-elle? » Donc je suis allé jusqu'à construire un catalogue entier de ma journée à partir du moment où j'ouvre les yeux en écrivant tout ce que je fais. Et je me suis demandé : « Qu'y a-t-il ici ? »

Kevin Rose – Digg

4. Soyez intérieurement ancré, disposez de ressources et de moyens de vous recharger et de vous équilibrer et pratiquez-les au quotidien

Nous avons choisi le symbole du **Hamac** pour cet aspect de l'état d'esprit car il indique que vous avez les moyens et la discipline de prendre soin de vous et de ne pas devenir trop stressé ou épuisé. Avoir des pratiques qui vous gardent ancré, équilibré et rechargé est une propriété essentielle d'une réussite durable et saine.

Si vous n'aimez pas ce que vous faites, vous ne traverserez pas l'inévitable longue période douloureuse. Alors assurez-vous de prendre soin de vous pendant le processus, de votre santé mentale et physique pendant que vous le faites, parce que c'est un long chemin.

Emmett Shear – Twitch

5. Soyez conscient des risques et des problèmes potentiels et ne vous découragez pas ou ne vous laissez pas distraire face à l'adversité et aux réactions négatives.

Nous avons choisi le symbole du **Gouvernail** pour cet aspect de l'état d'esprit, car il indique que vous avez les outils et les ressources nécessaires pour rester sous contrôle dans des conditions difficiles et changeantes. Être capable de rester concentré et de rester dans la course est l'un des attributs les plus importants des entrepreneurs prospères. Il est nécessaire de savoir comment prendre la barre et traverser une mer agitée.

Alors allez-y et faites-le, essayez, tirez-en des leçons. Parfois vous échouerez. C'est une expérience d'apprentissage dont vous avez besoin pour pouvoir passer à l'expérience suivante. Et ne laissez pas les gens que vous respectez, et qui, selon vous, savent de quoi ils parlent, ne les laissez pas vous dire que cela ne peut pas être fait, parce que souvent ils vous diront que cela ne peut pas être fait, mais c'est parce qu'ils n'ont tout simplement pas le courage d'essayer.

– Pierre Omidyar – eBay

Une des choses que je fais, c'est que je questionne beaucoup de choses. Et on peux faire ça d'une bonne ou d'une mauvaise manière. Mais j'espère que vous amènerez les gens à se demander pourquoi ils font les choses et comment ils pensent.

Le pire qui puisse vous arriver est une situation où on vous dit : « Eh bien, ça a toujours été comme ça. » C'est le pire qui soit. C'est une non-réponse. Au lieu de cela, demandez-vous, « Compte tenu de tout ce que nous avons aujourd'hui, y a-t-il un moyen d'améliorer ça? »

Daniel Ek – Spotify

J'ai dû faire face à beaucoup de situations mentalement difficiles, comme quand mes tentatives de record du monde à la voile ont échoué. C'est pourquoi j'entretiens ma forme. Si votre corps est vif, votre cerveau sera vif.

Je cours chaque jour. Ça me garde en forme, ça maintient la production d'endorphines et le cerveau en bon état de fonctionnement. Je peux en faire deux fois plus dans la journée en gardant la forme.

Richard Branson – Le groupe Virgin

Tant de choses tournent mal lorsque vous démarrez une entreprise. Et les gens demandent souvent : « Quelles erreurs devriez-vous éviter de faire ? » Et ma réponse à cette question est: « N'essayez même pas d'éviter de faire des erreurs parce que vous allez faire des tonnes d'erreurs. L'important est d'apprendre rapidement des erreurs que vous commettez et de ne pas abandonner. Chaque année de l'existence de Facebook il y a eu des choses qui auraient pu nous tuer ou donner l'impression qu'aller de l'avant ou faire des progrès semblait tout simplement impossible. Mais vous rebondissez et vous apprenez. Rien n'est impossible. Vous devez simplement continuer à traverser les murs. »

Mark Zuckerberg – Facebook

Évaluer Votre Macro Mindset

Évaluez votre Macro Mindset en notant les cinq énoncés suivants sur une échelle de 0 à 10 (où 10 est le plus vrai pour vous et 0 n'est pas vrai du tout pour vous).

1. **Je fais ce qui me passionne et j'investis beaucoup d'énergie et de concentration sur ce que je veux.**

0	1	2	3	4	5	6	7	8	9	10

2. **Je recherche des commentaires et j'ai établi des moyens d'obtenir des commentaires honnêtes et fréquents.**

0	1	2	3	4	5	6	7	8	9	10

3. **Je suis constamment à l'affut des opportunités et j'investis du temps pour les créer.**

0	1	2	3	4	5	6	7	8	9	10

4. **Je suis intérieurement ancré, j'ai des ressources et des moyens de me recharger et de m'équilibrer, et je les pratique quotidiennement.**

0	1	2	3	4	5	6	7	8	9	10

5. **Je suis conscient des risques et des problèmes potentiels et ne me décourage pas ou ne me laisse pas distraire face à l'adversité et aux commentaires négatifs.**

0	1	2	3	4	5	6	7	8	9	10

Encore une fois, réfléchissez aux réponses que vous avez données ci-dessus. Lesquelles ont une note inférieure à 7 ? Ce sont des domaines d'amélioration potentielle. Et, comme pour les différents éléments de votre Meta Mindset, ils peuvent même être des domaines d'amélioration essentiels en fonction de vos objectifs pour votre projet ou entreprise. Prenez note de ceux qui ont les notes les plus basses. Dans les prochains chapitres, vous aurez l'occasion de développer ces différents aspects de votre Macro Mindset.

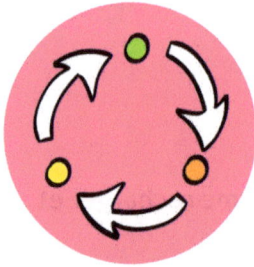

Micro Mindset – Priorités Continues

Faites quelque chose qui vous passionne. Et n'essayez pas de courir après la « grande mode du jour ».

Jeff Bezos – Amazon.com

Il ne s'agit pas seulement de faire des groupes ciblés. Il ne s'agit pas simplement de vérifier votre vision. Il s'agit vraiment du concept de tester rigoureusement nos idées tout au long du processus de développement du produit, tout au long du processus de marketing même pendant que nous nous développons.

Eric Ries – The Lean Startup

Micro Mind Set – Priorités Continues

Comme nous l'avons établi, notre Micro Mindset produit et guide les actions spécifiques nécessaires pour construire une entreprise durable. L'état d'esprit micro des entrepreneurs et des leaders qui réussissent est une fonction de l'identification de leurs priorités permanentes.

Le Micro Mindset des entrepreneurs et des leaders qui réussissent est défini par rapport à neuf actions critiques. Comme pour les disciplines du Macro Mindset, j'ai sélectionné des citations d'un certain nombre d'entrepreneurs qui réussissent pour aider à définir et à clarifier la signification et le but de chaque pratique.

1. **Auto Motivateur :** Gardez le temps d'explorer et de vous reconnecter avec ce que vous aimez faire, ce qui est important pour vous et ce que vous faites bien – c.à.d., votre passion, votre sens du but et votre excellence.

   L'objectif de l'auto-motivateur est de maintenir un lien permanent avec votre but, votre passion et votre motivation afin de vivre fidèlement à vous-même et à votre identité.

   Je pense que les gens qui cherchent de grandes idées pour gagner de l'argent ne réussissent pas aussi bien que ceux qui disent : « Bon, qu'est-ce que j'aime vraiment faire? Qu'est-ce qui m'enthousiasme? En quoi est-ce que je m'y connais? Qu'est-ce qui est intéressant et irrésistible? »

   Michael Dell – Dell

2. **Créateur de Marché :** Créez des conditions d'échanges permanents avec les clients et les prospects.

   L'objectif de l'état d'esprit du créateur de marché est d'ouvrir et de maintenir le dialogue avec de nombreux clients et leurs porte-parole afin de générer de l'intérêt et des revenus.

   Lorsque les start-ups échouent c'est finalement souvent parce-qu'elles ont produit quelque chose dont les gens ne voulaient pas. Elles ont fait quelque chose qu'elles pensaient que les gens voudraient, mais soit elles étaient dans le déni quant à son utilité, soit quelqu'un d'autre a sorti autre chose que les gens voulaient encore plus.

   Paul Graham – Y Combinator

3. Créateur de Produit : Brainstorming, création et réalisation de produits, solutions et services qui anticipent et répondent aux besoins des clients.

L'état d'esprit créateur de produit vise à anticiper et à répondre aux besoins et aux désirs des clients en développant des solutions innovantes et capacitantes (produits et services).

Tout cela revient à faire quelque chose d'exceptionnel pour vos utilisateurs. Que ce soit en communauté, en relation ou en conception. C'est notre gros avantage en tant que start-up ; nous pouvons vraiment nous en sortir en faisant cela. Nous pouvons en faire la raison principale de nos activités.

Alexis Ohanian – Reddit, Hipmunk

Une façon de conceptualiser ce qui fait un bon projet c'est qu'une bonne ingénierie en fait partie, une bonne conception en fait partie, mais la façon dont je vois ça c'est au moins de maximiser la probabilité que quelqu'un qui entre dans votre magasin, votre site web ou autre en reparte avec un problème résolu.

Drew Houston – DropBox

4. Fondateur d'Équipe : Attirer les membres de l'équipe, leur fournir une direction et un soutien et encourager la coopération au sein de l'équipe.

L'objectif de l'état d'esprit du fondateur d'équipe est d'attirer et de donner une direction aux personnes qui soutiennent la mission de l'entreprise (ses produits et services) en favorisant la synergie, la complémentarité et l'alignement.

Le plus difficile, c'est de commencer. Vous avez toutes ces idées et tout le monde a une idée, mais il s'agit vraiment de mettre l'idée en œuvre et de construire l'idée et d'attirer d'autres personnes pour vous aider à travailler sur l'idée. C'est ça le plus grand défi. Mais la façon de commencer est de sortir l'idée de votre tête, de la dessiner, d'en parler, de le programmer si vous êtes programmeur ou de la faire si vous construisez quelque chose.

Jack Dorsey – Twitter, Square

Vous n'êtes pas obligé d'être le meilleur, mais vous devez être « dangereux ». Il faut apprendre juste assez pour être dangereux pour construire une idée, la concevoir et la montrer au monde. Et puis il s'avère qu'il y a beaucoup d'autres personnes, dont les 170 employés qui travaillent à Instagram, qui font tout ça bien mieux que moi. Mais vous devez trouver des gens qui seront attirés par l'idée que vous construisez, et qui finiront par se l'approprier et l'améliorer.

Kevin Systrom – Instagram

Je dis souvent à beaucoup de gens en plaisantant à moitié que mon travail consiste essentiellement à être l'assistant du reste de l'entreprise. Mon travail consiste à m'assurer que vous avez tout ce dont vous avez besoin pour « déchirer ». Si vous n'avez pas ce qu'il faut dites-le moi, c'est que je ne fais pas mon travail.

Andrew Ljung – Soundcloud

Il y a toujours un facteur chance pour ceux qui aspirent à faire passer les choses au niveau supérieur ou même à dépasser leurs rêves les plus fous. Mais je pense que le plus important est de vous lancer dans un domaine qui peut être omniprésent, qui n'a pas vraiment de limites. Il y aura toujours des difficultés, mais si ce n'est pas quelque chose que vous pouvez visualiser dans toutes les entreprises ou entre les mains de chaque consommateur, ce sera compliqué de vous développer ou de rendre votre valeur perceptible.

Mark Cuban – Cyber Dust

5. **Développeur de Compétences :** Encourager et offrir aux membres de l'équipe des occasions d'apprendre et de se développer.

L'état d'esprit du développeur de compétences est de fournir avant tout les opportunités et les ressources nécessaires pour que les membres de l'équipe se développent et montent en compétence.

Je pense que vous devriez investir votre argent dans la formation et le partage. Ça pourrait vouloir dire engager un rédacteur ou deux au lieu d'un commercial. Et commencez à écrire et à amener les gens à écouter ce que vous dites. Et vous ne pouvez pas parler de vous tout le temps, car personne ne va revenir pour ça. Parlez des choses qui sont pertinentes pour votre secteur ou des idées que vous avez, et commencez à vous constituer un public.

Jason Fried – Basecamp

6. **Sourcier de Finance :** Identifiez les investisseurs potentiels et les fournisseurs d'autres ressources essentielles et obtenez de façon créative leur intérêt et leur engagement à soutenir votre entreprise.

Dans l'état d'esprit du sourcier de finances la priorité est d'identifier les sources de fonds et d'autres ressources essentielles (Parties prenantes et Investisseurs) et de les relier de manière créative aux ambitions et aux forces de l'entreprise.

Mais comprenez que, naturellement, personne ne s'intéresse à vos idées. Le monde s'en fiche. Et vous devez les persuader, et vous devez montrer que vous êtes la seule personne qui peut le faire.

Robert Greene – Mastery

Donc, quand nous voyons un enfant avec un stand de limonade, c'est différent de quand nous voyons un distributeur automatique qui vend de la limonade, même s'il s'agit exactement du même produit. Parce que l'histoire autour est ce pour quoi les gens paient. Donc quand je rencontre des gens des petites entreprises, tout ce que je leur demande, ce n'est pas quel est leur bilan, mais quelle est leur histoire. Pourquoi devrais-je vous choisir ? Pourquoi devrais-je me soucier de ce que vous faites ? Et si vous commencez à me donner toutes ces statistiques du style performances de baseball, sur pourquoi vous êtes 2% meilleur que d'autres concurrents, j'ai déjà décroché parce que cela ne fait pas partie de la façon dont je vois le monde.

Seth Godin – Tribes

7. **Bâtisseur d'Entreprise :** Créer et développer une infra-structure durable et une voie pour la croissance et l'évoluti-vité de votre entreprise.

L'état d'esprit du constructeur d'entreprise se concentre sur l'établissement d'une infrastructure durable et un chemin de croissance et d'évolutivité pour l'entreprise afin de créer de la valeur pour les investisseurs et autres parties prenantes.

Souvent, la meilleure façon de s'y prendre consiste à partir de l'expérience parfaite d'une seule personne, mettre ça au clair et trouver ensuite comment en développer quelque chose de formidable, au lieu de développer quelque chose de terrible et d'essayer de l'améliorer ensuite. C'est vraiment difficile à faire.

Brian Chesky – Airbnb

Il y a comme une attente, une sorte d'ambition que vous devez avoir en tête, du style « Je vais changer le monde ou faire une empreinte sur l'univers ». Mais c'est normal au début de s'occuper des petits problèmes par étapes avant d'être capable de s'y mettre vraiment.

Anthony Casalena – Squarespace

Ne cherchez pas « comment grandir très vite ? » Ça arrivera si vous construisez quelque chose de super significatif et de super impor-tant. Alors ne cherchez pas « Comment réussir le plus vite possible ? » Réfléchissez à « Quelle est la meilleure façon de construire quelque chose d'important dont le monde a vraiment besoin ? »

Danae Ringelmann – Indiegogo

8. **Agent de Relations :** Chercher et établir des relations ga-gnant-gagnant avec des partenaires et des alliés potentiels qui résonnent avec vos valeurs et votre vision.

L'objectif de l'état d'esprit agent de relations est de recher-cher d'autres entreprises (Partenaires/Alliances) qui par-tagent des visions et des valeurs communes et qui se com-plètent mutuellement dans leurs rôles et leurs forces (par le partage, la combinaison ou l'échange) afin de construire des relations gagnant-gagnant.

Vous devriez trouver un excellent partenaire, peu importe ce que vous faites. Et vous devriez chercher quelqu'un qui a une très grande intelligence, une très grande énergie et une très grande intégrité. Vous avez besoin de ces trois éléments et vous ne pouvez faire de compromis sur aucun d'entre eux. Sinon, vous vous retrouverez avec quelqu'un qui n'est pas intelligent, ce qui ne vous sert à rien. Ou quelqu'un qui n'est pas travailleur, ce qui ne vous aidera pas non plus. Ou dans le pire des cas, vous finirez avec un escroc intelligent et tra-vailleur qui finira par travailler contre vos intérêts. Et il faut passer beaucoup de temps avec quelqu'un pour évaluer son intégrité.

Kamal Ravikant – AngelList

Lorsque vous travaillez avec des gens, le plus important c'est de définir vos objectifs dès le début. Cela semble vraiment basique. Mais vous pouvez avoir envie de diriger une petite affaire qui rapporte sans aller au bureau tous les jours. Ou vous pouvez vouloir développer une énorme société. Vous pouvez vouloir cons-truire Google. Mais je pense que vous devez être vraiment aligné là-dessus.

Ben Silbermann – Pinterest

Si vous n'utilisez pas de communauté virtuelle, vous êtes désavantagé par rapport à ceux qui le font. Vous pouvez demander à une communauté virtuelle si les gens ont des idées ou des conseils sur ce sur quoi vous travaillez. Non seulement vous serez en contact avec des gens passionnés par le sujet, mais vous recevrez des expériences et histoires qui peuvent vous aider de la part de personnes du monde entier.

Alan Schaaf – Imgur

9. **Prospecteur de Ressources :** Identifier et mettre à profit les synergies entre ce que vous faites et les produits, services ou compétences d'autres entreprises

La principale préoccupation de l'état d'esprit du prospecteur de ressources est de reconnaître, explorer et mettre en œuvre des synergies significatives avec les produits, services, compétences, etc., d'autres entreprises complémentaires (Partenaires / Alliances) afin d'enrichir et exploiter les ressources.

Le plus important, c'est la personne – que vous la sentiez ou non capable de réaliser l'idée. Il y a beaucoup, beaucoup de gens qui ont des idées similaires et de belles idées... il s'agit simplement de savoir s'ils peuvent réellement concrétiser cette idée. Alors essayez de déterminer si cette personne consacrera le temps nécessaire, si elle peut motiver les gens. Une entreprise est simplement un groupe de personnes et vous devez vous assurer que la personne qui vient à vous avec l'idée est quelqu'un que vous pensez capable de concrétiser, et tout le reste suit.

Richard Branson – The Virgin Group

Comme pour les différents types de Meta Mindset et Macro Mindset, nous sommes souvent plus compétents et à l'aise avec certains de ces états d'esprit que d'autres. Ainsi, pour construire notre Cercle de Succès, nous avons besoin soit de développer certains de ces modes de pensée soit d'établir des partenariats avec d'autres plus naturellement enclins aux modes de pensée qui nous font défaut.

Par exemple, les états d'esprit Créateur de Produit et Fondateur d'Équipe sont essentielles pour *apporter une contribution porteuse de sens*. Les modes de pensée Développeur de Compétences et Prospecteur de Ressources sont nécessaires pour générer *l'innovation et la résilience*. Les mentalités Agent de Relations et Bâtisseur d'Entreprise permettent d'atteindre une *croissance évolutive*. Les raisonnements de Créateur de Marché et de Sourcier de Finance sont nécessaires pour atteindre la *robustesse financière*. L'état d'esprit d'Auto-Motivateur est le socle de *la satisfaction personnelle*.

Évaluer Votre Micro Mindset

Évaluez votre Micro Mindset en notant les déclarations sur la page suivante : cochez les colonnes qui vous correspondent le plus.

Action		J'aime ça	Je suis doué pour ça	Je passe du temps à le faire
	Prendre le temps d'explorer et de renouer avec ce que vous aimez faire, ce qui est important pour vous et ce que vous savez faire – c.à.d. votre passion, votre sens du but et votre excellence.			
	Créer des possibilités d'échanges permanents avec les clients et les prospects.			
	Réfléchir et mettre en œuvre des produits et services qui anticipent et répondent aux besoins des clients.			
	Attirer et fournir une direction et un soutien aux membres de l'équipe et encourager la coopération d'équipe.			

Action	J'aime ça	Je suis doué pour ça	Je passe du temps à le faire
Encourager et offrir aux membres de l'équipe des possibilités d'apprendre et de se développer.			
Identifier les investisseurs potentiels et les fournisseurs d'autres ressources essentielles et obtenir de façon créative leur intérêt et leur engagement à soutenir votre entreprise.			
Créer et développer une infrastructure durable et une voie pour la croissance et l'évolutivité de votre entreprise.			
Chercher et établir des relations gagnant-gagnant avec des partenaires et des alliés potentiels qui correspondent à vos valeurs et votre vision.			
Identifier et tirer parti des synergies entre ce que vous faites et les produits, services ou compétences d'autres entreprises.			

L'évaluation de votre état d'esprit Méta, Macro et Micro vous aide à identifier vos domaines de développement.

Cette fois, en réfléchissant aux réponses que vous avez données dans les pages précédentes, prenez conscience des différents aspects d'état d'esprit que représentent vos diverses réponses.

- Si vous aimez l'activité, que vous êtes bon et que vous y consacrez du temps, alors c'est clairement une force pour vous. Cela peut toutefois constituer un atout ou une limite selon que c'est ou non la chose la plus importante à faire pour atteindre les objectifs actuels de votre entreprise.

- Si vous aimez l'activité et que vous êtes doué mais que vous n'y consacrez pas de temps, cela signifie que vous donnez probablement la priorité à d'autres actions. Dans ce cas, la question principale est de savoir si vous devriez y consacrer du temps afin d'atteindre l'objectif de votre projet ou de votre entreprise.

- Si vous aimez l'activité et que vous y consacrez du temps mais que vous n'êtes pas doué alors c'est probablement une source de frustration pour vous. C'est un domaine dans lequel vous gagneriez à trouver une formation ou un accompagnement.

- Si vous êtes doué et que vous consacrez du temps à l'activité mais ne l'appréciez pas, alors vous le vivez probablement comme quelque chose de nécessaire mais fastidieux et ennuyeux. Ce serait utile d'étudier les moyens d'augmenter votre motivation. Par exemple, cela pourrait vous aider de passer du temps avec quelqu'un qui aime vraiment le faire et de le modéliser.

- Si vous aimez l'activité, mais que vous n'êtes pas doué et n'y consacrez pas de temps alors, même si vous y prenez plaisir, vous n'apportez sans doute pas beaucoup de valeur ajoutée. C'est certainement une chose pour laquelle vous voudrez investir du temps pour apprendre et vous améliorer, en fonction de vos objectifs pour votre entreprise.

- Si vous consacrez du temps à cette activité mais que vous ne l'appréciez pas et que vous n'êtes pas doué pour cela, il est probable que vous vous sentiez souvent dépassé et que vous trouviez que vous « pédalez dans le vide » ou que vous perdez votre temps, même si vous pensez que c'est quelque chose d'important pour vous. C'est clairement un domaine dans lequel vous devriez chercher du soutien pour développer à la fois vos capacités et votre motivation.

- Si vous êtes doué pour l'activité, mais que vous ne l'aimez pas et ne lui consacrez pas de temps, alors il s'agit clairement d'une question de motivation plutôt que de compétence ou de priorité. Il serait utile que vous preniez le temps de mieux comprendre les raisons pour lesquelles elle est importante et de chercher comment vous pourriez augmenter votre intérêt et votre plaisir à le faire.

- Si vous n'aimez pas l'activité, que vous n'êtes pas bon et n'y passez pas de temps, c'est une zone évidente de développement, car vous aurez probablement besoin d'un soutien sérieux pour développer votre motivation et vos capacités dans ce domaine, ou pour trouver un bon partenaire de confiance compétent dans cette activité.

Encore une fois, prenez note de vos domaines de développement. Comme pour les autres domaines de la Success Mindset Map, vous aurez l'occasion de développer ces différents aspects de votre Micro Mindset dans les prochains chapitres.

Objectifs Méta

La dernière caractéristique nécessaire pour compléter votre Mindset Compass est d'identifier votre Meta Goal. Votre *Meta Goal* (Objectif Méta) est votre *cible actuelle* pour votre projet ou entreprise. Même si vous travaillez probablement sur de nombreux objectifs importants, votre méta-objectif est le plus important.

Votre Objectif Méta ou cible actuelle se rapportera à l'un des cinq *principaux résultats* associés à la création de votre Cercle de Succès.

1. **Augmenter votre satisfaction personnelle dans ce que vous faites.** Pour symboliser cet objectif, nous avons choisi une personne debout bras tendus sur la proue d'un navire (comme dans la célèbre scène du film *Titanic*). Cela représente un sentiment de joie, d'enthousiasme et de plaisir dans les actions et activités en cours. Vous choisirez cet objectif si les choses se passent plutôt bien dans votre entreprise, mais que vous n'êtes pas enthousiaste ou emporté par ce que vous faites.

2. **Établir la robustesse/la stabilité financière.** Nous avons sélectionné un coffre au trésor pour représenter cet objectif car il symbolise un état de robustesse financière. Vous choisirez cet objectif s'il est essentiel que votre entreprise devienne rentable.

3. **Construire une entreprise évolutive.** Nous avons choisi une flotte ou une armada pour représenter cet objectif car elle symbolise un groupe d'unités opérant ensemble en se déployant à partir d'une origine, un but et un mode de coordination communs. Vous choisirez cet objectif s'il est important pour votre entreprise de se développer.

4. **Apporter une contribution authentique et porteuse de sens.** Nous avons sélectionné un hélicoptère de sauvetage pour représenter cet objectif, car il symbolise une volonté claire de servir les autres. Vous choisirez cet objectif s'il est important pour votre entreprise de clarifier et/ou d'améliorer le bénéfice que vous apportez ou créez pour vos clients et votre communauté.

5. **Parvenir à plus d'innovation et de résilience.** Nous avons choisi une cabane dans les arbres (comme celle de la famille des Robinson suisses) pour représenter cet objectif car elle symbolise l'ingéniosité et la capacité à s'adapter de façon créative à des situations nouvelles et difficiles. Vous choisirez cet objectif si vous avez besoin d'augmenter vos capacités ou votre créativité pour traverser une crise, faire face à un grand changement ou rester compétitif.

Évaluation de votre Meta Goal

Parmi les Méta Objectifs décrits ci-dessus, quel est votre objectif actuel ? Qu'aimeriez-vous accomplir avant tout au cours des six à douze prochains mois ? Choisissez celui auquel vous voulez donner la priorité.

1. **Augmenter ma satisfaction personnelle dans ce que je fais.**

2. **Établir la solidité / stabilité financière.**

3. **Créer une entreprise évolutive.**

4. **Apporter une contribution authentique et porteuse de sens.**

5. **Augmenter l'innovation et la résilience.**

Utiliser la boussole SFM Mindset Compass

En rassemblant toutes les pièces – Meta Mindset, Macro Mindset, Micro Mindset et Meta Goals – par rapport au Cercle de Succès, nous pouvons résumer la carte globale *SFM Success Mindset Map*™ dans le diagramme de la page suivante.

Comme je l'ai souligné plus tôt dans ce chapitre, les trois domaines de l'état d'esprit, Méta, Macro et Micro, peuvent être intégrés ensemble pour constituer un type de boussole *Mindset Compass* par rapport à votre Meta Goal. Cette boussole de l'état d'esprit spécifie quels éléments des trois domaines sont les plus importants et pertinents pour atteindre votre objectif méta ou votre objectif actuel, vous fournissant une *carte idéale de l'état d'esprit* pour ce méta objectif.

La boussole SFM Mindset Compass spécifie quels éléments des trois domaines de l'état d'esprit sont les plus importants et pertinents pour atteindre votre objectif méta ou l'objectif actuel de votre entreprise.

Vous vous êtes familiarisé avec vos propres aptitudes et tendances particulières par rapport à votre état d'esprit, vos compétences et vos habitudes actuels en faisant les différentes évaluations de ce chapitre. En les comparant avec la carte de l'état d'esprit idéale pour votre méta-objectif, vous découvrirez ceux que vous devez prioriser et renforcer pour faire passer votre projet ou votre aventure au niveau supérieur.

Les pages suivantes résument la carte de l'état d'esprit idéal pour chacun des méta-objectifs. Comparez la carte de l'état d'esprit idéal avec ce que vous avez appris sur votre propre état d'esprit Méta, Macro et Micro actuel pour identifier votre domaine de développement le plus important.

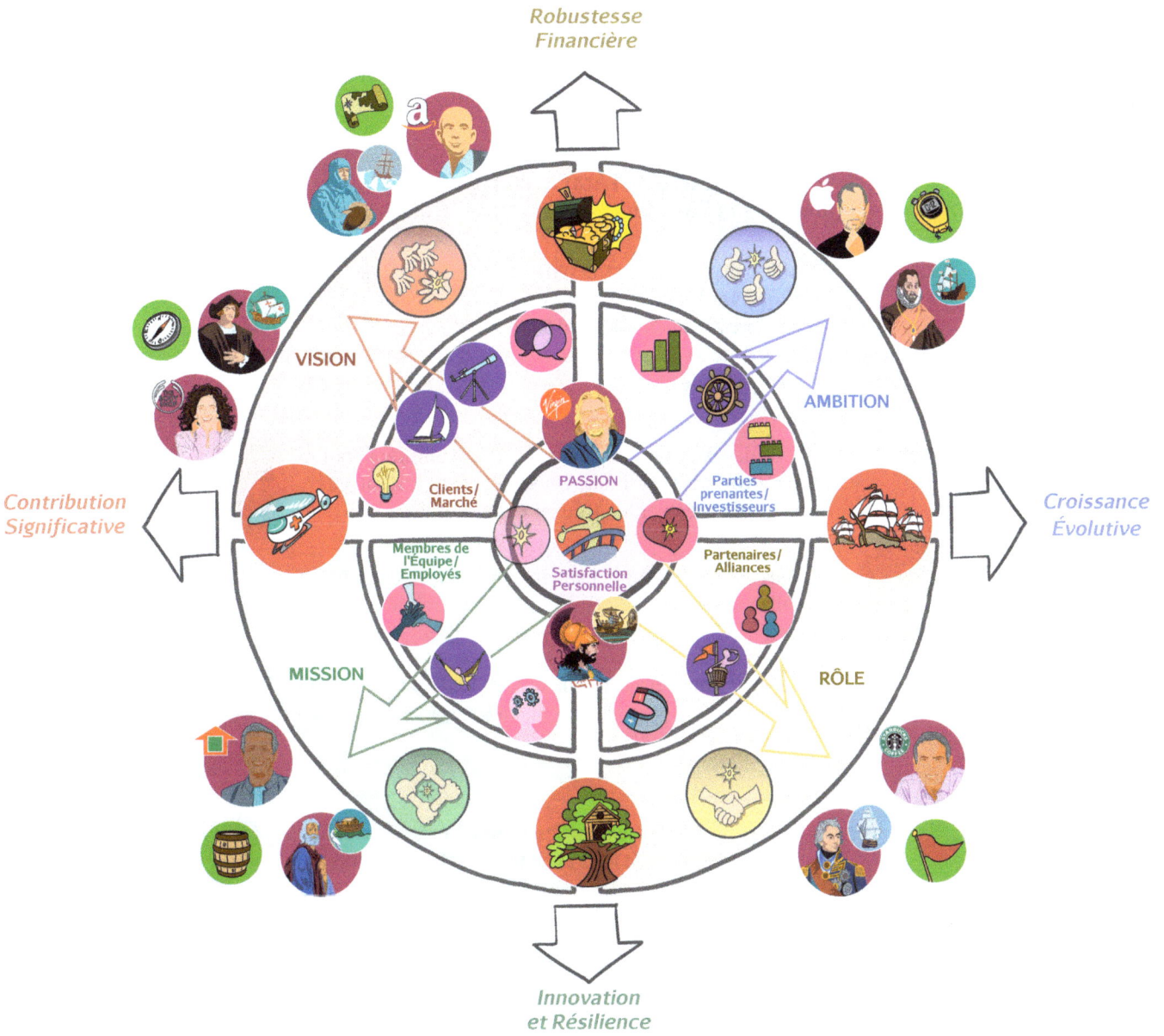

La carte mentale de la réussite SFM (SFM Success Mindset Map™)

Carte de l'état d'esprit idéal 1 :
Augmenter ma Satisfaction Personnelle dans ce que Je Fais

- Afin d'augmenter votre satisfaction personnelle dans ce que vous faites, vous devez adopter un état d'esprit similaire à celui de **Richard Branson** du groupe Virgin. Vous devez « suivre vos passions – d'une manière qui sert le monde et vous ».

- Vous devez également avoir « soif d'aventure » comme le voyageur mythique **Ulysse** et sentir le désir « de lutter, de chercher, de trouver et de ne pas céder ».

- Vous devez être totalement en contact avec cette **étincelle** qui vient de la connexion avec votre passion.

- Cela vous donnera l'énergie et la motivation pour votre entreprise et vous aidera à *naviguer « toutes voiles dehors » vers ce que vous voulez*.

- Il vous faudra également les moyens et la discipline pour *prendre soin de vous* et ne pas devenir trop stressé ou épuisé.

- Pour accomplir tout cela, vous devez garder le temps d'explorer *et de renouer avec ce que vous aimez faire, ce qui compte pour vous et pour quoi vous êtes doué* – c.à.d. votre passion, votre sens de la finalité et votre excellence.

Carte de l'état d'esprit idéal 2 :
Établir la Robustesse / Stabilité Financière

- Afin d'établir la robustesse et la stabilité financières, vous devez adopter un état d'esprit qui combine les caractéristiques de **Jeff Bezos** d'Amazon et de **Steve Jobs** d'Apple. Vous devez avoir une vision claire de votre destination et l'ambition de « faire une empreinte sur l'univers ».

- Vous devez également avoir la détermination de l'explorateur **Ernest Shackleton**, qui a persévéré envers et contre tout pour atteindre le pôle Sud, et l'audace de l'aventurier **Sir Francis Drake** qui fut l'un des premiers à faire le tour du monde à la voile.

- Vous aurez besoin d'avoir une **carte** claire de la destination que vous voulez atteindre et *la volonté d'atteindre quelque chose dans un délai défini*.

- Il faut que la routine d'*observer systématiquement votre horizon à la recherche des possibilités et* des « signaux faibles » qui peuvent indiquer des opportunités importantes soit en place.

- Vous devez disposer des outils et des ressources pour *garder le contrôle et « garder le cap »* dans des conditions difficiles et changeantes.

- Pour accomplir tout cela, vous devrez 1) créer des conditions *de dialogue permanent* avec les clients et les prospects et 2) identifier *les investisseurs potentiels* et *les fournisseurs d'autres ressources essentielles* et obtenir de manière créative leur intérêt et leur engagement pour soutenir votre entreprise.

Carte de l'état d'esprit idéal 3 :
Créer une Entreprise Évolutive

- Pour construire une entreprise évolutive, vous devez adopter un état d'esprit qui combine les caractéristiques de celui de **Steve Jobs** d'Apple et de **Howard Shultz** de Starbucks. Vous devez avoir la ferme ambition d'« imprimer une marque sur l'univers » et le sens d'un rôle qui crée une relation porteuse de sens avec les clients et les partenaires potentiels.

- Il faut aussi avoir l'audace de l'aventurier **Sir Francis Drake**, qui a été l'une des premières personnes à faire le tour du monde ainsi que le sens de la réputation et du devoir de l'**Amiral Nelson**.

- Il vous faudra avoir la volonté de *réaliser quelque chose dans un délai défini* et la clarté *de votre statut et position* vis-à-vis de vos clients, concurrents et partenaires.

- Vous aurez besoin de l'énergie et de la motivation pour votre entreprise et d'être prêt à *naviguer « toutes voiles dehors » vers ce que vous voulez*.

- Les moyens d'obtenir *une rétroaction continue et pertinente* devront être en place afin d'éviter les problèmes et les obstacles et apporter les corrections de cap nécessaires.

- Vous aurez également besoin des outils et des ressources pour garder le *contrôle et « maintenir le cap »* dans des conditions difficiles et changeantes.

- Pour accomplir tout cela, vous devrez 1) *consacrer du temps à créer et développer une infrastructure durable* et un chemin pour la croissance et l'évolutivité de votre entreprise et 2) *chercher à établir des relations gagnant-gagnant avec des partenaires* et alliés potentiels qui correspondent à vos valeurs et votre vision.

Carte de l'état d'esprit idéal 4 :
Apporter une contribution authentique et porteuse de sens

- Afin d'apporter une contribution authentique et porteuse de sens, vous devez adopter un état d'esprit qui combine les caractéristiques de celui de **Anita Roddick** de The Body Shop et de **Muhammad Yunus** de la Grameen Bank. Vous devez avoir le désir de créer « un moyen de subsistance honorable, où vous utilisez vos compétences pour gagner votre vie », d'une manière qui « vous donne un sentiment de liberté et vous permet d'équilibrer votre vie comme vous le souhaitez. » Vous devez également avoir le désir profond de donner du pouvoir aux autres et les aider à être heureux.

- De plus, vous aurez besoin de la conviction et du sens clair de l'orientation de **Christophe Colomb** et l'engagement indéfectible envers votre appel de **Noé**.

- Vous aurez besoin d'un type de **boussole** intérieure qui vous permet de savoir dans quelle direction vous voulez aller, même si vous ne savez pas où vous vous retrouverez. Vous devrez également être clair *quant à votre but et au don et à la contribution uniques que vous* apportez aux autres grâce à votre entreprise.

- Vous aurez besoin d'énergie et de motivation pour votre entreprise, et être prêt à *naviguer « toutes voiles dehors » vers ce que vous voulez.*

- Vous devez disposer des moyens nécessaires pour *obtenir une rétroaction continue et pertinente* afin d'éviter les problèmes et les obstacles et de faire les corrections de cap nécessaires.

- Pour ce faire, il faut *réfléchir et mettre en œuvre des produits et services qui anticipent et répondent aux besoins des clients.* Il faut également attirer et *fournir une direction et un soutien aux membres de l'équipe* et encourager la coopération de l'équipe.

Carte de l'état d'esprit idéal 5 :
Augmenter l'innovation et la résilience

- Pour augmenter l'innovation et la résilience, vous devez adopter un état d'esprit qui combine les caractéristiques de celui de **Howard Shultz** de Starbucks et de **Muhammad Yunus** de la Grameen Bank. Vous aurez besoin d'un sens du rôle qui crée une relation porteuse de sens avec les clients et les partenaires potentiels. Vous aurez également besoin du désir profond de donner du pouvoir autres et les aider à être heureux.

- De plus, vous aurez besoin d'avoir le sens de la réputation et du devoir de l'**Amiral Nelson** et l'engagement indéfectible envers votre appel de **Noé**.

- Vous aurez besoin de *clarté quant à votre statut et position* par rapport à vos clients, concurrents et partenaires. Vous devrez également être clair *quant à votre objectif et sur le don et la contribution uniques* que vous apportez aux autres grâce à votre entreprise.

- Vous aurez besoin d'énergie et de motivation pour votre entreprise, et être prêt à *naviguer « toutes voiles dehors » vers ce que vous voulez*.

- Vous devez disposer des moyens nécessaires pour *obtenir une rétroaction continue et pertinente* afin d'éviter les problèmes et les obstacles et de faire les corrections de cap nécessaires.

- Il faut aussi que la routine d'*observer systématiquement votre horizon à la recherche des possibilités et* des « signaux faibles » qui peuvent indiquer des opportunités importantes soit en place.

- Pour accomplir tout cela, il faudra *encourager les membres de l'équipe et leur proposer des opportunités d'apprendre et de grandir*. Vous devrez également *identifier et exploiter les synergies entre ce que vous faites et les produits, services ou compétences d'autres entreprises*.

Créer une Entreprise Évolutive

MON RÊVE EST DE CRÉER DE MULTIPLES APPLICATIONS POUR SOUTENIR L'ÉDUCATION DES ENFANTS ET LA RENDRE DISPONIBLE DANS D'AUTRES PAYS

Établir la Robustesse/ Stabilité Financière

JE VEUX QUE NOTRE ENTREPRISE SOIT DURABLE ET OFFRE DES AVANTAGES À TOUS NOS PARTENAIRES

Augmenter Ma Satisfaction Personnelle dans Ce Que Je Fais.

JE VEUX CONTINUER À APPRENDRE ET À GRANDIR EN TANT QU'INDIVIDU, ET M'AMUSER AVEC MES PARTENAIRES

Faire une Contribution Authentique et Porteuse de Sens

JE SOUHAITE PROPOSER DES BOISSONS RAFRAÎCHISSANTES BIO ET SAVOUREUSES COMME CONTRIBUTION À LA SANTÉ ET À LA DURABILITÉ.

Augmenter l'Innovation et la Résilience

JE VEUX UTILISER LES NOUVELLES TECHNOLOGIES POUR CRÉER UN MONDE MEILLEUR POUR NOS ENFANTS

La boussole SFM Mindset Compass vous aide à atteindre les résultats clés nécessaires pour vous permettre de fonder et développer votre entreprise.

Identifier Vos Principaux Domaines de Développement

Réfléchissez à ce que vous avez appris de cette auto-analyse. Comparez la carte de l'état d'esprit idéal pour votre objectif méta avec vos forces et tendances actuelles en ce qui concerne vos mentalités méta, macro et micro. Notez les domaines que vous devez améliorer et développer. Marquez-les ci-dessous.

Domaines de Développement du Meta Mindset

Savoir ce que j'aime vraiment faire (ce qui me passionne). ☐

Savoir ce que je veux aider à créer dans un avenir à plus long terme (être clair sur ma destination, et ma vision à plus long terme) ☐

Clarifier ma direction, que je connaisse ou non la destination ultime. ☐

Connaitre mon objectif – savoir ce que je défends et pourquoi je fais ce que je fais. Être clair sur ma mission – la contribution unique que je souhaite apporter par mon entreprise. ☐

Clarifier mon ambition, c.à.d. ce que je veux devenir et réaliser dans les deux à cinq prochaines années. ☐

Clarifier mon rôle – c.à.d. la position que j'ai par rapport aux autres dans mon marché/environnement. ☐

Domaines de Développement du Macro Mindset

Faire ce qui me passionne et investir beaucoup d'énergie et de concentration pour que ce que je veux se réalise. ☐

Chercher à obtenir un retour d'information et mettre en place des moyens pour obtenir des commentaires honnêtes et fréquents. ☐

Etre à l'affut des possibilités et investir du temps pour les concrétiser. ☐

Être intérieurement plus ancré et doté de ressources, avoir des moyens de me recharger et m'équilibrer et pratiquer cela sur une base quotidienne. ☐

Être plus conscient des risques et des problèmes potentiels et ne pas se décourager ou se laisser distraire face à l'adversité et aux commentaires négatifs. ☐

Domaines du Micro Mindset à Développer

Prendre le temps d'explorer et de renouer avec ce que j'aime faire, ce qui est important pour moi et ce que je fais bien – c.à.d. ma passion, mon sens de la finalité et mon excellence.

☐

Identifier les investisseurs potentiels et les fournisseurs d'autres ressources essentielles et obtenir créativement leur intérêt et leur engagement à soutenir mon entreprise.

☐

Créer des conditions d'échange continu avec les clients et les prospects.

☐

Créer et développer une infrastructure durable et une voie pour la croissance et l'évolutivité de mon entreprise.

☐

Réfléchir et mettre en œuvre des produits et services qui anticipent et répondent aux besoins des clients.

☐

Chercher et établir des relations gagnant-gagnant avec des partenaires et alliés potentiels qui correspondent à mes valeurs et ma vision.

☐

Attirer et fournir une direction et un soutien aux membres de l'équipe et encourager la coopération en équipe.

☐

Identifier et exploiter les synergies entre ce que je fais et les produits, services ou compétences d'autres entreprises.

☐

Encourager les membres de l'équipe et leur offrir des opportunités d'apprendre et de grandir.

☐

Exemple d'un Cas de Facteurs de Succès :
Poissonerie de Pike Place

Soyez vous-même et faites ce qui vous inspire

Les principes et les pratiques de l'entrepreneuriat de la nouvelle génération et du leadership conscient ne se limitent pas aux entreprises et aux produits de haute technologie. Il s'agit plutôt de l'état d'esprit que nous apportons à tout ce que nous faisons. Prenons l'exemple de la poissonnerie de Pike Place. Fondé en 1930, Pike Place Fish Market est un marché de poisson en plein air situé à Seattle, dans l'État de Washington. Il a été acheté en 1965 par John Yokoyama, ancien employé du marché au poisson. Yokoyama dit qu'il a acheté le magasin dans l'espoir de gagner assez d'argent pour payer les traites sur sa nouvelle voiture.

Vingt ans plus tard, Yokoyama commença à s'ennuyer et s'épuiser, et son entreprise à péréricliter. Comme on peut l'imaginer, un marché aux poissons est une entreprise bien différente de celles établies par des gens comme Elon Musk et Steve Jobs. La vente de poisson n'a rien d'intrinsèquement passionnant ou de « révolutionnaire ». Les personnes qui travaillaient sur le marché n'avaient pas besoin d'être « les meilleurs et les plus brillants ». En fait, ils n'avaient même pas besoin d'une éducation secondaire. Pendant des années, Yokoyama avait simplement géré l'entreprise comme un « patron » traditionnel, comme il l'avait vu faire en travaillant sur le marché.

Un Changement d'État d'Esprit

En 1986, malheureux et proche de la faillite, Yokoyama réalisa intuitivement que lui et son équipe avaient besoin d'un changement d'état d'esprit spectaculaire. Il a fait venir l'entraîneur Jim Bergquist de bizFutures pour les aider, lui et son équipe, à concevoir des moyens de sauver l'entreprise. Bergquist a réuni l'équipe et a posé une question surprenante, une question que Yokoyama n'avait jamais pensé à poser en tant que patron. La question était : « Que voulez-vous ? » et plus précisément, « Qui voulez-vous être ? »

Bergquist a encouragé l'équipe à explorer qui ils étaient et ce qui les passionnait. « Votre défi est 'juste d'être' qui vous voulez être », leur a-t-il dit, « gratuitement... juste parce que vous l'avez dit. » Cela devait être une exploration transformationnelle. Comme le décrit Yokoyama :

> *Lors de l'une de nos premières réunions de Pike Place Fish avec Jim, nous avons questionné « Qui voulons-nous être? » Nous voulions nous créer un nouvel avenir. Un des jeunes qui travaillent pour moi a dit : « Hé!*

John Yokoyama
Poissonnerie de
Pike Place

Devenons mondialement connus! » Au début, j'ai pensé : « Mondialement connus... c'est stupide de dire ça! » Mais plus nous en parlions, plus nous étions tous enthousiastes à l'idée d'être mondialement célèbres. Nous nous y sommes donc engagés. Nous avons ajouté « Mondialement Célèbre » à notre logo et l'avons fait imprimer sur nos boîtes d'expédition.

Devenir « Célèbre dans le Monde Entier »

Cette décision au niveau de l'identité a bien sûr soulevé d'autres questions nouvelles, très importantes et tout aussi difficiles pour l'équipe au niveau des capacités et des comportements : « Comment allons-nous devenir mondialement connus ? » et Que signifie être « Mondialement Connu ? » L'entreprise n'avait évidemment pas d'argent pour faire de la publicité. Leur coach leur a néanmoins garanti : « Votre engagement à être mondialement connu vous mènera naturellement à ce qu'il faut faire ». L'important était que chaque membre de l'équipe devait choisir en tant qu'individu de s'aligner sur l'engagement. Selon Yokoyama, « Nous avons pris la position que nous allions devenir mondialement célèbres. Nous l'avons simplement dit, et c'est ce qui s'est produit. »

Après avoir pris position, la grande question suivante était : « Qu'est-ce que cela signifie – être mondialement connu ? » Yokoyama et son équipe ont décidé de créer leur propre définition. Au lieu de dépenser de l'argent en publicité (l'entreprise n'a jamais dépensé un centime), l'équipe a décidé que cela se produirait en étant vraiment formidables avec les gens. « Pour nous, cela signifie aller au-delà de la simple fourniture d'un service exceptionnel aux gens. Cela signifie vraiment être présent avec les gens et être en lien avec eux sur le plan humain », ont-ils conclu. Cela signifiait sortir du mode de communication « nous sommes en affaires et vous êtes un client » habituel avec les gens être intentionnellement présent avec eux dans le moment présent, de personne à personne. Nous détournons toute notre attention de nous-mêmes pour n'être qu'avec eux... en cherchant des moyens de les servir. Nous cherchons comment nous pouvons transformer leur journée.

Selon les termes de Yokoyama et son équipe :

Nous interagissons avec les gens avec une forte intention de faire une différence pour eux. Nous souhaitons faire vivre à chacun l'expérience d'avoir été servi et apprécié, qu'il achète ou non du poisson. Nous les aimons.

Ils ont convenu qu'un autre aspect d'être « Mondialement Connu », c'est que ce serait amusant. Ils apprécieraient tous leur travail et s'amuseraient entre eux pour que les clients y trouvent du plaisir et s'amusent aussi. Et, être « Mondialement Connu » signifierait également qu'ils seraient créatifs et innovants.

Explorer les questions « Que voulez-vous ? » et « Qui voulez-vous être ? » a aidé l'équipe de Pike Place Fish Market à clarifier la passion, le but et l'identité au centre de leur Cercle de Succès.

L'équipe de la poissonnerie de Pike Place a transformé sa passion en mission de fournir un service exceptionnel à ses clients et « donner à chaque personne l'expérience d'avoir été servie et appréciée, qu'elle achète ou non du poisson ».

Un Grand Changement dans la Manière de Faire des Affaires

Ces engagements ont conduit de manière organique à de grands changements dans la manière dont l'équipe faisait des affaires. Comme ils voulaient avoir un lien plus fort avec les clients, certains membres du personnel allaient devant le comptoir de poissonnerie pour interagir avec les gens. Le défi était que, si quelqu'un achetait un poisson, il devrait le ramener derrière le comptoir pour l'emballer puis le rapporter au client. C'est devenu la tradition dite du « poisson volant », selon laquelle les « poissonniers » lancent les commandes des clients à travers la zone commerciale. Cette habitude les a incités à poster le panneau « Attention : Poisson volant à basse altitude. »

La routine typique implique qu'un client commande un poisson, avec ses poissonniers en tablier et bottes qui crient la commande, tous les autres membres du personnel la hurlent en retour, à ce stade le poissonnier de départ jette le poisson du client derrière le comptoir pour emballage. Le personnel continue à crier et chanter à l'unisson pendant qu'ils jettent le poisson commandé. Pour montrer leur gratitude à un client qui achète un poisson, ils leur arrive parfois de chanter pour le client.

D'autres fois, les employés du marché aux poissons jouent à lancer un poisson en mousse dans la foule pour faire sursauter les passants, ou ils choisissent un client dans la foule pour participer au lancer du poisson.

Autre élément populaire du marché aux poissons de Pike Place : la lotte (un poisson laid avec de grandes dents), qu'on peut faire « claquer des dents » face aux clients grâce à un mécanisme caché.

C'est important de noter que l'activité du personnel sur le marché n'est pas simplement une prestation fixe. « Elle est créée par chacun de nous, à chaque fois », explique l'équipe. « Ça prend des formes différentes pour des personnes différentes. Cela dépend aussi de qui est le client... comment il réagit. Il s'agit de prendre soin des gens. Nous sommes toujours à l'affût de la façon dont nous pouvons faire une différence dans la vie des gens ». Comme le souligne l'équipe :

Les gens veulent nous copier – faire ce qu'on fait. Nous ne cessons de leur dire: « Votre réussite ne consiste pas à faire ce que nous faisons, mais à découvrir votre propre voie. Ne faites pas ce que nous faisons – nous avons tout inventé... faites ce qui vous inspire... inventez ! » Il suffit d'être (vous-même... ce qui vous inspire). Et ça veut dire que vous vous engagez à être qui vous dites être : agir comme ça, penser comme ça, avoir l'air comme ça, ressentir comme ça, parler comme ça... être comme ça ! Vous créerez votre propre chemin en étant simplement vous-même, en faisant ce qui vous inspire.

**La tradition des « poissons volants »
de la poissonnerie de Pike Place**

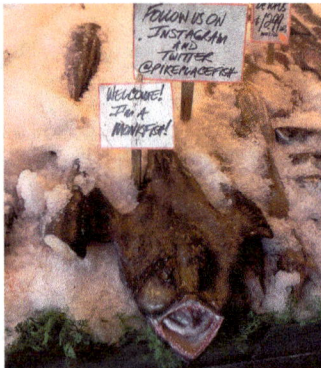

**Une Lotte à la Poissonnerie
de Pike Place**

Un Modèle de Rôle pour d'autres Entreprises

L'approche a été extrêmement fructueuse. Avec le temps, une équipe de télévision a finalement découvert le marché aux poissons et ses prestations avec les clients et les a filmées. Le reportage est devenu viral, ce qui a conduit le marché et ses employés à figurer dans d'autres vidéos et de nombreux magazines. Depuis lors, ils ont été présentés à plusieurs reprises dans les médias et les émissions de télévision au niveau national.

Aujourd'hui, le magasin est une destination touristique populaire et l'une des attractions les plus visitées de Seattle, attirant jusqu'à 10 000 visiteurs par jour. En fait, le magazine *Travel & Leisure a* classé le marché de Pike Place comme la 13e attraction la plus visitée aux États-Unis. Il est vraiment devenu « mondialement connu ».

Tout aussi important, le marché aux poissons de Pike Place a été nommé à plusieurs reprises comme l'un des « endroits les plus amusants pour travailler en Amérique ». L'entreprise est devenue un modèle de culture d'autonomisation pour d'autres organisations et est utilisée comme étude de cas dans les écoles de commerce et les universités. Les employés du marché aux poissons s'expriment souvent devant des entreprises, des groupes civiques et des écoles sur les moyens de réussir. Il y a au moins quatre livres qui ont été publiés sur Pike Place Fish Market ; dont un best-seller international. Ils sont également le sujet de l'une des vidéos et DVD de formation les plus vendus au monde.

Le personnel de Pike Place Fish Market a intentionnellement créé une culture basée sur trois valeurs fondamentales :

- **Capacitation** – Aider chaque personne à être elle-même et à faire ce qui l'inspire.
- **De la Vision à la Réalité** – Fixer des objectifs ambitieux et les réaliser.
- **Faire une Différence dans le Monde** – Le véritable but d'être dans les affaires est de faire une différence profonde et durable dans la qualité de vie dans le monde.

Ces valeurs sont à la base de tout leadership conscient et de l'esprit d'entreprise de la nouvelle génération. Comme le publie l'équipe du marché aux poissons de Pike Place sur son site Web :

En vivant passionnément sa mission et en poursuivant son ambition de devenir « mondialement connu », l'équipe de la poissonnerie de Pike Place a fini par attirer jusqu'à 10 000 visiteurs par jour et a été présentée dans les médias et les émissions de télévision au niveau national comme l'un des « lieux de travail les plus amusants aux Etas Unis ».

L'équipe de la poissonnerie de Pike Place a mis sa passion, son ambition et sa mission au service d'une nouvelle vision pour ses clients combinant la meilleure qualité de produits de la mer avec un service de haute qualité (divertissant de surcroit).

Au célèbre marché aux poissons de Pike Place, nous savons qu'il est possible pour chacun de nous en tant qu'êtres humains d'avoir un impact sur la façon dont les autres vivent leur vie. Grâce à notre travail, nous cherchons à améliorer la qualité de vie de tous. Nous travaillons de l'intérieur à la possibilité d'une paix mondiale et d'une prospérité pour tous les peuples. C'est notre engagement – c'est qui nous sommes – c'est ce que nous faisons.

J'ai personnellement visité le marché et vérifié qu'il s'agit vraiment d'une expérience unique, passionnante et agréable. Des foules de gens se rassemblent et attendent que quelqu'un achète un poisson pour découvrir ce que le personnel va faire ensuite. Les salariés ne sont manifestement pas de simples « acteurs ». Ils interagissent de manière personnelle, ludique et authentique entre eux, avec leurs clients et avec la foule.

Soutenir un Avenir Durable

Selon l'équipe du marché aux poissons de Pike Place :

Notre vision est de voir les entreprises du monde entier faire leur affaire d'améliorer la qualité de vie pour tout le monde et pour notre planète, et nous voulons rendre cette façon d'opérer accessible à autant d'organisations que possible.

Cela s'est traduit pour eux par une mission élargie de « paix mondiale et de faire une différence ». Dans le cadre de cette mission, l'entreprise s'est engagée à « ne vendre que des produits issus d'une pêche 100 % durable ». Ils se sont également associés au Monterey Bay Aquarium Seafood Watch et ont rejoint leur mission d'aider les consommateurs et les entreprises à faire de meilleurs choix pour des océans sains. Seafood Watch sensibilise les consommateurs grâce à des guides de poche, un site web, des applications mobiles et des campagnes de sensibilisation. Il encourage les restaurants, les distributeurs et les fournisseurs de produits de la mer à acheter à des sources durables.

L'équipe de la poissonnerie de Pike Place a décidé de prendre le Rôle d'une « culture autonomisée » engagée à « améliorer la qualité de vie des gens partout dans le monde ainsi que pour notre planète » et se sont associés à d'autres organisations, telles que le Monterey Bay Aquarium, pour aider les consommateurs et les entreprises à faire de meilleurs choix pour des océans en bonne santé.

*Réflexions sur le Parcours du marché du poisson de Pike Place
pour être « Mondialement Connu »*

Le marché au poisson de Pike Place fournit un exemple clair du pouvoir de l'état d'esprit pour transformer une entreprise. C'est également une démonstration de bon nombre des principes de l'esprit d'entreprise de la nouvelle génération et du leadership conscient. Il montre que si on pose une direction claire, même si la destination n'est pas encore certaine, on peut tracer un chemin vers quelque chose de nouveau qui profite à toutes les parties prenantes.

À cet égard, le cas du marché aux poissons de Pike Place illustre un certain nombre de principes et d'éléments clés du Cercle de Succès de SFM et de la carte de l'état d'esprit de la réussite. À bien des égards, Yokoyama, son coach et son équipe ont appliqué intuitivement les principes de la boussole Mindset Compass présentés dans ce chapitre.

Le voyage a clairement commencé au centre du Cercle du Succès par un examen de Soi, l'Identité et la **Passion**. Le premier objectif pour Yokoyama et cette équipe était d' **augmenter leur satisfaction personnelle dans ce qu'ils faisaient**. Avec l'aide de leur coach, ils ont pris le temps d'explorer et de se reconnecter à ce qu'ils aimaient faire, ce qui était important pour eux et ce qu'ils faisaient bien. Appliquant intuitivement les conseils de Richard Branson, leur coach a encouragé l'équipe à « suivre vos passions – d'une manière qui sert le monde et vous ». Cela se traduit par « être vous-même et faire ce qui vous inspire » selon les mots de l'équipe. Ce lien avec leur passion a apporté l'énergie et la motivation de l'équipe pour l'entreprise et a aidé les membres de l'équipe à *naviguer « toutes voiles dehors » vers ce qu'ils voulaient*.

L'étape suivante du voyage a été d'établir **la robustesse et la stabilité financières**. Selon le Mindset Compass, cela nécessite d'avoir une **Ambition** puissante d'« imprimer une marque sur l'univers » et le désir de créer une relation porteuse de sens avec les clients et les partenaires potentiels. Comme le souligne le Mindset Compass, atteindre ce résultat requiert « l'audace de l'aventurier Sir Francis Drake » et « la volonté de réaliser quelque chose ». Pour l'équipe de Pike Place Fish Market, cela a émergé comme le désir d'être « mondialement connu ». Comme le suggère également la boussole Mindset Compass, leur engagement envers cette ambition les a incités à « *scruter constamment l'horizon à la recherche de possibilités* et de 'signaux faibles' indiquant des opportunités importantes » afin de trouver comment concrétiser une si grande ambition.

Afin de vraiment manifester l'ambition d'être « mondialement connu », le personnel du marché au poisson de Pike Place a dû **augmenter l'innovation et la résilience**. Comme l'indique le Mindset Compass, cela nécessite « d'encourager les membres de l'équipe et leur offrir des opportunités d'apprendre et de grandir » et de les aider à être « *clair quant à leur objectif et le don et la contribution uniques* qu'ils apportent aux autres grâce à l'entreprise ». Selon le Mindset Compass, augmenter l'innovation et la résilience nécessite également « une relation porteuse de sens avec les clients et les partenaires potentiels » et « le profond désir de donner du pouvoir aux autres et les aider à être heureux ». L'expression de ces principes apparaît clairement dans la définition que donne le personnel d'être « Mondialement Connu » qui a pris la forme de leur **vision** pour leurs clients « d'être présents et avoir des relations en tant qu'êtres humains ; rendre la journée de chaque personne plus positive ; être au service et prendre grand soin des clients ; avoir la meilleure qualité de fruits de mer ; et servir non seulement les clients, mais le monde entier ».

Le désir du personnel du marché aux poissons de Pike Place d'**apporter une contribution réelle et porteuse de sens** les a amenés à une phase suivante nécessitant « *une réflexion et la mise en œuvre de produits et services qui anticipent et répondent aux besoins des clients* ». Selon le Mindset Compass, pour atteindre cet objectif, il est également nécessaire de « fournir une orientation et un soutien aux membres de l'équipe et d'encourager la coopération en équipe ». La mise en œuvre de ces principes par le personnel a finalement conduit à leur célèbre prestation de « poisson volant », à leurs jeux avec les clients et à l'attitude de toujours apprécier son travail. Cela s'est également traduit par leur **mission** déclarée de « fournir un service exceptionnel, promouvoir la paix dans le monde et faire une différence ». Le succès de l'entreprise dans la réalisation de sa mission reflète le commentaire d'Anita Roddick selon lequel « vous pouvez créer un gagne-pain honorable, où vous utilisez vos compétences pour gagner votre vie », d'une manière qui « vous donne un sentiment de liberté et vous permet d'équilibrer votre vie comme vous le souhaitez ».

Fait intéressant, **créer une entreprise** évolutive au sens traditionnel du terme n'a jamais vraiment fait partie de la vision ou de l'ambition de John Yokoyama ou du personnel du marché au poisson de Pike Place. Ils n'avaient pas l'ambition d'étendre leur marché à l'international comme un Starbucks, Apple ou Amazon. Dans leur **rôle** en tant que « modèle d'une culture autonomisée » dans les affaires, cependant, ils ont réussi à augmenter leur contribution et leur influence sur d'autres entreprises. En témoigne le fait qu'on les utilise comme cas d'étude dans les écoles de commerce et les universités et comme sujet de livres et de vidéos de formation. Leur *partenariat* avec le Monterey Bay Aquarium Seafood Watch leur a également permis d'élargir leur champ d'influence en ce qui concerne leur vision et leur mission pour un avenir plus durable.

Le Cercle de Succès du Marché au Poisson de Pike Place

En résumé, John Yokoyama et le personnel de la poissonnerie de Pike Place ont construit un Cercle de Succès efficace en commençant au centre du cercle, clarifiant leur identité et leur **Passion** pour « Être vous-même et faire ce qui vous inspire. » Cette passion s'est exprimée dans l'**Ambition** d'être « mondialement connu »; une ambition qui les a finalement conduits à être présentés dans les médias et les émissions de télévision au niveau national, attirant jusqu'à 10 000 visiteurs par jour et devenant l'un des « lieux de travail les plus amusants en Amérique ».

Manifester l'ambition d'être « Mondialement Connu » signifiait établir une nouvelle **Vision** pour les clients impliquant de :

- Être présent et avoir des relations avec les gens en tant qu'êtres humains
- Chercher des moyens de rendre la journée de chaque personne plus positive
- Être au service des clients et prendre grand soin d'eux
- Avoir la meilleure qualité de produits de la mer
- Servir non seulement les clients, mais le monde

C'était l'expression d'une vision encore plus grande pour une plus grande « holarchie » pour : « Voir les entreprises du monde entier se faire un devoir d'améliorer la qualité de vie des gens partout dans le monde ainsi que celle de notre planète ». La mise en œuvre de cette vision a conduit le personnel la poissonnerie de Pike Place à assumer la **Mission** de « fournir un service exceptionnel, promouvoir la paix dans le monde et faire une différence » à travers les trois principes de l'autonomisation, concrétiser la vision et faire une différence dans le monde.

Ce faisant, la poissonnerie de Pike Place a assumé le **Rôle** de – et est devenu un modèle de – une « culture de la capacitation » en démontrant qu'« il est possible pour chacun de nous en tant qu'être humain d'avoir un impact sur la façon dont les autres personnes vivent... et pour améliorer la qualité de vie de chacun ». Leur utilisation en tant que cas d'étude dans les écoles de commerce et les universités ainsi que l'objet de livres et de vidéos de formation est un témoignage puissant de leur succès dans ce rôle.

Le Cercle de Succès de la poissonnerie de Pike Place

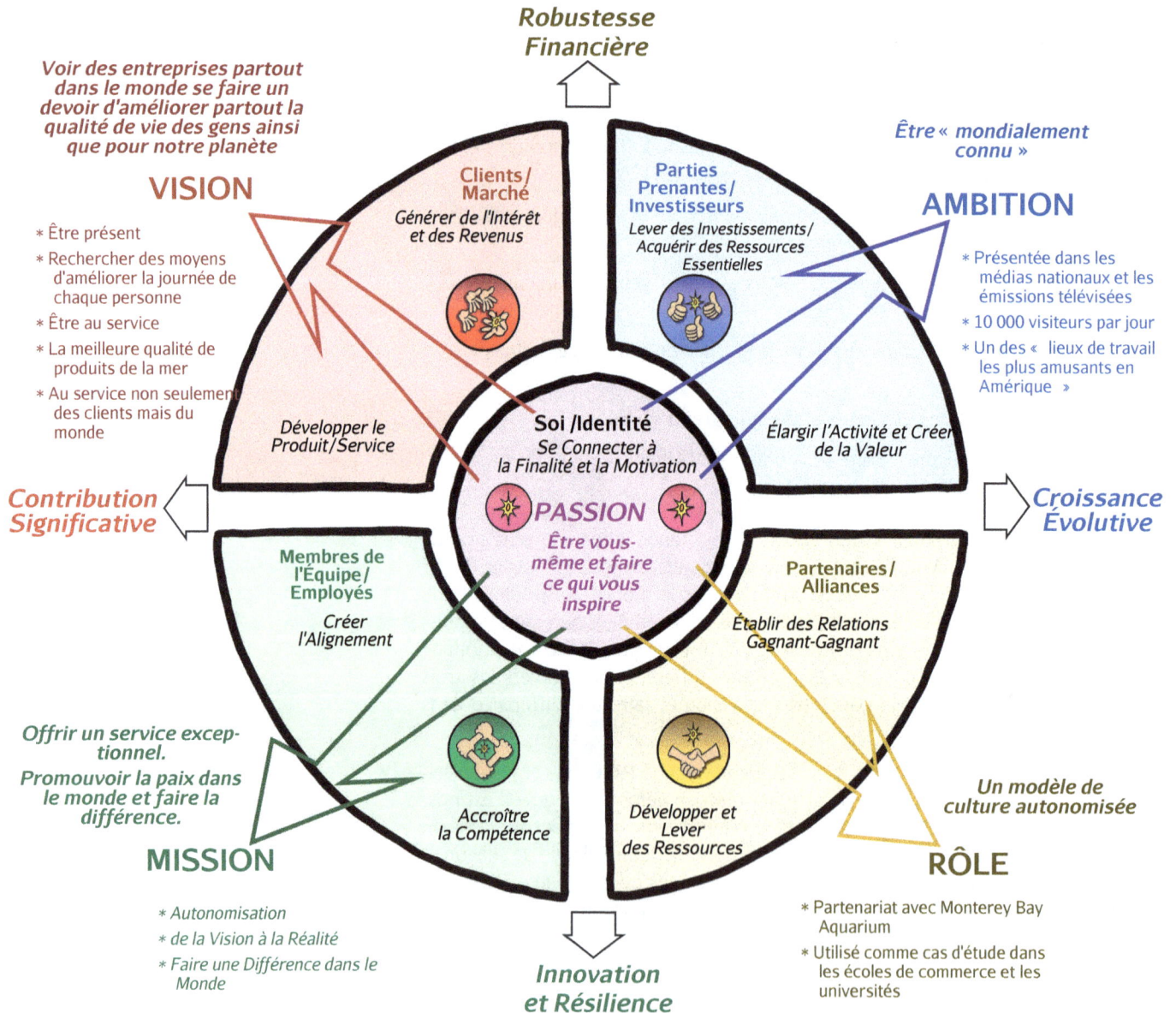

Robustesse Financière

Voir des entreprises partout dans le monde se faire un devoir d'améliorer partout la qualité de vie des gens ainsi que pour notre planète

VISION

* Être présent
* Rechercher des moyens d'améliorer la journée de chaque personne
* Être au service
* La meilleure qualité de produits de la mer
* Au service non seulement des clients mais du monde

Contribution Significative

Offrir un service exceptionnel. Promouvoir la paix dans le monde et faire la différence.

MISSION

* Autonomisation
* de la Vision à la Réalité
* Faire une Différence dans le Monde

Clients / Marché
Générer de l'Intérêt et des Revenus

Parties Prenantes / Investisseurs
Lever des Investissements / Acquérir des Ressources Essentielles

Être « mondialement connu »

AMBITION

* Présentée dans les médias nationaux et les émissions télévisées
* 10 000 visiteurs par jour
* Un des « lieux de travail les plus amusants en Amérique »

Soi / Identité
Se Connecter à la Finalité et la Motivation

PASSION
Être vous-même et faire ce qui vous inspire

Développer le Produit / Service

Élargir l'Activité et Créer de la Valeur

Croissance Évolutive

Membres de l'Équipe / Employés
Créer l'Alignement

Partenaires / Alliances
Établir des Relations Gagnant-Gagnant

Accroître la Compétence

Développer et Lever des Ressources

Un modèle de culture autonomisée

RÔLE

* Partenariat avec Monterey Bay Aquarium
* Utilisé comme cas d'étude dans les écoles de commerce et les universités

Innovation et Résilience

LE CERCLE DE SUCCÈS DE LA POISSONNERIE DE PIKE PLACE

VISION
Clients / Marché

VOIR DES ENTREPRISES PARTOUT DANS LE MONDE SE FAIRE UN DEVOIR D'AMÉLIORER LA QUALITÉ DE VIE DES GENS PARTOUT DANS LE MONDE AINSI QUE POUR NOTRE PLANÈTE

* ÊTRE PRÉSENT
* CHERCHER DES MOYENS D'AMÉLIORER LA JOURNÉE DE CHACUN
* ÊTRE AU SERVICE
* DES PRODUITS DE LA MER DE LA MEILLEURE QUALITÉ
* SERVIR NON SEULEMENT LES CLIENTS MAIS AUSSI LE MONDE

AMBITION
Parties prenantes / Investisseurs

ÊTRE «MONDIALEMENT CONNU»

* PRÉSENTÉE DANS LES MÉDIAS NATION-AUX ET LES ÉMISSIONS TÉLÉVISÉES
* 10 000 VISITEURS PAR JOUR
* L'UN DES « LIEUX DE TRAVAIL LES PLUS AMUSANTS EN AMÉRIQUE »

MISSION
Membres de l'Équipe / Employés

OFFRIR UN SERVICE EXCEPTIONNEL. PROMOUVOIR LA PAIX DANS LE MONDE ET FAIRE LA DIFFÉRENCE.

* AUTONOMISATION/ CAPACITATION
* VISION DE LA RÉALITÉ
* FAIRE UNE DIF-FÉRENCE DANS LE MONDE

RÔLE
Partenaires / Alliances

UN MODÈLE DE CULTURE AUTONOMISÉE

* PARTENARIAT AVEC L'AQUARIUM DE MONTEREY BAY
* UTILISÉ COMME ÉTUDE DE CAS DANS LES ÉCOLES DE COMMERCE ET LES UNIVERSITÉS

Soi / Identité – Passion

ÊTRE VOUS-MÊME ET FAIRE CE QUI VOUS INSPIRE

Conclusion

L'exemple de la poissonnerie de Pike Place est une démonstration puissante qu'une entreprise n'a pas besoin d'être un géant de haute technologie qui fabrique des ordinateurs, des voitures électriques ou des vaisseaux spatiaux pour que ses fondateurs et membres de l'équipe puissent vivre plus consciemment et faire une différence positive dans le monde et dans la vie des autres. Être un entrepreneur de la nouvelle génération et un leader conscient n'a pas lieu d'être limité ou contraint par le produit que l'on offre. Le leadership conscient et l'esprit d'entreprise de la nouvelle génération s'expriment d'abord et avant tout par l'état d'esprit que vous apportez à ce que vous faites.

Des entreprises comme la poissonnerie de Pike Place, iIly Café et Ben & Jerry's Ice Cream sont des exemples de la façon dont les états d'esprit au cœur du leadership conscient et de l'entrepreneuriat de nouvelle génération peuvent être appliquées pour créer et développer une entreprise porteuse de sens, durable et réussie, quel que soit le type particulier de produit ou d'industrie.

Des entreprises comme illy Café et Ben & Jerry's Ice Cream sont d'autres exemples de la façon dont l'état d'esprit au cœur du leadership conscient et de l'entrepreneuriat de la nouvelle génération peuvent être appliquées à pratiquement toutes les entreprises, qu'il s'agisse de vente de poisson, de café ou de crème glacée. Des entreprises comme Ily Café et Ben & Jerry's Ice Cream ont la réputation d'être socialement conscientes et de contribuer de manière significative à un avenir durable tout en offrant une bonne ambiance et de bonnes conditions de travail à leurs employés et membres de l'équipe.

Selon les mots d'Andrea Illy de **illy Café**:

> *Le café parfait est ma mission, ma passion et mon obsession. Alors, en regardant dans une tasse d'illy, je dois me demander : Comment cela peut-il être mieux ? Chez illy, nous avons lancé l'idée qu'une tasse de café parfaite doit aller au-delà du plaisir du palais. Nous pensons qu'il devrait construire un monde meilleur. Depuis 1991, nous achetons notre café directement aux mains des producteurs. Illy sélectionne les producteurs avec lesquels nous travaillons en fonction de la qualité de leurs fèves, puis cultive des relations personnelles et exclusives afin que chaque centime que nous dépensons, et chaque fève que nous achetons, contribue à un plus grand bien. Ces agriculteurs vivent et travaillent dans les berceaux lointains du café : Colombie, Costa Rica, Brésil, Inde. Ici, le meilleur de la nature et de l'humanité se réunissent pour donner un sens à la vie du précieux grain de café. En pratiquant des activités responsables, du producteur au négociant et au torréfacteur, le café est notre moyen d'améliorer la vie de 25 millions de familles dans plus de 70 pays.*

Quand Andrea Illy regarde une tasse de café, il la voit clairement dans le contexte d'une holarchie beaucoup plus large.

Ben Cohen et Jerry Greenfield de **Ben & Jerry's Ice Cream** expriment une passion et une vision similaires pour leur entreprise. Selon eux :

Ben & Jerry's mène une mission en trois volets qui vise à créer une prospérité reliée pour tous ceux qui sont connectés à notre entreprise : fournisseurs, employés, agriculteurs, franchisés, clients et voisins.

- *Notre mission pour le produit nous pousse à fabriquer des glaces fantastiques – comme une fin à part entière.*

- *Notre mission économique nous demande de gérer notre entreprise pour une croissance financière durable.*

- *Notre mission sociale nous oblige à utiliser notre entreprise de manière innovante pour rendre le monde meilleur.*

Ils ont également créé la Fondation Ben & Jerry's, dont la mission est d'« impliquer les employés de Ben & Jerry's dans des activités philanthropiques et l'évolution sociale ; pour rendre à nos communautés ; et pour soutenir l'activisme de base et l'organisation communautaire pour la justice sociale et environnementale dans tout le pays. »

Comme je l'ai dit dans l'introduction de ce livre, le *Leadership Conscient* consiste à « construire une entreprise durable et à vous guider, vous et votre équipe, à partir d'un état de présence centrée, en accédant à de multiples intelligences et en vivant vos valeurs les plus élevées au service d'un objectif plus large au profit de toutes les parties prenantes ». La poissonnerie de Pike Place, illy Café et Ben & Jerry's Ice Cream fournissent des exemples convaincants du potentiel transformateur de l'état d'esprit et des compétences du leadership conscient et de l'entrepreneuriat de la nouvelle génération pour tout type d'entreprise.

Résumé du chapitre

Le Leadership Conscient partage de nombreuses caractéristiques avec l'Entrepreneuriat de Nouvelle Génération. Un *entrepreneur de la nouvelle génération* est quelqu'un qui crée une entreprise ou un projet durable pour vivre son propre rêve, tout en livrant un produit ou un service qui fait une différence positive dans le monde et en grandissant personnellement à travers lui.

Le *Cercle de Succès SFM™* est un modèle qui rassemble les résultats, les actions et l'état d'esprit nécessaires pour construire une entreprise réussie. Le modèle est organisé autour de cinq résultats clés nécessaires pour créer une entreprise vraiment réussie :

1. Satisfaction Personnelle
2. Contribution significative
3. Robustesse Financière
4. Innovation et Résilience
5. Croissance Évolutive

Afin d'atteindre ces résultats, les entrepreneurs qui réussissent divisent leur attention et leurs actions de manière équilibrée entre cinq perspectives fondamentales : 1) eux-mêmes, leur sens de la finalité et leur motivation pour ce qu'ils font, 2) leurs clients et leurs produits et services, 3) leurs investisseurs et parties prenantes, 4) les membres de leur équipe ou leurs employés et 5) leurs partenaires et alliés stratégiques.

Selon le Cercle de Succès, la création d'une entreprise réussie repose en fin de compte sur un *état d'esprit entrepreneurial* qui produit et encourage les actions nécessaires pour atteindre les principaux résultats. Cet état d'esprit est fonction de la capacité d'un entrepreneur à partager sa *passion*, sous la forme de sa *vision*, sa *mission*, son *ambition* et son *rôle*.

L'exemple d'Elon Musk de l'introduction fournit une bonne illustration de la construction d'un Cercle de Succès efficace.

La carte du succès *Success Mindset Map™* enrichit le Cercle du Succès SFM en identifiant trois domaines principaux d'un esprit entrepreneurial qui réussit :

1. Meta Mindset – Clarté de l'image d'ensemble
2. Macro Mindset – Habitudes de réussite
3. Micro Mindset – Priorités permanentes

La boussole de l'état d'esprit *Mindset Compass* spécifie quels éléments des trois domaines Méta, Macro et Micro, sont les plus importants et pertinents pour atteindre les différents résultats de base définis par le Cercle de Succès. Le Mindset Compass vous aide à évaluer et à identifier vos aptitudes et tendances particulières et à savoir celles que vous devez prioriser et renforcer pour faire passer votre projet ou votre aventure au niveau supérieur.

Le cas de la poissonnerie de Pike Place fournit un exemple clair du pouvoir de l'état d'esprit pour transformer une entreprise. Il fournit une puissante démonstration qu'une entreprise n'a pas besoin d'être un géant de haute technologie qui fabrique des ordinateurs, des voitures électriques ou des vaisseaux spatiaux pour que ses fondateurs et membres de l'équipe puissent vivre plus consciemment et faire une différence positive dans le monde et dans la vie des autres. Il montre que si on pose une direction claire, même si la destination n'est pas encore certaine, on peut tracer un chemin vers quelque chose de nouveau qui profite à toutes les parties prenantes. En clarifiant leur identité et leur passion d'« Être vous-même et faire ce qui vous inspire », et leur ambition d'être « mondialement connu » en « étant présent et en relation avec les gens en tant qu'êtres humains ; pour rendre la journée de chaque personne plus positive », la société est revenue du bord de la faillite et est littéralement devenue mondialement connue.

Références et Lectures Complémentaires

- *Modélisation des Facteurs de Succès, Volume I – Entrepreneurs de Nouvelle Génération : Vivez votre rêve et créez un monde meilleur grâce à votre entreprise*, Dilts, R., Dilts Strategy Group, Santa Cruz, Californie, 2015
- La boussole SFM Mindset Compass™ ; Mindset Maps International, *http://www.mindsetmaps.com.*
- *50 Entrepreneurs Share Priceless Advice* ; disponible sur YouTube.com
- www.pikeplacemarket.org
- www.illy.com
- www.benjerry.com

04

Le Leadership Conscient et le **Modèle de Leadership SFM™**

Le leadership consiste à élever la vision d'une personne à un niveau ambitieux, élever la performance d'une personne à un niveau supérieur, la construction d'une personnalité au-delà de ses limitations normales.
Peter Drucker

Si vos actions incitent les autres à rêver davantage, apprendre davantage, faire plus et devenir plus, vous êtes un leader.
John Quincy Adams

ANTONIO MEZA

Le leadership Conscient et le Modèle de Leadership SFM™

Le besoin en compétences de leadership commence à émerger de plus en plus clairement à mesure que notre jeu intérieur s'exprime à l'extérieur et que nous cherchons à construire un Cercle de Succès et faire face aux obstacles potentiels sur notre chemin. Comme je l'ai écrit au chapitre 1, le leadership consiste essentiellement à fournir une *orientation* et à apporter de *l'énergie* à nos entreprises. Les compétences de base du leadership impliquent d'exprimer une vision, d'influencer les autres pour atteindre des résultats, d'encourager la coopération en équipe et d'être un exemple. Les leaders conscients renforcent ces compétences grâce à leur capacité d'authenticité, d'intelligence émotionnelle et de responsabilité intentionnelle. Le leadership conscient s'exprime par les capacités à :

1. Formuler et communiquer une vision porteuse de sens et inclusive pour toutes les parties prenantes.

2. Se concentrer sur une finalité plus élevée.

3. Influencer par l'inspiration.

4. Équilibrer l'intérêt personnel et le bien commun, pour soi et pour les autres.

5. Respecter et intégrer des perspectives multiples.

6. Guider par l'exemple (faire ce que l'on dit).

7. Faire preuve d'un leadership personnel conscient et réfléchir sérieusement aux leçons tirées de l'expérience.

L'état d'esprit, les capacités et les actions des leaders conscients sont un complément important à ceux de l'entrepreneuriat de la nouvelle génération.

L'état d'esprit, les capacités et les actions des leaders conscients sont un complément important à ceux de l'entrepreneuriat de la nouvelle génération. Nous pouvons dire que tous les entrepreneurs qui réussissent sont aussi des leaders efficaces, bien que tous les leaders compétents ne soient pas nécessairement des entrepreneurs (comme nous l'avons vu dans le cas du Dr Lim Suet Wun de l'hôpital Tan Tock Seng à la fin du chapitre 2). Le leadership est donc un ensemble de capacités distinctes qui néanmoins chevauchent et complètent les caractéristiques des entrepreneurs de la nouvelle génération explorées dans le chapitre précédent.

Dans cette section, je présenterai comment j'ai appliqué les principes et distinctions de la Modélisation des Facteurs de Succès spécifiquement au leadership organisationnel. Nous explorerons ensuite comment les compétences des leaders exceptionnels peuvent créer une synergie puissante avec les autres facteurs de réussite que nous avons présentés jusqu'à présent dans ce volume, et les renforcer.

Le Modèle de Leadership SFM™

Depuis la fin des années 1980 jusqu'au début des années 2000, j'ai appliqué le processus de modélisation des facteurs de succès pour mener une étude approfondie sur le leadership efficace, en grande partie subventionnée par le Groupe Fiat basé à Turin, en Italie*. À cette époque, Fiat était l'un des plus grands groupes industriels au monde, opérant dans 61 pays avec 1 063 entreprises employant plus de 223000 personnes. Le groupe gérait 242 usines de fabrication et 131 centres de recherche et développement organisés en 10 secteurs d'activités : automobiles, machines agricoles et de construction, véhicules commerciaux, produits métallurgiques, composants, systèmes de production, aviation, édition et communication, assurance et services.

L'objectif de la recherche était de produire un modèle complet et pragmatique de leadership organisationnel dérivé d'une combinaison a) d'entretiens avec des PDG et cadres supérieurs d'organisations du monde entier qui réussissent, b) des valeurs fondamentales d'organisations de classe mondiale, et c) d'exemples de cas et de la littérature actuelle sur le leadership.

Le Modèle de Leadership SFM™ qui en résulte offre une feuille de route conséquente pour aider les entreprises et les organisations à être durables, résilientes et aptes pour le futur.

Selon le modèle, un leadership efficace implique une relation dynamique entre le jeu intérieur et le jeu extérieur. Le jeu extérieur vise à atteindre les résultats *organisationnels clés nécessaires* à la survie et à la croissance de l'entreprise. Ces résultats sont atteints grâce à des *actions* comportementales impliquant les autres. Le jeu intérieur du leadership est orienté vers le développement et l'expression de qualités et de capacités internes, *personnelles,* qui définissent l'état d'*esprit* nécessaire pour générer et soutenir les actions nécessaires pour atteindre les résultats.

QUALITÉS PERSONNELLES
(Ce que le leader a)

Jeu Intérieur

SOUTIEN

ACTIONS
(Ce que fait le leader)

ATTEINDRE

RÉSULTATS ORGANISATIONNELS
(Ce que le leader réalise)

Jeu Extérieur

Éléments Clés du Modèle de Leadership SFM™

---

* Une partie de cette étude est décrite en profondeur dans mon livre *Modeling With NLP*, 1998.

Les Quatre Objectifs Essentiels des Entreprises qui Réussissent

Pour présenter le modèle, commençons par le jeu extérieur. Dans une entreprise qui réussit, la capacité de leadership est orientée vers quatre résultats organisationnels fondamentaux : *obtenir des résultats*, *promouvoir le changement*, *développer les personnes* et *manifester les valeurs*.

1. Atteindre les résultats :

Tout leadership efficace est finalisé et mesuré par l'obtention de résultats d'un type ou d'un autre. Le leadership consiste essentiellement à influencer les autres pour qu'ils atteignent les résultats souhaités, c'est-à-dire que les leaders conduisent les autres vers quelque chose. On a dit que « les dirigeants communiquent avec les autres dirigeants par le biais de leurs réalisations ». Ainsi, le véritable leadership concerne moins l'autorité de position que l'autorité de capacité. L'obtention de résultats est le fruit de la détermination personnelle et de la capacité à responsabiliser les autres et rechercher une amélioration continue. Comme nous l'avons déjà établi, pour les entrepreneurs de la nouvelle génération, ces résultats entrent dans les catégories de base de : Construire une entreprise prospère et durable ; Contribuer à la société et à l'environnement ; Grandir personnellement et spirituellement ; Soutenir le bien-être émotionnel et physique, le sien et celui des autres ; Partager des visions et des ressources avec une communauté de pairs, provoquer de nouvelles possibilités.

3. Développer les personnes :

Les leaders et les entrepreneurs obtiennent des résultats et créent des changements positifs grâce aux efforts des personnes avec lesquelles ils travaillent. Les personnes constituent la ressource la plus précieuse de toute entreprise, mais pour qu'elles obtiennent des résultats et gèrent les changements de manière cohérente, elles doivent grandir et se développer. Le développement des personnes vient de la capacité du leader à les motiver et à les responsabiliser, en les encourageant à travailler ensemble en collaboration et en exploitant leur potentiel individuel grâce à une forme d'accompagnement.

2. Promouvoir le changement :

Le changement est une réalité de la vie. Le changement est à la fois la source et le résultat de toutes les interactions au sein d'un système. En fait, on a fait valoir que, dans un système dynamique, « la seule constante est le changement ». Le changement et la capacité de promouvoir et gérer le changement sont nécessaires à la fois à la survie et à la croissance. La capacité à innover, s'adapter et s'ajuster est donc essentielle à la survie et à la croissance de toute entreprise ou organisation. Cela nécessite le développement et le renforcement d'une vision et d'un esprit entrepreneurial au sein de l'entreprise. Pour promouvoir un changement productif, le leader doit être capable de concevoir et exprimer une vision, de se dépasser pour s'améliorer et partager efficacement les connaissances et les ressources.

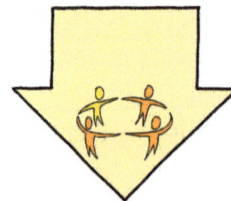

4. Manifester des valeurs :

Dans une organisation, les valeurs constituent une forme de cadre immatériel autour de toutes les interactions des personnes au sein du système. Les valeurs et les croyances connexes déterminent la façon dont les événements et l'information sont interprétés et prennent sens. Elles sont donc la clé de la motivation et de la culture. Les valeurs et les croyances partagées sont le « ciment » qui maintient une organisation ou une équipe efficace ensemble et forment l'« ADN » de l'entreprise. (Considérez les commentaires de Steve Jobs selon lesquels l'excellence, la facilité d'utilisation et le « design génial » étaient la « raison d'être d'Apple ».) La manifestation des valeurs est favorisée par la capacité du leader à agir de manière cohérente et exemplaire, et à encourager constamment les autres à le faire aussi par le partage et l'accompagnement.

Résultats Organisationnels Fondamentaux des Entreprises qui Réussissent

Autonomiser

Une entreprise est tout simplement un groupe de personnes. Et en tant que leader de personnes, vous devez faire preuve d'une grande qualité d'écoute ; vous devez être très motivant ; il faut savoir faire l'éloge des gens et rechercher ce qu'il y a de meilleur en eux. Les gens ne sont pas différents des fleurs. Si vous arrosez les fleurs elles fleurissent et si vous félicitez les gens, ils s'épanouissent. Et c'est un attribut essentiel d'un leader.

Richard Branson – Fondateur Virgin Group

Accompagner

Chaque personne détient en elle tellement de puissance qui ne demande qu'à sortir. Parfois, ils ont juste besoin d'un petit coup de pouce, d'une petite orientation, d'un petit peu de soutien, d'un petit peu d'accompagnement, et les plus grandes choses peuvent arriver.

Pete Carroll – NFL Head Coach

Bien sûr, les résultats souhaités dans le jeu extérieur sont atteints à la suite d'actions externes appropriées. Les mesures comportementales les plus fondamentales prises par les leaders qui réussissent sont : *autonomiser, accompagner, partager* et *amener au dépassement*.

1. **L'autonomisation,** ou capacitation, est une fonction de *la promotion de l'expression du potentiel individuel* (encourager *l'autonomie,* la prise de *responsabilité* et *l'autorité*) afin d'obtenir des performances plus efficaces individuellement et en coopération avec les autres. La capacitation nécessite de savoir faciliter des conditions qui permettent aux gens de mieux s'exprimer, en reconnaissant la *valeur* de leur travail et en stimulant la croissance personnelle et professionnelle ainsi que l'estime de soi. La capacitation est nécessaire pour *obtenir des résultats* et *développer les personnes.*

   Tout le monde a une pancarte invisible accrochée cou qui dit, « Faites-moi me sentir important ». N'oubliez jamais ce message lorsque vous travaillez avec des gens.

   Mary Kay Ash – Mary Kay Cosmetics

2. **L'accompagnement (ou coaching)** est l'expression de la capacité à aider les gens à développer leurs compétences et à agir au mieux de leurs facultés. Les coachs efficaces aident les gens à se fixer des objectifs clairs et les soutiennent dans la réalisation de ces objectifs en leur offrant des conseils et un retour d'information, et en étant un bon exemple ou un modèle. L'objectif de l'accompagnement est d'aider les gens à développer confiance et compétence et d'intérioriser et mettre en œuvre pleinement les valeurs et les capacités. L'accompagnement est essentiel pour développer les personnes et manifester les valeurs.

   Pour créer une équipe performante, nous devons remplacer les activités de management classiques comme la supervision, la vérification, la surveillance et le contrôle par de nouveaux comportements comme le coaching et la communication.

   Ray Smith – Directeur général, Bell – Atlantic

3. **Le partage** implique l'*échange d'informations et de savoir-faire*. Il repose sur la diffusion des connaissances et la promotion du dialogue entre les personnes. Une partie importante du partage consiste pour les leaders à définir la vision, les valeurs et les objectifs de l'entreprise, et à clarifier « les règles du jeu ». Le partage fait également appel la capacité à *impliquer* les personnes dans les objectifs, en les faisant participer à des réunions d'échanges d'idées et d'informations, afin de parvenir à une véritable collaboration et à un réel consensus sur les buts, les résultats et les actions. Le partage efficace résulte de l'expression d'une vision claire et d'un accès facile aux ressources qui soutiennent les changements nécessaires pour atteindre la vision. Le partage est nécessaire pour *manifester les valeurs et promouvoir le* changement.

> *Partagez vos connaissances. C'est un moyen d'atteindre l'immortalité.*
>
> **Dalai Lama XIV**

Le partage de l'information est le pouvoir. Si vous ne partagez pas vos idées, les gens intelligents ne peuvent rien y faire, et vous resterez anonyme et impuissant.

Vint Cerf – Developpeur de DARPA Net, « Chief Internet Evangelist » for Google, Inc.

4. **Conduire au dépassement** implique la capacité à contester les habitudes établies et *innover et prendre des risques afin de s'améliorer en permanence*. Se dépasser exige également la volonté d'essayer de faire plus avec des ressources limitées et d'obtenir des résultats plus rapidement, à moindres frais et avec une meilleure qualité. Ainsi, se dépasser consiste à « faire reculer les limites », à inspirer les autres à agir, à s'efforcer de faire plus et dépasser le statu quo. Se dépasser est nécessaire pour *promouvoir le changement* et *parvenir à des résultats*.

> *Lorsque vous essayez de vous différencier, lorsque vous essayez de faire quelque chose de différent, il y aura ce moment où vous vous demanderez instinctivement, avec vos tripes, « Est-ce que c'est bien? Est-ce que ce n'est pas bien? Si vous n'avez pas de doute, vous ne repoussez pas les limites assez loin ».*
>
> **Tony Fadell** – Nest

La passion de se dépasser et s'y tenir, même (ou surtout) quand ça ne va pas bien, est la marque de l'état d'esprit de croissance.

Carol S. Dweck – Auteur de *Changer d'état d'esprit : une nouvelle psychologie de la réussite*

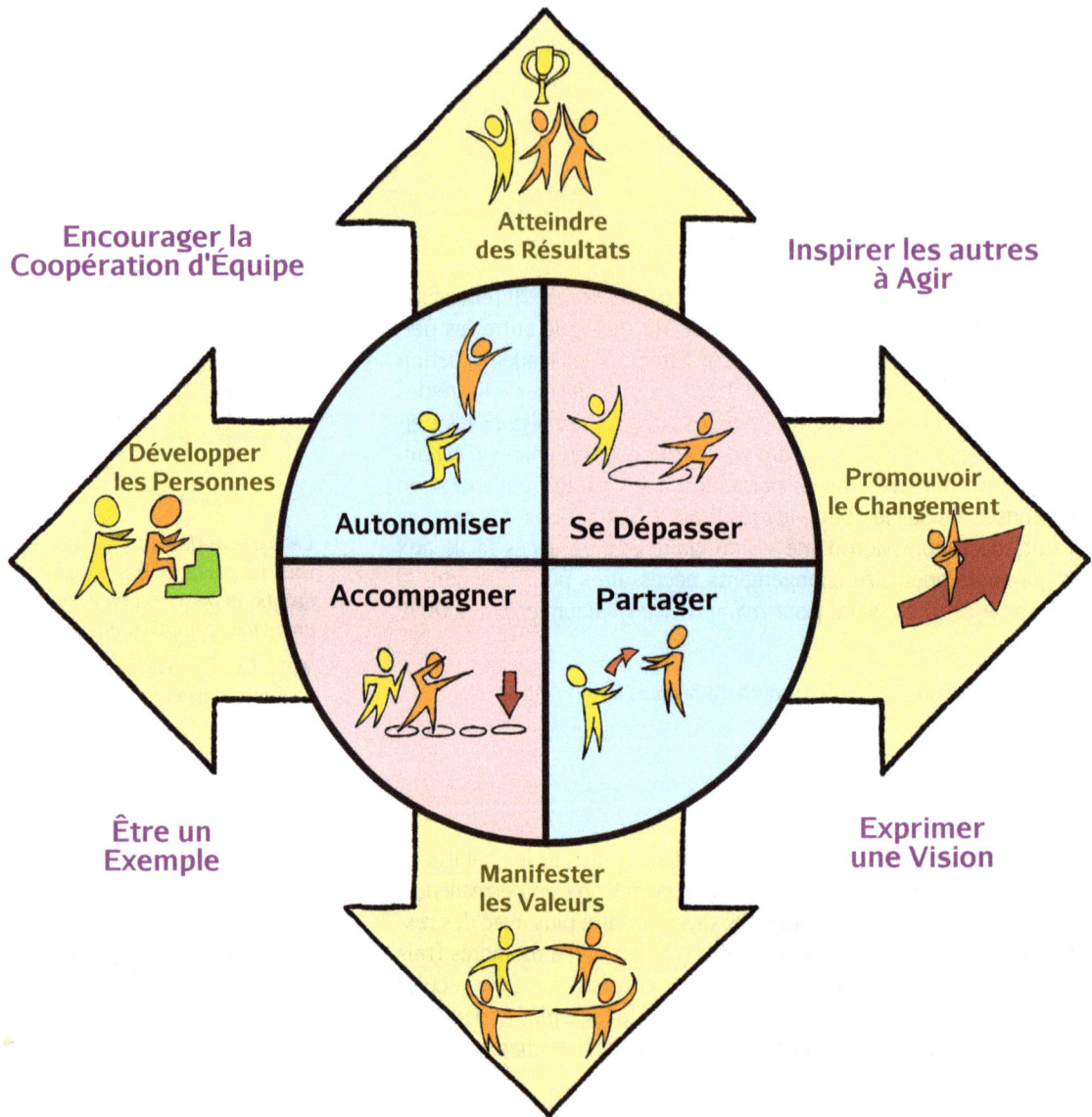

Encourager la Coopération d'Équipe

Inspirer les autres à Agir

Atteindre des Résultats

Développer les Personnes

Promouvoir le Changement

Autonomiser

Se Dépasser

Accompagner

Partager

Être un Exemple

Exprimer une Vision

Manifester les Valeurs

Des Combinaisons d'Actions Clés de Leadership soutiennent l'atteinte des Résultats Organisationnels

Les Neuf Qualités Intérieures des Bons Leaders

Pour que les quatre actions de base du leadership s'expriment en relation avec les résultats organisationnels, elles doivent être soutenues par l'état d'esprit du leader et ses qualités et capacités intérieures. Alors que les quatre actions du leadership se rapportent à ce que les dirigeants *font* vis-à-vis des autres pour atteindre des objectifs et des résultats extérieurs, les qualités de leadership concernent ce qu'un leader *a* ou *est* intrinsèquement en tant que personne. C'est-à-dire que les actions de leadership définissent les comportements extérieurs de *ce que* font les dirigeants ; les qualités de leadership définissent les processus internes et l'état d'esprit derrière ces actions

Selon le modèle de leadership SFM, il y a neuf *qualités internes* essentielles qui composent l'état d'esprit des dirigeants qui réussissent. Sans surprise, ces qualités se recoupent dans une certaine mesure avec l'état d'esprit des entrepreneurs de la nouvelle génération qui réussissent. Cependant, de nombreuses autres qualités sont essentielles et spécifiques au leadership conscient et réussi. Les leaders efficaces mènent les quatre actions de responsabiliser, accompagner, partager et amener à se dépasser à travers leurs *passion, vision, ambition, détermination, ouverture, cohérence, motivation* et *générosité* et en en présentant un bon *exemple*. Nous pouvons définir chacune de ces qualités de la manière suivante :

1. **La Passion :** Pour *trouver ce dont vous vous souciez profondément, pour quoi vous avez du talent, et vous y engager de tout votre cœur.* La passion vient en se connectant pleinement à soi-même et son identité la plus profonde et en découvrant ce qui vous apporte enthousiasme et énergie. Cela implique de faire le lien entre ce qui vous tient à cœur et ce que vous faites. Comme pour l'entrepreneuriat de la nouvelle génération, la passion est le fondement de toutes les autres qualités clés du leadership.

> Les gens disent que vous devez avoir beaucoup de passion pour ce que vous faites et c'est tout à fait vrai. La raison en est que la difficulté est telle que, sans cette passion, toute personne rationnelle baisserait les bras. C'est vraiment dur et vous devez le faire sur une période prolongée. Donc, si ça ne vous plait pas, que vous ne vous amusez pas à le faire et si vous ne l'aimez pas vraiment, vous allez abandonner.
>
> **Steve Jobs** – Apple Inc.

Les qualités intérieures d'un leadership efficace sont liées aux attributs de l'état d'esprit qui motivent les actions extérieures d'autonomisation, d'accompagnement, de partage et de dépassement de soi.

la Passion

Sans passion, vous n'avez pas d'énergie. Sans énergie, vous n'avez rien.

Warren Buffet – Berkshire Hathaway

la Vision

Les bons chefs d'entreprise créent une vision, articulent la vision, s'approprient la vision avec passion et la mènent sans relâche à sa réalisation.

Jack Welch – ancien Directeur Général, General Electric

l'Ambition

Votre travail va remplir une grande partie de votre vie, et la seule façon d'être vraiment satisfait est de faire ce que vous pensez être un travail formidable. Nous sommes simplement enthousiasmés par ce que nous faisons.

Steve Jobs – Apple Inc.

la Détermination

Quand vous voyez une entreprise prospère, c'est que quelqu'un a pris une décision courageuse.

Peter Drucker – Auteur de *The Practice of Management*

Je n'abandonne jamais. Je veux dire, il faudrait que je sois mort ou complètement invalide.

Elon Musk – SpaceX, Tesla Motors

2. **La Vision :** Pour *fixer et rester concentré sur une vue d'ensemble et des objectifs à long terme*. Comme nous l'avons déjà établi, la vision consiste à voir au-delà du présent, à imaginer les possibilités futures et définir clairement ses ambitions, adopter des plans à long terme et une vision holistique. La vision fournit la motivation pour se dépasser et partager au service de *la promotion du changement*.

> Tous les hommes et femmes qui réussissent sont de grands rêveurs. Ils imaginent ce que pourrait être leur avenir, idéal à tous égards, puis ils travaillent chaque jour vers leur vision lointaine, cet objectif ou cette finalité.

Brian Tracy – The Psychology of Achievement (La Psychologie de la Réussite)

3. **L'Ambition :** Avoir « *un profond désir de faire ou de réaliser quelque chose* ». L'ambition consiste à orienter ses actions vers des résultats particuliers ; maintenir un haut niveau d'*implication* dans leur réalisation. L'ambition émane de notre désir inné de croissance et de maîtrise, et c'est l'engagement à travailler concrètement et efficacement, en visant l'excellence. L'ambition unit les actions d'amener à se dépasser et autonomiser et les focalise sur *l'obtention de résultats*.

> La clé de tout, ce sont les grandes attentes.

Sam Walton – Walmart

> Tenez-vous à l'écart des personnes qui freinent vos ambitions. Les esprits étroits font toujours cela, mais les grands esprits vous font sentir que vous pouvez, vous aussi, devenir grand.

Mark Twain

4. **La Détermination :** Être *résolu* et *ferme sur sa mission et sa finalité*. La détermination nourrit la volonté de prendre des risques et d'essayer de nouvelles solutions. C'est une expression de l'implication émotionnelle dans l'atteinte du résultat souhaité ; c.à.d. l'acte d'« y mettre son cœur ». La qualité de la détermination est essentielle pour grandir.

> Les deux choses sur lesquelles nous nous focalisons vraiment chez les gens semblent simples, mais elles sont finalement très difficiles : le courage et le génie. On parle beaucoup du courage parce que c'est celui que les gens peuvent apprendre. Le courage, qui consiste à ne pas abandonner face à l'adversité et à être absolument déterminé à réussir, est une chose à laquelle on peut se forcer. Cela peut être très douloureux, mais vous pouvez vous forcer à le faire. C'est plus difficile de se forcer à faire la partie génie. Le courage sans génie ne vous mènera peut-être pas là où vous voulez aller, mais le génie sans courage ne le fera certainement pas.

Marc Andreessen – Andreessen Horowitz

5. **L'Ouverture :** communiquer *pour partager*. L'ouverture vient de la curiosité et de la réceptivité aux nouvelles idées. Elle exige d'avoir foi en les autres et de construire une estime et un respect mutuels. L'ouverture est la qualité clé nécessaire au partage.

> *Une impulsion entrepreneuriale classique consiste à garder son idée pour soi et à n'en parler à personne parce qu'elle est tellement spéciale. C'est presque toujours une erreur. C'est une erreur parce que votre véritable avantage concurrentiel n'est pas que vous ayez cette idée géniale enfermée dans votre placard, sans que vous ne sachiez si elle est exacte ou non. Votre avantage concurrentiel réel est que vous rassembliez de l'intelligence autour pour voir si cette idée fonctionne, quelle est la bonne équipe, quelles sont les bonnes leçons, et nous sommes essentiellement en mouvement.*

> **Reid Hoffman** – LinkedIn

6. **La Cohérence :** Être *fidèle à sa parole dans l'action* (c.à.d., « faire ce qu'on dit »). La cohérence consiste à adhérer à ses valeurs et croyances et à agir de manière éthique et cohérente dans le temps. La cohérence est une qualité fondamentale pour le coaching et le partage et est essentielle pour manifester les *valeurs*.

> *Penser est facile. Agir est difficile. Agir conformément à ce qu'on pense est le plus difficile.*

> **Johann Wolfgang Von Goethe**

> *Le leadership c'est faire ce qui est juste quand personne ne regarde.*

> **George Van Valkenburg**

7. **La Motivation :** Investir de *l'énergie dans l'action*. La motivation est la volonté d'aller de l'avant, « de s'y mettre » et de s'impliquer avec passion. Il s'agit de se connecter avec des valeurs fondamentales et de se consacrer à ce que l'on a choisi de faire. La motivation, lorsqu'elle est mise en pratique par l'autonomisation et l'accompagnement, est la qualité essentielle pour *développer les personnes*.

> *Pour réussir, vous devez avoir votre cœur dans votre entreprise et votre entreprise dans votre cœur.*

> **Thomas Watson** – Founder of IBM

> *Vous devez travailler le plus dur pour les choses que vous aimez le plus.*

> **Carol S. Dweck** – Auteur de *Changez d'état d'esprit : une nouvelle psychologie de la réussite*

Une autre qualité [des bons leaders et entrepreneurs] qui me semble importante c'est la flexibilité, ou l'ouverture d'esprit. Je ne dis pas que vous ne devriez pas avoir une vision de votre idée ou produit, mais vous devez rester ouvert aux changements.

Jessica Livingston – Y Combinator

Ceux qui ont la chance d'avoir un grand talent ne réussissent pas forcément mieux que les autres. Ce sont les gens qui vont au bout des choses qui excellent.

Mary Kay Ash – Mary Kay Cosmetics

Le leadership est l'art d'amener quelqu'un d'autre à faire une chose que vous voulez voir faite parce qu'il ou elle le veut.

Dwight Eisenhower

la Générosité

Vous n'avez pas vécu aujourd'hui tant que vous n'avez pas fait quelque chose pour quelqu'un qui ne pourra jamais vous le rendre.

John Bunyan

l'Exemplarité

Le leadership, c'est le fait que les gens qui vous regardent gagnent en confiance en voyant comment vous réagissez. Si vous êtes en contrôle, ils sont en contrôle.

Tom Landry – NFL Head Coach

8. **La Générosité** : Pour *consacrer du temps et de l'implication personnelle* pour contribuer à la reconnaissance et au développement du potentiel des autres. C'est la qualité de la disposition à donner plus de quelque chose, comme du temps ou d'autres ressources, que ce qui est strictement nécessaire ou attendu. La générosité est la première qualité requise pour *autonomiser*.

> *Mon but est de vivre ma vie de telle manière qu'à mon décès, quelqu'un puisse dire « elle faisait attention ».*
>
> **Mary Kay Ash** – Mary Kay Cosmetics

> *Nous vivons dans un monde interdépendant. Chaque fois que vous retirez ses chances à quelqu'un d'autre, vous rétrécissez vos propres perspectives.*
>
> **Bill Clinton**

9. **L'Exemplarité** : Pour fournir un point de référence crédible et fiable – c.à.d., *un modèle à suivre*. Être un exemple a trait à la congruence entre « message » et « messager », offrant des suggestions montrant comment apprendre de l'expérience. Le désir de fournir un bon exemple est le fondement de l'action *d'accompagnement*.

> *Si vous savez exactement ce que vous voulez être, vous devez passer le plus de temps possible avec des personnes qui le sont déjà.*
>
> **Gary Vaynerchuk** – Wine Library

> *C'est mieux de fréquenter des gens mieux que vous. Choisissez des associés dont le comportement est meilleur que le vôtre et vous évoluerez dans ce sens.*
>
> **Warren Buffet** – Berkshire Hathaway

Les actions extérieures nécessaires à la réussite sont soutenues par des qualités internes clés qui constituent un état d'esprit de leadership.

Résumé du Modèle

L'ensemble du modèle de leadership SFM peut être résumé dans le diagramme de la page suivante, qui illustre les relations entre les neuf qualités de leadership fondamentales, les quatre actions de leadership et les résultats organisationnels qu'elles produisent.

la Passion

- Comme l'illustre le diagramme, la **passion** et la **finalité** sont au cœur d'un leadership efficace. Sans passion ni finalité il est facile de se perdre ou d'abandonner, comme nous l'avons souligné à de nombreuses reprises.

la Générosité

- **La générosité** est la première qualité intérieure nécessaire pour *autonomiser* les autres.

la Motivation

- **La motivation** est le fondement du *développement des personnes* et soutient les actions d'autonomisation et d'accompagnement.

l'Exemplarité

- Fournir un bon **exemple** est la base sous-jacente d'un accompagnement *efficace*.

la Cohérence

- **La cohérence** est nécessaire à la réalisation *des valeurs* et est essentielle pour un accompagnement et un partage efficaces.

l'Ouverture

- **L'ouverture** est la qualité intérieure essentielle à la base du partage *productif*.

la Vision

- **La vision** est la qualité intérieure la plus associée à la *création et à la promotion du changement*. La vision est également le stimulus commun pour grandir et partager.

la Détermination

- **La détermination** est le moteur interne principal pour *se dépasser*.

l'Ambition

- L'**ambition** de réussir est le principal facteur de motivation pour *atteindre les résultats*, fournissant le point focal pour amener à se dépasser et autonomiser.

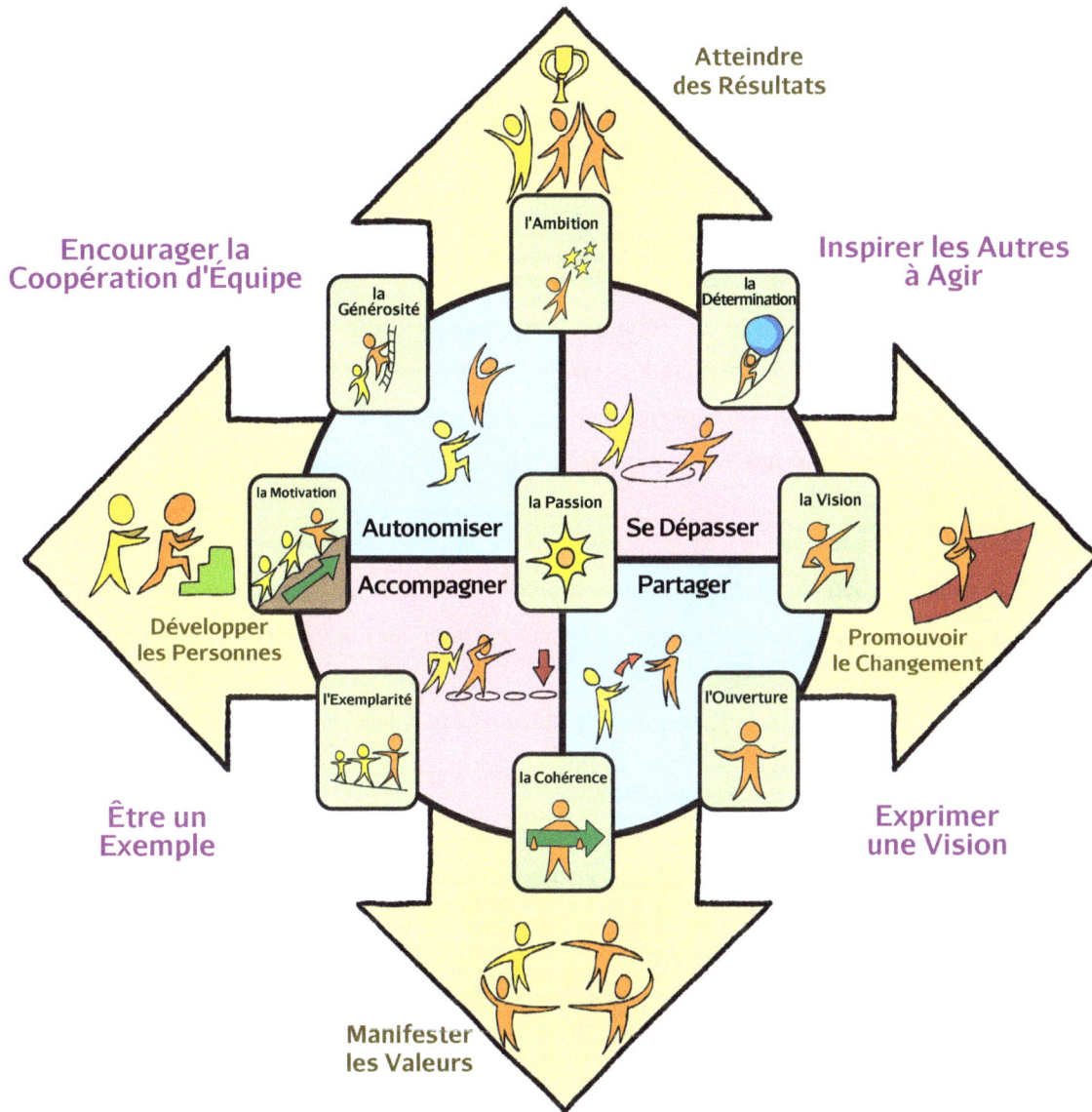

Le Modèle SFM du Leadership™

Connections Entre le Modèle de Leadership SFM™
et le Cercle de Succès

Il existe un certain nombre de parallèles entre le modèle de leadership SFM et le Cercle de Succès, bien que les deux aient été développés indépendamment l'un de l'autre et n'aient pas été conçus pour avoir une correspondance directe. Les principaux liens commencent avec **les résultats**.

1. **Obtenir des Résultats** peut être fortement corrélé à l'accès à la *Robustesse Financière*.

2. **Le Développement des Personnes** est une condition nécessaire pour apporter *une Contribution Porteuse de Sens* (tant pour les clients que les membres de l'équipe).

3. **La Promotion du Changement** est un prérequis de la *Croissance Évolutive*.

4. **La Réalisation des Valeurs** a une incidence majeure sur le soutien à la fois *de l'Innovation et la Résilience*.

En ce qui concerne **les actions**, nous pouvons établir des liens assez forts entre :

1. **l'Autonomisation, la Capacitation** comme moyen de *Développer le Produit ou le Service* ainsi que de *Générer Intérêts et Revenus*.

2. **L'Accompagnement ou le Coaching** pour *Accroître la Compétence* et *Créer l'Alignement*.

3. **Le Partage** comme moyen de *Développer et Lever des Ressources* et *Construire des Relations Gagnant-Gagnant*.

4. **Grandir** pour *Développer les Affaires* et *Créer de la Valeur* ainsi que pour *Lever des Fonds* et *Acquérir des Ressources Essentielles*.

Il y a aussi des parallèles qui peuvent être faits au niveau de **l'État d'Esprit** :

- Les qualités de **générosité**, d'**ambition** et de **motivation** soutiennent la capacitation des personnes à mettre en action la *vision* de l'entreprise de ce qu'il faut créer dans le monde.

- **La motivation, la cohérence** et **l'exemple** sont nécessaires pour accompagner les membres de l'équipe à accomplir leur *mission* et apporter avec succès leur *contribution* unique à la vision.

- **L'ouverture, la vision** et **la cohérence** sont des qualités fondamentales pour aider les personnes à partager et clarifier leurs *rôles* pour établir des relations gagnant-gagnant.

- **La détermination, la vision** et **l'ambition** aident les entreprises à se dépasser, *se développer et réaliser* ce qu'elles veulent accomplir pour les investisseurs et les principales parties prenantes.

Il y a un chevauchement évident entre les qualités intérieures de passion, vision et ambition dans les deux modèles. La passion et l'ambition jouent un rôle similaire dans l'état d'esprit des leaders et des entrepreneurs. La vision, bien que toujours orientée vers les possibilités futures, peut avoir un champ d'intérêt différent pour le leadership. En fait, la vision d'un entrepreneur est principalement orientée vers l'extérieur, vers le client, le marché et le « holon » plus large, tandis que la vision du leader est axée à parts égales sur la croissance de l'entreprise et la valeur créée pour les investisseurs et les partenaires. Cela crée un équilibre très important parfois source de problèmes pour les personnes trop « entrepreneuriales ».

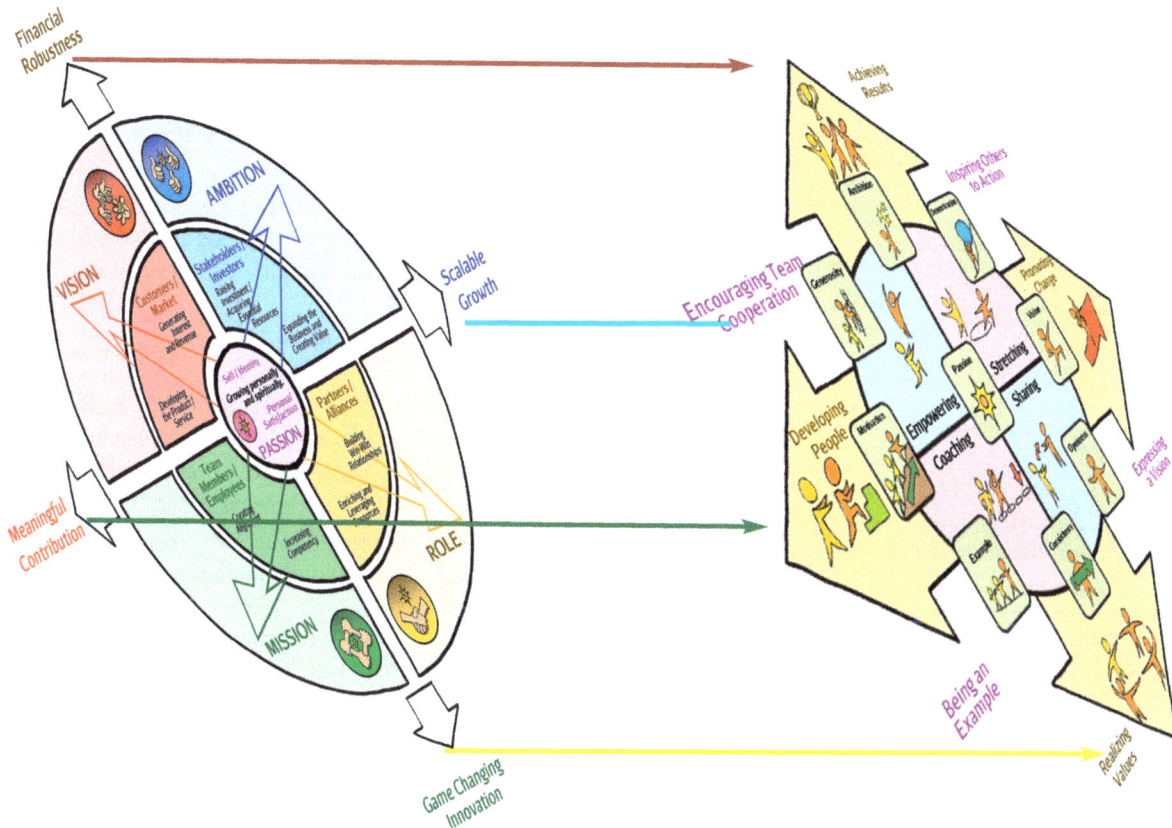

Le Modèle SFM du Leadership™ Complètent le Cercle du Succès SFM de Différentes Façons

Constat intéressant, lorsque Steve Jobs a été contraint de quitter Apple au milieu des années 1980 par le conseil d'administration de la société, c'était principalement parce que sa vision était toujours centrée sur le client et ce qu'il voulait créer dans le monde. Les membres du conseil avaient peur que cela se fasse au détriment des investisseurs et d'autres parties prenantes clés. Lorsque Jobs revient en charge d'Apple à la fin des années 1990, sa vision est beaucoup plus équilibrée, conduisant l'entreprise à une période de croissance et de réussite sans précédent.

Cela devient une question importante pour votre propre entreprise. Votre vision est-elle principalement axée sur ce que vous allez créer pour vos clients et comment cela leur sera bénéfique, ou sur la manière dont votre entreprise se développera et profitera aux parties prenantes qui vous ont soutenu ? Il est clair qu'un équilibre est essentiel.

Cette différence est mise en évidence dans l'exemple de Cas de Facteur de Succès suivant qui illustre certains des éléments clés du Modèle de Leadership SFM et sa pertinence pour la résilience et le rebond face à l'adversité.

Exemple d'un cas de Facteurs de Succès :
Charles Matthews – Rolls Royce

Donner aux gens une trousse d'outils de techniques pratiques de résolution de problèmes et ensuite les autonomiser.

**Charles Matthews
Ancien directeur général de
Rolls Royce Motors**

Selon Charles Matthews, « les grandes organisations ont besoin d'une combinaison de direction et de leadership puissants, mais aussi d'autant d'autonomie que possible du haut en bas ».

Lorsque Charles Matthews a été nommé directeur général et chef des opérations de Rolls-Royce Motorcars à la fin de 1992, il était face à un véritable défi. L'entreprise venait de clôturer un plan social important et se trouvait dans une phase de reprise difficile.

Afin de faire face aux changements et de remettre l'entreprise sur les rails, Matthews savait qu'il devrait clairement communiquer une vision pour l'avenir, faciliter l'accès aux ressources, encourager le partage d'informations et de savoir-faire, créer un environnement ouvert à l'interaction et construire un consensus authentique. « Les gens doivent être capables de le faire *et* doivent le vouloir », affirme Matthews.

Il a exposé une vision de la façon dont le fonctionnement de l'usine allait changer et a entrepris d'y intéresser le plus de personnes possible. Il savait qu'il devait améliorer la conception et la disponibilité des pièces, il a donc impliqué les logisticiens dans le flux des matériaux (c.à.d. faire parvenir les bonnes pièces au bon endroit au bon moment). Il a également procuré une « énorme quantité de formation en gestion de la qualité totale », afin de « donner aux gens une boîte à outils de techniques pratiques de résolution de problèmes et de les autonomiser ».

Au début, Matthews se trouvait au sommet d'une pyramide hiérarchique qui commençait à l'atelier et remontait par l'intermédiaire des chefs d'équipe, des responsables de secteur, des cadres de production seniors, et enfin jusqu'au directeur. Quand l'information lui parvenait, elle avait été sérieusement filtrée. La distance émoussait son « ressenti » de ce qui se passait dans l'usine.

L'une des premières actions de Matthew a été de « déstratifier » l'entreprise, en supprimant certains niveaux de hiérachie. Il a mis les ingénieurs dans l'atelier pour travailler aux côtés de ceux qui construisaient les voitures, créant des équipes de résolution de problèmes. Auparavant, les opérateurs ne pouvaient pas obtenir le soutien technique des ingénieurs. Désormais, ils pouvaient mettre des noms sur les visages et faire appel à eux lorsqu'ils avaient besoin d'information ou d'assistance, ce qui a créé un plus grand sentiment d'autonomisation.

Le problème principal auquel Matthews a été confronté était probablement de désamorcer l'énorme quantité d'hostilité qui s'était accumulée pendant le plan social et la restructuration. Il savait qu'il lui faudrait « reconquérir le cœur et l'esprit des gens » parce qu'il « ne pourrait pas faire avancer l'entreprise sans cela ».

Matthews a commencé à se promener dans l'usine avec son coach, perfectionnant ses capacités d'écoute et d'observation. Il a appris à écouter avec attention et à mettre le personnel à l'aise avec lui, à lire des signaux non verbaux et à corroborer sa compréhension en disant : « Donc, c'est votre point de vue... » Il a appris à présupposer qu'il y avait quelque chose d'utile ou d'important dans tout ce qu'il entendait. À plusieurs reprises, le personnel l'a soumis à de violentes attaques verbales sur des questions qui leur tenaient à cœur. Mais les gens savaient qu'ils pouvaient lui parler parce que, même lorsqu'il n'était pas d'accord avec eux ou qu'il n'agissait pas en fonction de leurs commentaires, il les écoutait et leur répondait. Cela a servi à bâtir la confiance et à développer un sentiment d'esprit d'équipe.

Matthews a également mis en place des forums de communication interne et de mise en relations afin que les gens puissent partager leurs sentiments, leurs opinions et leurs idées de changement. Par exemple, Matthews a institué des « forums ouverts » réguliers le vendredi midi. Les gens étaient informés à l'avance qu'il y aurait une séance ouverte d'une heure, généralement dans une salle de conférence ou dans un espace ouvert de l'usine. Ils pouvaient apporter leur déjeuner et parler de tout ce qu'ils voulaient.

Au début, ils se plaignaient surtout, exprimant leur hostilité à l'égard de la gestion du plan social. Pendant des mois, chaque session a commencé par des gens qui exprimaient leur hostilité. Avec le temps, cependant, ces débordements se sont transformés en commentaires et suggestions plus constructifs. « Il faut du temps pour que les gens baissent la garde », commente Matthews.

Au cours de ces forums, Matthews recherchait constamment les opinions des gens et les enrôlait dans les équipes de changement ou du moins les impliquait dans le changement. « Nous (top management) avons dû continuer à 'faire ce que nous disions' et constamment aller au contact. Le changement à long terme est une question de cohérence. Là où il y avait des zones particulièrement difficiles où les gens n'étaient pas convaincus, nous avons porté le débat jusqu'à eux ».

Les efforts de Matthews ont payé. Au début de 1996, l'entreprise s'était transformée de façon spectaculaire. Non seulement la qualité des voitures s'était considérablement améliorée, les coûts et les plaintes réduits, mais le personnel était plus confiant et travaillait ensemble en tant que membres d'une équipe gagnante. L'hostilité à l'égard des changements avait complètement disparu et les ouvriers sont devenus des guides pour faire visiter l'usine aux nouveaux clients

« Les grandes organisations ont besoin d'une combinaison d'une direction et d'un leadership solides, mais ensuite d'une autonomie aussi grande que possible», affirme Matthews. « C'est un équilibre constant. La clé est d'impliquer les gens le plus possible ».

En circulant dans l'usine et en écoutant les préoccupations et les plaintes des gens, Charles Matthews a dissipé leur hostilité et favorisé un sentiment de confiance.

Réflexions sur le Cas

Il est clair que Charles Matthews a accordé une attention équilibrée à chacun des quatre résultats organisationnels fondamentaux :

- *La Promotion du Changement* – À l'instar de Samuel Palmisano (présenté dans *SFM Vol. I*, pp. 116 – 121) d'IBM, Matthews a déstratifié l'entreprise et fait travailler les gens les uns avec les autres dans des équipes de résolution de problèmes.

- *Manifester les Valeurs* – Il a recentré l'entreprise sur les valeurs de la qualité et du travail collaboratif.

- *Développer les Personnes* – Matthews a fourni une formation en gestion de la qualité totale et a soutenu les membres de son équipe à devenir plus confiants et travailler ensemble.

- *Obtenir des Résultats* – Il a permis d'améliorer considérablement la qualité des voitures et de réduire les coûts et les plaintes.

En déstratifiant l'entreprise, en recherchant les opinions des gens et en les enrôlant dans le processus de changement, Matthews s'est engagé dans l'action d'**autonomisation, de capacitation**. En plus de révéler les qualités de leadership de *générosité* et de *motivation*, ses interactions avec les gens présentent un certain nombre d'autres caractéristiques d'autonomisation (ou capacitation), notamment :

- Reconnaître l'individualité
- Appuyer le développement du potentiel des personnes
- Promouvoir l'estime de soi
- Encourager l'autonomie
- Stimuler la motivation pour la croissance

Comme l'a souligné Matthews, « la clé est d'impliquer les gens le plus possible ».

Le comportement de Matthews consistant à se promener dans l'usine et écouter les gens avec attention et sérénité illustre certains des aspects clés de l'action de **coaching, ou accompagnement** et les qualités de leadership d'*exemplarité* et de *cohérence*. Ses activités, comme la mise en place de formation en gestion de la qualité totale afin de « donner aux gens une trousse d'outils de techniques pratiques de résolution de problèmes », montrent également plusieurs autres aspects clés de l'accompagnement, comme :

Autonomiser

Le fait de déstratifier l'entreprise, de demander l'avis des gens et de les enrôler dans le processus de changement est une illustration de l'autonomisation.

Accompagner

Se promener dans l'usine, écouter les gens avec attention et sérénité et dispenser une formation à la gestion de la qualité illustrent les aspects clés de l'accompagnement.

- Développer l'expérience et les compétences des personnes
- Établir la confiance
- Écouter avec attention
- Guider les personnes dans leur processus d'apprentissage
- Développer l'esprit d'équipe

La mise en place par Matthews de forums de communication et de sessions ouvertes à midi sont des exemples clairs de l'action de **partage** et des qualités de *vision* et *d'ouverture*. Son approche démontre également un certain nombre de dimensions clés du partage, notamment :

- Décrire une vision claire
- Faciliter l'accès aux ressources
- Partager l'information et le savoir – faire
- Créer un environnement ouvert pour l'interaction
- À la recherche d'un consensus authentique

Présenter une vision de la façon dont le fonctionnement de l'usine allait changer et mettre en place des forums de communication et des sessions ouvertes à l'heure du déjeuner sont un exemple de l'action de Partage.

En s'efforçant d'améliorer la qualité des personnes et des produits de son entreprise avec moins de ressources, le cas de Matthews fournit un exemple classique de **dépassement de soi** et les qualités de leadership *d'ambition* et de *détermination*. Ses actions avec son équipe démontrent également d'autres aspects importants de dépassement tels que :

- Augmenter les attentes
- Stimuler l'innovation
- Rechercher l'amélioration continue
- Encourager la volonté de se dépasser
- Défier les habitudes consolidées

Ces étapes clés peuvent être résumées dans le diagramme suivant :

S'efforcer d'améliorer la qualité des personnes et des produits de l'entreprise avec moins de ressources est un exemple de Dépassement.

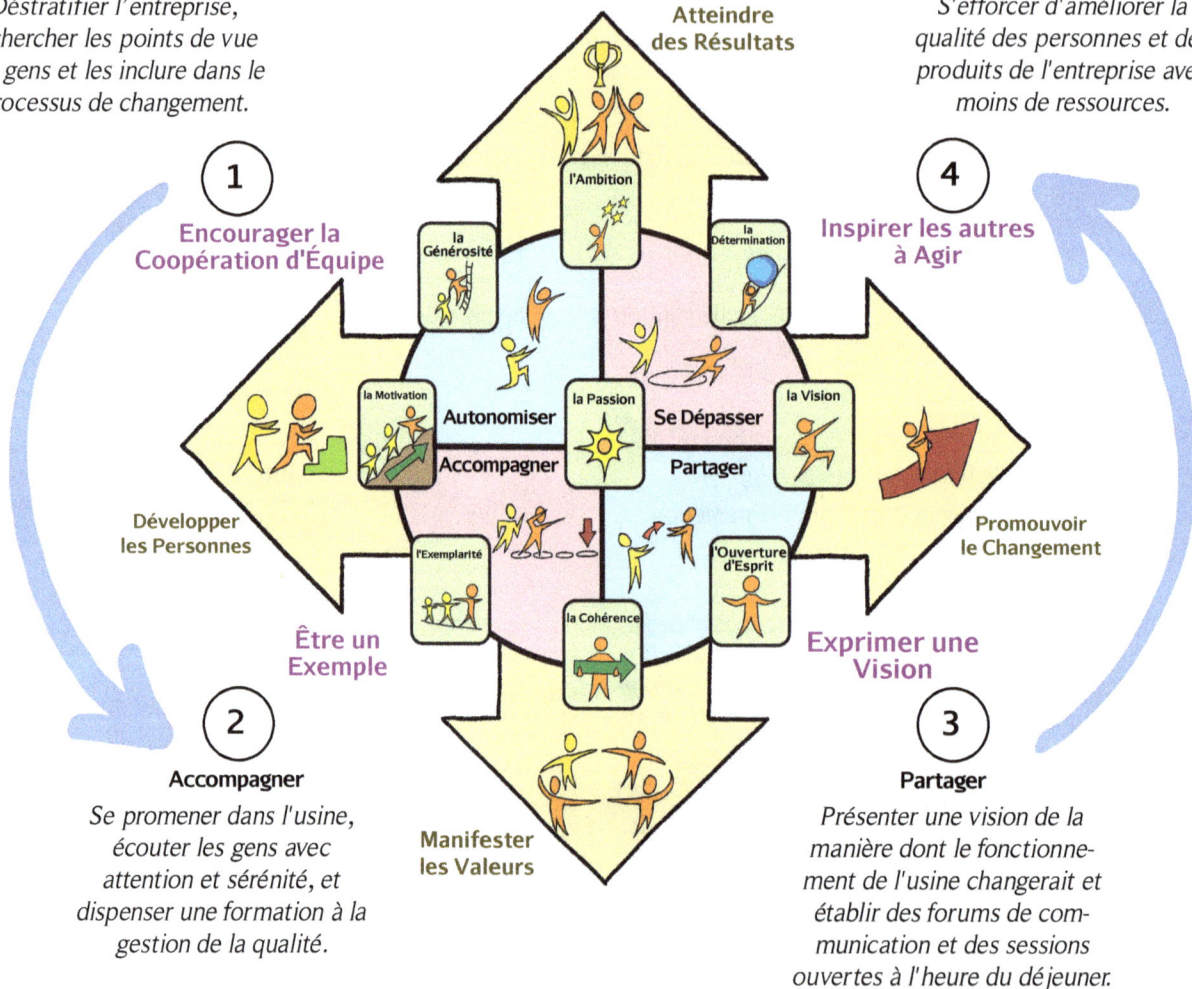

Autonomiser
Déstratifier l'entreprise, rechercher les points de vue des gens et les inclure dans le processus de changement.

Se Dépasser
S'efforcer d'améliorer la qualité des personnes et des produits de l'entreprise avec moins de ressources.

Atteindre des Résultats

① Encourager la Coopération d'Équipe

④ Inspirer les autres à Agir

l'Ambition

la Générosité

la Détermination

la Motivation

la Passion

Se Dépasser

la Vision

Autonomiser

Accompagner

Partager

Développer les Personnes

Promouvoir le Changement

l'Exemplarité

'Ouverture d'Esprit

la Cohérence

Être un Exemple

Exprimer une Vision

Manifester les Valeurs

② Accompagner
Se promener dans l'usine, écouter les gens avec attention et sérénité, et dispenser une formation à la gestion de la qualité.

③ Partager
Présenter une vision de la manière dont le fonctionnement de l'usine changerait et établir des forums de communication et des sessions ouvertes à l'heure du déjeuner.

Comment Charles Matthews a utilisé l'autonomisation, l'accompagnement, le partage et le dépassement de soi pour aider Rolls-Royce Motorcars à se rétablir et devenir plus apte pour le futur.

La Nécessité de l'Intelligence Émotionnelle et de la Maîtrise du Jeu Intérieur

Les réactions de Matthews à l'hostilité et aux attaques verbales des gens fournissent également une illustration puissante de l'*intelligence émotionnelle*. Matthews a pu reconnaître, admettre et accueillir des émotions fortes sans jugement (leur faire une « maison d'hôtes ») et créer l'espace pour contenir leur expression avec équanimité. Ce faisant, l'intention positive de ces émotions a pu faire surface et finalement son personnel a trouvé les ressources pour les transformer et les intégrer, au lieu de les laisser devenir « l'éléphant dans la pièce dont personne ne parle ».

Pour ce faire, la maitrîse de son *jeu intérieur* était aussi importante que sa tactique dans la poursuite du jeu extérieur. Le succès de Matthew exigeait toutes les qualités intérieures de vision, d'ouverture, de cohérence, d'exemple, de motivation, de générosité, de réussite et de détermination.

Un Chemin Critique pour les Leaders Conscients

L'exemple de Charles Matthews comporte une autre leçon importante et potentiellement subtile en leadership « conscient ». Ses actions ont suivi une séquence particulière, commençant par l'Autonomisation, puis passant à l'Accompagnement, suivi par le Partage et se terminant par le Dépassement. Cela implique un type de chemin critique d'actions pour atteindre un résultat réussi et durable. Il y a une sagesse profonde, mais pas nécessairement évidente, dans cette séquence.

Si les gens ne sont pas d'abord autonomisés, l'accompagnement n'a pas d'impact notable. À quoi bon augmenter votre expérience et votre compétence si vous n'avez ni opportunité ni autorité pour la mettre en pratique ?

Si les gens ne sont pas autonomisés et coachés, alors le partage sera probablement assez inefficace. Comme l'a noté Matthew, il s'agira probablement surtout de se plaindre, blâmer ou « bavarder » superficiellement sans innovation. Cela découle généralement d'un sentiment d'impuissance. À mesure que les gens sont autonomisés et accompagnés à devenir plus responsables, plus consciencieux et plus compétents, leur partage devient plus productif et innovant.

L'erreur que font malheureusement de nombreuses entreprises et chefs d'entreprise est de commencer par amener leurs équipes et leurs employés à se dépasser, sans les responsabiliser, les coacher ni leur créer des opportunités de partager et rassembler leur intelligence collective. Se dépasser sans le soutien des autres actions de leadership crée simplement du stress, de l'accablement et autres formes de CRASH pour les membres de l'équipe.

Commencer par autonomiser les personnes est aussi essentiel pour promouvoir l'innovation que pour développer la résilience, comme l'illustre l'exemple de Cas de Facteur de Succès de William McKnight et 3M.

La capacité à reconnaître, admettre et accueillir des émotions fortes sans jugement et créer l'espace pour contenir l'expression de ces émotions avec équanimité est une illustration de l'intelligence émotionnelle.

l'Empathie

Les actions de Charles Matthew ont suivi une séquence particulière, commençant par l'autonomisation, passant ensuite à l'accompagnement, suivi par le partage et enfin le dépassement de soi. Cela implique un type de chemin critique d'actions nécessaires pour atteindre un résultat réussi et durable.

Exemple d'un Cas de Facteurs de Succès
William McKnight – 3M

Encourager l'initiative des gens, tolérer leurs erreurs et leur faire confiance.

La Minnesota Mining and Manufacturing Company (3M) a été fondée en 1902. Elle a connu des difficultés dans ses premières années, comme la plupart des nouvelles entreprises, avant d'assurer son avenir en 1914 avec le lancement d'un tissu abrasif, appelé «Three-M-ite», à base d'oxyde d'aluminium. Il était bien meilleur que l'émeri minéral naturel pour couper le métal et a été utilisé en grandes quantités pendant la Première Guerre mondiale. La société a versé son premier dividende en 1916 et n'a pas manqué un versement trimestriel à ses actionnaires depuis. Une telle longévité démontre clairement une capacité forte et durable d'innovation, de résilience et d'aptitude pour le futur.

William L. McKnight a rejoint l'entreprise en tant que comptable adjoint en 1907 et a gravi les échelons, devenant président en 1929 et président du conseil en 1949. Il est toujours vénéré comme le grand « philosophe-chef » de la société et le principal architecte de la culture d'entreprise innovante de 3M, une culture qui a été décrite par les auteurs de management Christopher Bartlett et Sumantra Ghoshal comme « un climat organisationnel qui stimule les gens ordinaires à produire des performances extraordinaires ».

Il existe de nombreux exemples d'innovations nourries par la capacité de 3M à reconnaître l'individualité, à promouvoir le développement du potentiel des personnes, à développer l'autonomie et à stimuler la motivation des personnes pour l'innovation et la croissance. Dans *SFM Vol. II*, par exemple, j'ai présenté l'exemple de cas de la façon dont le produit à grand succès Post-it® Notes a été développé dans les années 1970 dans le cadre d'une collaboration générative entre deux scientifiques de 3M (p. 190). Une autre histoire d'autonomisation et d'innovation commence en 1922, lorsque l'employé de 3M Dick Drew passe un après-midi chez un carrossier pour tester un nouveau lot de papier de verre. Le papier de verre breveté Wetordry de 3M était à l'époque le produit standard des ateliers de peinture et de réparation automobile en raison de sa finition lisse et de la réduction des risques de poussière.

Drew a entendu un groupe de travailleurs jurer avec véhémence. Les voitures bicolores étaient récemment devenues à la mode, mais les peintres les détestaient parce qu'ils devaient masquer des parties de la carrosserie avec du ruban adhésif épais et du papier de boucherie, et lorsqu'ils enlevaient ensuite la protection, une partie de la nouvelle peinture partait souvent avec. En regardant les artisans réparer la peinture arrachée, Drew aurait pu penser à tout ce Wetordry supplémentaire qu'il pourrait leur vendre. Mais au lieu de cela, il a pensé à une solution au problème : un ruban avec un adhésif moins agressif. Il a également réalisé que 3M était idéalement placé pour développer un tel ruban, car ce serait comme du papier de verre sans le sable.

William McKnight
Président de 3M

La capacitation favorise « un climat organisationnel qui stimule les gens ordinaires à produire des performances extraordinaires ».

Drew est retourné au laboratoire et a commencé une longue et frustrante recherche de la bonne combinaison d'adhésif et de support. Après plusieurs années sans résultat, le président de 3M McKnight a dit à Drew d'abandonner le projet et de se remettre au travail sur l'amélioration du papier de verre. Drew s'est dûment conformé, mais le lendemain il a pensé à une nouvelle façon de gérer les problèmes de support et repris ses expériences. Au cours de l'une d'elles, McKnight est repassé au laboratoire, a vu Drew travailler dur sur son projet soi-disant abandonné, mais n'a rien dit.

Drew a finalement trouvé la bonne combinaison de matériaux et a demandé à McKnight d'approuver le financement d'une machine à papier pour la fabrication de la nouvelle bande. Sa demande a été rejetée, mais Drew n'allait plus d'abandonner maintenant. En tant que chercheur, il avait autorité pour approuver des achats allant jusqu'à 100 $, il a donc commencé à rédiger une série de commandes de 99 $. Il avoua plus tard sa stratégie à McKnight en lui montrant la nouvelle machine.

L'histoire du développement de l'adhésif de masquage chez 3M illustre l'importante relation entre l'autonomisation et l'innovation.

Et de cette façon, le ruban adhésif de masquage est né. Son lancement a marqué le début d'un nouveau chapitre dans l'évolution de 3M, qui conduirait au lancement du ruban Scotch Cellophane (également inventé par Drew) en 1930, et à la gamme actuelle 3M de plus de 700 rubans adhésifs pour des dizaines d'applications dans le domaine médical, l'électricité, la construction et autres.

Ces échanges entre McKnight et Drew, l'achat insubordonné de la machine à fabriquer du papier par Drew, et la réponse détendue de McKnight à sa défiance, sont une expression de la qualité intérieure de *générosité* et de l'action de leadership d'autonomisation. « Ils établissent une éthique claire pour les managers », déclare la société dans sa documentation, « Si vous avez la bonne personne sur le bon projet, et qu'elle est absolument impliquée à trouver une solution, laissez-la tranquille. Tolérez son initiative et faites-lui confiance. »

En 1948, McKnight a articulé un ensemble de principes de gestion qui sous-tendent la culture organisationnelle au sein de laquelle les innovations de 3M s'épanouissent :

> *Au fur et à mesure que notre entreprise se développe, il devient de plus en plus nécessaire de déléguer les responsabilités et d'encourager les hommes et les femmes à exercer leur esprit d'initiative. Cela nécessite une tolérance considérable. Ces hommes et femmes à qui nous déléguons l'autorité et la responsabilité, s'ils sont de bonnes personnes, vont vouloir faire leur travail à leur manière.*

> *Des erreurs seront commises. Mais si une personne a fondamentalement raison, les erreurs qu'elle commet ne sont pas aussi graves à long terme que les erreurs que la direction fera si elle entreprend de dire à ceux qui sont en responsabilité exactement comment ils doivent faire leur travail.*

> *Un management qui critique les erreurs de façon destructive tue l'initiative. Et il est essentiel que nous ayons beaucoup de personnes capables d'initiative si nous voulons continuer à grandir.*

Comme le souligne William McKnight, « un management qui critique les erreurs de façon destructrice tue l'initiative ».

Réflexions sur le Cas

Les déclarations de McKnight indiquent clairement une culture organisationnelle fondée sur l'autonomisation, la capacitation. La capacitation crée une culture d'innovation et d'auto-leadership, dans laquelle le succès de l'organisation repose sur l'énergie combinée et les efforts créatifs de nombreuses personnes alignées sur une vision commune. Dans une culture de leadership, les gens sont essentiellement considérés comme des égaux qui occupent des rôles différents. Les rôles sont basés sur le développement des capacités individuelles et ne reflètent pas la valeur intrinsèque de la personne. En conséquence, les personnes à tous les niveaux sont reconnues et appréciées en tant que membres et contributeurs individuels, même ceux qui enfreignent les règles afin de fournir de la valeur à l'organisation dans son ensemble.

Trois Étapes Clés pour Orchestrer l'Innovation

L'ensemble des principes de gestion de William McKnight et l'exemple de la création du ruban adhésif de masquage (masking tape) présentent également une prescription simple mais puissante pour « orchestrer l'innovation ».

1. **Déléguer les responsabilités et encourager les gens à exercer leur esprit d'initiative.**

1. **Déléguer les responsabilités et encourager les gens à exercer leur esprit d'initiative.** Cela permet de développer l'autonomie et de stimuler la *motivation des gens pour l'innovation et la croissance*. C'est également essentiel pour développer les *personnes* et les aider à « investir de l'énergie dans l'action ».

2. **Laisser les gens faire leur travail à leur manière et tolérer les erreurs.**

2. **Laisser les gens faire leur travail à leur manière et tolérer les erreurs.** Cela dépend de la générosité du *leader* et sert le but de reconnaître et admettre l'individualité des gens et de promouvoir le développement de leur potentiel.

3. Avoir confiance que la bonne personne sur le bon projet « se consacrera totalement à trouver une solution ».

3. **Avoir confiance que la bonne personne sur le bon projet sera « absolument attachée à trouver une solution ».** Cela contribue à promouvoir l'estime de soi des personnes et à accroître leur capacité d'*ambition* en soutenant leur désir inné de croissance et de maîtrise et en reconnaissant leur engagement à travailler concrètement et efficacement pour *obtenir des résultats*.

Nous pouvons voir ces mêmes principes à l'œuvre dans l'exemple du marché aux poissons de Pike Place présenté dans le chapitre précédent. L'engagement des gens pour « Soyez vous-même et faites ce qui vous inspire », et leur ambition d'être « de renommée mondiale » en « étant présents et en relation avec les gens en tant qu'êtres humains ; rendre la journée de chaque personne plus positive » crée une culture de responsabilisation dans laquelle les membres de l'équipe puisent dans leur propre motivation et innovent pour obtenir des résultats.

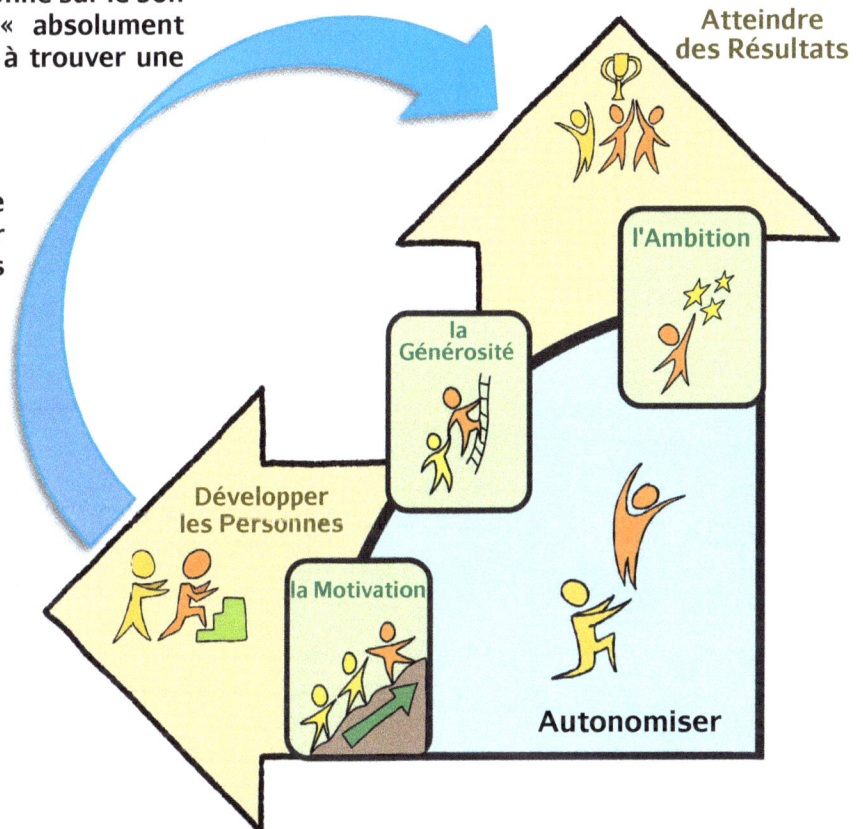

3) Ayez confiance que la bonne personne sur le bon projet sera « absolument déterminée à trouver une solution ».

2) Laisser les gens faire leur travail à leur manière et tolérer les erreurs.

1) Déléguer la responsabilité et encourager les gens à exercer leur esprit d'initiative.

Atteindre des Résultats

l'Ambition

la Générosité

Développer les Personnes

la Motivation

Autonomiser

Les Trois Etapes Clés de 3M pour Orchestrer l'Innovation

La déclaration de McKnight selon laquelle « si une personne a fondamentalement raison, les erreurs qu'elle commet ne sont pas aussi graves à long terme que les erreurs que la direction fera si elle s'engage à dire à ceux qui détiennent l'autorité exactement comment ils doivent faire leur travail » indique également que l'autonomisation est aussi un aspect crucial du développement de l'aptitude pour le futur. Une culture organisationnelle basée sur l'autonomisation qui favorise l'innovation et l'auto-leadership sera intrinsèquement plus adaptée pour l'avenir dans un monde dynamique et changeant qu'une culture entravée par la rigidité et la hiérarchie

Résumé du Chapitre

Le *modèle de leadership SFM* est une riche feuille de route pour créer une entreprise, rebondir face à l'adversité et devenir plus apte pour le futur. Le modèle est organisé autour des qualités personnelles (ce que le leader possède intrinsèquement), des actions (ce que fait le leader) et des résultats organisationnels (ce que le leader réalise).

Selon le modèle de leadership SFM, il existe quatre *résultats organisationnels* essentiels pour les entreprises qui réussissent : promouvoir le changement, manifester les valeurs, développer les gens et obtenir des résultats. Ces résultats sont obtenus grâce à quatre *actions de leadership* fondamentales : l'autonomisation, l'accompagnement, le partage et le dépassement de soi. *L'autonomisation, la capacitation,* est nécessaire pour développer les personnes et obtenir des résultats. *L'accompagnement (ou coaching)* est également nécessaire pour développer les personnes et les aider à manifester les valeurs. *Le partage* est également la clé de la manifestation des valeurs ainsi que de la promotion du changement. *Le dépassement de soi* est essentiel pour promouvoir le changement et obtenir des résultats.

Ces quatre actions de leadership découlent et sont soutenues par neuf *qualités intérieures clés* : la passion, la vision, la détermination, l'ambition, l'ouverture, la générosité, la motivation, la cohérence et l'exemplarité. Les différentes qualités sont davantage liées à des actions et des résultats particuliers que d'autres.

Il existe un certain nombre de parallèles entre le Modèle de Leadership SFM et le *Cercle de Succès*. Les quatre résultats en matière de leadership complètent les résultats entrepreneuriaux consistant à atteindre la robustesse financière, à apporter une contribution significative, à accroître l'innovation et la résilience et à atteindre une croissance évolutive. De même, les actions de leadership qui consistent à responsabiliser, encadrer, partager et se dépasser soutiennent les actions entrepreneuriales, développent le produit ou le service et génèrent des intérêts et des revenus ; renforcent les compétences de l'équipe et créent l'alignement ; améliorent et mobilisent des ressources et établissent des relations gagnant-gagnant ; développent l'activité ; créent de la valeur et lèvent des investissements et contribuent à acquérir des ressources essentielles.

Il existe également des relations complémentaires entre les qualités internes des dirigeants efficaces et l'état d'esprit des entrepreneurs qui réussissent. L'état d'esprit d'un entrepreneur est principalement orienté vers les clients, le marché et le « holon » plus vaste. L'état d'esprit du leader est axé à la fois sur la croissance de l'entreprise et sur la valeur créée pour les investisseurs et les partenaires. L'accent complémentaire des deux mentalités crée un équilibre important qui fait parfois défaut à la fois dans les start-ups et les grandes organisations.

L'exemple de Cas de Facteur de Succès de *Charles Matthews et Rolls Royce Motor-cars* fournit une bonne illustration de ces compétences en action. L'application par Matthews de l'autonomisation, l'accompagnement, le partage et le dépassement de soi – soutenue par son intelligence émotionnelle et sa capacité à accueillir et à créer de l'espace pour les sentiments difficiles des gens – a aidé l'entreprise et ses employés à traverser une période de relance difficile. La séquence d'actions suivie intuitivement par Matthews illustre un important chemin critique suivi par les leaders conscients, qui commence par l'autonomisation d'abord, puis l'accompagnement avant le partage et enfin le dépassement de soi des membres de leurs équipes. Se dépasser d'abord sans le soutien des autres actions de leadership crée simplement du stress et de l'accablement.

L'exemple de Cas de Facteur de Succès de *William McKnight et 3M* illustre l'importance d'inscrire l'autonomisation à la base de la culture de l'organisation. 3M a développé une longue histoire d'innovation et d'aptitude pour le futur en mettant en œuvre trois étapes clés pour orchestrer l'innovation : 1) déléguer la responsabilité et encourager les gens à faire preuve d'initiative, 2) laisser les gens faire leur travail à leur façon et tolérer les erreurs, et 3) croire que la bonne personne sur le bon projet « se consacrera totalement à trouver une solution ».

Références et Lectures Complémentaires

- *Modeling with NLP*, Dilts, R., Meta Publications, Capitola, CA, 1998.
- *Alpha Leadership : Tools for Leaders Who Want More From Life*, Deering, A., Dilts, R. and Russell, J., John Wiley & Sons, London, England, 2002.
- *Visionary Leadership Skills : Creating a World to Which People Want to Belong*, Dilts, R., Meta Publications, Capitola, Ca., 1996.

05
Appliquer le
Modèle de Leadership SFM™

Un vrai leader est autonome, il a le courage de prendre des décisions difficiles, et la compassion d'écouter les besoins des autres.
Il ne cherche pas à être un leader, mais le devient par l'égalité de ses actions et l'intégrité de ses intentions.
Douglas McArthur

Tous les grands leaders ont eu une caractéristique en commun : c'était la volonté de faire face sans équivoque à l'anxiété majeure de leur peuple en leur temps. C'est, à peu de choses près, l'essence même du leadership.
John Kenneth Galbraith

Le leadership est une puissante combinaison de stratégie et de caractère. Mais si vous devez vous passer de l'un des deux, oubliez la stratégie.
Norman Schwarzkopf

Appliquer le Modèle de Leadership SFM™

Comme je l'ai souligné au début du chapitre 1, l'objectif du processus de Modélisation des Facteurs de Succès SFM™ est de dresser une *carte instrumentale* – étayée par divers exercices, matrices et outils qui permettent aux personnes d'appliquer les facteurs qui ont été modélisés afin d'atteindre des résultats clés dans le contexte qu'ils ont choisi.

Au début des années 2000, mon frère John et moi avons utilisé le modèle de Leadership SFM comme base de notre société *ISVOR DILTS Leadership Systems*, une coentreprise entre notre groupe Dilts Strategy Group et ISVOR Fiat, la branche de développement organisationnel du Groupe Fiat durant cette période. Nous avons mis au point un outil d'évaluation du leadership à 360° et un programme complet de perfectionnement en leadership comprenant des ateliers, un portail en ligne sur le leadership, des programmes d'auto-développement assistés et des séances de coaching individuel. Le programme proposait 65 outils différents pour prendre en charge les différentes dimensions du modèle.

Pour les besoins de ce livre et de ce chapitre, je ne présenterai cependant en profondeur que quelques-uns des outils et des grilles les plus pertinents pour surmonter l'adversité, accroître la résilience, augmenter l'innovation et améliorer l'aptitude de votre entreprise pour le futur.

ISVOR DILTS
LEADERSHIP SYSTEMS

Le modèle de leadership SFM a servi de base à *ISVOR DILTS Leadership Systems*, une joint-venture entre le Dilts Strategy Group et ISVOR Fiat – la branche du développement organisationnel du Groupe Fiat.

Les « moments de Leadership » sont des points de décision naturels, des jalons critiques ou des événements stimulants qui peuvent avoir un impact significatif sur les perceptions et la motivation des personnes.

Identifier les « Moments de Leadership »

Pour commencer à appliquer les compétences de leadership à votre propre entreprise, il est bon d'identifier quelques « moments de leadership » que vous rencontrez couramment. *Les Moments de Leadership* sont des points de décision naturels, des étapes critiques ou des événements difficiles qui se produisent dans le cadre de la réalité quotidienne d'un dirigeant ou d'un entrepreneur. Il s'agit de situations importantes et souvent symboliques qui sont susceptibles d'avoir un impact significatif sur les perceptions et la motivation des personnes.

Les clients, collègues, parties prenantes et partenaires nous présentent constamment des moments de leadership à travers leurs relations et leurs interactions avec nous. Tout projet ou entreprise comporte une série de moments de leadership de ce type. Ces situations nécessitent de l'initiative, de l'intuition, du courage, de l'intelligence émotionnelle et de la congruence. Dans ces périodes, il est important *d'exprimer une vision, influencer les autres à agir, encourager la coopération en équipe* et *être un exemple*. Selon les termes d'un des dirigeants de mon étude, les moments de leadership sont des situations dans lesquelles « vous devez laisser les gens vous regarder dans les yeux et lire votre langage corporel ».

La notion de « moment » est bien sûr un terme relatif qui pourrait désigner littéralement quelques minutes (comme faire une annonce importante) ou une période s'étendant sur des jours, des semaines ou des mois (comme lorsque les entreprises d'Elon Musk étaient en danger de faillite ou lorsque Steve Jobs est revenu chez Apple alors au bord de la faillite). Dans l'exemple de Charles Matthews, par exemple, il y a eu de nombreux « moments » de leadership. Certains étaient des échanges brefs lorsque le personnel exprimait son hostilité. D'autres étaient liés à la nécessité d'une ligne de conduite cohérente durant une longue période.

Les moments de leadership sont un test évident de l'état d'esprit et des qualités intérieures du leader – c.à.d. sa passion, sa motivation, sa détermination, sa vision, son ouverture, sa générosité, son ambition, sa cohérence et sa capacité à être un bon exemple. Il s'agit également de situations qui nécessitent un certain type d'action – autonomisation, accompagnement, partage ou dépassement – afin d'atteindre les objectifs de développement des personnes, de valorisation de l'action, de promotion du changement ou d'obtention de résultats.

Elon Musk a vécu un « moment de leadership » important lorsque ses trois entreprises ont été confrontées en même temps à la faillite.

Développer les Personnes pour Obtenir des Résultats

Lorsque la situation exige de développer *les personnes* et qu'elles se concentrent sur l'obtention de *résultats*, l'action la plus importante est **l'autonomisation, la capacitation**. Cela met en avant les qualités de leadership de *générosité*, de *motivation* et d'*ambition* pour la réalisation. Le leader doit consacrer du temps et de l'implication personnelle, investir de l'énergie dans l'action et démontrer et encourager un fort désir de réaliser quelque chose. La situation à laquelle a été confronté John Yokoyama pour sauver la poissonerie de Pike Place et lui éviter la faillite en serait un exemple. Il a su transformer l'état d'esprit de son équipe en les encourageant « à être eux-mêmes et à faire ce qui les inspire ».

La réponse détendue de William McKnight à l'insistance de Dick Drew à vouloir développer une bande avec un adhésif moins agressif (au lieu de travailler à améliorer le papier de verre) et l'achat insubordonné d'une machine à papier par Drew est un autre exemple d'un état d'esprit d'autonomisation.

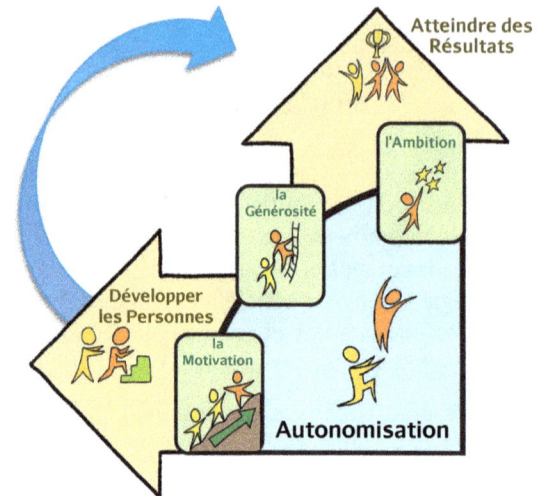

Guider les Personnes à Adopter des Valeurs

Si le moment de leadership est un moment qui exige de développer les *personnes* et qu'elles se concentrent sur la mise en œuvre des *valeurs clés*, alors l'action la plus pertinente à entreprendre est **l'accompagnement, le coaching**. Dans ce cas, c'est *l'exemple* du leader qui est le plus important, appuyé sur les qualités de *cohérence* et de *motivation*. Cela signifie que le dirigeant doit « faire ce qu'il dit », rester fidèle à ses paroles par ses actes, et « être là », s'impliquant avec passion afin de fournir un point de référence crédible et fiable. L'exemple de la réaction du Dr Lim Suet Wun de l'hôpital Tan Tock Seng à Singapour lors de l'épidémie de SRAS en est une illustration. En rendant visite à l'ensemble du personnel hospitalier et aux patients tous les jours pendant la crise et en leur serrant la main, il a établi le niveau de connexion et de confiance nécessaire pour faire face à une situation aussi tendue.

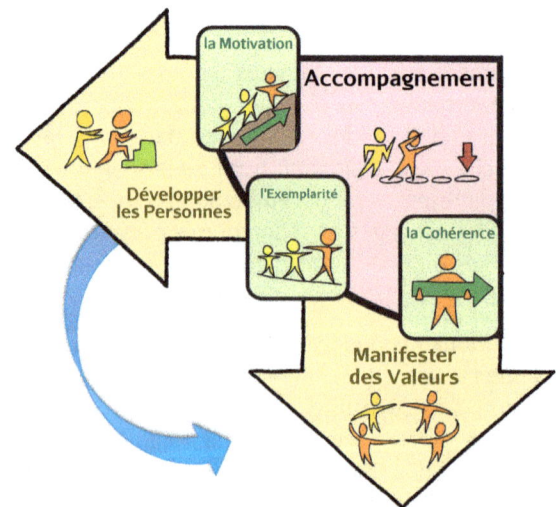

Maintenir les Valeurs Clés pendant les Périodes de Changement

Si la situation appelle à promouvoir *le changement* et à veiller à ce que les *valeurs* clés soient mises en place ou maintenues, l'action la plus utile est **le partage**. Cela met au premier plan les qualités de leadership *d'ouverture*, *de vision* et de *cohérence*. Cela exige que le leader reste curieux et disponible pour de nouvelles idées, qu'il ait foi en les autres en construisant l'estime réciproque et le respect. Cela implique également de voir au-delà du présent et d'imaginer les possibilités futures, tout en restant résolu et ferme sur sa mission et sa finalité. La gestion de la transition difficile chez Rolls Royce par Charles Matthews fournit un exemple frappant de la façon dont il a utilisé le partage pour désamorcer l'énorme quantité d'hostilité qui s'était accumulée lors du plan social et de la restructuration de l'entreprise.

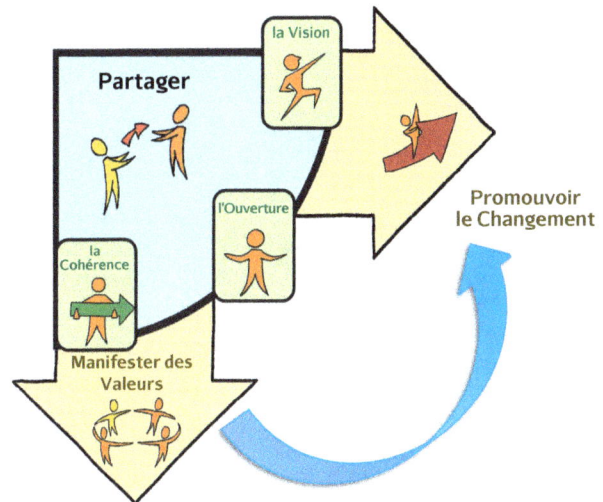

Promouvoir le Changement pour Obtenir des Résultats

Lorsque le moment de leadership exige de *promouvoir le changement* afin d'obtenir des *résultats*, l'action la plus critique à entreprendre est **le dépassement**. Cela met en avant les qualités de leadership de *vision*, *d'ambition* de réussite et de *détermination*. Le leader doit se fixer et rester concentré sur une vue d'ensemble et des objectifs à plus long terme, et en même temps diriger les actions vers des résultats particuliers, en maintenant un haut niveau d'implication en vue de leur réalisation et en se consacrant à ce qu'il a choisi de faire. L'engagement tenace d'Elon Musk envers sa vision et son but plus élevé pendant la période où ses trois entreprises étaient en difficulté incarne l'état d'esprit associé au dépassement de soi.

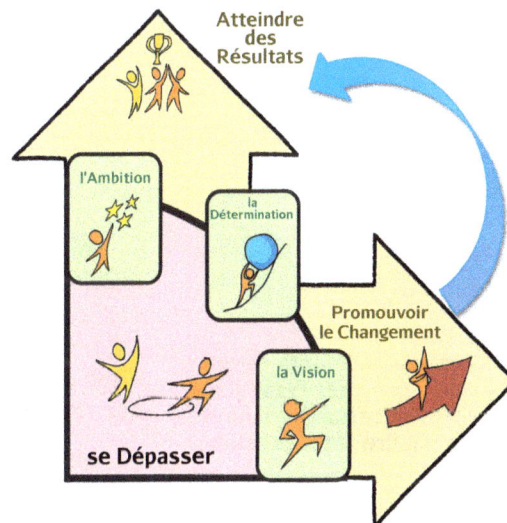

TRAVAILLER SOUS LA CONTRAINTE DU TEMPS TIC TAC

1.

OFFRIR UN RETOUR D'IN-FORMATION À MON ÉQUIPE

2.

3.

Anticiper vos propres moments de leadership vous aide à préparer l'état d'esprit et les actions nécessaires pour y faire face de la meilleure façon possible.

Anticiper Vos Propres Moments de Leadership

En réfléchissant à votre propre projet ou entreprise, quels sont les « moments de leadership » auxquels vous êtes actuellement confronté ? Pensez aux résultats que vous devez atteindre, aux actions que vous devez entreprendre et aux défis auxquels vous êtes confronté.

Y a-t-il des « moments de leadership » courants ou récurrents auxquels vous devez faire face ou prévoir à l'avenir ? Veillez à prendre en considération tant ceux qui concernent des périodes brèves que ceux qui concernent des périodes prolongées. Prenez un moment et énumérez quelques-uns de vos défis de leadership ci-dessous.

Moments / Défis de Leadership :

_____

_____

_____

_____

_____

_____

En réfléchissant à votre liste de moments de leadership à venir, considérez quels sont les résultats les plus importants que vous devez accomplir ? Souhaitez-vous ou devez-vous atteindre un résultat particulier ? Développer les personnes ? Promouvoir un changement ? Manifester ou entretenir certaines valeurs ? Une combinaison de ceux-ci ? Le ou les résultats souhaités détermineront les actions que vous devez entreprendre et l'état d'esprit que vous devez adopter pour réussir.

Dans les pages qui suivent, je présenterai des exercices qui peuvent être appliqués aux moments de leadership que vous avez identifiés ci-dessus. L'un des objectifs de la Modélisation des Facteurs de Succès est de vous aider à aborder ces moments difficiles de manière plus proactive, intelligente, confiante et consciente.

Autonomiser les Personnes pour Obtenir des Résultats

Comme nous l'avons vu dans des cas tels que 3M, Rolls Royce et la poissonerie de Pike Place, *la capacitation* implique la capacité à promouvoir *l'expression du potentiel individuel*, en permettant *l'autonomie* et le fait d'assumer *la responsabilité* et *l'influence* personnelles, afin de mieux atteindre les résultats. L'autonomisation nécessite la capacité de créer des conditions qui permettent aux gens de mieux s'exprimer, de reconnaître la valeur de leur travail, en stimulant la croissance personnelle et professionnelle ainsi que l'estime de soi.

En résumé, l'action de leadership de Capacitation passe par :

- Stimuler la motivation pour la croissance
- Reconnaître l'individualité
- Promouvoir l'estime de soi
- Encourager l'autonomie
- Soutenir le développement du potentiel des personnes

L'action d'autonomiser est soutenue par trois qualités personnelles clés : *ambition*, *motivation* et *générosité*. La générosité est la qualité la plus associée à l'autonomisation. *La générosité* consiste à consacrer du temps et à s'impliquer personnellement afin de contribuer au développement du potentiel des autres. Elle exige la capacité à maintenir les objectifs individuels de croissance avec altruisme, foi et sens de la participation.

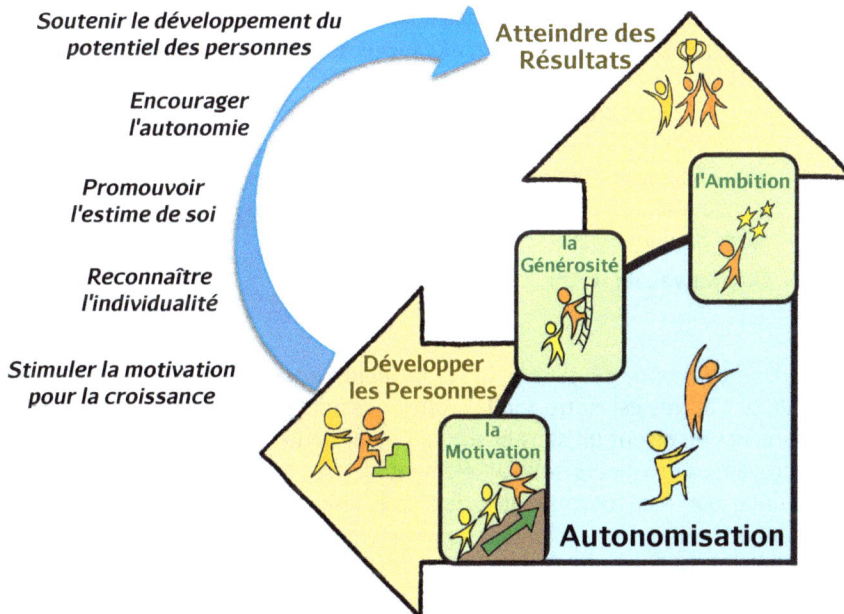

Avant de devenir un leader, la réussite consiste à grandir soi-même. Lorsque vous devenez un leader, la résussite consiste à faire grandir les autres.
Jack Welch – PDG de General Electric

Les leaders exceptionnels font tout leur possible pour renforcer l'estime de soi de leur personnel. Si les gens croient en eux-mêmes, c'est incroyable ce qu'ils peuvent accomplir.
Sam Walton – Fondateur de Walmart

L'autonomisation nécessite de la générosité, de la motivation et de l'ambition, et c'est nécessaire pour développer les gens et obtenir des résultats.

Capacitation, Résilience et le Pouvoir des Croyances

Cette petite idée explique pourquoi certains leaders et certaines organisations sont capables d'inspirer tandis que d'autres ne le sont pas. Permettez-moi de définir les termes très rapidement. Chaque personne, chaque organisation sur la planète sait ce qu'elle fait, cent pour cent. Certains savent comment ils le font, que vous l'appeliez votre « proposition de valeur différencielle » ou votre « processus propriétaire » ou USP (Unique Selling Proposition, ou argument clé de vente). Mais très, très peu de personnes ou d'organisations savent pourquoi elles font ce qu'elles font. Et par « pourquoi » je ne veux pas dire « faire un profit », ça c'est un résultat. C'est toujours un résultat. Par « pourquoi », j'entends « quelle est votre finalité ? » « Quelle est votre cause ? » « Quelle est votre croyance ? » « Pourquoi votre organisation existe-t-elle ? »

Simon Sinek – *« Start With Why » (commencez par pourquoi)*

S'agissant de changer le monde, ce que j'ai appris de Steve Jobs est que si vous croyez en un Macintosh, si vous croyez en l'iPhone, l'iPod, l'iPad, si vous y croyez assez, alors vous le verrez. Parce que d'autres personnes y croiront ; d'autres personnes créeront des logiciels ; d'autres personnes créeront des produits. Vous devez donc alimenter la foi en ce dont vous rêvez, pour que cela devienne une réalité. Ce qui est très différent que de dire, « Je ne m'attends pas à ce que quelqu'un y croie avant de l'avoir vu. » Vous avez besoin que les gens y croient avant de pouvoir le voir.

Guy Kawasaki – Apple Inc.

Dans son livre « Start with Why » (Commencez par Pourquoi), Simon Sineck partage un modèle simple pour vous aider à explorer votre propre POURQUOI, ou le but qui peut vous inspirer dans des situations où vous avez besoin de résilience.

L'un des facteurs de réussite les plus influents pour notre propre capacitation et celle des autres est notre foi. Les croyances déterminent la manière dont les événements reçoivent un sens et sont au cœur de la motivation et de la culture. Nos croyances et valeurs sont un élément clé de notre état d'esprit et de notre « jeu intérieur » et fournissent le renforcement (*motivation* et *permission*) qui soutient ou inhibe des capacités et comportements particuliers. Les croyances et les valeurs se rapportent à la question « *Pourquoi ?* »

Le pouvoir des croyances de développer ou inhiber les capacités des gens a été démontré dans une étude éclairante dans laquelle un groupe d'enfants ayant obtenu des résultats dans la moyenne à un test d'intelligence a été divisé au hasard en deux groupes égaux. L'un des groupes a été confié à un enseignant à qui l'on a dit que les enfants étaient « doués ». L'autre groupe a été confié à un enseignant à qui l'on a dit que les enfants étaient « lents dans leurs apprentissages ». Un an plus tard, les deux groupes ont à nouveau fait un test d'intelligence. Sans surprise, la majorité du groupe arbitrairement identifié comme « doué » a obtenu un score plus élevé qu'auparavant, tandis que la majorité du groupe qui a été étiqueté « lent » a obtenu un score plus bas ! Les croyances des enseignants et les attentes qui en ont résulté à l'égard des élèves ont affecté leur capacité à apprendre.

Dans une autre étude, 100 « survivants » du cancer (les patients sans symptômes depuis plus de 10 ans) ont été interrogés sur ce qu'ils avaient fait pour réussir. Les entretiens ont montré qu'aucune méthode de traitement ne se démarquait comme étant plus efficace qu'une autre. Certains patients avaient suivi le traitement médical standard de chimiothérapie et/ou de radiothérapie, certains avaient utilisé une approche nutritionnelle, d'autres avaient suivi une voie spirituelle, tandis que d'autres se concentraient sur une approche psychologique et certains n'ont rien fait du tout. La seule chose qui caractérisait l'ensemble du groupe était qu'ils *croyaient* en ce qu'ils faisaient. Ils croyaient tous que l'approche qu'ils avaient adoptée fonctionnerait pour eux.

Le « mile en quatre minutes » est un autre bon exemple du pouvoir des croyances à la fois pour nous limiter et nous autonomiser. Avant le 6 mai 1954, on croyait qu'un être humain ne pouvait pas courir un mile en moins de quatre minutes, qu'il s'agissait d'une barrière de vitesse infranchissable. Au cours des neuf années précédant le jour historique où Roger Bannister a brisé le plafond de quatre minutes, aucun coureur ne s'en était même approché. Six semaines après l'exploit de Bannister, le coureur australien John Lundy a abaissé le record d'une seconde de plus. Au cours des neuf années suivantes, près de deux cents personnes ont dépassé la barrière qui semblait autrefois infranchissable.

Ces exemples démontrent bien que nos croyances peuvent influencer, façonner ou même déterminer notre degré d'intelligence, de santé et de performance.

Les croyances et les valeurs se rapportent à la question « Pourquoi ? » Elles sont un élément clé de notre état d'esprit et de notre « jeu intérieur » et fournissent le renforcement (la motivation et la permission) qui soutient ou inhibe des capacités et comportements particuliers.

Nos croyances peuvent influencer, façonner ou même déterminer notre degré de motivation, d'intelligence, de santé et de performance.

Bâtir un Système de Croyances Gagnant

Accroître l'innovation, surmonter l'adversité et améliorer notre aptitude pour le futur nécessite la mise en place d'un « système de croyances gagnant ». Dans *SFM Vol. II* (pp. 211 – 215), j'ai posé qu'un système *de croyances* gagnant produit un champ de capacitation en créant :

- L'espoir d'un avenir positif
- Un sentiment de capacité et de responsabilité
- Un sentiment d'estime de soi et d'appartenance

Nous avons l'espoir *d'un avenir positif* lorsque nous croyons que les résultats que nous souhaitons sont accessibles. Le *sentiment de capacité et de responsabilité* vient de la conviction que notre plan est bon et que nous possédons les capacités nécessaires pour prendre les mesures comportementales nécessaires pour atteindre avec succès les résultats souhaités. Le *sentiment de confiance en soi et d'appartenance* résulte du degré auquel nous croyons mériter et avoir la permission et le soutien pour mobiliser les capacités et les qualités requises pour réussir.

Les croyances gagnantes sont directement liées aux cinq composantes fondamentales de la chaîne de causes-à-effets nécessaires pour réaliser le changement. Ces cinq composantes comprennent :

1. Les *résultats* que l'individu, l'équipe ou l'organisation essaie d'atteindre

2. La *succession* d'étapes qui mène à ces résultats

3. Les *comportements* ou actions requises pour réussir à parcourir le chemin

4. Le *plan* précisant les capacités et les qualités nécessaires pour exécuter efficacement ces comportements et ces actions

5. Les *personnes* (ou l'équipe) qui doivent posséder les capacités et les qualités nécessaires pour entreprendre les actions et mener à bien les étapes conduisant au résultat souhaité

Un système de croyances gagnant produit un champ d'autonomisation nécessaire pour accroître l'innovation, surmonter l'adversité et améliorer notre aptitude pour le futur.

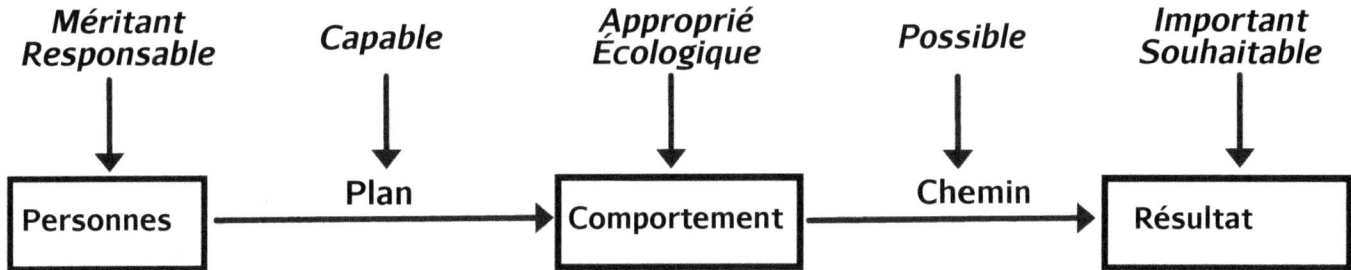

Méritant Responsable → **Personnes**

Capable → **Plan**

Approprié Écologique → **Comportement**

Possible → **Chemin**

Important Souhaitable → **Résultat**

Personnes → Plan → Comportement → Chemin → Résultat

Questions de Croyances Liées à la Réalisation et au Changement

Les personnes élaborent des croyances clés qui affectent leur perception de chacun de ces cinq éléments de changement. Ces croyances concernent :

1. L'*importance* et la *désirabilité* du résultat (la force de son lien avec la vision, la mission, l'ambition et les valeurs)

2. La conviction qu'il est *possible* d'atteindre le résultat par une séquence d'étapes appropriées

3. Le jugement sur le caractère *approprié* et *écologique* (c.à.d. efficace, éthique, pratique, etc.) des comportements et actions nécessaires pour atteindre le résultat

4. La conviction que les individus, l'équipe ou l'entreprise impliqués sont *capables* de suivre le plan et d'exécuter les actions appropriées requises pour atteindre le résultat avec succès

5. Le sens des *responsabilités*, du *mérite* et de la *permission* que les personnes, l'équipe ou l'entreprise impliquées perçoivent concernant l'utilisation de leurs capacités, le suivi du plan et l'obtention du résultat souhaité

Créer un système de croyances gagnant implique d'établir des croyances congruentes et valorisantes liées à cinq composantes fondamentales du changement.

Dans un système de croyances gagnant chaque croyance est comme un maillon d'une chaîne. La chaîne n'est pas plus solide que son maillon le plus faible.

Le degré global de capacitation et de motivation des gens est le résultat de leur niveau de confiance à l'égard de tout ce système de croyances. Si l'objectif, le résultat ou la vision sont perçus comme peu importants et non désirables, par exemple, cela n'a évidemment aucun sens de déployer le moindre effort pour tenter de les atteindre. Même si le résultat est perçu comme valable, s'il semble impossible à atteindre, ce serait également une perte de temps d'essayer d'y parvenir. Si le résultat en vaut la peine et qu'il est accessible mais inapproprié, ou si les moyens d'y parvenir sont perçus comme inappropriés, alors cela créera des résistances et une « reculade ». Si le résultat en vaut la peine, est accessible et approprié, mais que l'individu ou l'équipe qui doit l'atteindre ne croit pas avoir la capacité ou le soutien pour faire ce qui est nécessaire, ils n'auront pas la confiance nécessaire pour prendre des risques, essayer quelque chose de nouveau ou persévérer lorsque les choses sont risquées ou difficiles. Et même si on estime que le résultat en vaut la peine, qu'il accessible et approprié, et que la personne ou l'équipe se perçoit comme capable de l'atteindre, si l'individu ou l'équipe ne se considère pas responsable, méritant ou autorisé à atteindre le résultat, ils ne seront pas enclins à agir ou à faire ce qui nécessaire.

Ainsi, l'un des facteurs de réussite les plus importants et les plus puissants pour renforcer l'innovation, surmonter l'adversité et être apte pour le futur est le degré de foi que l'on a dans la vision que l'on poursuit, en soi-même et dans ce que l'on fait. Comme l'a dit si clairement Cindana Turkatte, entrepreneure qui a réussi (présentée dans *SFM Vol. I*, pp. 163 – 171), « Vous devez croire en ce que vous faites. Si vous ne croyez pas en ce que vous faites, vous devriez faire autre chose. »

L'un des facteurs de réussite les plus importants et les plus puissants pour renforcer l'innovation, surmonter l'adversité et être apte pour le futur est le degré de confiance que l'on a dans la vision que l'on poursuit, en soi-même et en son équipe, et dans ce que l'on fait.

L'exemple de la Mission pour Mars d'Elon Musk

Les avancées surprenantes d'Elon Musk vers sa vision de coloniser Mars sont un bon exemple de la manière dont les croyances peuvent inciter les gens à agir. Alors que beaucoup auraient considéré l'établissement d'une colonie humaine sur Mars comme un fantasme farfelu et même idiot ou dénué de sens, Musk a réussi à faire en sorte que les gens commencent à la considérer et même à s'y intéresser comme à une réelle possibilité.

Pour ce faire, Musk s'est efforcé d'établir la conviction que le résultat de l'établissement d'une colonie sur Mars est *souhaitable* et *importante*, arguant qu'elle est nécessaire à la survie humaine. « Je pense qu'il y a un argument humanitaire fort pour rendre la vie multi-planétaire afin de sauvegarder l'existence de l'humanité dans le cas où quelque chose de catastrophique se produirait », déclare-t-il. Musk poursuit en soulignant : « Une option est de rester sur Terre pour toujours, et finalement il y aura un événement d'extinction... et l'alternative est de devenir une espèce spatiale et multi-planétaire – C'est ce que nous voulons ».

Musk a également beaucoup progressé dans le développement de la conviction qu'une telle chose est *possible*. Lors d'une conférence au Mexique en septembre 2016, pour le Congrès astronautique international, par exemple, le fondateur et PDG de SpaceX a dévoilé le système de transport interplanétaire (ITS : Interplanetary Transport System) de l'entreprise. Le système combinera la fusée la plus puissante jamais construite avec un vaisseau spatial conçu pour transporter au moins 100 personnes sur la planète rouge. « Ce que je veux vraiment faire ici, c'est que Mars semble possible », a-t-il déclaré. « Pour donner l'impression que c'est quelque chose que nous pourrions faire de notre vivant, et que vous pouvez y aller ».

En outre, Musk affirme que si les projets de SpaceX pour se rendre sur Mars réussissent, il pourrait bientôt être possible de faire des voyages encore plus loin dans l'espace. « Si nous avons un dépôt de carburant, vous pouvez aller de Mars à Jupiter, pas de problème », a déclaré Musk. « Cela signifie un accès complet à l'ensemble du système solaire ». Bien que cela puisse sembler « tiré par les cheveux » pour nous aujourd'hui, ce n'est probablement pas très différent que pour nos ancêtres d'il y a 500 ans d'envisager la navigation intercontinentale ou pour ceux d'il y a 100 ans de considérer la possibilité de faire le tour du monde par avion.

Pour montrer que non seulement c'est possible, mais qu'il existe une voie *appropriée* pour atteindre et coloniser Mars, Musk a mis en ligne des vidéos animées par ordinateur qui brossent un tableau vivant et apparemment réaliste des humains qui se rendent sur la planète. Ils illustrent des technologies spécifiques

La capacité d'Elon Musk à promouvoir la croyance qu'il est désirable et possible de coloniser Mars et que nous sommes capables de créer la technologie nécessaire pour le faire a catalysé des progrès surprenants vers la vision des humains comme une espèce spatiale et multi-planétaire.

Pour accélérer la création des technologies nécessaires pour atteindre Mars, Musk a établi de puissants partenariats avec des personnes du secteur privé et des gouvernements.

DÉPÊCHE-TOI, ELON! NOUS PARTONS!

VOICI LES CLÉS DE SPACE X AU CAS OÙ JE NE REVIENDRAIS PAS. ET MERCI DE PENSER À CHARGER MA TESLA

Musk voudrait aller sur Mars lui-même, mais seulement après avoir mis en place un plan B pour son entreprise, en cas de catastrophe.

qui pourraient être utilisées dans une mission humaine vers Mars, notamment un lancement depuis la Terre et le ravitaillement en orbite d'un vaisseau spatial, l'utilisation de panneaux solaires pour alimenter la capsule spatiale humaine et un atterrissage sur la planète rouge à l'aide d'un propulseur.

Dans une de ces vidéos, nous voyons une fusée décoller du pas de tir de SpaceX avec une poussée de plus de 13 kilotonnes. Après la séparation des étages, le vaisseau spatial reste en orbite tandis que le propulseur retourne sur Terre, où il atterrit. Un tanker de carburant est chargé sur le booster pour ravitailler le vaisseau spatial en orbite pour son voyage vers Mars. Le tanker revient sur Terre et le vaisseau spatial se dirige vers Mars. Les panneaux solaires se déploient et le vaisseau navigue jusqu'à ce qu'il arrive enfin sur l'orbite de Mars. Le vaisseau se pose sur le sol martien et nous avons alors un aperçu des astronautes qui regardent les plaines martiennes. [Voir : *http://www.space.com/34211-spacex-mars-interplanetary-transport-concept-video.html*]

Une partie de l'objectif de Musk pour la création de SpaceX a été de montrer que nous sommes *capables* de créer les technologies nécessaires pour aller sur Mars. Il a déjà démontré sa capacité à construire des fusées spatiales réutilisables. Afin d'accroître la confiance dans la capacité à réunir les 10 milliards de dollars estimés nécessaires au financement du projet, Musk développe des partenariats puissants. « Je sais qu'il y a beaucoup de gens dans le secteur privé intéressés à financer un voyage sur Mars, » dit-il, « j'espère qu'il y aura aussi un intérêt du côté du gouvernement. En fin de compte, ce sera un énorme partenariat privé-public ». La NASA, par exemple, devrait lancer son prochain rover sur Mars d'ici 2020. La mission ExoMars, une initiative conjointe de Roscosmos et de l'Agence spatiale européenne (ESA), devrait également avoir lieu avant la fin de la décennie. Il est également question que les Émirats arabes unis envoient un orbiteur sur la planète rouge d'ici là, avec la Chine qui a exprimé son intention d'atteindre Mars d'ici 2020.

Pour soutenir la croyance que nous *méritons* et sommes *responsables* de faire ce voyage, Musk prend les devants en disant qu'il aimerait faire le voyage vers Mars lui-même – mais seulement après avoir mis au point un plan B pour sa société, en cas de catastrophe. « J'aimerais vraiment aller en orbite et visiter la station spatiale et ensuite aller sur Mars », a-t-il déclaré. « Je dois m'assurer que si quelque chose se passe mal pendant le vol et que je meurs, il y a un bon plan de succession et la mission de l'entreprise continue ».

Évaluer notre Degré de Croyance

Comme le montre l'exemple de la mission d'Elon Musk sur Mars, la création d'un système de croyances gagnant implique de communiquer et de justifier la confiance dans chacun des cinq domaines clés de croyance définis plus tôt – 1) l'importance et la désirabilité du résultat, 2) la possibilité de l'atteindre, 3) la pertinence de la voie à suivre pour l'atteindre, 4) la capacité à mettre en œuvre cette voie et 5) le fait que les personnes impliquées méritent et sont responsables d'atteindre le résultat.

Les croyances viennent de la langue et de nos expériences, entre lesquelles elles créent un lien intime. La façon la plus directe de construire un système de croyances gagnant est de créer un lien entre les mots exprimant les croyances et l'expérience des gens, provenant à la fois de la mémoire et de l'imagination. Pour créer une croyance forte, il est important que cette connexion implique si possible tous les sens (voir, entendre et ressentir) afin qu'elle résonne non seulement dans la « tête », mais aussi dans le « cœur » et les « tripes ».

Steve Jobs a conseillé aux gens « d'avoir le courage de suivre votre cœur et votre intuition ». En plus de notre évaluation cognitive et rationnelle (la « tête »), nous devons relier notre motivation à réaliser nos visions et ambitions à notre passion (le « cœur ») et à notre intuition (nos ressentis « dans les tripes »). Parfois, par exemple, notre cœur sent « oui » mais notre tête dit « non ». D'autres fois, nous savons rationnellement que quelque chose est possible, mais nous avons une sensation de méfiance dans les « tripes ». Une croyance forte nécessite un alignement de la tête, du cœur et des tripes.

La croyance n'est généralement pas non plus un processus « tout ou rien ». Nous pouvons croire « d'une certaine façon » en quelque chose, y croire « un peu » ou « beaucoup » ; c'est-à-dire que nous pouvons croire quelque chose un peu ou énormément. La clé pour surmonter l'adversité et être apte pour le futur est d'y croire « assez ». Pour ce faire, nous devons atteindre un certain seuil de confiance.

Pour construire et renforcer notre croyance et notre motivation pour réaliser nos visions et ambitions, nous devons engager non seulement notre compréhension cognitive et rationnelle (la « tête »), mais aussi notre passion (le « cœur ») et notre intuition (nos ressentis par les « tripes »).

Vous devez avoir un sentiment de confiance pour ce que vous faites. Vous devez être vendeur, et vous devez amener vos joueurs, en particulier vos leaders, à croire en ce que vous essayez d'accomplir.

Phil Jackson – Coach dirigeant de NBA

La capacité à faire une évaluation précise de sa propre croyance et de celle des autres dans la vision et l'entreprise est une compétence essentielle pour les leaders et les entrepreneurs efficaces.

Processus d'Évaluation des Croyances

Le but du processus d'évaluation suivant est d'aider un individu ou un groupe à faire une évaluation complète de son degré de résonance et de confiance concernant les croyances clés nécessaires pour réussir à surmonter l'adversité et poursuivre la vision, l'ambition et l'appel. Il permet d'identifier les domaines de force et de faiblesse et de mettre en lumière les domaines de croyance qui doivent être fortifiés ou renforcés. Gardez à l'esprit que, comme nous l'avons vu dans tous les exemples de cas présentés dans ce livre, l'intensité de la conviction de l'équipe commence par la force de la conviction du leader.

Une bonne idée pour préparer l'évaluation consiste à vous remémorer certaines situations passées dans lesquelles vous avez pu atteindre un objectif difficile, surmonter l'adversité ou dépasser une situation difficile en raison de votre confiance en vous-même, en votre vision et en ce que vous faisiez. Remettez-vous dans ces situations et faites attention à la façon dont vous avez ressenti le niveau de croyance qui a permis de surmonter la situation et de rebondir avec succès. Comment avez-vous vécu cette situation par rapport à votre jeu intérieur ? Comment avez-vous ressenti l'alignement entre votre tête, votre cœur et vos tripes ? Qu'avez-vous vu, entendu et ressenti qui vous a permis de persévérer et de réussir ?

Pour commencer le processus d'évaluation, choisissez un moment de leadership où il est important d'augmenter votre confiance afin de capaciter les gens et obtenir des résultats. Écrivez la vision du projet ou de l'entreprise ci-dessous (en dix mots ou moins) :

Vision : _____

Assurez-vous que vous pouvez relier ces mots à l'expérience de ce que vous verrez, entendrez et ressentirez par rapport à la réalisation de la vision – c.à.d., De quoi y aura-t-il plus ? De quoi y aura-t-il moins ?

Entrez dans votre état COACH et dites à haute voix chacune des affirmations suivantes, en faisant attention au degré de résonance ou de congruence que vous ressentez dans votre tête, votre cœur et vos tripes. Évaluez votre degré de croyance par rapport à chacun des énoncés sur une échelle de 0 à 10, 0 étant le plus bas et 10 étant le plus haut degré de confiance ou de résonance. Soyez honnête avec vous-même. Cela ne vous aidera pas d'essayer de vous mentir. Une auto-analyse précise est une compétence clé du leadership conscient.

1. « La vision est souhaitable, importante et en vaut la peine. Je/*Nous voulons la réaliser.* »

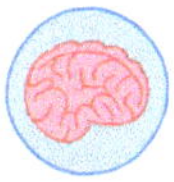

Tête

0	1	2	3	4	5	6	7	8	9	10

Cœur

0	1	2	3	4	5	6	7	8	9	10

Tripes

0	1	2	3	4	5	6	7	8	9	10

2. « C'est *possible* de réaliser la vision. *Il y a moyen d'y arriver* ».

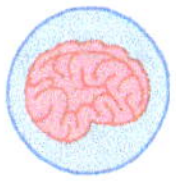

Tête

0	1	2	3	4	5	6	7	8	9	10

Cœur

0	1	2	3	4	5	6	7	8	9	10

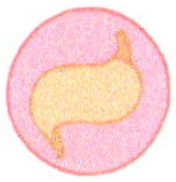

Tripes

0	1	2	3	4	5	6	7	8	9	10

3. « C'est *approprié* d'atteindre la vision. *Ce que je suis/nous sommes en train de faire fonctionnera* ».

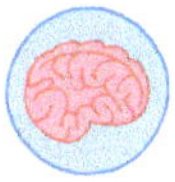

Tête

0	1	2	3	4	5	6	7	8	9	10

Cœur

0	1	2	3	4	5	6	7	8	9	10

Tripes

0	1	2	3	4	5	6	7	8	9	10

4. « J'ai/Nous avons *les capacités et* le soutien nécessaires pour réaliser la vision. Je peux/Nous pouvons le faire ».

	Tête	0	1	2	3	4	5	6	7	8	9	10

	Cœur	0	1	2	3	4	5	6	7	8	9	10

	Tripes	0	1	2	3	4	5	6	7	8	9	10

Pour qu'une croyance soit forte et congruente, elle doit résonner dans la tête, le cœur et les tripes.

5. « Je/*Nous méritons et assumons la responsabilité* de réaliser la vision. J'ai/Nous avons la permission de réaliser la vision et cela dépend de moi/nous ».

	Tête	0	1	2	3	4	5	6	7	8	9	10

	Cœur	0	1	2	3	4	5	6	7	8	9	10

	Tripes	0	1	2	3	4	5	6	7	8	9	10

Réfléchissez aux notes pour chaque déclaration. Quels sont les plus fortes ? Où existe-t-il des zones de doute, d'incertitude ou de conflit ? Qu'est-ce que l'évaluation porte à votre attention en ce qui concerne les domaines nécessitant une reconnaissance ou une attention particulière ? Pouvez-vous penser à d'autres ressources ou des expériences de référence qui vous aideraient à renforcer votre confiance dans les domaines où vous manquez d'assurance ?

Utiliser des Mentors et des Modèles de Rôle pour Construire la Confiance et Renforcer la Croyance

Les croyances habilitantes sont souvent construites en relation avec la rétroaction et le renforcement des autres. Notre sens de l'identité et de la mission, par exemple, est généralement défini par rapport à d'autres personnes significatives qui servent à nous relier à notre objectif supérieur.

Parce que l'identité et la mission forment le cadre plus large qui entoure nos croyances et nos valeurs, établir ou se souvenir de relations significatives peut exercer une forte influence sur les croyances. Ainsi, la clarification des relations clés et des messages reçus dans le contexte de ces relations facilite souvent spontanément les changements de croyances. Les relations clés qui renforcent notre sentiment de confiance et nos croyances se présentent souvent sous la forme de modèles et de mentors.

Les mentors sont généralement des personnes importantes qui nous ont aidés à découvrir nos propres compétences inconscientes et à renforcer les croyances et les valeurs-généralement par leur propre exemple. Les mentors sont en général des personnes qui ont contribué à façonner ou à influencer notre vie de manière positive en « résonnant » avec, en libérant ou en dévoilant quelque chose de profond en nous. L'identification de tels mentors en rapport aux croyances dans le processus d'Évaluation des Croyances Gagnantes peut aider à renforcer spontanément notre confiance et notre congruence.

Vous pouvez le faire à un niveau personnel en suivant les étapes ci-dessous :

1. De quelles ressources ou connaissances internes auriez-vous besoin pour être plus congruent ou confiant ? Où auriez-vous le plus besoin d'expérimenter cette ressource ou ces connaissances (tête, cœur ou tripes) ?

2. Qui serait votre mentor ou votre modèle pour ces connaissances ou cette ressource ?

3. Mettez-vous dans la peau de votre mentor ou de votre modèle et regardez-vous à travers ses yeux (deuxième position). Quel message ou conseil cette personne pourrait-elle vous donner ?

4. Revenez à votre propre perspective (première position) et recevez le message. Comment augmente-t-il votre degré de confiance et de congruence ?

J'AI BESOIN DE PLUS DE CONFIANCE

ATTENDEZ! MON PÈRE ÉTAIT TRÈS CONFIANT!

C'EST INTÉRESSANT DE SE METTRE À SA PLACE (« ENFILER SES GODASSES »)... IL ME DISAIT : « SI VOUS DEVEZ DOUTER DE QUELQUE CHOSE, DOUTEZ DE VOS LIMITES. »

DÉJÀ PLUS CONFIANT!

Identifier des mentors personnels peut vous aider à renforcer spontanément votre confiance et votre congruence.

Évaluer et Construire un Système de Croyances Gagnant dans un Groupe

Lorsque vous travaillez avec un groupe ou une équipe, les mêmes déclarations peuvent être utilisées pour évaluer le degré de croyance de tous les membres du groupe concernant la vision et l'ambition de l'entreprise. L'identification de zones de doute communes aux personnes indiquerait des domaines de préoccupation clés pour l'équipe dans son ensemble. Lorsqu'il y a des différences dans le classement des différentes croyances, les personnes qui ont une confiance plus élevée peuvent avoir des ressources, des connaissances ou des expériences susceptibles d'aider à augmenter le niveau de confiance des autres. Ces personnes peuvent devenir des mentors internes pour le reste de l'équipe, contribuant à augmenter leur sentiment d'assurance et de conviction.

À titre d'exemple, dans *SFM Vol. II* (pp. 101 – 113), j'ai présenté quelques éléments clés de l'intervention que j'ai faite pour la société d'apprentissage en ligne CrossKnowledge. Comme je l'ai expliqué, CrossKnowledge a été lancé aux débuts de l'apprentissage en ligne par quatre fondateurs. Durant les premières années, la société avait essentiellement un rôle de pionnier et leur défi consistait à convaincre les organisations que l'apprentissage en ligne était une méthode de formation viable. Ils y sont parvenus et ont construit une niche dans l'industrie en pleine croissance.

Mais après quelques années de croissance et de réussite considérables, l'entreprise a connu en 2009 une période de transition difficile. Outre les conséquences d'une crise financière mondiale, le secteur avait mûri et le marché avait évolué. De plus en plus d'acteurs de taille commençaient à entrer sur le marché de l'apprentissage en ligne, y compris de grandes organisations avec des budgets marketing beaucoup plus importants. Les fondateurs de l'entreprise se sont donc rendus compte que pour rester compétitifs, ils devaient clarifier leur mission (spécifier leur contribution unique) et ajuster leur ambition à l'évolution du marché. Cela signifiait qu'ils devaient anticiper la direction que prenait le secteur de l'apprentissage en ligne, réajuster leur orientation commerciale et modifier leurs priorités, puis aligner toute leur équipe sur la nouvelle voie. En outre, ils devaient le faire vite ou ils resteraient sur la touche.

Nous avons organisé un événement pour les 160 membres de l'entreprise dans un grand centre de conférence. J'avais coaché les fondateurs et Michael Ohana, le PDG, sur la manière de clarifier et de communiquer la vision, la mission, l'ambition et le rôle actualisés de l'entreprise. Les 160 personnes ont reçu du papier et du matériel de dessin, et chacune a dessiné son image de ce que cette vision signifiait pour elle en tant qu'individu dans son rôle dans l'entreprise. Les personnes ont

Les co-fondateurs de CrossKnowledge ont compris l'importance de construire un système de croyances gagnant dans leur entreprise et ont organisé un événement inspirant pour leurs employés et partenaires.

formé des groupes, comparant et recherchant une résonance et une synergie concernant leur perception de la vision, de la mission, de l'ambition et du rôle révisés de l'entreprise. Nous avons ensuite mis tous les dessins sur les murs de la salle de conférence afin que l'équipe soit entourée par les images que la présentation du PDG avait générées. C'était un « champ » très inspirant.

L'étape suivante consistait à faire une évaluation collective *des croyances*. Nous avons guidé toute l'équipe à travers les cinq énoncés de croyances présentés dans le *Processus d'Évaluation des Croyances* concernant la vision qu'ils avaient projetée sur les murs par leurs propres dessins. Nous leur avons demandé d'être honnêtes avec eux-mêmes dans l'estimation du niveau d'évolution future qu'ils pensaient possible.

Si les gens avaient une faible notation pour une ou plusieurs croyances, ils n'étaient pas mis en demeure d'admettre ou expliquer pourquoi ils doutaient (et risquaient d'être licenciés). Par contre, ceux qui avaient donné une note élevée pour une ou plusieurs affirmations ont été invités à partager les raisons de leur confiance en tant que mentors et modèles. Chaque fois qu'une personne partageait ses raisons de croire en l'avenir de l'entreprise, le niveau de confiance de toute la salle semblait s'élever de manière palpable, créant un champ d'énergie et d'enthousiasme.

La dernière partie de l'événement consistait à ce que chacune des 160 personnes s'engage envers les membres de son équipe sur des actions spécifiques qu'elle mettrait en œuvre dans les jours, semaines et mois à venir pour soutenir la création de l'avenir de l'entreprise.

L'événement a été un grand succès et l'entreprise a pu réaliser une nouvelle période d'expansion et de croissance. Des années plus tard, ceux qui avaient participé à l'événement en parlaient encore comme d'un temps fort de leur vie dans l'entreprise. Et les nouveaux employés ont entendu parler de l'événement comme d'un point de référence clé dans leur introduction à l'entreprise et à sa culture.

Comme je l'explique dans *SFM Vol. II*, les étapes suivies par les quatre fondateurs de CrossKnowledge ont ouvert une voie de réussite continue. En 2014, l'entreprise était passée à plus de 200 employés, avec 37 millions de dollars de recettes, elle avait atteint 5 millions d'utilisateurs finaux (puis 8 millions en 2016) dans plus de 80 pays. Ils ont été acquis par le géant de l'édition Wiley en avril 2014 pour 175 millions de dollars en numéraire, faisant de chacun des quatre fondateurs un multimillionnaire.

Les fondateurs de CrossKnowledge ont partagé leur vision, leur mission et leur ambition pour l'entreprise et ont invité l'équipe à faire le processus d'évaluation des croyances pour la co-création de l'avenir de l'entreprise.

Un bon entraîneur soutient les membres de son équipe dans leur développement personnel et professionnel et fournit un exemple de la façon d'être efficace et digne de confiance.

Les gens adhèrent au leader avant de souscrire à la vision.
John Maxwell – *The 21 Indispensable Qualities of a Leader (Les 21 qualités indispensables à un leader)*

Sur les questions de style, nage avec le courant ; sur les questions de principe, sois solide comme un roc.
Thomas Jefferson

Le Coaching pour Développer les Personnes et Incarner les Valeurs

Le coaching est l'une des actions de leadership les plus importantes pour stimuler l'innovation, accroître la résilience et améliorer l'aptitude pour le futur. *Le Coaching* implique la capacité à être un *guide* et un *formateur*. Un bon coach connaît son équipe et l'aide à évoluer grâce à un développement suivi et étudié en continu qui favorise l'intégration et la cohésion. Il ou elle favorise le développement continu, en offrant des occasions d'enseignement qui évaluent les expériences positives et négatives.

Le coaching est basé sur la capacité à *respecter* les personnes et à les *écouter* attentivement, délibérément et avec considération. Il exige la reconnaissance du potentiel individuel et la prise de responsabilité pour le développement de ces compétences en tant qu'atouts afin de récolter le potentiel sous-utilisé. Ainsi, un coach accorde une attention égale aux individus et à l'équipe. Les coachs sont capables de communiquer personnellement, de prendre en compte les émotions des autres et d'offrir un soutien pendant les périodes d'incertitude.

Le coaching est nécessaire pour développer les personnes et pour manifester les valeurs. Un accompagnement efficace exige la capacité à créer des expériences de référence pour les collaborateurs, ce qui ancre le savoir dans leur réalité quotidienne. Cela nécessite également la capacité à superviser et donner un retour d'information. Un bon coach est également compétent pour construire une équipe et promouvoir une culture commune et des valeurs partagées entre les membres de l'équipe.

L'action de coaching, ou accompagnement, est soutenue par trois qualités personnelles clés : *cohérence, motivation* et *exemplarité*. L'exemplarité est la qualité la plus associée au coaching. Être un bon *exemple,* c'est être un point de référence crédible et digne de confiance – c.à.d. un modèle à suivre. Cela implique également la capacité à offrir des suggestions et démontrer comment apprendre de l'expérience. Être un exemple a trait à la congruence entre « message » et « messager ».

En résumé, le Coaching, en tant qu'action de leadership, implique les capacités à :

- Développer l'expérience et les compétences des personnes
- Guider les gens dans leur processus d'apprentissage
- Écouter avec attention
- Bâtir la confiance
- Développer l'esprit d'équipe

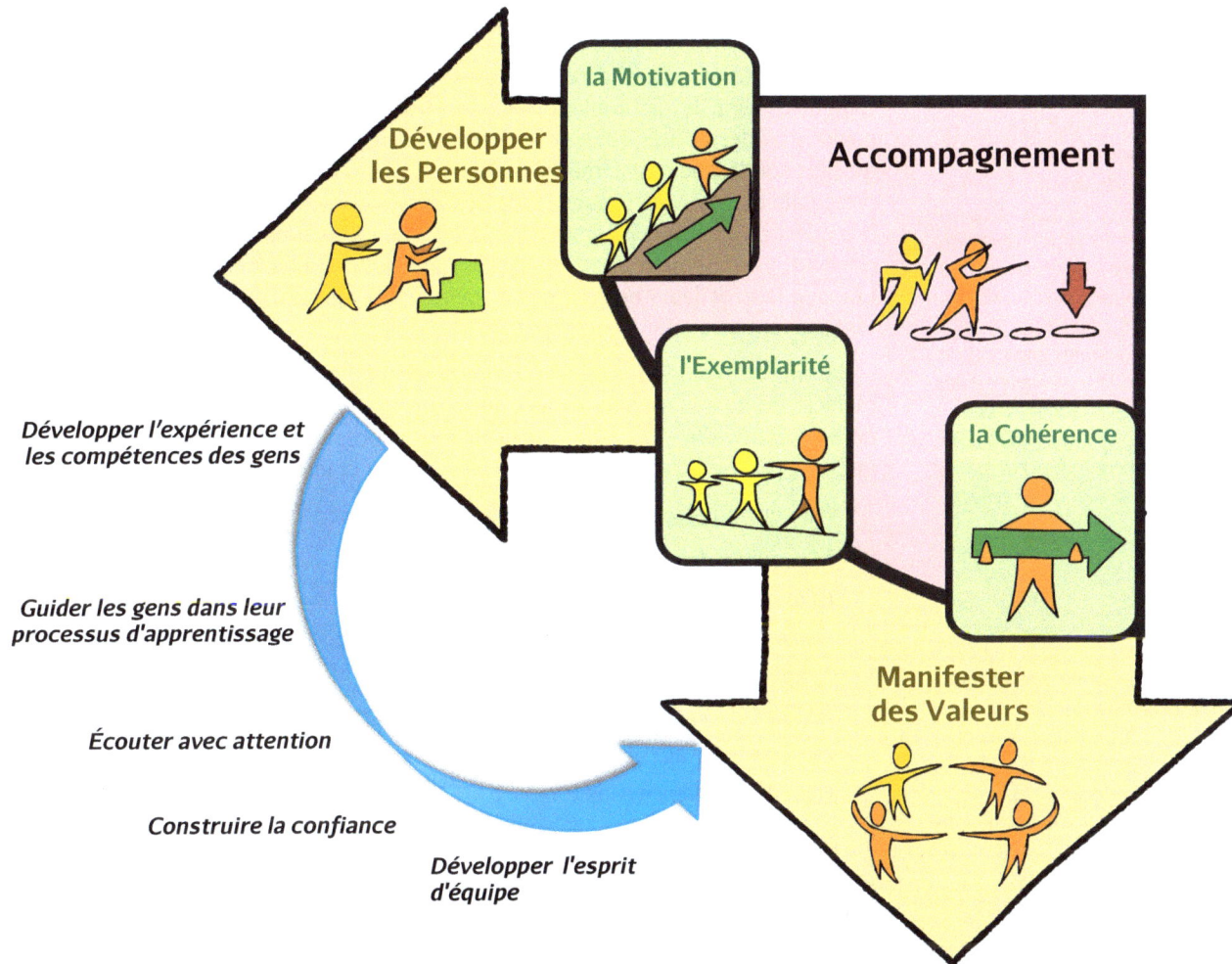

la Motivation

Développer
les Personnes

Accompagnement

l'Exemplarité

la Cohérence

Manifester
des Valeurs

Développer l'expérience et
les compétences des gens

Guider les gens dans leur
processus d'apprentissage

Écouter avec attention

Construire la confiance

Développer l'esprit
d'équipe

L'accompagnement exige d'être un exemple efficace, de faire preuve de cohérence et de motivation, et il est nécessaire pour développer les gens et manifester les valeurs.

De nombreuses entreprises ont ce qu'elles appelleraient des valeurs fondamentales ou des principes directeurs ou autre. Mais le problème, c'est qu'ils sont très nobles, ils se lisent comme un communiqué de presse du département marketing. On dirait les valeurs de vos concurrents. Et peut-être que vous en entendez parler lors de votre premier jour de travail, mais cela devient cette plaque sans signification sur le mur du hall. Eh bien, nous voulions arriver à des valeurs fondamentales engageantes, qui appellent l'adhésion. Et par engageantes, nous voulons dire que nous sommes prêts à embaucher ou à licencier des gens en fonction de ces valeurs complètement indépendamment de leur performance professionnelle réelle.

Tony Hsieh – Zappos

La définition des valeurs c'est qu'il s'agit des comportements ou des principes auxquels vous adhérez religieusement au sein de votre entreprise. Et quand je dis « religieusement », je veux dire qu'aucune masse de données ne vous détournera de ces principes. Et le degré auquel vous avez le courage de maintenir votre conviction autour de ces idées est le degré auquel vous allez réussir à long terme.

Andrew Mason – Groupon

Nos objectifs sont l'expression tangible de nos valeurs.

Manifester les Valeurs

Un objectif fondamental du coaching est d'aider les gens à incarner des valeurs critiques. Selon le dictionnaire Webster, les *valeurs* sont des « principes, des qualités ou des entités qui sont intrinsèquement valables ou désirables ». Parce qu'elles sont associées au mérite, au sens et au désir, les valeurs sont une source principale de motivation dans la vie des gens – elles sont une autre réponse clé à la question *pourquoi* ? Lorsque les valeurs des gens sont respectées ou correspondent, ils ressentent un sentiment de satisfaction, d'harmonie ou de rapport. Lorsque leurs valeurs ne sont pas respectées ou concordantes, les gens se sentent souvent insatisfaits, incompatibles ou violés.

À titre d'exploration de vos propres valeurs, réfléchissez un instant à la manière dont vous répondriez aux questions suivantes : « En général, qu'est-ce qui vous motive ? » « Qu'est-ce qui est le plus important pour vous ? » « Qu'est-ce qui vous pousse à l'action, ou 'vous fait sortir du lit le matin' ? »

Voici quelques réponses possibles :

M'acquitter de mes Responsabilités

Faire mes Preuves

Obtenir de la Reconnaissance

M'amuser

Réaliser Quelque Chose

Me Connecter aux Autres

Faire une différence dans le monde

Des valeurs comme celles-ci influencent et orientent grandement les résultats que nous fixons, les choix que nous faisons et les actions dans lesquelles nous déployons le plus d'efforts. Les objectifs que nous nous fixons sont en fait l'expression tangible de nos valeurs. Une personne qui a pour objectif de « créer une équipe efficace », par exemple, valorise très probablement le fait de « travailler avec les autres ». Une personne dont le but est d'« augmenter les profits » valorise probablement le « succès financier ». De même, une personne qui a une valeur de « sécurité » établira des objectifs liés à la stabilité et à la sécurité dans sa vie personnelle ou professionnelle. Une telle personne recherchera des résultats différents de ceux d'une personne qui valorise la « flexibilité », par exemple. Une personne qui attache de l'importance à la sécurité peut apprécier un emploi de 9h00 à 17h00 avec un salaire régulier et des tâches bien établies. Une personne qui valorise la flexibilité, en revanche, pourrait chercher un travail comportant une gamme de tâches et des horaires variables.

Types de Valeurs

En philosophie, on distingue généralement **les valeurs instrumentales** – ce qui est bon comme *moyen* d'atteindre une fin (la « durabilité » ou la « richesse », par exemple) – et **les valeurs intrinsèques** – ce qui est bon *en tant que fin en soi* (le « bonheur » ou l'« harmonie »). Nos **valeurs fondamentales** sont généralement des « valeurs intrinsèques ». Elles sont liées à notre identité. Les valeurs instrumentales sont celles que nous adoptons, souvent sur une base temporaire, pour atteindre quelque chose (afin de soutenir nos valeurs fondamentales). Elles sont liées à nos objectifs.

Clarifier et donner la priorité aux valeurs qui nous mèneront au « prochain niveau » de nos vies et de nos projets consiste souvent à mettre l'accent sur des valeurs instrumentales qui sont les « moyens » d'accéder à cette fin. Des conflits peuvent cependant surgir lorsque des valeurs instrumentales produisent des actions qui ne sont pas alignées sur nos valeurs fondamentales – c.à.d. que les « moyens » et les « fins » ne sont pas alignés. Par exemple, la valeur instrumentale de « concentration » peut entrer en conflit avec une valeur fondamentale « d'harmonie » si la valeur de concentration produit des actions qui perturbent notre sens de l'harmonie.[1]

Relier et aligner (ou « raccorder ») les valeurs est une compétence importante pour les leaders. Je présenterai plusieurs façons de le faire dans cet ouvrage.

L'« Harmonie »est une valeur fondamentale de notre entreprise. C'est le guide pour tout ce que nous faisons et fabriquons. C'est ce dont nous voulons apporter plus au monde entier.

L'équité est une valeur instrumentale. Cela nous aide à rester en bonne harmonie.

---

1. Dans ces cas, il peut être utile de recourir à des processus tels que le Tetralemme (décrit dans *SFM vol. II*, p. 306 à 309).

Clarifier les Valeurs

Pour réussir dans nos vies ou nos entreprises, il est utile de clarifier et de prioriser nos valeurs intrinsèques (noyau) et instrumentales, et de s'assurer qu'elles se complètent. Commencez par énumérer vos cinq principales valeurs fondamen- tales et les cinq principales valeurs que vous devez adopter ou renforcer pour passer au niveau supérieur de votre vie ou de votre entreprise. Assurez-vous qu'elles se complètent.

Valeurs Fondamentales	Valeurs Instrumentales

Mettre les Valeurs en Action

Les valeurs elles-mêmes ne peuvent pas produire d'actions. Leur fonction est d'apporter de l'attention et de l'énergie à des classes particulières de comportements. Mettre les valeurs en action sous une forme concrète implique de les relier aux *capacités* qui les soutiennent et aux *comportements* spécifiques exprimant une valeur particulière de façon congruente dans un *environnement* particulier.

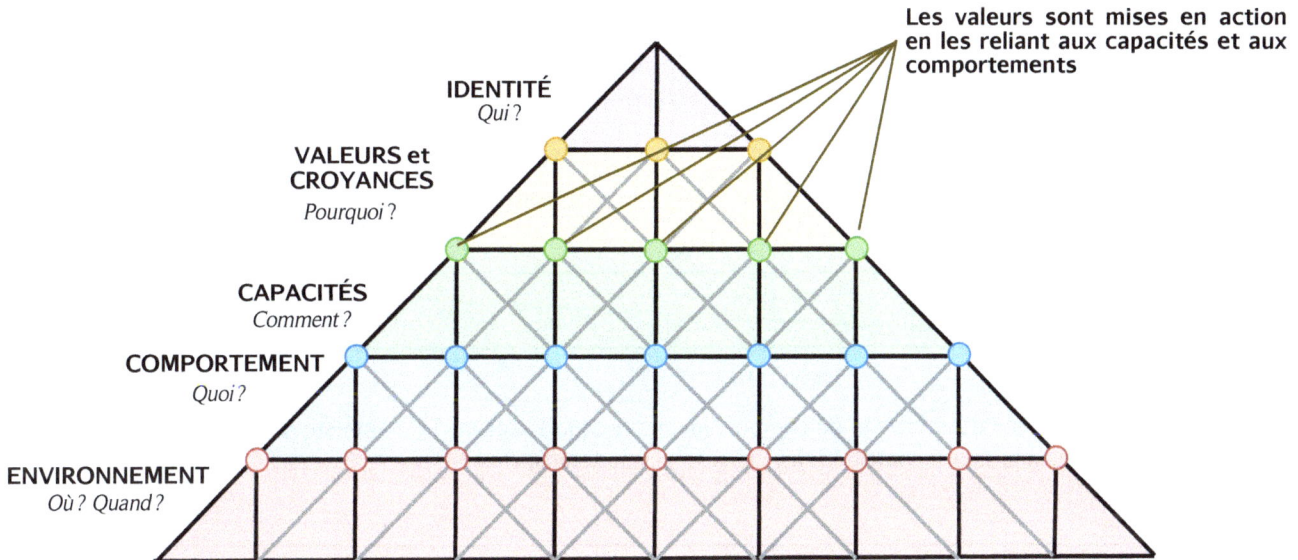

Les valeurs sont mises en action en les reliant aux capacités et aux comportements

IDENTITÉ
Qui ?

VALEURS et CROYANCES
Pourquoi ?

CAPACITÉS
Comment ?

COMPORTEMENT
Quoi ?

ENVIRONNEMENT
Où ? Quand ?

Le but de l'exercice suivant est de définir les autres niveaux de facteurs nécessaires pour établir efficacement les valeurs que nous voulons mettre en pratique. Pour vivre ses valeurs avec authenticité et congruence, une personne doit avoir les compétences et les capacités nécessaires pour évaluer les situations et prendre des décisions sur les actions qui correspondent à ces valeurs. Des compétences et des capacités spécifiques sont nécessaires pour pouvoir sélectionner et mettre en œuvre les comportements qui expriment des valeurs particulières dans des environnements très différents.

L'expression spécifique des valeurs est généralement représentée par un portefeuille de comportements à sélectionner et mettre en œuvre dans des environnements clés. Le but de l'exercice suivant est de vous aider à définir et à aligner les autres niveaux de processus nécessaires pour mettre les valeurs en action de manière congruente et cohérente dans votre vie personnelle et professionnelle.

Choisissez un moment de leadership où il est important pour vous de « faire ce que vous dites » et de donner un exemple cohérent d'une valeur fondamentale pour votre entreprise.

1. Quelle est la valeur (le pourquoi) à mettre en œuvre (par ex. « concentration », « équilibre », « connexion », etc.) ?

   _____

2. Quelles sont les capacités clés (le comment) nécessaires pour établir et mettre en œuvre cette valeur (par ex. la communication, la créativité, les rapports, etc.) ?

   _____   _____

   _____   _____

   _____   _____

3. Quel « portefeuille » d'activités et de comportements (le quoi) exprime et manifeste le mieux cette valeur (par ex. écouter, reconnaître les contributions, me réserver du temps, etc.) ?

   _____   _____

   _____   _____

   _____   _____

4. Quels sont les environnements ou contextes significatifs (où et quand) dans lesquels il est le plus important d'exprimer cette valeur (par ex. réunions d'équipe, devant l'ordinateur, interactions avec les clients, etc.) ?

   _____   _____

   _____   _____

   _____   _____

Création d'un État Aligné

La qualité intérieure la plus associée au coaching est *l'exemplarité*. Cela implique « d'*être le changement que vous voulez voir* » chez les autres selon les mots du Mahatma Gandhi. Comme nous l'avons vu à maintes reprises dans nos différents Exemples de Cas de Facteurs de Succès, être un entrepreneur efficace ou un leader conscient implique de se connecter fortement à notre passion et d'agir conformément à notre vision, mission, ambition et rôle. Comme le souligne l'ancien adage, « Les actions parlent plus fort que les mots ». Notre plus grande influence en tant qu'entrepreneur ou leader est notre propre exemple.

Les entrepreneurs qui réussissent vraiment et les dirigeants conscients sont ceux dont les actions sont alignées sur leurs capacités, leurs croyances, leurs valeurs et leur sentiment d'identité par rapport à leur mission ou à leur objectif, leur rôle au sein du système auquel ils participent et leur vision du système plus large dont ils font partie (l'« holarchie »).

La notion de différents « niveaux » de facteurs de succès nous fournit une feuille de route puissante pour aligner les différentes dimensions de nous-mêmes afin de gérer les moments de leadership et de réaliser nos ambitions et nos visions.

Les actions des entrepreneurs qui réussissent et des leaders conscients sont alignées sur leurs capacités et à l'appui de leurs croyances et valeurs, leur sens de l'identité et leur objectif supérieur.

Processus d'Alignement des Niveaux

Le processus d'alignement des niveaux est l'un des plus courants et des plus efficaces que je fais avec moi-même et mes collaborateurs et clients. Le *Processus d'Alignement des Niveaux* est une façon d'accéder et connecter systématiquement les expériences et les ressources associées à chacun de ces différents niveaux de facteurs de succès que nous avons explorés dans ce livre. En considérant les ressources à chacun des différents niveaux de changement, une personne peut aligner tous ces niveaux au service de sa vision et de sa mission. Cela nous permet de rester connecté avec notre objectif supérieur et de fournir un exemple puissant et efficace aux autres.

Feuille de Travail d'Alignement des Niveaux

Pour parcourir le processus, choisissez l'un des moments de leadership que vous avez identifiés plus tôt dans ce chapitre. Entrez dans votre état COACH et remplissez les déclarations ci-dessous en répondant à la question correspondante.

1. Quel est l'*environnement* dans lequel vous voulez rester en contact avec votre objectif supérieur et donner un bon exemple ?

   Quand et *où* voulez-vous ou devez-vous être un exemple efficace ? Quel sera le contexte extérieur de la situation ?

   Dans le contexte de _____

2. Quels sont vos objectifs et actions spécifiques dans ce contexte ?

   Que devez-vous faire en particulier dans ce contexte ? Quel est le comportement associé au fait d'être un bon exemple dans cette situation ?

   Je veux _____

3. Quelles *capacités* sont nécessaires pour rester connecté à votre objectif supérieur et fournir un bon exemple dans le contexte choisi ?

   Comment serez-vous un bon exemple ? Quelles capacités, en termes de jeu intérieur et extérieur, sont nécessaires pour guider vos actions dans ce contexte ? Quelles qualités intérieures (vision, ouverture, cohérence, motivation, générosité, ambition, détermination, etc.) sont nécessaires pour soutenir les actions que vous avez définies ?

   J'utiliserai mes capacités à _____

4. Quelles *croyances* et *valeurs* s'expriment ou seront validées en atteignant vos objectifs dans ce contexte ?

   Quelles sont les valeurs exprimées par vos actions et capacités ?

   Je veux faire cela parce que j'apprécie _____

Pourquoi utiliserez-vous ces qualités et capacités intérieures particulières pour atteindre ces objectifs ? Quelles croyances motivent vos pensées et votre activité ?

Je crois _____

5. Quelle est votre *identité* ou votre rôle par rapport aux objectifs et les croyances et valeurs qui y sont associées ? (Pensez en termes de symbole ou de métaphore pour répondre à cette question.)

Qui êtes-vous si vous mobilisez ces croyances, valeurs, capacités et comportements particuliers dans ce contexte particulier ?

Je suis (ou je suis comme) _____

Quelle est votre mission dans ce contexte ?

Ma mission est de _____

6. Quelle est votre *vision* du système plus vaste dans lequel vous opérez ?

Quel est le monde que vous essayez de créer auquel les gens voudront appartenir ?

Ma mission est au service de la vision plus large de_____

_____

Le Processus d'Alignement des Niveaux peut également être appliqué aux groupes et aux équipes. En fait, dans *SFM Vol. II* (pp. 282 – 283), je présente un processus d'alignement des équipes et une feuille de travail. Au début du processus, chaque membre de l'équipe doit identifier sa compréhension de la vision et de la mission de toute l'équipe. Puis chacun doit définir la conception qu'il a de son rôle, ses valeurs et priorités, ses croyances et présupposés, ses capacités, ses tâches et les contextes dans lesquels il ou elle agira pour soutenir la vision et la mission de l'équipe.

Partager pour Promulguer des Valeurs et Promouvoir le Changement

Comme l'ont montré les exemples de Charles Matthews et Roll Royce et le Dr Lim Suet Wun à l'hôpital Tan Tock Seng, l'action de leadership de Partage peut être l'un des facteurs de succès les plus critiques en période d'adversité et d'incertitude. *Le partage* implique *l'échange d'informations* et de *savoir-faire*. Il exige le partage des connaissances et la promotion du dialogue entre les personnes. Pour les entrepreneurs et les leaders, un autre aspect important du partage consiste à définir la vision et les objectifs du projet ou de l'entreprise, et à clarifier les valeurs fondamentales et « les règles du jeu » ; comme Steve Jobs attendait l'excellence de tous ceux avec qui il a travaillé.

Le partage est le fondement de l'intelligence collective et de la collaboration générative.

Le partage est fondé sur la capacité à *impliquer* les gens dans le processus de résolution des problèmes et de réalisation des objectifs en les incluant dans des réunions au cours desquelles des idées et des informations sont échangées. Cela soutient le développement de l'intelligence collective, de la collaboration générative, de la sagesse et d'un réel consensus sur les buts et les résultats (par opposition à la « pensée de groupe »). Un partage efficace résulte de la facilité d'accès aux ressources et de la garantie de leur accessibilité pour tous. Il exige également l'assurance que les mêmes valeurs et règles s'appliquent à tous.

Le partage est l'activité principale tant pour promouvoir le changement que pour manifester des valeurs. La capacité à partager est fondée sur la capacité de promouvoir une *communication* ouverte et l'*échange* d'idées, visions et énergie. Cela nécessite de créer un environnement sûr pour des échanges authentiques, puis, comme l'a dit Charles Matthews, « de donner aux gens une boîte à outils de techniques pratiques de résolution de problèmes et de les autonomiser ». Cela implique également la capacité de présenter des idées de différentes manières et d'intégrer *des perspectives multiples*.

Un partage efficace exige la capacité à impliquer les gens dans le processus de résolution des problèmes et de réalisation des objectifs en les incluant dans les réunions, en accueillant des perspectives multiples et en créant un environnement sûr pour un échange authentique.

L'action de partage est soutenue par trois qualités intérieures clés : *cohérence*, *vision* et *ouverture*. L'ouverture est la qualité la plus associée au partage. *L'ouverture* est le fruit de la curiosité et de la réceptivité aux nouvelles idées. Il exige aussi que l'on soit capable de faire confiance aux autres, bâtissant ainsi la confiance, l'estime et le respect mutuels. Parmi les autres caractéristiques liées à l'ouverture, on peut citer le fait d'être clair et direct, d'être prêt à être contesté et de reconnaître et d'admettre ses erreurs.

Pour résumer, l'action de leadership du partage nécessite des capacités à :

- Créer un environnement ouvert pour l'interaction
- Partager les informations et le savoir-faire
- Rechercher un consensus authentique
- Décrire une vision/direction claire
- Faciliter l'accès aux ressources

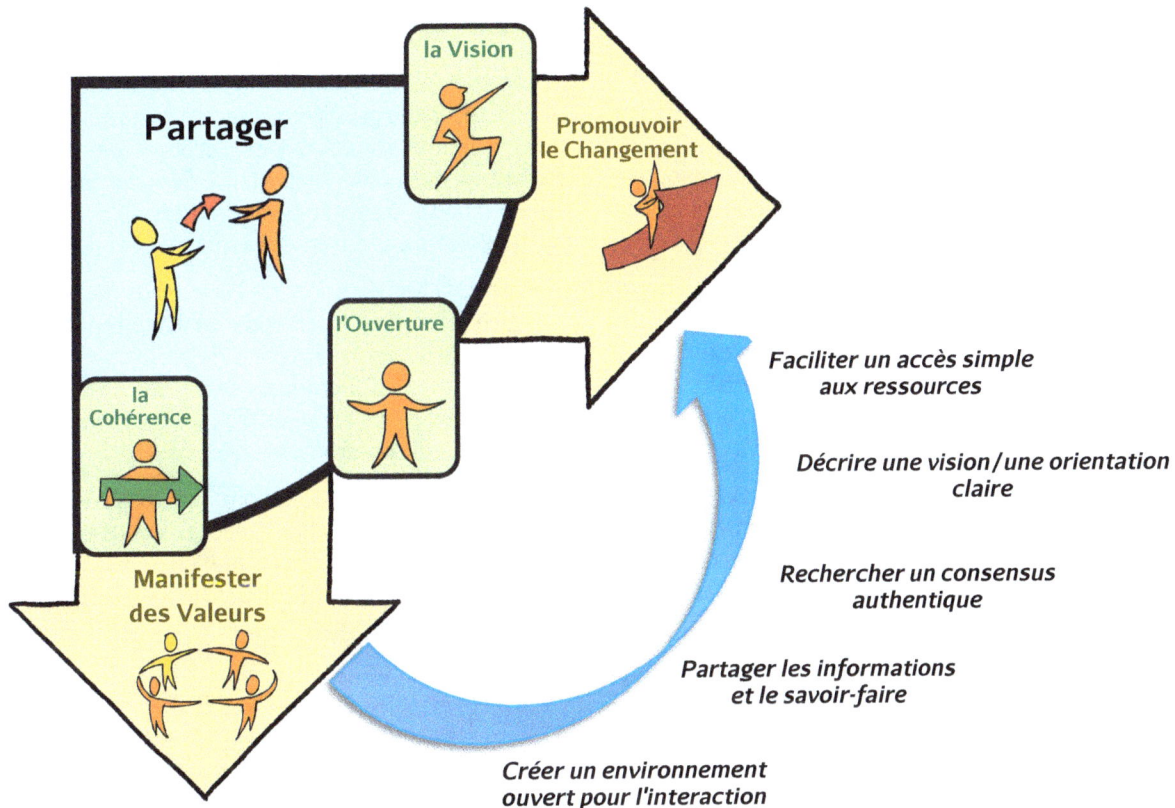

Partager

la Vision

l'Ouverture

la Cohérence

Promouvoir le Changement

Manifester des Valeurs

Faciliter un accès simple aux ressources

Décrire une vision/une orientation claire

Rechercher un consensus authentique

Partager les informations et le savoir-faire

Créer un environnement ouvert pour l'interaction

Le partage nécessite ouverture, vision et cohérence et il est nécessaire pour promouvoir le changement et manifester les valeurs.

Le deuxième volume de la série Modélisation des Facteurs de Succès, *La Collaboration Générative : Libérer le Pouvoir Créatif de l'Intelligence Collective*, est essentiellement consacré à l'action de Partage. Il offre de nombreux supports et exercices pour promouvoir la communication ouverte, faciliter l'échange d'idées, de visions et d'énergie, intégrer des perspectives multiples et impliquer les gens dans le processus de résolution des problèmes et d'atteinte des objectifs. Dans ce tome, je me concentrerai principalement sur l'application du Partage à la promotion du changement par la résolution collective de problèmes.

Appliquer le Partage à la Résolution Collective de Problèmes

La promotion du changement et la manifestation des valeurs sont souvent une fonction de la résolution des problèmes. L'un des principaux objectifs du partage est de catalyser et de diriger l'intelligence collective et la collaboration générative entre les membres de l'équipe. Charles Matthews a mentionné l'importance de « donner aux gens une boite à outils de techniques pratiques de résolution de problèmes » comme clé de son succès à aider Rolls Royce Motorcars à se relever de sa situation de crise.

L'une des grandes forces de la Modélisation des Facteurs de Succès réside dans les outils et les méthodes qu'elle fournit pour résoudre concrètement les problèmes. Pour explorer certaines façons de diriger le processus de partage vers la résolution collective de problèmes, nous devons d'abord nous demander : « Qu'est-ce qu'un problème ? Qu'est-ce qui fait que quelque chose pose problème ? Quels sont les éléments importants à définir en ce qui concerne le problème ? »

Du point de vue de SFM, si vous n'avez aucun objectif, vous n'avez aucun problème. C'est à dire, si vous ne voulez pas être ailleurs que là où vous êtes, vous n'avez aucun problème. En fait, le processus d'établir un objectif crée souvent un problème. Le problème est l'écart entre votre état actuel et votre état désiré, et les questions qui doivent être traitées pour atteindre l'état désiré.

Ainsi, dans SFM, un « problème » est généralement défini comme la différence ou l'écart entre l'état actuel et l'état désiré. Si vous ne voulez réellement être nulle part ailleurs que là où vous êtes actuellement, vous n'avez pas de problème. Mais dès que vous vous fixez un objectif ou un résultat, vous avez créé un problème, car vous voulez changer quelque chose à propos de votre état actuel afin d'atteindre un état désiré. Les ressources sont les actions, les opérations et les cartes qui vous permettent de passer d'un état présent à un état désiré. Une « solution » consiste à identifier et mettre en application des ressources appropriées à un état actuel, ce qui vous mène à l'état désiré.

Un élément clé d'une résolution de problème efficace consiste à définir la totalité de *l'espace problème*. L'espace problème n'est pas seulement l'espace physique associé à un problème. Les relations, les valeurs, les perceptions et les croyances peuvent toutes contribuer à l'espace problème. L'espace problème est défini par les éléments, à la fois physiques et immatériels, qui créent le problème ou y contribuent.

Pour résoudre un problème, il est nécessaire de trouver un « espace solution ». Un *espace solution* contient des alternatives et des ressources qui nous permettent de surmonter, de transformer ou d'éviter le problème. Cependant, si les alternatives et les ressources disponibles dans l'espace solution ne sont pas suffisantes pour traiter tous les éléments de l'espace problème, une solution insuffisante apparaîtra. L'espace solu-

Les leaders pensent et parlent en termes de solutions. Les suiveurs pensent et parlent en termes de problèmes.
Brian Tracy

Le leadership résout des problèmes. Le jour où les gens cessent de vous apporter leurs problèmes c'est le jour où vous avez arrêté de les guider. Soit ils ont perdu confiance en votre aide, soit ils ont conclu que vous ne vous en souciez pas. Dans les deux cas, c'est un échec du leadership.
Colin Powell

Un « problème » peut être défini comme la différence ou l'écart entre l'état actuel et l'état désiré.

Afin de résoudre un problème, il est nécessaire de trouver un « espace solution » qui contient des alternatives et des ressources qui nous permettent de surmonter, de transformer ou d'éviter le problème.

tion doit être plus vaste que l'espace problème. C'est possible de mettre en œuvre des solutions inadéquates parce qu'elles ne répondent pas à tous les éléments du problème.

Les méthodes efficaces de résolution de problèmes doivent donc remplir deux fonctions de base : 1) enrichir et clarifier notre perception de l'espace problème, et 2) définir ou créer un espace solution suffisamment large pour aborder tous les aspects pertinents de l'espace problème.

Nous devons d'abord comprendre les variables qui créent l'espace problème avant de pouvoir trouver une solution. Le principe de base pour trouver un espace solution c'est que vous ne *pouvez pas résoudre le problème avec le même type de raisonnement que celui qui crée le problème.* Pour reprendre les mots d'Albert Einstein, « Notre pensée crée des problèmes que le même type de pensée ne peut résoudre ». Une carte qui nous conduit dans un espace problème peut ne pas nous indiquer la sortie. Tout l'enjeu de la résolution de problème créative est de trouver une façon de penser qui n'est pas du même type que celle qui crée le problème.

Le but de la résolution de problèmes créative est de trouver une façon de penser au problème qui n'est pas du même type que celle qui crée le problème en premier lieu.

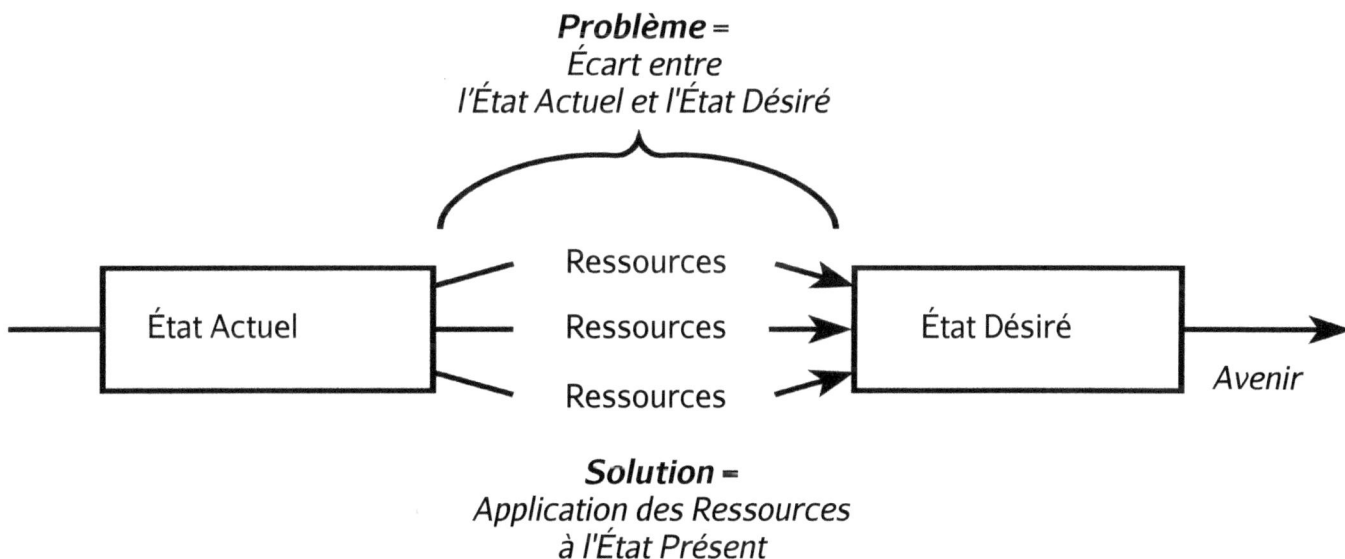

Un « Problème » est l'Écart entre l'État Actuel et l'État Désiré d'une Personne

Le modèle S.C.O.R.E.

Fondamentalement, un « espace problème » est défini par la relation entre l'objectif ou le *résultat*, le type de *symptômes* qui font obstacle à l'obtention du résultat, les *causes* de ces symptômes, les *effets* souhaités à plus long terme par l'obtention du résultat et les *ressources* qui aideront à transformer les causes des symptômes et étayer l'obtention du résultat. Ce sont les éléments du *Modèle S.C.O.R.E.* :

Le modèle S.C.O.R.E. fournit une structure permettant de définir les éléments clés nécessaires pour comprendre et résoudre un problème.

1. **S**ymptômes – typiquement les aspects les plus visibles et les plus concrets d'un problème actuel ou d'un état problème.

2. **C**auses – les éléments sous-jacents responsables de la création et du maintien des symptômes. Ils sont généralement moins évidents que les symptômes qu'ils produisent. Les symptômes du « jeu extérieur », par exemple, sont parfois causés par des limitations dans les « jeux intérieurs » des gens.

3. **O**bjectifs – l'état ou les comportements particuliers qui prendront la place des symptômes.

4. **R**essources – les éléments sous-jacents (actions, compétences, outils, croyances, etc.) responsables d'éliminer les causes des symptômes et d'atteindre et de maintenir les résultats souhaités.

5. **E**ffets – les résultats à long terme de l'obtention d'un résultat particulier. Les effets sont l'expression de la vision et de l'ambition du projet ou de l'entreprise.

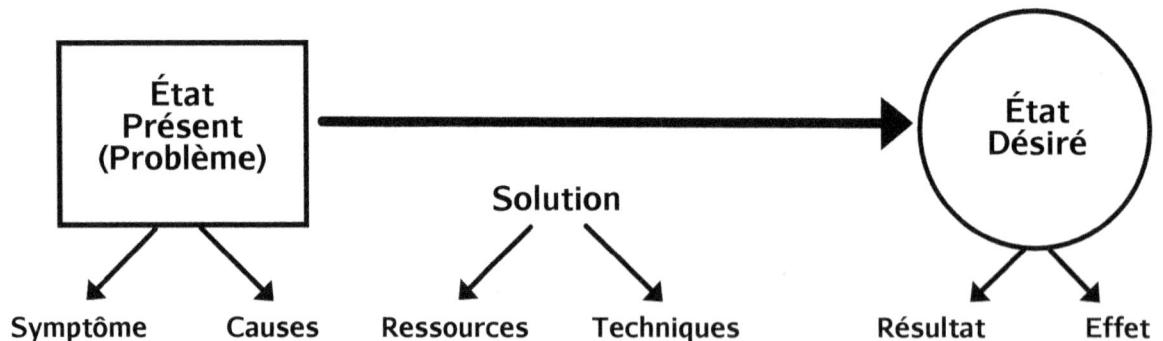

Le Modèle S.C.O.R.E. Définit l'« Espace Problème » de la Promotion du Changement

Des résultats spécifiques sont généralement des tremplins pour obtenir un effet souhaité à plus long terme, ce qui est généralement la raison sous-jacente ou la motivation de départ pour établir un résultat particulier. Il est également important de garder à l'esprit qu'il existe généralement un type d'« image miroir » entre symptômes et résultats. Si je veux plus de motivation, par exemple, je devrai réduire l'inertie et la résistance. Si je veux plus d'efficacité, je devrai simultanément réduire le gaspillage. Si je veux une meilleure qualité, je devrai diminuer le nombre de défauts, et ainsi de suite.

Afin de trouver une solution efficace à un problème ou défi particulier, il est nécessaire de trouver des ressources qui traitent efficacement les causes des symptômes, ainsi que celles qui favorisent l'atteinte du résultat et l'ultime effet souhaité à atteindre. Certaines solutions peuvent nécessiter un certain nombre de ressources différentes mises en œuvre sur une période de plusieurs mois ou années. La situation peut également évoluer dans le temps. La définition des symptômes, des résultats, des causes et des effets potentiels est donc un processus continu nécessitant un partage constant.

Selon le Modèle S.C.O.R.E., la capacité à résoudre efficacement les problèmes implique de définir « l'espace problème » et d'identifier les domaines potentiels de « l'espace solution » en explorant continuellement les questions suivantes :

1. Quel est le *symptôme* de ce problème ?
2. Quelle est la *cause* du symptôme dans ce problème ?
3. Quel est le *résultat* ou l'objectif souhaité à la place du symptôme ?
4. Quel serait *l'effet* à plus long terme de l'atteinte de cet objectif (c.à.d. quelles sont la vision et l'ambition plus grandes) ?
5. Quelle *ressource* pourrait aider à traiter la cause ?
6. Quelle *ressource* aiderait à atteindre le résultat ?

Afin de produire une solution efficace pour un problème particulier, il est nécessaire de trouver des ressources qui s'attaquent efficacement aux causes des symptômes, ainsi que celles qui favorisent l'obtention du résultat et l'effet souhaité à plus long terme.

S.C.O.R.E. Multiple

Les problèmes systémiques complexes se manifestent souvent par plus d'un symptôme, et chaque symptôme peut avoir des causes multiples. Les projets et les problèmes peuvent comporter plusieurs résultats et effets désirés différents. Lors de la collecte d'informations sur un problème particulier ou un « espace problème », il est souvent nécessaire d'identifier et synthétiser plusieurs symptômes, résultats, etc.

Par exemple, dans une grande organisation, le problème peut présenter des symptômes différents dans différentes parties de l'organisation. Les symptômes d'un problème de « qualité » peuvent apparaître en termes de « produit défectueux » à un responsable de production, mais en termes de « retours client » à un responsable marketing. Le symptôme peut atteindre un gestionnaire financier en termes de contraintes budgétaires dues à une rentabilité réduite.

La résolution efficace de problèmes dans une organisation implique la reconnaissance de ces symptômes et de leurs interrelations. Parfois, pour réussir à diagnostiquer un problème, ses causes et ses solutions potentielles, il est nécessaire d'examiner la relation entre plusieurs symptômes.

Dans les systèmes interdépendants, les éléments du S.C.O.R.E. qui affectent chaque membre du système « complètent » souvent ceux des autres – comme un « espace problème » sous forme de puzzle. C'est-à-dire que le « symptôme » d'une personne est souvent la « cause » du problème d'une autre. Un « produit défectueux », par exemple, peut être le symptôme pour un responsable de la fabrication, mais la cause du problème des « retours client » d'un responsable marketing. Les retours clients, en revanche, deviennent eux-mêmes la cause d'une « moindre rentabilité », qui est le symptôme perçu par un responsable du secteur planification.

Le même type de complémentarité peut se retrouver pour les éléments du S.C.O.R.E. relatifs à l'état désiré. Le résultat « d'augmentation des ventes » d'un directeur commercial peut être l'effet souhaité d'un « plan marketing efficace » d'un directeur marketing. De même, les effets à plus long terme du résultat de « l'augmentation des ventes » pour le directeur des ventes pourraient être quelque chose comme « une plus grande rentabilité pour l'entreprise », qui peut être le résultat souhaité du gestionnaire financier.

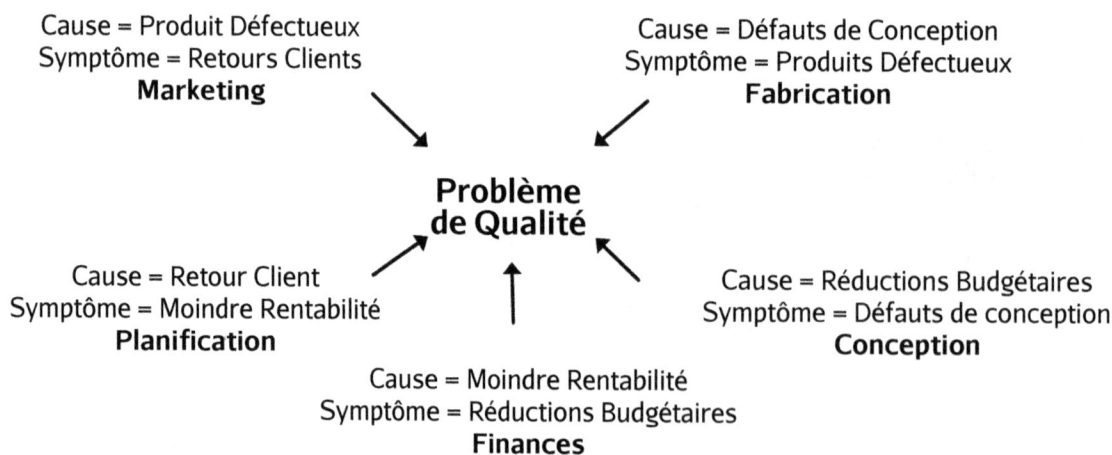

Cause = Produit Défectueux
Symptôme = Retours Clients
Marketing

Cause = Défauts de Conception
Symptôme = Produits Défectueux
Fabrication

**Problème
de Qualité**

Cause = Retour Client
Symptôme = Moindre Rentabilité
Planification

Cause = Réductions Budgétaires
Symptôme = Défauts de conception
Conception

Cause = Moindre Rentabilité
Symptôme = Réductions Budgétaires
Finances

**Les Différents Éléments du S.C.O.R.E qui Constituent le Problème
Évoluent Grâce à des Perspectives et des « Ponctuations » Différentes**

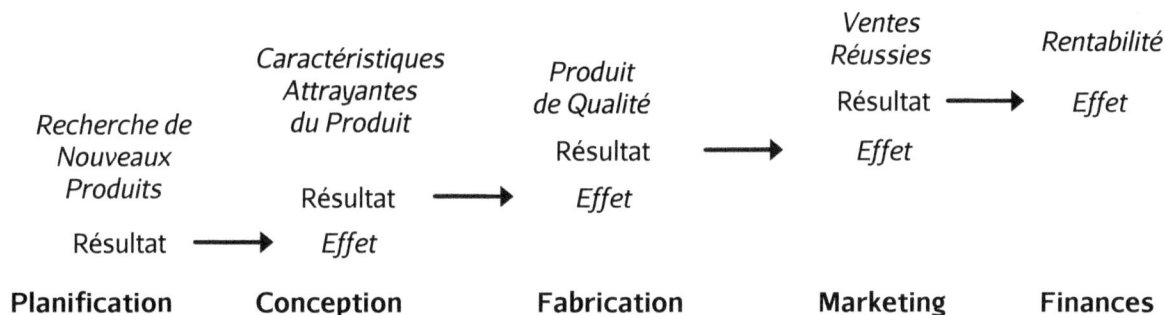

Dans un Système Interdépendant, le Résultat d'une Partie Peut être l'Effet Désiré d'une Autre

Dans les équipes et les entreprises saines, les S.C.O.R.E.s des différents membres se complètent de telle sorte qu'on peut trouver des solutions qui créent une sorte d'« effet domino positif » qui répand la solution dans tout le groupe.

Les problèmes et les conflits apparaissent lorsque les S.C.O.R.E.s des différents membres ne sont plus vraiment alignés. Dans cette situation, le résultat d'une personne (ou fonction) devient la « cause » des symptômes d'une autre. Le résultat de la « réduction des effectifs » du responsable de la planification, par exemple, pourrait devenir une cause de stress pour le responsable de la production, qui doit licencier une partie de sa main-d'œuvre. La confusion survient dans un système lorsque le résultat d'une personne est l'effet désiré d'une autre personne, tout en étant simultanément la cause des symptômes d'une autre. Bien que cela puisse être inévitable dans certaines circonstances, l'équipe peut y répondre plus efficacement (et même parfois l'éviter complètement) en faisant sortir tous les membres de « l'espace problème » et réfléchir à la manière dont leurs S.C.O.R.E.s se chevauchent.

Feuille de Travail S.C.O.R.E. Multiple

Ainsi, lorsqu'on travaille en équipe, il est souvent utile de réunir des *S.C.O.R.E.s Multiples* afin d'avoir une vue d'ensemble et une appréciation plus complète de toutes les perspectives des membres de l'équipe sur la situation problème. Les différentes perspectives peuvent ensuite être explorées et alignées pour produire la solution la plus globale et la plus écologique. Ces informations peuvent être recueillies et prises en compte à l'aide d'un outil tel que la feuille de travail S.C.O.R.E. Multiple suivante :

	Personne A	Personne B	Personne C	Personne D	Personne E
Symptômes					
Causes					
Résultats					
Effets					
Ressources					

Lors de la collecte d'informations auprès d'une équipe et de l'examen de l'éventuel « espace solution » concernant un S.C.O.R.E. multiple, c'est important de faire la distinction entre « ressources » et « solutions ». Dans la situation concernant le problème de qualité, par exemple, le responsable marketing peut considérer que la *solution* serait de « réviser le produit pour qu'il ne soit plus défectueux ». Mais ce n'est pas une *ressource* que le responsable marketing peut mobiliser directement. C'est un résultat attendu de la fonction de fabrication. La ressource réelle que le directeur du marketing peut apporter à la résolution du problème peut être sa capacité à obtenir des informations sur les besoins des clients et leurs suggestions pour le changement ou l'amélioration. De même, le responsable de la conception peut considérer que la « solution » serait de « disposer d'un budget plus important pour la recherche » ; encore une fois, ce n'est pas une « ressource » à la disposition du responsable de la conception. Ses ressources se situent dans le domaine du savoir-faire technique.

Des exemples des ressources des autres membres de l'équipe sont fournis dans la feuille de travail du S.C.O.R.E. Multiple théorique.

	Marketing	Fabrication	Conception	Finance	Planification
Symptômes	*Retours des Clients*	*Produits Défectueux*	*Défauts de Conception*	*Réductions Budgétaires*	*Moindre Rentabilité*
Causes	*Produits Défectueux*	*Défauts de Conception*	*Réductions de budget*	*Moindre Rentabilité*	*Retours des Clients*
Résultats	*Clients Satisfaits*	*Produits de Qualité*	*Nouvelles Caractéristiques du Produit*	*Rentabilité*	*Réussite Organisationnelle*
Effets	*Rentabilité*	*Clients Satisfaits*	**Produits de Qualité**	*Réussite Organisationnelle*	*Part de Marché Croissante*
Ressources	*Contribution Client*	*Connaissance du Produit*	*Savoir-faire Technique*	*Outils Prédictifs*	*Aperçu du Système et Modèles*

Feuille de Travail S.C.O.R.E. Multiple Théorique pour une Équipe Traitant un Problème de Qualité

L'objectif de l'équipe serait d'utiliser la feuille de travail S.C.O.R.E. Multiple pour cartographier l'ensemble de l'espace problème et ensuite identifier les ressources qui peuvent être apportées par chaque membre de l'équipe à la solution d'ensemble. Pouvoir orchestrer l'innovation est un autre processus utile.

Ce type de résolution collective de problèmes peut être grandement amélioré en appliquant le processus *d'Intervision* que je décris dans *SFM Vol. II* (pp. 120 – 127). Ce processus encourage les gens à appliquer la pensée visuelle et métaphorique autant que l'analyse rationnelle. Cela peut faciliter la découverte et la visualisation de l'ensemble de l'espace problème et découvrir plus facilement les ressources et les solutions.

Vous gagnez en force, en courage et en confiance à chaque expérience au cours de laquelle vous vous arrêtez vraiment pour regarder la peur en face. Vous devez faire ce que vous pensez ne pas pouvoir faire.

Eleanor Roosevelt

Se dépasser implique la capacité à viser l'excellence, fixer des objectifs ambitieux, prendre des risques et remettre en question les habitudes consolidées afin d'atteindre une plus grande innovation et une amélioration continue.

Se Dépasser pour Promouvoir le Changement et Obtenir des Résultats

Il est clair que les temps de crise, d'incertitude et d'adversité nous obligent à nous surpasser, nous-mêmes et nos ressources. Le *dépassement de soi* efficace implique la capacité à *remettre en question* les habitudes consolidées et prendre des risques pour soutenir plus d'innovation et d'expérimentation. Se dépasser implique également la capacité à fixer des objectifs ambitieux, remettre la réussite en cause et pousser à faire plus – *à aller au-delà*. Se dépasser résulte de la capacité à augmenter progressivement les performances, viser l'excellence avec des réussites cumulées, réaliser une amélioration continue. Se dépasser est nécessaire à la fois pour promouvoir le changement et obtenir des résultats.

Le dépassement efficace requiert la capacité à *penser stratégiquement* – à identifier et mettre en contraste son état actuel avec son état désiré, et à définir la chaîne d'actions qui mène de l'un à l'autre. Cela nécessite également l'utilisation pratique de *l'imagination* – en allant constamment vers de nouvelles possibilités, repoussant les limites actuelles des réflexions et actions.

L'action de se dépasser est soutenue par trois qualités personnelles clés : ambition, vision et détermination. *La détermination* est la qualité la plus associée au dépassement, liée à la capacité à prendre des décisions rapidement et en temps voulu, prendre des risques et essayer de nouvelles solutions. La détermination se caractérise par la résolution et l'implication émotionnelle, avec la volonté « d'y mettre tout son cœur ». Parmi les autres caractéristiques du leadership liées à la détermination, on peut citer le fait d'être résolu, de prendre des risques et d'agir rapidement.

En résumé, se dépasser porte sur :

- Remettre en question les habitudes consolidées
- Encourager la volonté de se dépasser
- Rechercher l'amélioration continue
- Stimuler l'innovation
- Élever les attentes

Se dépasser, en particulier en période d'incertitude et d'adversité, représente l'une des actions de leadership les plus difficiles. Cela exige de rester étroitement connecté à son objectif supérieur. Une feuille de route qui nous aide à le faire tout en réfléchissant stratégiquement à l'ensemble de « l'espace problème » peut s'avérer très utile. L'une des feuilles de route les plus souvent utilisées dans mon travail de coaching et de conseil est celle du *Voyage du Héros*.

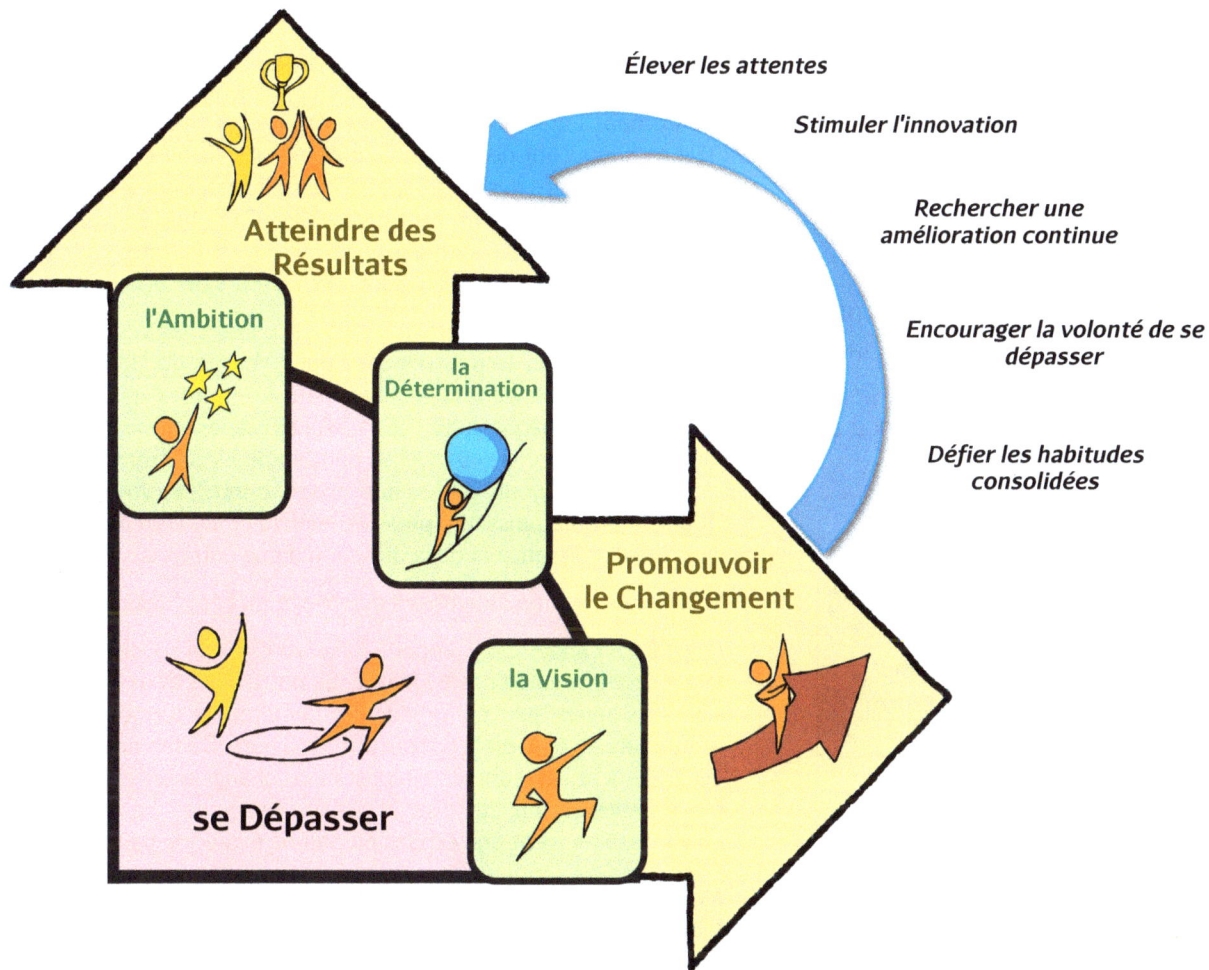

Atteindre des Résultats

l'Ambition

la Détermination

Promouvoir le Changement

la Vision

se Dépasser

Élever les attentes

Stimuler l'innovation

Rechercher une amélioration continue

Encourager la volonté de se dépasser

Défier les habitudes consolidées

Le dépassement nécessite vision, ambition et détermination
et il est nécessaire pour promouvoir le changement et obtenir des résultats.

Le Voyage du Héros

Dans la grotte où vous craignez d'entrer se trouve le trésor que vous cherchez.

Joseph Campbell

Le Voyage du Héros fournit une feuille de route puissante aux leaders et aux entrepreneurs pour relever les défis de la croissance et de la direction d'une entreprise.

1. ENTENDRE UN APPEL

2. S'ENGAGER ENVERS L'APPEL

3. FRANCHIR LE SEUIL

Faire face à l'adversité, à la crise et au changement peut être comparé à ce que Joseph Campbell a appelé le « Voyage du Héros » (Le héros aux mille visages, 1949). Les héros sont des individus qui ont une vision et une vocation qui les astreignent à prendre des risques, affronter l'incertitude et tenter de surmonter des obstacles apparemment infranchissables. Campbell a examiné les histoires de héros, historiques et mythiques, de tous âges, cultures, religions et sexes ; effectuant une forme de modélisation des facteurs de succès.

Campbell a décrit les caractéristiques communes à toutes ces histoires et récits différents en termes d'étapes du « Voyage du Héros » – la séquence d'événements qui semble être partagée dans les mythes épiques, les histoires et les réalisations de chaque culture. Ces mêmes étapes s'appliquent également aux demandes parfois ardues auxquelles nous sommes confrontés dans nos propres vies et entreprises aujourd'hui. La notion de Campbell du voyage du héros fournit une feuille de route puissante pour les leaders et les entrepreneurs pour relever les défis de la croissance et de la direction d'une entreprise.

Voici les étapes fondamentales du voyage du héros selon Campbell :

1. *Entendre un appel* (un « appel à l'aventure ») qui touche d'une certaine manière le niveau de notre identité, de notre objectif de vie ou notre mission. Ces appels peuvent prendre de nombreuses formes et représentent fréquemment des points de transition majeurs. De tels appels surviennent généralement à la suite de circonstances changeantes et sont en général très difficiles (sinon, ce ne serait pas un voyage de « héros »). Elles impliquent généralement une expansion ou une évolution de l'identité.

2. *S'engager envers l'appel* nous amène à nous confronter à une frontière ou à un seuil dans nos capacités existantes ou notre carte du monde. Nous pouvons choisir soit d'accepter, soit d'essayer d'ignorer l'appel. Tenter de refuser ou de ne pas tenir compte de l'appel, cependant, conduit fréquemment à la formation ou à l'intensification de problèmes ou de symptômes dans nos vies, précipitant des crises que nous ne pouvons ignorer.

3. *Franchir le seuil* nous propulse dans un nouveau « territoire » inconnu jusqu'ici, en dehors de notre zone de confort actuelle, un territoire qui nous force à grandir et évoluer, et nous oblige à trouver soutien et conseils. Selon Campbell, ce seuil est généralement un « point de non-retour », ce qui signifie qu'une fois que nous l'avons franchi nous ne pouvons plus revenir à la façon dont les choses étaient auparavant. Nous devons avancer dans l'inconnu.

4. *Trouver des tuteurs*, mentors ou sponsors est quelque chose qui découle souvent naturellement du courage de franchir un seuil. (Selon l'adage, « Quand l'élève est prêt, le maitre apparaît ».) Les « tuteurs » sont les relations clés que nous développons et qui nous aident à acquérir des compétences, à croire en nous-mêmes et à rester concentrés sur nos objectifs. Bien que le voyage d'un héros soit un voyage très personnel, ce n'est pas quelque chose que nous pouvons faire seuls. Nous devons être ouverts et disposés à recevoir du soutien.

4. TROUVER DES TUTEURS

Parce que le territoire au-delà du seuil nous est nouveau, nous ne pouvons pas toujours savoir à l'avance de quelle sorte de tutorat nous aurons besoin ou qui seront ces tuteurs. Parfois les tuteurs viennent de provenances surprenantes. Nous devons donc rester ouverts et disponibles à recevoir orientation et soutien à chaque étape de notre voyage.

5. *Faire face à des défis* (ou « *démons* ».) est aussi un résultat naturel du franchissement d'un seuil. Un démon est généralement quelque chose qui semble s'opposer, nous tenter ou nous nier en tant que héros. Les « démons », cependant, ne sont pas nécessairement néfastes ou mauvais ; ils s'agit simplement d'un type d'« énergie » avec laquelle nous devons apprendre à composer, à accepter et à réorienter. Souvent, les démons sont simplement le reflet d'une de nos propres peurs et ombres intérieures (parties de nous-mêmes dont nous sommes déconnectés et que nous essayons de supprimer, d'éviter ou de nier). C'est ici que nous faisons face à « un parrainage négatif » – des messages venant de l'intérieur de nous ou d'autres personnes importantes, qui sous-entendent que « Vous n'y arriverez pas », « Vous ne devriez même pas essayer », « Vous ne méritez pas de réussir », « Vous êtes incapable », « Vous ne serez jamais assez bon », etc.

5. FAIRE FACE AUX DÉFIS

6. *Développer de nouvelles ressources* est nécessaire pour faire face à l'incertitude et transformer les « démons ». Le voyage d'un héros est en fin de compte une voie d'apprentissage et d'auto-évolution. Les ressources qui nous aident à franchir le seuil vers un nouveau territoire et à transformer le démon sont les croyances, les capacités, les compétences comportementales et les outils que nous sommes capables de mettre en œuvre pour faire face à la complexité, à l'incertitude et à la résistance. C'est le domaine où nous devons nous-mêmes grandir afin de développer la flexibilité et les compétences accrues nécessaires pour naviguer avec succès sur un nouveau territoire (interne et externe) et surmonter les obstacles qui surgissent en cours de route.

6. DÉVELOPPER DE NOUVELLES RESSOURCES

7. TERMINER LA TÂCHE

8. RENTRER À LA MAISON

7. Accomplir la *tâche* pour laquelle nous avons été appelés, et *trouver* le *chemin* pour répondre à l'appel se réalise finalement en créant une *nouvelle carte du monde* qui intègre la croissance et les découvertes issues du voyage.

8. *Rentrer à la maison* en tant que personne transformée, et partager avec les autres les connaissances et l'expérience acquises suite au voyage. C'est également important que vous soyez vu et reconnu comme votre nouvelle identité. C'est nécessaire pour compléter le cycle de transformation personnelle.

Parfois, le retour à la maison est aussi une partie très difficile du voyage. En fait, selon Campbell, il y a souvent des obstacles et parfois aussi un refus du retour, ce qui implique fréquemment de franchir un autre type de seuil. Le parcours et la transformation remarquables qui ont eu lieu peuvent rendre difficile la réintégration à la vie et aux relations clés tels qu'elles étaient. Il peut y avoir une peur de notre part de rester coincé dans notre propre précédente existence « mondaine ». Et des personnes importantes peuvent désirer que nous restions comme nous étions avant pour qu'elles n'aient pas à changer en réponse à notre mouvement et à notre croissance. Notre retour peut perturber le statu quo.

Il y a également une vulnérabilité naturelle qui accompagne les transitions de tout type qui peut faire émerger des sentiments difficiles et des ombres. Garder la connection avec nos tuteurs et rester enraciné au centre de notre Cercle du succès et des nouvelles ressources que nous avons acquises au cours de notre voyage sont la clé du succès du retour à la maison.

LE VOYAGE DU HÉROS

8. RENTRER À LA MAISON

1. ENTENDRE UN APPEL

7. TERMINER LA TÂCHE

2. S'ENGAGER ENVERS L'APPEL

6. DÉVELOPPER DE NOUVELLES RESSOURCES

3. FRANCHIR LE SEUIL

5. FAIRE FACE AUX DÉFIS

4. TROUVER DES TUTEURS

8   1

7   2

6   3

5   4

Appliquer le Voyage du Héros dans une Entreprise

Bien que le voyage du héros soit clairement une métaphore, il capture une bonne partie de la réalité à laquelle sont confrontés les gens et les entreprises qui cherchent à construire un chemin vers un avenir prospère et à faire face aux incertitudes du changement. La notion d'« appel », de vocation, par exemple, symbolise clairement la vision et la mission que l'entrepreneur, l'équipe ou l'organisation poursuit – c.à.d. l'objectif supérieur.

Dans l'adversité et l'incertitude, les détails de la destination du voyage sont souvent flous. Cela ne signifie cependant pas qu'il n'y a pas de direction claire à suivre. À ces moments, la direction peut se présenter plutôt comme un ressenti. En fait, la notion d'« appel » implique quelque chose de plus entendu ou ressenti que vu. Comme l'a souligné Steve Jobs, « On ne peut pas relier les points en regardant vers l'avant... vous devez être confiant que les points se connecteront d'une manière ou d'une autre dans votre avenir. Vous devez avoir confiance en quelque chose – votre instinct, votre destin, votre vie, votre karma ».

Le « seuil » représente le nouveau territoire et les éléments inconnus et incertains auxquels une personne doit faire face pour mettre en œuvre la vision et la mission. Pour parvenir à la transformation et à l'éveil, nos cartes mentales de qui nous sommes et de ce qui est possible dans le monde doivent devenir plus larges, et nous devons percevoir les anciennes limitations d'une manière complètement nouvelle. Cela exige que nous dépassions notre ancien état d'esprit et que nous « sortions des sentiers battus », en apprenant au niveau de ce que l'anthropologue Gregory Bateson appelait un *Apprentissage de niveau IV* – la création de quelque chose de « complètement nouveau ». Un tel état génératif « transcende et inclut »

à la fois nos connaissances et notre conscience antérieures, et constitue un élément clé du Voyage du Héros.

Le symbole du « démon » reflète les défis du bouleversement, de la concurrence, de la politique intérieure et d'autres obstacles et crises qui émergent de circonstances indépendantes de notre volonté. Comme nous l'avons souligné plus tôt, ce qui fait de ces circonstances et défis externes des « démons », c'est qu'ils catalysent nos propres peurs et ombres *intérieures*, les sentiments difficiles et les parties de nous-mêmes que nous ne savons pas comment accueillir et contenir avec sérénité, et intégrer. Le démon est transformé en faisant une « maison d'hôtes » pour nos sentiments difficiles afin d'accueillir et de transformer nos propres ombres intérieures.

Les ressources qui nous aident à franchir le seuil d'un nouveau territoire et à transformer nos démons et nos ombres sont les valeurs, les compétences comportementales et les pratiques commerciales que nous sommes capables de mettre en œuvre pour faire face à la complexité, à l'incertitude et à la résistance. C'est dans ce domaine que nous devons personnellement grandir pour développer la flexibilité et la variété requise accrue pour naviguer avec succès sur le nouveau territoire et surmonter les obstacles qui surgissent en cours de route.

Les « Tuteurs » sont les parrains et les relations que nous développons (qui peuvent inclure les membres de notre équipe, les parties prenantes et les partenaires) qui nous aident à acquérir des compétences, à croire en nous-mêmes et à rester concentrés sur nos objectifs à long terme.

LE VOYAGE DU HÉROS DANS UNE ENTREPRISE

8. Rentrer à la maison

1. Entendre un appel

7. Terminer la tâche

2. S'engager envers l'appel

6. Développer de nouvelles ressources

3. Franchir le seuil

5. Faire face aux défis

4. Trouver des tuteurs

8 1
7 2
6 3
5 4

Cartographier Votre Voyage du Héros

Dans notre livre *Le Voyage du Héros* (2011), mon co-auteur Stephen Gilligan et moi-même fournissons un certain nombre de principes et d'exercices pour naviguer dans les différents aspects du voyage du héros qui émergent dans nos vies et nos entreprises. Aux fins de notre exploration des facteurs de succès de l'entrepreneuriat, la valeur principale de ce modèle est d'explorer et de vous préparer à certains des défis clés auxquels vous êtes confronté dans votre projet ou entreprise. Examinez certains des moments de leadership que vous avez identifiés concernant votre projet ou votre entreprise et explorez les questions suivantes :

1. **La Vocation :** Qu'est-ce que la situation nous/m'appelle à devenir ou à devenir plus de ? Que faut-il clarifier ou s'engager à faire en ce qui concerne ma/notre vision ? Mission ? Ambition ? (Il est souvent utile de répondre à cette question sous la forme d'un symbole ou d'une métaphore ; par exemple, « Je suis/Nous sommes appelés à devenir des aigles/guerriers/magiciens, etc. »)

2. **Le seuil :** Quel est le seuil que je dois/nous devons franchir ou le risque que je dois/nous devons prendre ? Quel est le territoire inconnu, en dehors de ma/notre zone de confort, dans lequel je dois/nous devons entrer pour réaliser l'appel ?

3. **Le démon :** À quel « démon » ou « ombre » (défi, danger, difficulté, etc.) Dois-je/devons-nous faire face ? De quoi ai-je/avons-nous peur ? (Quelles seront les conséquences que je crains/nous craignons si nous franchissons le seuil ?) Qu'est-ce qui semble être contre moi/nous ?

4. **Les ressources :** De quelles ressources est-ce que je dispose/nous disposons et celles que je dois/nous devons développer plus complètement pour relever le défi, franchir le seuil et répondre à l'appel ?

5. **Les tuteurs :** Qui sont mes/nos gardiens intérieurs et extérieurs (passés et présents ; physiques et immatériels) pour ces ressources ? Quel est leur message ou conseil pour moi/nous ?

Lorsque vous avez identifié vos tuteurs, c'est intéressant d'imaginer quels messages ou conseils ils pourraient avoir pour vous et/ou votre équipe s'ils étaient réellement présents.

Comme dans le processus de Renforcement des Croyances décrit plus haut dans ce chapitre, vous pouvez vous mettre à la place de chacun des tuteurs et vous regarder, vous et votre situation, à travers leurs yeux (deuxième position). Quel est le message ou conseil de chaque tuteur pour vous ?

Comment les messages et le soutien de vos tuteurs peuvent-ils vous aider à faire face à la situation ou au défi auquel vous êtes confronté ?

Dans le prochain chapitre, nous explorerons comment vous pouvez mettre en œuvre l'Autonomisation, l'Accompagnement, le Partage et le Dépassement afin d'entreprendre le Voyage du Héros : *faire l'impossible !*

Conclusion : Se préparer aux Moments de Leadership

En conclusion, surmonter l'adversité, développer sa résilience et améliorer son aptitude pour l'avenir impliquent une préparation adéquate. Une formule simple pour se préparer aux inévitables moments de leadership s'exprime par les étapes suivantes :

1. Choisissez un moment de leadership et réfléchissez à la situation ? Quel est le contexte externe ? Quel est le S.C.O.R.E. ? (Symptôme, cause, objectif, ressources disponibles et effet souhaité.)

2. Quels sont vos objectifs ? Pensez en fonction des quatre enjeux organisationnels : la promotion du changement, la réalisation de valeurs, le développement des personnes et l'obtention de résultats.

3. Quelles mesures devez-vous prendre ? Autonomiser, Accompagner, Partager, Se Dépasser ?

4. Quelles qualités intérieures sont les plus importantes pour soutenir ces actions ? Vision, ouverture, cohérence, exemple, motivation, générosité, ambition ?

5. Quel Voyage du Héros suivez-vous ? Quel est le seuil que vous devez franchir ? A quels « démons » êtes-vous confronté ? De quelles ressources et tuteurs disposez-vous pour vous soutenir ?

6. Où aurez-vous besoin d'intelligence émotionnelle ? Quels sentiments difficiles allez-vous rencontrer en vous-même ou chez les autres ? De quelles ressources aurez-vous besoin pour les contenir ?

7. Quelles seront les signes (intérieurs et extérieurs) que vous progressez/réussissez ?

Résumé du Chapitre

Pour mettre en pratique un leadership efficace dans le cadre de nos propres entreprises, il faut d'abord identifier des « *moments de leadership* », des situations symboliques ou difficiles qui influeront fortement sur la perception des collaborateurs clés et nous obligeront à être au meilleur de nous-mêmes.

La création d'une entreprise prospère innovante, résiliente et apte pour le futur nécessite d'*Autonomiser* tous les acteurs concernés à donner le meilleur d'eux-mêmes. Cela implique de soutenir le développement du potentiel des personnes en reconnaissant l'individualité et en promouvant l'estime de soi, en encourageant l'autonomie et en stimulant la motivation pour la croissance. *Construire un Système de Croyances Gagnant* est l'une des façons les plus profondes et les plus puissantes de se donner les moyens pour les entrepreneurs et les leaders, leurs équipes et leurs collaborateurs. Un système de croyance gagnant est celui qui crée l'espoir d'un avenir positif, un sentiment de capacité et de responsabilité, et un sentiment d'estime de soi et d'appartenance. *Évaluer notre degré de croyance* dans chacun de ces domaines clés et *utiliser des mentors et des modèles pour renforcer la confiance et renforcer la croyance* sont des compétences clés pour bâtir un système de croyances gagnant interne pour un individu ou un groupe.

Le coaching, l'accompagnement, est l'une des actions de leadership les plus importantes afin d'augmenter la résilience et d'améliorer l'aptitude pour le futur. Le coaching implique de développer l'expérience et les compétences des personnes, de construire la confiance, d'écouter avec attention, de guider les gens dans leur processus d'apprentissage et de développer l'esprit d'équipe. La qualité fondamentale du leadership pour un coaching efficace consiste à être un exemple cohérent. Manifester des *valeurs fondamentales* dans différents contextes est l'une des clés de la résilience et de l'aptitude pour le futur. C'est important de clarifier et distinguer les valeurs fondamentales des valeurs instrumentales afin de savoir comment hiérarchiser les actions et éviter la confusion et les conflits. *Mettre des valeurs en action* implique de définir les autres niveaux de facteurs (cognitif, comportemental et environnemental) nécessaires pour établir efficacement les valeurs que nous voulons mettre en pratique. *La création d'un État aligné* permet aux entrepreneurs et aux leaders de rester connectés au meilleur d'eux-mêmes et d'être un exemple efficace afin d'augmenter la confiance et la résilience dans les situations difficiles.

Le partage stimule l'innovation et renforce la résilience par l'échange d'informations, d'idées, de ressources et d'énergie. Le partage implique la capacité à promouvoir une communication ouverte et un dialogue entre les personnes. Le partage est particulièrement important dans le contexte de *la résolution efficace des problèmes*. Le *Modèle S.C.O.R.E.* offre une matrice simple mais complète pour définir un *espace problème* et un *espace solution* en aidant à identifier les *symptômes*, leurs *causes*, les *résultats* qui vont remplacer les symptômes et les *ressources* nécessaires pour transformer les causes des symptômes et atteindre les résultats qui apporteront les *effets* désirables. Des S.C.O.R.E.s Multiples apparaissent dans des systèmes complexes et interdépendants où les comportements, les ressources et les limites des uns peuvent compléter ou limiter ceux des autres avec qui ils interagissent. *Définir des S.C.O.R.E.s Multiples* est une application de la discipline de la pensée systémique qui aide à orchestrer l'innovation en promouvant l'intelligence collective et la collaboration générative.

De nombreux moments de leadership nécessitent un certain degré de *Dépassement de Soi* avec lequel un leader et ses équipes doivent relever le niveau des attentes, stimuler l'innovation, rechercher l'amélioration continue et remettre en question des habitudes consolidées. *Le Voyage du Héros* fournit une feuille de route puissante pour Se Dépasser efficacement en aidant à définir *l'appel à l'action* que la situation exige de nous, le *seuil* du nouveau territoire à franchir, les *démons et les ombres* que nous devons affronter et transformer et les *ressources et tuteurs* dont nous aurons besoin pour réussir le voyage.

Les différentes méthodes et leurs déclinaisons qui soutiennent l'autonomisation, l'accompagnement, le partage et le dépassement peuvent être intégrées et utilisées efficacement pour préparer les moments de leadership.

Quand vous êtes préparé à gérer différents moments de leadership, vous êtes prêt à faire l'impossible !

Références et Lectures Connexes

- *From Coach to Awakener*, Dilts, R., Meta Publications, Capitola, CA, 2003.

- *Beliefs : Pathways to Health and Well-Being*, Dilts, R., Hallbom, T. & Smith, S., Metamorphous Press, Portland, OR, 1990; 2nd Edition : Crown House Publishers, London, 2014.

- *Changing Belief Systems with NLP, Dilts*, R., Meta Publications, Capitola, Ca.,1990.

- *Skills for the Future, Dilts, R.,* Meta Publications, Capitola, CA, 1993.

- *Tools for Dreamers,* Dilts, R. B., Epstein, T. and Dilts, R. W., Meta Publications, Capitola, CA, 1991.

- *NLP II : The Next Generation,* Dilts, R. and DeLozier, J. with Bacon Dilts, D., Meta Publications, Capitola, CA, 2010.

- *Alpha Leadership : Tools for Leaders Who Want More From Life*, Deering, A., Dilts, R. and Russell, J., John Wiley & Sons, London, England, 2002.

- *Visionary Leadership Skills : Creating a World to Which People Want to Belong*, Dilts, R., Meta Publications, Capitola, Ca., 1996.

- *The Hero With A Thousand Faces*, Campbell, J., Fontana Press., London, UK, 1993.

- *The Hero's Journey : A Voyage of Self-Discovery*, Gilligan, S. and Dilts, R., Crowne House Publishers, London, 2009.

06
Faire l'Impossible

Vivant dans les rêves d'hier,
nous nous retrouvons encore rêvant d'impossibles conquêtes futures.
Charles Lindbergh

C'est dur de faire des prédictions, surtout sur l'avenir.
Yogi Berra

Ne confondez pas manque d'imagination et impossibilité logique.
Tom Gruber – Cofondateur de Siri

Faire l'Impossible

Outre orchestrer l'innovation, améliorer l'aptitude pour le futur et surmonter l'adversité, les leaders conscients et les entrepreneurs de la nouvelle génération sont souvent appelés à « faire l'impossible ». Comme l'a fait remarquer l'entrepreneure Cindana Turkatte (voir *SFM Vol. I*, p. 163 – 171) avec éloquence, la plus grande satisfaction pour un entrepreneur est d'aider les clients et les consommateurs à réaliser « quelque chose dont ils ignoraient que c'était possible » mais qui est devenu possible « grâce aux outils que vous leur avez fournis ». Comme le sous-entend le commentaire de Cindana, *impossible* signifie généralement que la voie à suivre pour parvenir à un résultat particulier n'existe pas actuellement (ce qui ne signifie pas qu'elle n'existera jamais). Le travail de l'entrepreneur est donc de créer une voie qui n'existe pas encore.

Dans la Silicon Valley, il existe un terme connu sous le nom de BHAG. BHAG est l'acronyme de « **B**ig **H**airy **A**udacious **G**oal » (un « objectif énorme, effrayant et audacieux »). Cela implique une entreprise audacieuse et osée ou un « rêve impossible » qui combine vision et ambition. Les BHAGs sont les moteurs à la base des entreprises des entrepreneurs de la nouvelle génération.

Comme le conseille l'entrepreneur Don Pickens (voir *SFM Vol. I*, p. 137), pour réussir, il est essentiel que les leaders et les entrepreneurs « restent concentrés et comprennent que leur vision diffère de celle d'autres personnes qui regardent la même carte ». Il ajoute que « Par définition, un entrepreneur a une vision qui va de l'avant - au-delà de ce que les gens connaissent et de leur zone de confort ». En fait, Pickens affirme que si trop de gens vous disent que vous avez une bonne idée, et que vous n'avez pas assez de sceptiques qui pensent que ce que vous proposez est « impossible », vous devriez peut-être envisager de revoir vos objectifs pour votre entreprise et de déployer votre imagination pour les rendre encore plus « énormes », plus « effrayants » et plus « audacieux ».

Rêves Impossibles ?

C'est intéressant de remarquer que bon nombre des technologies et autres développements que nous considérons comme la base de la réalité d'aujourd'hui ont été un temps considérés comme stupides, inutiles ou « impossibles ». C'est parce que, comme Don Pickens l'a souligné, ils sont « au-delà de ce que les gens connaissent, de leur zone de confort ». Considérez certains des exemples classiques suivants.

L'entrepreneure Cindana Turkatte soutient que la plus grande satisfaction pour un entrepreneur est d'aider les clients et les consommateurs à obtenir « quelque chose qu'ils ignoraient être possible »

Ordinateurs

Je pense qu'il y a un marché mondial pour peut-être cinq ordinateurs.
Thomas Watson, Président d'IBM, 1943.

À l'avenir, les ordinateurs ne pèseront pas plus de 1,5 tonne.
Popular Mechanics magazine, 1949.

J'ai parcouru ce pays en long et en large et discuté avec les meilleures personnes ; je peux vous assurer que le traitement des données est une mode qui ne passera pas l'année.
Le rédacteur en chef des livres d'affaires de Prentice Hall, 1957.

Mais à quoi ça sert ?
Un ingénieur à la Division des systèmes informatiques avancés de IBM, 1968, commentant la puce.

Ordinateurs Personnels

Il n'y a aucune raison pour que quelqu'un veuille un ordinateur chez lui.
Ken Olson, président, directeur et fondateur de Digital Equipment en 1977.

Alors nous sommes allés chez Atari et nous avons dit, « Regardez, nous avons ce truc étonnant, il est même en partie fabriqué avec des pièces à vous, ça vous dirait de nous financer ? Ou alors nous vous le donnons. Tout ce qu'on veut, c'est le faire. Versez-nous un salaire, nous venons travailler pour vous ». Et ils ont dit, « Non ». Alors nous sommes allés chez Hewlett-Packard, et ils ont dit, « Mais on n'a pas besoin de vous. Vous n'avez même pas fini vos études ».
Steve Jobs a essayé d'amener Atari et HP à s'intéresser à l'ordinateur personnel développé avec Steve Wozniak avant de commencer Apple Computer dans un garage en 1976.

Loisirs

Qui donc voudrait entendre les acteurs parler ?
H. M. Warner, Warner Brothers, 1927.

Je suis bien content que ce soit Clark Gable qui aille faire un flop et pas Gary Cooper.
Gary Cooper à propos de son refus du rôle principal dans *Autant en Emporte le Vent* en 1939.

On n'aime pas leur son, et la guitare est en train de passer de mode.
Decca Recording Co. rejetant les Beatles en 1962.

Au Siècle Dernier

Forer pour du pétrole ? Vous voulez dire creuser dans le sol pour essayer de trouver du pétrole ? Vous êtes cinglé.
Les foreurs qu'Edwin L. Drake tenta d'enrôler dans son projet de forage pétrolier en 1859.

La théorie de Louis Pasteur sur les germes est une fiction ridicule.
Pierre Pachet, professeur de physiologie à Toulouse, 1872.

Steve Jobs et Steve Wozniak et leurs idées de faire un ordinateur personnel ont d'abord été rejetées par des sociétés établies comme Atari et Hewlett-Packard.

Ce « téléphone » présente trop de lacunes pour être sérieusement considéré comme un moyen de communication. L'appareil n'a aucune valeur pour nous.
Mémorandum interne de Western Union, 1876.

Des engins volants plus lourds que l'air sont impossibles.
Lord Kelvin, président de la Royal Society, 1895.

Les avions sont des jouets intéressants, mais sans aucune valeur militaire.
Maréchal Ferdinand Foch, professeur de stratégie, École Supérieure de Guerre, 1928.

La boîte à musique sans fil n'a aucune valeur commerciale imaginable. Qui paierait pour un message envoyé à personne en particulier ?
Les associés de David Sarnoff en réponse à ses appels à investir dans la radio dans les années 1920.

Évolution Récente

Le concept est intéressant et bien structuré, mais pour gagner mieux qu'un « C », l'idée doit être réalisable.
Un professeur de management de l'Université Yale en réponse au document de Fred Smith proposant un service fiable de livraison sous 24h. (Smith est allé trouver Federal Express Corp.)

Un magasin de biscuits est une mauvaise idée. D'ailleurs, les études de marché disent que l'Amérique aime les biscuits croustillants, pas les cookies tendres et moelleux comme tu les fais.
Réponse à l'idée de Debbi Fields de lancer Mrs Fields' Cookies.

Si j'y avais réfléchi, je n'aurais pas fait l'expérience. La littérature était pleine d'exemples disant qu'on ne pouvait pas faire ça.
Spencer Silver à propos du travail qui a conduit aux adhésifs uniques pour 3M « Post-It » Notepads.

Toutes ces observations reflètent la résistance naturelle de nos esprits « pensants » et de nos egos rationnels à des visions et des idées qui « dépassent ce que nous connaissons actuellement, notre zone de confort ». La connaissance de « ce qui est » est clairement une épée à double tranchant. D'un côté, elle apporte la clarté, le confort et la stabilité. D'un autre côté, trop de confiance et d'investissements dans notre connaissance de ce qui est peut créer des difficultés à voir au-delà de ce que nous savons déjà. L'exemple le plus classique est peut-être la déclaration faite par Charles H. Duell, le commissaire de l'Office des Brevets des États-Unis, en 1899 : « Tout ce qui pouvait être inventé a été inventé. »

Nombre des produits et services que nous considérons comme acquis et considérés comme communs dans le monde d'aujourd'hui ont été considérés à un moment donné comme impossibles ou ridicules.

Faire face aux « critiques » et aux « détracteurs » est l'un des principaux défis à relever en faisant l'impossible.

Les Compétences et Disciplines de Faire l'Impossible

Faire l'impossible exige d'abord et avant tout des disciplines d'utilisation de l'imagination pour créer l'avenir, être constamment conscient, réfléchir et remettre en cause nos cartes et hypothèses mentales. C'est important non seulement dans nos affaires, mais aussi dans d'autres aspects de nos vies.

Considérez l'exemple de ma mère qui a eu une récidive de cancer du sein au début des années 80. La récidive était étonnamment avancée. Le diagnostic médical évaluait sa progression au stade 4. Il n'y a pas de stade 5. L'étape suivante est généralement la mort. Sachant que la première apparition remontait à moins de deux ans et que le cancer s'était propagé de manière si spectaculaire, les médecins ont fait observer qu'il s'agissait manifestement d'une variété très agressive. Vu la rapidité avec laquelle le cancer avait progressé et s'était propagé à une si grande partie de son corps (non seulement l'autre sein, mais aussi sa vessie, ses ovaires et la moelle osseuse de presque tous les os de son corps), ils ont estimé qu'elle pourrait peut-être encore vivre quelques mois. En outre, compte tenu du stade avancé de la maladie, ils ont affirmé qu'il n'y avait médicalement plus rien à faire pour arrêter ou même ralentir sa propagation. C'était un rêve impossible de penser que ma mère pourrait vivre encore quelques années. Plutôt qu'une entreprise, le projet ou l'« entreprise » et le BHAG de ma mère étaient liés à sa santé.

J'ai écrit à propos de cette situation dans plusieurs autres livres (Croyances : Vers la santé et le bien-être, 2011 et Changement des systèmes de croyance avec la PNL, 1989). Il suffit ici de dire que ma mère a fait l'impossible. Elle a pris sa vie en main et eu une rémission remarquable (avec seulement une assistance médicale limitée), et, à la grande surprise de ses médecins elle a finalement vécu 18 ans de plus, sans symptôme pendant la plus grande partie. De façon intéressante, pour accomplir cela elle a mis en oeuvre de nombreuses compétences que nous avons traitées jusqu'ici dans cette série d'ouvrages, en commençant par clarifier sa vision, sa mission et son ambition pour sa vie (J'ai souvent trouvé très pertinent qu'un terme courant pour un rétablissement remarquable d'une maladie sérieuse soit "rémission" puisque se reconnecter à sa mission est souvent un facteur clé de la récupération d'une crise de santé.). La confiance en elle de ma mère et sa croyance dans sa possibilité d'un avenir positif ont également été des facteurs essentiels de sa réussite (Elle a écrit son propre récit de son voyage dans sa monographie *My pathway to Wholeness*, 1991 – Mon chemin vers la complétude).

En rendant leur mauvais pronostic, les médecins faisaient bien sûr leur travail avec les meilleures intentions, tentant d'éviter les "faux espoirs". Ils voyaient son avenir à travers les filtres de ce qu'ils savaient à l'époque. Leur point de vue était important et précieux, mais il n'était pas nécessairement complet ni, en fin de compte, juste. Lorsque ce type de perspective contredit nos visions et nos ambitions pour l'avenir, elle prend souvent la forme de critiques, créant des obstacles sous la forme de doutes et de résistance. Faire

Patricia Dilts

Patricia Dilts a appliqué de nombreuses compétences couvertes par la série de livres sur la modélisation des Facteurs de Succès – notamment en clarifiant sa vision, sa mission et son ambition pour sa vie – pour « faire l'impossible » pendant sa remarquable guérison du cancer du sein au stade 4.

L'une des compétences essentielles pour faire l'impossible est d'intégrer les perspectives et les intentions positives des critiqueurs sans les réduire ni en être limité.

face aux « critiques » et aux « détracteurs » est l'un des principaux défis à relever en faisant l'impossible.

C'est bien pour cela que Steve Jobs nous a conseillé de ne pas se laisser « piéger par le dogme » ou « les conséquences de la pensée des autres » ni de laisser « le bruit des opinions des autres noyer votre propre voix intérieure ». D'un autre côté, on a fait valoir que l'arrogance de Jobs avait entraîné sa mort prématurée d'un cancer du pancréas parce qu'il n'a pas écouté assez tôt les conseils de ses médecins. Il existe donc une différence importante entre le fait de ne pas se laisser « piéger » par les opinions des autres et le fait de les rejeter directement. L'une des questions clés qui se posent pour faire l'impossible, c'est de savoir comment intégrer les perspectives et les intentions positives de nos critiques sans les réduire ni en être limité. Ce sera l'une de nos principales explorations dans ce chapitre ; comment transformer nos critiques en supporters et conseillers.

Il est évident que pour ce faire, il faut toutes les compétences que nous avons explorées jusqu'à présent pour orchestrer l'innovation, renforcer l'aptitude pour le futur et surmonter l'adversité, mais il en faut aussi plusieurs autres. Certaines des compétences que nous avons balayées jusqu'à présent incluent 1) d'avoir et exprimer une orientation sous la forme d'une vision, d'une mission et d'une ambition et d'un rôle qui les aligne ; 2) adopter une approche équilibrée et gagnant-gagnant pour chaque partie du Cercle de Succès ; et 3) développer et exercer un leadership émotionnellement intelligent et conscient.

Dans le chapitre précédent, nous avons souligné l'importance « d'être un exemple » et « de partager » comme des facteurs clefs de succès pour surmonter l'adversité. De plus, faire l'impossible demande un effort particulier pour « encourager la coopération en équipe » et « influencer les autres vers les résultats ». Cela passe par le développement des capacités de persuasion efficace et de « méta-leadership ».

La Nécessité du « Méta Leadership »

Le *Méta Leadership* est la capacité de promouvoir et de guider d'autres leaders. Le fondateur d'une nouvelle entreprise doit pouvoir éveiller le sens du but et de la vision chez les autres afin d'attirer et de choisir des membres de l'équipe, des parties prenantes et des partenaires qui peuvent partager une passion pour la vision et s'engager à faire de cette vision une réalité.

Selon David Guo, ancien directeur général de Display Research Laboratories et « entrepreneur en série », « Un entrepreneur qui réussit doit pouvoir communiquer sa vision et ses idées, et comprendre les gens et leur motivation ». Ces capacités sont des caractéristiques essentielles du « méta-leadership ». Les méta-leaders sont ceux qui guident d'autres leaders plutôt que de simplement diriger et commander des suiveurs. Pour faire l'impossible, tout le monde dans l'équipe doit être un leader en soi.

Comme David Guo le maintient, « Ma règle numéro un est d'aller toujours chercher des gens qui sont meilleurs que moi. Qui que vous embauchiez, assurez-vous qu'ils sont meilleurs que vous. » Cela peut bien sûr créer un défi. Guo fait observer qu'il est souvent le plus jeune membre de l'équipe. Ainsi, il ne pense pas pouvoir être leur « patron » ou leur « commandant ». « Je respecte mon équipe », dit-il. « Ils ont bien plus d'expérience que moi, pour beaucoup de choses. C'est pour ça que je les ai dans mon équipe. Ils savent mieux que moi de quoi j'ai besoin. Ils n'ont pas besoin de venir me demander de permission. Mon rôle de dirigeant de l'entreprise est de fournir les ressources nécessaires pour qu'ils puissent faire leur travail au mieux. » En ce sens, le méta-leadership a beaucoup en commun avec le « leadership serviteur ». *Les servant leaders* (leaders serviteurs) sont ceux dont le travail consiste à faciliter le travail des autres.

Guo prétend : « Le but du leader est de comprendre ce qui motive les gens et en tirer parti, pas seulement leur montrer un chemin ». Il fait observer que vous ne pouvez pas *obliger* d'autres leaders à faire des choses. Vous devez les amener à souscrire à votre vision, et vous demander : « Qu'est-ce qui les motive ? »

À titre d'exemple, lorsqu'il était Directeur général Display Research Labs, Guo avait besoin de personnes extrêmement qualifiées, telles que des experts en technologie du phosphore. Il n'y avait que quelques personnes sur la planète qui avaient les antécédents et l'expérience nécessaires pour faire le genre d'écrans envisagés par Guo. L'une des personnes que Guo poursuivait avait déjà très bien réussi, gagné des millions de dollars avec une entreprise précédente, et s'était retirée dans un manoir situé dans les montagnes à des centaines de kilomètres. Guo a dû essayer de trouver comment convaincre cet expert de sortir de sa retraite et de travailler pour son entreprise. L'homme n'était pas intéressé par plus d'argent et n'avait pas besoin de prouver sa valeur professionnelle, donc Guo devait trouver ce qui serait assez intéressant pour qu'il veuille retourner travailler.

Selon David Guo, « serial entrepreneur », « Un entrepreneur qui réussit doit pouvoir communiquer sa vision et ses idées et comprendre les gens et leur motivation ».

David Guo
Ancien PDG de
Display Research Laboratories

David Guo a fondé plusieurs entreprises de haute technologie dans la Silicon Valley. En tant que co-fondateur de Micropolis Video / Multimedia System Division, il a joué un rôle pionnier dans les domaines de la télévision interactive et du stockage vidéo numérique depuis le départ de l'industrie. En tant que PDG de Display Research Laboratories, il a levé plus de 20 millions de dollars de fonds de financement d'entreprise. DRL a mis au point des afficheurs émissifs à écran plat de la prochaine génération, en inventant des semi-conducteurs minces « imprimables » sur plastique. La technologie d'affichage de DRL a permis des affichages à faible coût et à haute résolution pour l'électronique des consommateurs et des mobiles, des appareils Internet, des panneaux d'affichage et des home cinéma.

En fin de compte, la motivation la plus puissante était la vision de Guo pour l'entreprise et la possibilité pour l'expert en phosphore d'explorer certaines de ses propres théories et idées et de les voir appliquer pour faire ce que les gens pensaient impossible. Guo avait la vision d'un écran de haute définition de la taille et de l'épaisseur d'une nappe. Il a pu convaincre l'ingénieur en phosphore que DRL était une excellente opportunité pour qu'il puisse mettre ses théories en pratique. L'ingénieur a fini par rejoindre l'équipe et venir avec son propre avion privé pour travailler plusieurs jours par semaine.

Comme l'illustre l'exemple de David Guo, le *méta-leadership* implique « de guider d'autres leaders » en les inspirant par son propre sens de la vision et de la mission. C'est un exemple d'autonomisation, de capacitation extrême. Le méta-leadership est probablement l'une des formes de leadership émergentes les plus importantes pour les entrepreneurs de la nouvelle génération. Au fur et à mesure que les entreprises sont moins hiérarchisées et plus « nivelées », et que les emplois des personnes nécessitent une autonomie accrue et un « espace discrétionnaire », les relations fondamentales entre les personnes travaillant ensemble dans les équipes et les entreprises évoluent. Plutôt que la relation traditionnelle de « dirigeant-subordonné », les entreprises et les organisations de demain devront davantage compter sur des interactions « leader-leader », dans lesquelles chaque membre du groupe est également un leader d'une manière ou d'une autre.

En fin de compte, le méta-leadership repose sur une vision d'avenir, l'engagement en faveur de cet avenir, l'éveil de cette vision chez les autres et la collaboration avec eux pour la créer. Plutôt que de « pouvoir », le méta-leadership résulte donc de la vision et de l'influence d'un engagement authentique. Les méta-leaders considèrent les autres comme des éléments précieux et interdépendants d'un système plus vaste et partagé.

Le méta-leadership implique par exemple la capacité de négocier avec les autres, de les autonomiser et les inspirer plutôt que de les commander. Pour réussir dans un environnement dynamique, les entrepreneurs doivent travailler avec des personnes leaders par elles-mêmes, proactives et désireuses de prendre des responsabilités et agir. Un entrepreneur n'a pas le temps de contrôler constamment les autres et de leur dire quoi faire. David Guo explique : « Notre stratégie change toutes les cinq minutes. Notre vision et notre objectif n'ont pas changé, mais la stratégie change chaque fois qu'il y a de nouvelles informations ». Pour faire l'impossible, les membres de l'équipe doivent être habilités à agir rapidement et avec souplesse.

Le Méta leadership implique « de diriger d'autres leaders » en les inspirant par son propre sens de la vision et de la mission.

Pour faire l'impossible, les membres de l'équipe doivent être capacités à agir rapidement et avec souplesse.

Exemple d'un Cas de Facteurs de Succès
Jan E. Smith – Disney Interactive Studios

Accompagner et autonomiser les gens à s'approprier la vision.

Quand Jan Smith prit la présidence de Disney Interactive (maintenant Disney Interactive Studios) en 2000, elle savait qu'elle avait un sacré défi à relever. La division des jeux du géant du divertissement n'allait pas bien, ce qui n'était pas supposé arriver chez Disney.

L'empire Disney n'a cessé de croître dans les années 90, alignant succès après succès dans ses domaines fondamentaux. Leur nouvelle stratégie était de diversifier et d'innover afin de multiplier les lignes de produits Disney, en levant des « actions » Disney sur d'autres marchés par extension du nom de marque à de nouveaux domaines. Elle s'est facilement traduite dans l'éducation et l'entreprise travaillait à l'implanter dans les domaines du jeu et du commerce de détail.

Jan avait en fait rejoint la Walt Disney Company en 1987 pour aider à créer et lancer The Disney Store. L'idée du Disney Store était « la vente sous forme de divertissement », explique Jan. Son objectif était de « transférer le niveau de service des parcs d'attractions vers un environnement de vente au détail ». Pour y parvenir, ils ont dû « faire les choses comme personne ne les avait jamais faites avant ». Jan et son équipe ont redéfini les rôles typiques du personnel des magasins, désignant les personnes comme des « membres de la troupe », par exemple, au lieu d'« employés ». Au lieu de « vendre », le personnel a été encouragé à rafraîchir la mémoire des clients ; un type de commercialisation par le conte et le divertissement. Cela exigeait du personnel qu'il apprenne l'histoire, les anecdotes et autres faits sur les productions de Disney. Mettre en œuvre ce processus d'apprentissage signifiait créer toute une université Disney pour les magasins.

Ce qu'ils faisaient était tout neuf et, comme Jan l'a souligné, « La nouveauté est excitante mais risquée ». Obtenir un l'« adhésion » interne de la direction de Disney a été « très difficile » au départ. Il y avait des craintes que les magasins aient une incidence négative sur la marque Disney. Jan et son équipe ont cependant persisté. Le projet a décollé et Disney Stores est devenu un autre fleuron de l'organisation Disney.

Jan a ensuite servi comme présidente de Disney Publishing, où elle a joué un rôle déterminant dans le lancement et le développement de plusieurs nouvelles entreprises de livres.

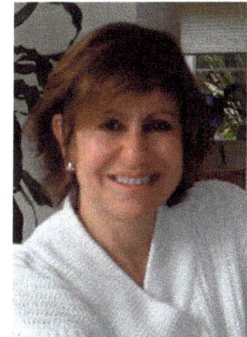

Jan E. Smith
Ancienne Présidente
Disney Studios interactifs

Le retournement de situation des Studios interactifs Disney par Jan Smith est un bon exemple d'application des principes de l'Entrepreneuriat de la Nouvelle Génération et du Leadership Conscient afin d'orchestrer l'innovation et de faire l'impossible.

L'Ambition de Jan Smith était de faire de Disney Interactive la compagnie de divertissement N°1 en « portant » la marque Disney et ses personnages sur un nouveau marché.

La **Vision** de Jan Smith était des jeux informatiques qui plairaient au client Disney typique et qui atteindraient un groupe plus âgé sans compromis dans les valeurs de l'entreprise.

Commencer le Voyage

C'est après cela que Jan a repris le secteur des jeux interactifs. Jan a accepté la responsabilité des opérations mondiales de Disney Interactive, y compris le développement de produits, la commercialisation, les finances et l'administration, les affaires commerciales et juridiques et le suivi des clients. Sa mission était de faire un virage à 180° ; avec l'objectif d'être l'entreprise de divertissement interactif N°1. Toutefois, le début d'une récession mondiale commençait déjà à toucher de nombreuses entreprises et Jan savait qu'elle devait restructurer complètement l'organisation pour obtenir le même résultat avec moins de ressources. Le marché des ordinateurs personnels déclinait également, ils devaient donc également changer leur fusil d'épaule et créer des contenus pour différentes plates-formes, telles que les appareils de jeu portatifs. Ils devaient également internaliser les compétences précédemment externalisées (comme la fabrication, les ventes et la commercialisation) en les intégrant.

Curieusement, l'un des plus gros problèmes de Jan était le décalage entre les clients de jeux informatiques et la marque Disney. La population typique des clients de Disney était les enfants de 8 ans ou moins et les familles. En revanche, la population cliente des jeux informatiques était les jeunes hommes de 15 ans et plus. Alors que les enfants de 8 ans étaient heureux de jouer à un jeu où la Petite Sirène les aidait à lire ou épeler, les jeunes de 15 ans avaient plus envie de lui tirer dessus.

Franchir le Seuil

Pour augmenter leur accès au marché dans le domaine des jeux, Jan a réalisé qu'ils devraient se développer dans deux directions :

1. Créer des produits pour amener le client type de Disney vers les jeux informatiques.
2. Créer des produits ciblant le groupe plus âgé sans compromis sur les valeurs de l'entreprise.

L'un des principaux défis pour Jan était de préserver l'intégrité et les valeurs de Disney et de tirer parti de celles qui étaient positives, tout en élargissant la réflexion sur ce qui était possible. Encore une fois, elle avait besoin de faire des choses que personne n'avait jamais faites chez Disney. À cet égard, la marque Disney a été autant un obstacle qu'une aide. Faire un pas vers de nouveaux secteurs de produits était extrêmement dangereux pour l'entreprise et rendait la direction nerveuse. Pour réussir, il faudrait franchir des obstacles tant à l'intérieur qu'à l'extérieur.

Sa tâche ne serait pas facile. « *Je savais que je serais un héros ou un zéro* », dit-elle. « *Si je ne réussissais pas, je deviendrais 'l'artisan de la chute'.* »

Une Vision Émerge

En juillet 2000, Jan a vu une préproduction d'un pilote pour une nouvelle émission de quiz télévisé diffusée sur l'une des filiales de Disney, intitulée *Who Wants be a Millionaire (Qui veut gagner des Millions)*. « J'ai vu l'émission et j'ai eu la vision d'un produit interactif ». dit Jan. « J'ai eu l'intuition 'c'est ce qui va marcher' On doit juste trouver comment. »

Jan a cependant dû faire face à plusieurs défis majeurs. Premièrement, ce type de produit n'était pas le cœur de compétence de Disney Interactive. Ils devraient développer toute une nouvelle plate-forme informatique pour un jeu basé sur l'émission télévisée. Deuxièmement, même les programmes de télévision populaires ont un cycle de vie court. C'était en juillet et, pour avoir des ventes importantes pour un jeu informatique, le jeu devrait être prêt pour Noël.

Transformer la Résistance

Jan a rencontré beaucoup de résistance quand elle a commencé à présenter sa vision. au début, le DAF a dit « Pas question », se souvient Jan. « Les gens ont commencé à rire ». Le cycle de développement habituel d'un jeu vidéo était de 18 mois, et ils n'avaient que 3 mois pour atteindre le marché de Noël. Tout le monde lui a dit : « Ce que vous proposez est impossible ».

Mais Jan n'a pas abandonné. « J'avais l'intuition que ça pouvait marcher et je me sentait à la hauteur du défi », explique-t-elle.

Pour obtenir l'adhésion du DAF et de la direction, elle leur a rappelé qu'il existait un objectif stratégique au niveau de l'entreprise de déployer tous les contenus de Disney vers de nouveaux marchés. Elle a dit aux gens : « C'est ce qu'on veut être de toute façon. C'est juste plus tôt que prévu ».

Une première tâche consistait à déterminer comment « faire l'impossible » et développer le produit en six fois moins de temps que d'habitude. Jan a emmené son équipe hors du site pendant plusieurs jours pour regarder le projet sous tous ses angles et « penser hors de la boîte ». « Vous devez montrer que c'est possible puis demander 'pourquoi ça ne marcherait pas' ? » a-t-elle expliqué.

« J'ai d'abord passé beaucoup de temps à discuter avec eux et prendre leurs avis sur le sujet », dit Jan. Puis elle a dû synthétiser ces vues pour avoir sa propre « photo de ce qui est possible ».

Jan Smith avait une *Passion* pour examiner les problèmes sous tous leurs angles.

Jan décrit son approche pour trouver une solution lorsqu'il n'y a pas d'histoire ou de précédent comme suit : « Créer un forum ouvert, encourager les opinions divergentes, avoir des débats passionnés, arbitrer, et finalement prendre une décision. »

Le processus de Jan pour transformer la résistance et réaliser une chose sans précédent impliquaient de « créer un forum ouvert, encourager différentes opinions, avoir des discussions animées, arbitrer et, à la fin, prendre des décisions ».

Jan fait remarquer: « En fin de compte, le leader est responsable, que ce soit une bonne ou une mauvaise nouvelle ». Elle affirme que le leader doit « assumer personnellement toutes les responsabilités si ça tourne mal » et « accorder tout le crédit à l'équipe si ça se passe bien ».

Transcender les Contraintes

À la suite de ces réunions « innovantes », l'équipe a découvert que, en appliquant les principes de l'innovation ouverte, au lieu de développer toute la plateforme technologique pour le jeu à partir de zéro, elle pouvait concéder une licence mutuelle à l'une des entreprises « avant-gardistes » ayant fait quelque chose de similaire puis l'adapter. Cela réduirait considérablement le temps consacré au développement. L'équipe a également trouvé un moyen de travailler « 24 heures sur 24 » en programmant des plages horaires qui se chevauchent.

Jan a réussi à surmonter les difficultés majeures en restant « réellement concentrée sur la vision », en organisant des réunions avec les principaux acteurs et parties prenantes et en construisant des partenariats de distribution clés.

Une clé pour Jan était de rester « vraiment concentrée sur la vision ». Elle a organisé des rencontres avec les acteurs clés et les parties prenantes (l'animateur de l'émission, le producteur, l'exécutif de production, etc.) et construit des partenariats clés en matière de distribution.

Jan souligne avec fierté qu'au fil du temps, les gens sont passés de « l'idée folle de Jan » à « *notre* projet ».

Réaliser l'Impossible

Le résultat a été une percée dans le planning préexistant de mise d'un produit sur le marché. Jan et son équipe ont expédié en trois mois un produit qui aurait normalement pris dix-huit mois. L'intuition de Jan à propos du jeu a payé. Il a atteint une grande popularité auprès du public de la télévision familiale et Disney Interactive a fini avec un produit qui s'est vendu à 3 millions d'exemplaires avant Noël !

Sur la base de ce premier succès, Jan a pu continuer à développer et étendre les produits de Disney Interactive sur le marché du jeu et atteindre le groupe plus âgé jouant aux jeux vidéo sans compromis sur les valeurs. Grâce à une stratégie similaire de sortir son équipe hors site et de penser hors de la boîte, ils recherchèrent des modèles d'entreprises ayant réussi sur le marché des jeux qui ne violaient pas les valeurs Disney. Ils ont réalisé que certains développeurs japonais de jeux vidéo avaient un historique dans la fabrication de jeux qui se vendaient bien aux États-Unis et qui n'étaient pas juste du style violent « vas-y, tue ». Ils ont identifié une société japonaise qui avait aux États-Unis plusieurs jeux à grand succès qui n'étaient pas objectables et ont construit une alliance stratégique. Le résultat est un autre jeu à succès qui a changé la donne pour Disney Interactive.

Jan a continué à établir un bilan superbe pour Disney Interactive, qui lui doit sa place de leader mondial.

Le Méta Leadership en Action

Jan résume sa recette de la réussite par « *l'accompagnement et la capacitation des gens à s'approprier la vision* ». C'est l'équation fondamentale du méta-leadership. Comme Jan l'a dit, « Le leadership consiste à accélérer le processus du plan stratégique et à aider les gens à voir une nouvelle voie ». Elle explique : « Les organisations dont j'ai hérité avaient un groupe de cadres intelligents coincés dans un point de vue stratégique particulier ». Pour être des méta-leaders efficaces et faire l'impossible, les entrepreneurs ont besoin de bonnes compétences en communication et de « la conviction que les gens se montreront à la hauteur si la vision est claire ».

Le cas de Jan montre que les dirigeants et entrepreneurs efficaces doivent, selon ses termes, « communiquer, communiquer, communiquer » afin d'« éduquer les gens à la vision ». En d'autres termes, les dirigeants de nouvelles entreprises doivent « mettre en place la structure de communication et aider les gens à voir la destination ». Jan explique qu'au début, elle devait s'« envoler pour les quatre coins du monde et rencontrer les gens pour qu'ils me connaissent. – D'abord, être plus visible et présente, donner le ton et l'exemple. Après ça, vous avez besoin que vos gens prennent les choses en main ».

À l'instar de Steve Jobs, Jan pensait qu'une fois que l'équipe aurait compris le « truc » et partagerait une vision commune, ils seraient en mesure de poursuivre par eux-mêmes. Jan avait une grande foi en son équipe et en leurs capacités. « Si vous avez les bonnes personnes, vous pouvez faire n'importe quoi », dit-elle. Jan leur faisait confiance pour prendre les bonnes décisions. Quand le tableau plus large est partagé, alors « ils travaillent dans le cadre de la contrainte de la vision, même s'ils le font différemment ».

Jan Smith a pris le Rôle de pionnier travaillant avec des pisteurs, nouant des alliances et des partenariats clés.

Jan Smith a motivé et aligné son équipe sur leur Mission en accompagnant et en capacitant les gens à s'approprier la vision.

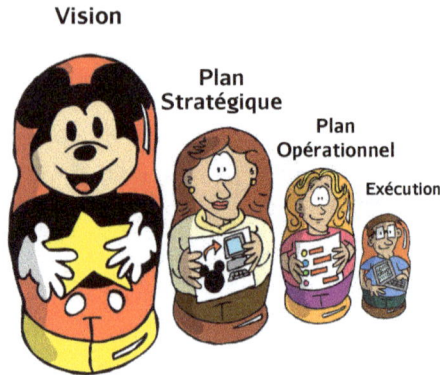

Vision

Plan Stratégique

Plan Opérationnel

Exécution

Dans une Entreprise qui Réussit, l'Exécution doit être Alignée sur la Vision

Afin de promouvoir la collaboration générative et d'orchestrer l'innovation, Jan Smith s'est employée à « développer à la fois l'infrastructure de communication et l'infrastructure de créativité » pour son équipe et les a encouragés à « consacrer du temps à être créatif ».

Passer de la Vision à l'Exécution

Le cas de Jan démontre également l'importance de définir et aligner les différents niveaux de facteurs de succès pour concrétiser la vision. Elle affirme que pour réussir, il faut « une exécution opérationnelle sur les éléments clefs pour atteindre la vision ». Cela passe par communiquer la vision, puis « avoir un plan et faire chaque étape vraiment bien ». Selon ses mots, vous devez « commencer par un plan stratégique lié à un plan opérationnel ».

Jan fait observer que « Créer sans boite n'est pas très créatif ». Le défi du Disney Store, par exemple, était « d'être créatif dans une boîte ». Pour comprendre les paramètres de la vision, puis, dans les limites de ces paramètres, créer quelque chose qui n'avait jamais existé auparavant. Le défi de Disney Interactive, en revanche, était de « sortir de la boîte » d'une vue limitée des possibilités et aller dans la plus « grande boîte » de la vision. La vision est la grande boite qui contient la plus petite « boite » du plan stratégique dans laquelle se trouve la plus petite « boite » du plan opérationnel – comme des poupées russes emboîtées les unes dans les autres.

Impulser la Collaboration Générative

Pour réussir, Jan conseille aux entreprises de « développer à la fois l'infrastructure de communication et l'infrastructure de créativité ». Elle dit qu'il est également important de « consacrer du temps à être créatif ». Sinon, « les gens sont pris dans l'exécution ». Cela exige la discipline du « dialogue créatif sur une base régulière ».

L'un des principaux facteurs de succès de Jan était clairement sa capacité à « mettre un certain nombre de personnes avec des parcours différents dans une pièce et les amener à se dépasser ». Pour ses réunions hors site, elle a établi ce que nous avons appelé un « contenant COACH », créant un « forum ouvert » au sein duquel « tout le monde débattait et argumentait », mais avec un espace suffisamment grand pour contenir des perspectives différentes et en mettant fortement l'accent sur la vision. Selon Jan, pour faire l'impossible, « le rêve doit l'emporter sur la critique ». Elle fait remarquer que Walt Disney a fait faillite trois fois avant la construction du premier parc Disneyland.

Maitriser le Jeu Intérieur

Les ressources de base du « jeu intérieur » de Jan étaient sa vision, son intuition et la conviction « Je peux y arriver ». « Si tu ne crois pas en toi, tu ne peux pas rester sur le ring », soutient-elle. Un autre aspect clé de son jeu intérieur était la détermination d'« aller jus 'à la ligne d'arrivée ». « Si tu peux le rêver, tu peux le faire », dit-elle. Elle a complété sa conviction et sa détermination par « des façons créatives d'examiner les problèmes » et en « se fiant » à son intuition.

Bâtir un Cercle de Succès

Pour résumer, il est clair que Jan a méthodiquement construit un cercle de succès puissant. Au centre de ce cercle se trouvaient ses qualités d'intentionnalité et d'intuition, et sa conviction « Je peux y arriver ». Elle a appliqué sa *passion* pour examiner les problèmes de manière créative sur chacun des quatre quadrants.

Passion

Elle a commencé par appliquer cette passion à la *vision* de « transférer le niveau de qualité Disney à d'autres produits ». Cela impliquait de créer des jeux vidéo qui amèneraient les clients traditionnels de Disney aux jeux informatiques et qui toucheraient un groupe plus âgé sans compromis sur les valeurs de l'entreprise.

Vision

Pour atteindre cette vision, elle a dû appliquer sa passion pour des moyens créatifs d'examiner les problèmes pour mettre en place une « infrastructure de communication et une infrastructure de créativité », puis « accompagner et donner aux gens les moyens de s'approprier la vision ». Pour aider l'équipe à renforcer ses compétences et à s'aligner sur sa *mission*, Jan a dû créer un forum de dialogue ouvert et honnête afin de trouver de nouvelles solutions et d'identifier et transformer les obstacles.

Mission

Appliquant sa passion à l'*ambition* de devenir le N°1 des entreprises de divertissement interactif, Jan a dû lever créativement des « actions » Disney dans d'autres marchés et engager pleinement sa détermination à « conduire jusqu'à la ligne d'arrivée ».

Ambition

Prenant le *rôle* d'un pionnier travaillant avec des pisteurs, Jan a pu appliquer sa passion pour des moyens créatifs d'examiner les problèmes pour impulser l'« innovation ouverte » et à accorder une licence à une plate-forme existante et l'adapter afin de réduire considérablement le cycle de développement des logiciels. Elle a ensuite établi une alliance stratégique puissante avec une société de jeux japonaise et construit des partenariats de distribution clés.

Rôle

Nous pouvons représenter les éléments clefs du Cercle de Succès de Jan sur le schéma suivant :

Le Cercle de Succès de Jan Smith

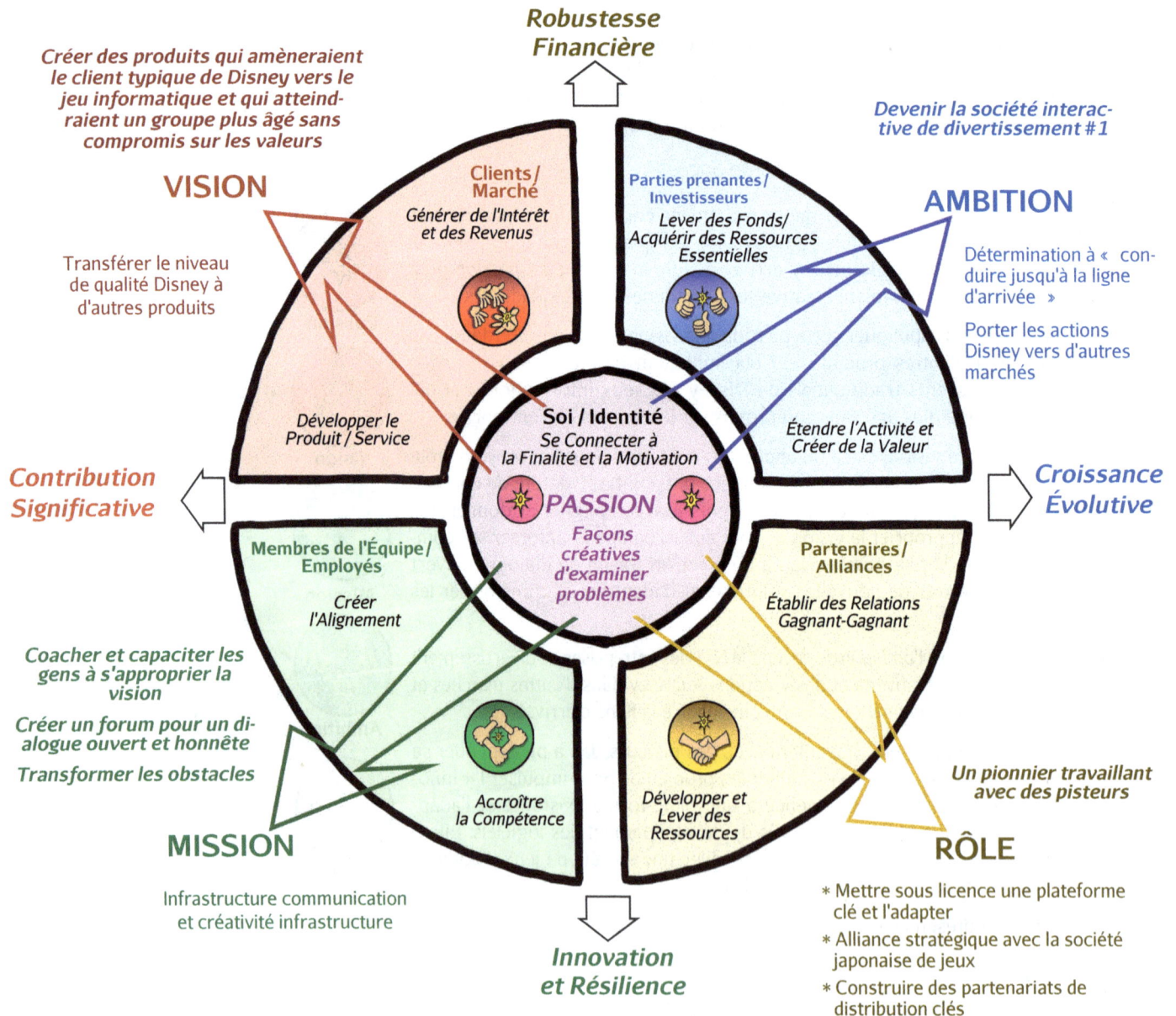

Robustesse Financière

Créer des produits qui amèneraient le client typique de Disney vers le jeu informatique et qui atteindraient un groupe plus âgé sans compromis sur les valeurs

VISION

Transférer le niveau de qualité Disney à d'autres produits

Clients / Marché
Générer de l'Intérêt et des Revenus

Parties prenantes / Investisseurs
Lever des Fonds / Acquérir des Ressources Essentielles

Devenir la société interactive de divertissement #1

AMBITION

Détermination à « conduire jusqu'à la ligne d'arrivée »

Porter les actions Disney vers d'autres marchés

Développer le Produit / Service

Étendre l'Activité et Créer de la Valeur

Contribution Significative

Soi / Identité
Se Connecter à la Finalité et la Motivation

PASSION
Façons créatives d'examiner problèmes

Croissance Évolutive

Membres de l'Équipe / Employés
Créer l'Alignement

Partenaires / Alliances
Établir des Relations Gagnant-Gagnant

Coacher et capaciter les gens à s'approprier la vision

Créer un forum pour un dialogue ouvert et honnête

Transformer les obstacles

Accroître la Compétence

Développer et Lever des Ressources

Un pionnier travaillant avec des pisteurs

MISSION

RÔLE

Infrastructure communication et créativité infrastructure

Innovation et Résilience

* Mettre sous licence une plateforme clé et l'adapter

* Alliance stratégique avec la société japonaise de jeux

* Construire des partenariats de distribution clés

LE CERCLE DE SUCCÈS DE JAN SMITH

VISION
Clients / Marché

CRÉER DES PRODUITS QUI
AMÈNERAIENT LE CLIENT
TYPIQUE DE DISNEY VERS
LE JEU INFORMATIQUE
ET QUI ATTEINDRAIENT UN
GROUPE PLUS ÂGÉ SANS
COMPROMIS SUR LES
VALEURS

TRANSFÉRER LE
NIVEAU DE QUALITÉ
DISNEY VERS
D'AUTRES PRODUITS

AMBITION
Parties Prenantes /
Investisseurs

DEVENIR LA SOCIÉTÉ INTERAC-
TIVE DE DIVERTISSEMENT #1

DÉTERMINATION À
« CONDUIRE JUSQU'À LA
LIGNE D'ARRIVÉE »

PORTER LA VALEUR
DISNEY VERS D'AUTRES
MARCHÉS

MISSION
Membres de l'Équipe /
Salariés

COACHER ET CAPACITER LES
GENS À S'APPROPRIER LA VISION
CRÉER UN FORUM POUR UN
DIALOGUE OUVERT ET HONNÊTE
TRANSFORMER LES OBSTACLES

INFRASTRUCTURE DE COMMUNICATION ET
INFRASTRUCTURE DE CRÉATIVITÉ

Soi / Identité – Passion

FAÇONS CRÉATIVES
D'EXAMINER
PROBLÈMES

RÔLE
Partenaires / Alliances

UN PIONNIER TRAVAILLANT
AVEC DES PISTEURS

* METTRE SOUS LICENCE UNE
PLATEFORME CLÉ ET L'ADAPTER

* ALLIANCE STRATÉGIQUE AVEC
LA SOCIÉTÉ JAPONAISE DE JEUX

* CONSTRUIRE DES PARTENARI-
ATS DE DISTRIBUTION CLÉS

Guider avec la Tête, le Cœur et les Tripes

Les actions de Jan en tant que leader sont un exemple clair de notre définition fondamentale du leadership conscient. Elle a pu « construire une entreprise durable, se guider et guider son équipe à partir d'un état de présence centrée, accéder à des intelligences multiples et vivre ses plus hautes valeurs au service d'un objectif plus large et dans l'intérêt de toutes les parties prenantes ». Jan a fait preuve d'authenticité, d'intelligence émotionnelle, d'intentionnalité et de responsabilité. Elle a également illustré chacune des pratiques clefs du leadership conscient :

1. Formuler et communiquer une vision porteuse de sens et inclusive pour toutes les parties prenantes.

2. Se concentrer sur une finalité plus élevée.

3. Influencer par l'inspiration.

4. Équilibrer l'intérêt personnel et le bien commun.

5. Respecter et intégrer de multiples points de vue.

6. Diriger par l'exemplarité (faire ce que l'on dit).

7. Exercer un leadership de soi conscient et réfléchir soigneusement aux enseignements tirés de l'expérience.

Jan a fait preuve d'un remarquable équilibre de leadership de la tête, du cœur et des tripes. Elle avait clairement une compréhension cognitive (tête) des questions des affaires et des objectifs stratégiques qu'elle devait aborder. Cela lui a permis de formuler un plan stratégique lié à un plan opérationnel et de passer de la vision à l'exécution. Elle a également eu l'intelligence émotionnelle (cœur) d'établir des liens avec les personnes, reconnaître leurs préoccupations et comprendre leurs motivations. Cela lui a permis d'identifier et de transformer leurs résistances et de les motiver à « s'approprier la vision ». Elle a également fait preuve d'une grande intuition (tripes) pour sélectionner un projet qui méritait de risquer sa crédibilité et sa carrière. Cela lui a permis de s'engager pleinement avec congruence à mettre sa vision en œuvre et à « faire des choses que personne n'avait jamais faites à Disney ».

ANTONIO MEZA

Le succès de Jan Smith avec Disney Interactive Studios a montré un équilibre remarquable entre la tête, le cœur et les tripes.

Orchestrer l'Innovation

Enfin, et surtout, le voyage de Jan Smith pour « faire l'impossible » nous offre d'autres étapes clés pour orchestrer l'innovation.

1. *Autonomiser, capaciter :* **Croyez en vous, votre équipe et votre vision. Prenez toute la responsabilité pour vous si les choses tournent mal et donnez tout le mérite à l'équipe si les choses se passent bien. Montrez que c'est possible et demandez « pourquoi ça ne marcherait pas ? »**

Le cas de Jan souligne l'importance cruciale de construire un *système de croyances gagnant* fondé sur sa propre croyance en elle-même, son équipe et dans sa vision.

2. *Accompagner, Coacher :* **Soyez plus visible et présent, donnez le ton et l'exemple. Coachez et habilitez les gens à s'approprier la vision ; et croyez que « les gens se montreront à la hauteur si la vision est claire ».**

De toute évidence, l'un des principaux défis auxquels Jan devait faire face était de créer de nouveaux jeux vidéo porteurs du niveau de qualité de Disney sans compromis sur les valeurs. Cela exigeait les compétences nécessaires pour *mettre en œuvre les valeurs* et *créer un état aligné* pour elle-même et son équipe afin de passer de la vision à l'exécution.

3. *Partager* **: Éduquez les gens à la vision, créez un forum pour une communication ouverte et honnête et ayez régulièrement des échanges créatifs.**

Jan était maître dans l'art de promouvoir la *résolution collective des problèmes* et la collaboration générative. L'un de ses domaines d'excellence était de mettre en place des *S.C.O.R.E.s Multiples* en « créant un forum ouvert, en encourageant des opinions différentes, menant des discussions passionnées, en arbitrant pour finalement prendre une décision ».

4. *Se dépasser :* **Faites des choses que personne n'a jamais faites auparavant. Mettez un certain nombre de personnes de parcours différents dans une pièce et amenez-les à se dépasser.**

Jan comprenait que faire faire un virage à 180° à l'activité serait un Voyage du Héros pour elle et son équipe. Comme elle l'a dit elle-même, « Je savais que je serais un héros ou un zéro ». En s'investissant dans l'appel, en franchissant le seuil, en trouvant des tuteurs et en faisant face et en transformant les « démons », Jan a pu « faire l'impossible » et sortir en trois mois un produit dont le développement aurait normalement pris 18 mois.

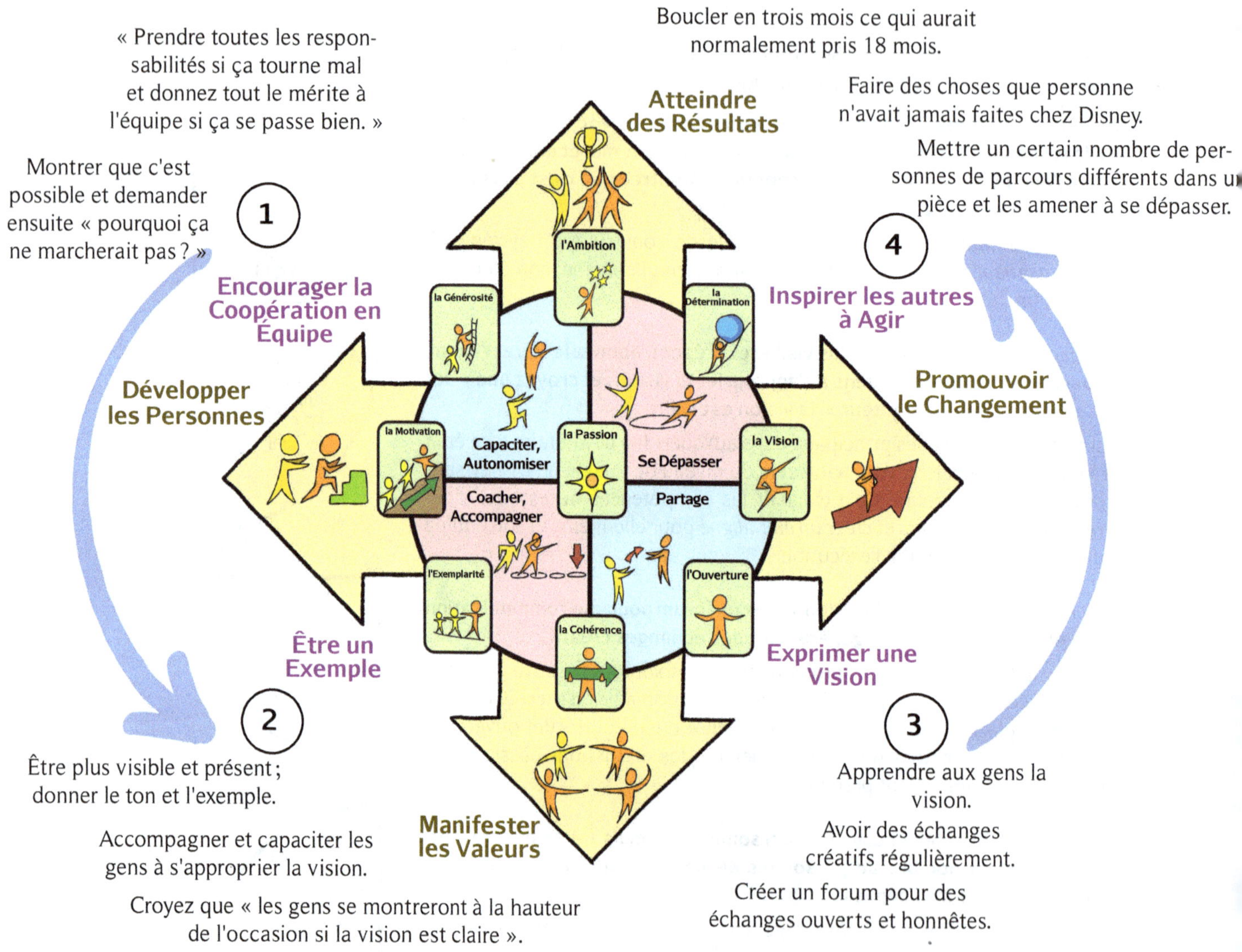

« Prendre toutes les responsabilités si ça tourne mal
et donnez tout le mérite à
l'équipe si ça se passe bien. »

Montrer que c'est
possible et demander
ensuite « pourquoi ça
ne marcherait pas ? »

① Encourager la Coopération en Équipe

Développer les Personnes

Boucler en trois mois ce qui aurait
normalement pris 18 mois.

Faire des choses que personne
n'avait jamais faites chez Disney.

Mettre un certain nombre de personnes de parcours différents dans u[ne]
pièce et les amener à se dépasser.

④ Inspirer les autres à Agir

Promouvoir le Changement

Atteindre des Résultats

l'Ambition

la Générosité

la Détermination

la Motivation

Capaciter, Autonomiser

Coacher, Accompagner

la Passion

Se Dépasser

Partage

la Vision

l'Exemplarité

la Cohérence

l'Ouverture

Être un Exemple

Manifester les Valeurs

Exprimer une Vision

**② **
Être plus visible et présent ;
donner le ton et l'exemple.

Accompagner et capaciter les
gens à s'approprier la vision.

Croyez que « les gens se montreront à la hauteur
de l'occasion si la vision est claire ».

**③ **
Apprendre aux gens la
vision.

Avoir des échanges
créatifs régulièrement.

Créer un forum pour des
échanges ouverts et honnêtes.

La Formule de Jan Smith pour Orchestrer l'Innovation

Dans le reste de ce chapitre, je présenterai des méthodes qui vous aideront à mettre en œuvre la formule de Jan Smith pour construire un Cercle de Succès, diriger à partir de la tête, du cœur et des tripes, et orchestrer l'innovation dans votre propre entreprise.

Imagineering the Impossible
(Imaginiérer l'Impossible)

Comme l'ont souligné la plupart des entrepreneurs et leaders qui réussissent que j'ai étudiés et interrogés, dans un monde dynamique et en mutation, il n'est pas possible de prédire l'avenir. À la place, il faut créer le futur. Pour ce faire, vous devez en permanence « procéder à des approximations successives jusqu'à atteindre un point de 'non-retour' ». Comme dans la métaphore des poupées russes que j'ai utilisée pour réfléchir sur le processus de passage de la vision à l'exécution de Jan Smith, créer le futur exige d'abord de définir la plus grande boite sous la forme d'une vision qui contienne la plus petite « boîte » du plan stratégique puis dedans la « boîte » encore plus petite d'un plan opérationnel qui aboutit finalement à une« exécution opérationnelle sur des éléments clefs pour atteindre la vision ».

C'est tout à fait approprié que l'exemple de Jan Smith concerne la Walt Disney Company puisque son processus de création d'entreprises réussies et de réalisation de l'impossible est complètement parallèle à la stratégie d'« Imagineering » que j'ai modélisée à partir de Walt Disney (*Stratégies du génie volume I*, 1995). *L'Imagineering (l'imaginiérie)* est un terme inventé par Walt Disney (en combinant les mots « imagination » et « ingénierie ») pour décrire le processus qu'il a utilisé pour « créer l'avenir » en élaborant des rêves et en les transformant ensuite en réalités. Le processus d'imagineering consistait essentiellement à découper le rêve en toutes les étapes nécessaires pour le manifester.

J'ai beaucoup écrit sur le processus créatif de Disney dans un certain nombre de mes livres et il est maintenant utilisé par les gestionnaires, les coachs et les entrepreneurs dans le monde entier comme élément clef du développement de nouvelles idées et projets pour leurs clients, organisations et nouvelles entreprises. Il mérite toutefois d'être mentionné dans ce livre car il s'agit d'un processus si essentiel à la réussite des leaders et des entrepreneurs.

Coordonner les États d'Esprit du Rêveur, du Réaliste et du Critique

L'essence du processus d'imagineering se reflète le mieux dans le commentaire, fait à propos de Walt Disney par l'un de ses collègues, selon lequel « il y avait en fait trois Walts différents : *le rêveur, le réaliste,* et *le saboteur* » (que j'ai renommé *critique*) et la question était toujours : lequel viendrait à la réunion ? Comme le montre l'exemple de Jan Smith (ainsi que tant d'autres entrepreneurs mentionnés dans cette série de livres), créer l'avenir, surmonter l'adversité et faire l'impossible implique la coordination de ces trois états d'esprit fondamentaux : Rêveur, Réaliste et Critique.

Walt Disney

'Imagineering' est un terme inventé par Walt Disney (en combinant les mots « imagination » et « ingénierie ») pour décrire le processus qu'il a utilisé pour « créer le futur » en élaborant des rêves et en les transformant ensuite en réalités.

Le processus d'imagineering implique la coordination de trois états d'esprit fondamentaux : Rêveur, Réaliste et Critique.

Le *rêveur* est nécessaire pour élaborer de nouvelles idées et de nouveaux objectifs. Le *Réaliste* est nécessaire pour transformer les idées en expressions concrètes. Le *Critique* est crucial en tant que filtre et comme stimulus pour affiner le résultat en quelque chose de « follement génial » (selon Steve Jobs).

Un Rêveur sans Réaliste ne peut pas transformer les idées en expressions tangibles. Un Critique et un Rêveur sans Réaliste sont coincés dans un conflit perpétuel. Un Rêveur et un Réaliste peuvent créer des choses, mais ils n'atteindront peut-être pas le niveau d'excellence nécessaire sans un Critique. Le Critique aide à évaluer et affiner les produits de la créativité. Il y a un exemple amusant d'un patron qui s'est vanté de ses capacités de pensée innovantes mais qui manquait d'une perspective réaliste et critique. Les gens qui travaillaient dans la société disaient : « Il a une idée par minute... Et certaines sont bonnes ».

En résumé :

- Un Rêveur sans Réaliste ni Critique est juste ça : seulement un Rêveur.

- Un Réaliste sans Rêveur ni Critique est un Robot.

- Un Critique sans Rêveur ni Réaliste est un Saboteur.

- Un Rêveur et un Réaliste sans Critique sont un service de recherche & développement – ils font beaucoup de prototypes mais n'ont pas les normes de qualité pour réussir.

- Un Réaliste et un Critique sans Rêveur sont une Bureaucracie.

- Un Rêveur et un Critique sans Réaliste font des montagnes russes maniaco-dépressives.

Le méta-leadership et l'entrepreneuriat efficaces impliquent un équilibre et une synthèse de ces différents états d'esprit. Comme le souligne David Guo, « Un entrepreneur doit être un éternel optimiste, mais aussi un pragmatique. L'optimiste dit : « Je pourrai toujours faire ça », mais le pragmatique dit : « Si je ne fais pas ça dans les temps, je vais rater la fenêtre, donc je ferais mieux de m'y mettre. » L'entrepreneur doit également écouter le critique et accueillir les commentaires. Respecter le critique signifie aussi « apprendre des erreurs des autres, pas seulement des vôtres ».

Steig Westerberg (voir *SFM Vol. I*, p. 82 – 83), fondateur et directeur général de StreamTheory, Inc., pionnier du jeu en ligne et des flux d'applications, décrit l'équilibre de l'entrepreneur entre Rêveur, Réaliste et Critique de la manière suivante :

> *Le rêve est quelque chose qui ne peut jamais mourir. Le rêve est littéralement une partie de moi-même. C'est une chose à laquelle je pense en permanence. C'est quelque chose qui imprègne tout ce que je fais.*
>
> *D'un autre côté, l'aspect plus réaliste intervient aussi fermement. On finit par avoir une personnalité multiple. C'est bizarre. Donc en ayant le réaliste, et aussi le critique, vous êtes assis là à analyser ce que vous faites – vous analysez les orientations que l'entreprise prend à tout moment – réalisant peut-être qu'au moment où vous commencez à exécuter, vous pouvez voir que ce n'est pas le bonne, basés sur d'autres choses qui peuvent se produire sur le marché et les forces qui interviennent et interagissent avec l'entreprise. Bien sûr, ça fait partie du rêve. Réaliser que la réalité peut avoir un impact sur le rêve, et ensuite que faites-vous ? Les deux jouent ensemble. Vous faites un changement et vous continuez aussi vite que vous pouvez.*
>
> *Les trois (rêveur, réaliste et critique) jouent donc des rôles tout aussi importants. Néanmoins, si vous perdez le rêve général et que vous laissez les réalités quotidiennes et les problèmes auxquels vous êtes confronté devenir trop écrasants ou trop forts, alors vous êtes dans le pétrin.*

Steig Westerberg
Fondateur et PDG
de Stream Theory

Selon Stieg Westerberg, le rêveur, le réaliste et le critiqueur « jouent des rôles de même importance ». Néanmoins, si vous perdez le rêve général et que vous laissez les réalités quotidiennes et les problèmes auxquels vous êtes confronté devenir trop écrasants ou trop forts, alors vous êtes dans le pétrin.

Les commentaires de Steig reflètent l'approche de Jan Smith avec Disney Store et Disney Interactive dans laquelle le rêve ou la vision fournit la plus grande « boite » pour le plan stratégique, le plan opérationnel et l'exécution. Cela permet d'aligner *l'efficience* (« bien faire les choses ») sur *l'efficacité* (« faire les bonnes choses »). Le récit de Steig fait également écho à l'insistance de Jan selon laquelle il est important de « consacrer du temps à être créatif » pour que les gens « ne soient pas pris dans l'exécution ». Cela exige la discipline pour « le dialogue créatif sur une base régulière » et s'assurer que le rêve l'emporte sur toute « critique ».

Questions d'Imagineering

La plupart des gens ont des atouts naturels dans un domaine : Rêveur, Réaliste ou Critique. Les outils et méthodes de la Modélisation des Facteurs de Succès SFM™ peuvent être utilisés pour aider les entrepreneurs et leurs équipes à développer les trois états d'esprit et à s'assurer qu'ils sont utilisés de manière équilibrée. Par exemple, les processus de Rêveur, Réaliste et Critique peuvent être associés à des types particuliers de questions. Une façon dont un entrepreneur peut s'assurer que lui-même et son équipe adoptent une approche sage et équilibrée à l'égard d'un projet ou d'une initiative donnée est de s'assurer que lui-même et l'équipe ont des réponses claires à chacune de ces questions. Ci-après se trouve un résumé des questions fondamentales requises pour « imaginiérer » efficacement la concrétisation d'un projet ou d'une vision.

Réfléchissez à votre projet ou entreprise (individuellement ou en équipe) et voyez si vous pouvez répondre à toutes les questions du Rêveur, du Réaliste et du Critique.

L'état d'esprit « Rêveur » est un élément crucial du processus d'Imagineering de Disney.

L'état d'esprit « Réaliste » implique de planifier les étapes pour atteindre le rêve.

Rêveur :

Quelle est la vision à long terme du projet/entreprise ?

Quel est la finalité du projet/entreprise ?

Quel est l'objectif énorme et effrayant (BHAG) pour le projet/entreprise ?

Quels sont les avantages potentiels pour les clients éventuels ? investisseurs/parties prenantes ? partenaires ? les membres de l'équipe ?

Quelles seraient les autres possibilités auxquelles le projet/entreprise pourrait conduire dans le futur ?

Réaliste :

Quel est le calendrier du projet/entreprise ?

Quels sont les principaux acteurs (clients, investisseurs/parties prenantes, partenaires, membres de l'équipe) ?

Quelles sont les prochaines étapes spécifiques (plan opérationnel) nécessaires pour progresser ?

Quelles sont les preuves ou les retours d'information qui montrent que vous avancez ?

Quelles ressources sont disponibles pour contribuer à la réussite du projet/entreprise ?

Critique :

Qui pourrait être affecté positivement ou négativement par le projet ou l'entreprise ? (Veillez à prendre en considération toutes les parties prenantes possibles de l'holarchie.)

Quels sont leurs besoins ou attentes ?

Quelle objection quelqu'un (client, investisseur / parties prenantes, partenaires, membres de l'équipe) pourrait-il avoir au projet / à l'entreprise ?

Qu'est-ce qui manque dans la vision, la stratégie ou le plan ?

Dans quelles circonstances ne poursuivrez-vous pas le projet / l'entreprise ?

Il convient de souligner que ces questions ne doivent pas être examinées une seule fois au début d'un projet ou d'une entreprise, mais devraient, comme l'indique le commentaire précédent de Steig Westerberg, être constamment réexaminées tout au long du lancement et de la durée de vie du projet ou de l'entreprise.

L'état d'esprit « Critiqueur » est nécessaire pour faire en sorte que le plan soit à la fois efficace et écologique.

Faire le Storyboard (« Scénarimager ») les Étapes vers le Rêve

La clé pour faire l'impossible est de passer du Rêveur au Réaliste. Cela passe par la mise en place d'un plan stratégique et d'un plan opérationnel en définissant un ensemble de mesures, ou un *chemin*, qui conduira d'un État actuel à un État désiré. *Le Storyboard (Scénarimage en français)* est un processus pour définir le chemin qui a également été développé par Walt Disney. La stratégie d'Imagineering de Disney, et sa force majeure en tant que réaliste, était la capacité à découper et séquencer ses rêves en morceaux d'une taille gérable. Disney est l'innovateur du processus de storyboard (un processus maintenant utilisé par tous les grands développeurs de films). Dans la salle d'histoire (la salle du « Rêve ») de ses studios Disney avait réservé un mur sur lequel tout le monde pouvait épingler une idée ou une suggestion. Un jour, juste après avoir fait repeindre le mur, il est entré et un groupe de dessinateurs avait piqué des images partout sur le mur récemment peint. Après s'être remis de son choc initial, Disney remarqua qu'il pouvait facilement suivre le flux de l'histoire en regardant la séquence des images. Il a donc recouvert tous les murs de la pièce avec du liège et a entériné le « storyboard » comme sa forme principale de développement d'idées.

Un storyboard est comme une table des matières visuelle qui cartographie la séquence des événements critiques nécessaires pour passer d'une situation actuelle à un résultat souhaité.

Un storyboard est comme une table des matières visuelle – il s'agit d'un ensemble de dessins qui représentent la séquence des événements critiques qui doivent avoir lieu afin de passer de la situation actuelle au résultat souhaité. Le processus de « storyboard » est un moyen très puissant d'organiser et de planifier un nouveau projet ou une nouvelle entreprise, qui est particulièrement important pour lancer un nouveau projet ou entreprise et réaliser l'impossible. Une présentation PowerPoint efficace est une forme de storyboard.

Faire Votre Propre Storyboard

Pour faire votre propre storyboard pour votre entreprise, examinez les réponses que vous et/ou votre équipe avez faites aux questions du Réaliste dans les pages précédentes. Comment pourriez-vous organiser ces réponses en séquence d'étapes ? Nous recommandons généralement de travailler avec sept étapes plus ou moins deux (c.à.d. 5 – 9 étapes) à la fois. C'est parce que les tests psychologiques montrent que c'est le nombre de « morceaux » que les personnes peuvent facilement retenir dans la mémoire à court terme.

Pour vous entrainner, utilisez les cadres suivants pour dessiner des images représentant les étapes clés du chemin nécessaire pour atteindre l'état ou le rêve désiré. Écrivez tout titre ou commentaire dans les espaces situés au-dessous des cadres.

Cest souvent utile de commencer par remplir le cadre final représentant le rêve ou l'état souhaité d'abord. Remplissez ensuite le premier cadre représentant l'état présent ou initial. Cela aide à créer des « butoirs » pour le plan et permet de mieux percevoir les principales étapes nécessaires pour les relier. Ensuite, pensez en termes de Modèle

S.C.O.R.E. Le symptôme et la cause constituent souvent l'état présent. L'effet est l'ultime état désiré. Les étapes du storyboard sont l'identification des ressources et leur mise en œuvre pour créer la solution qui aboutit au résultat (ou résultats).

Le processus de rétroplanning est moyen puissant de remplir les étapes clefs. Dans ce processus, vous vous mettez pleinement dans l'état désiré dans le futur et vous imaginez aussi pleinement que possible ce que ce serait de l'avoir déjà fait. Depuis cette position dans le futur, vous regardez les mesures les plus importantes que vous avez prises pour en arriver là.

En regardant en arrière, quelles sont les mesures clés que j'ai prises pour atteindre cet état désiré ?

En regardant en arrière, quelles ont été mes décisions et mes choix les plus importants pour atteindre l'état désiré ?

À ce stade, concentrez-vous juste sur les « gros morceaux » ou les principales mesures qui seront nécessaires pour passer de l'état actuel à l'état désiré.

1. _____ 2. _____ 3. _____
   État actuel / Début

4. _____ 5. _____ 6. _____
                                                            Rêve / État Désiré

Quand vous avez fait votre storyboard, présentez-le à une autre personne ou à un groupe et décrivez les étapes de votre plan. Quelles questions ou suggestions ont-ils à propos de la séquence et du chemin que vous avez définis ?

Exemple de storyboard : l'intervention de Jan Smith chez Disney Interactive

À titre d'exemple, nous pourrions faire le storyboard de l'intervention de Jan Smith chez Disney Interactive en plusieurs étapes clés. L'état présent de l'entreprise était une baisse de revenus en raison d'un conflit entre les valeurs de l'organisation Disney et celles des adolescents amateurs de jeux vidéo. L'état désiré était de devenir N°1 des entreprises de divertissement interactif. Pour faire cette transition, Jan a d'abord dû trouver une vision pour un nouveau type de jeu vidéo qui amènerait le client Disney classique vers les jeux sur ordinateur. Une fois qu'elle a eu la vision, il était nécessaire de « s'envoler vers les quatre coins du monde et rencontrer les gens », d'éduquer les différentes parties prenantes à la vision et d'obtenir leur adhésion. Jan devait ensuite donner à son équipe les moyens de « s'approprier la vision », en créant une « infrastructure de communication et une infrastructure de créativité ».

Un autre élément clef du storyboard de Jan Smith consistait à identifier les principaux obstacles et barrières à la poursuite de la vision, puis de s'y attaquer, particulièrement ceux qui semblaient la rendre « impossible ». Pour ce faire, elle a emmené son équipe hors site pendant plusieurs jours pour examiner le projet sous tous ses angles et « penser hors de la boîte ». Cela leur a permis de trouver des solutions pour raccourcir les délais et accélérer le processus de développement de la production du jeu. Le résultat a été la création d'un jeu vidéo à grand succès qui a constitué un pas important pour devenir l'entreprise de divertissement interactif N°1.

État Actuel : Diminution des revenus due au conflit entre les valeurs Disney et les intérêts des joueurs de jeux vidéo typiques

Étape 1 : Élaborer une vision pour un nouveau type de jeu vidéo qui amènerait les clients typiques de Disney vers les jeux sur ordinateur

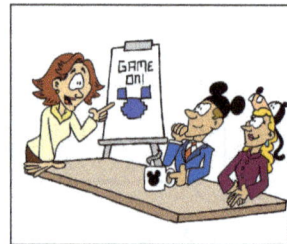

Étape 2 : Devenir plus visible et présente; sensibiliser les parties prenantes à la vision et obtenir leur adhésion

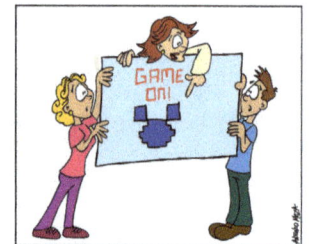

Étape 3 : Permettre aux membres de l'équipe de « s'approprier la vision »

Étape 4 : Identifier les principales barrières et obstacles à la poursuite de la vision

Étape 5 : Emmenez l'équipe hors du site pendant plusieurs jours pour regarder le projet sous tous ses angles et « penser en dehors de la boîte »

Étape 6 : Trouver des solutions pour raccourcir le délai de développement et accélérer le processus de développement

État désiré : Créer un jeu à grand succès sur la voie pour devenir la société interactive de divertissement N°1

*Qui veut gagner des millions ?

Exemple de storyboard de Jan Smith chez Disney Interactive

« *Découper* » le Storyboard

Pour passer au plan opérationnel et exécuter, il faut « découper » votre storyboard en étapes successivement plus détaillées afin de définir la « boîte à l'intérieur de la boîte » comme dans la métaphore des poupées russes. Par exemple, prenez un moment et concentrez-vous sur les cadres 1 et 2 du storyboard que vous avez défini pour votre projet. Réfléchissez aux sept plus-ou-moins-deux petits pas qu'il faudrait faire pour passer de ce que vous avez défini dans le cadre 1 à ce que vous avez mis dans le cadre 2.

Vous pouvez ensuite répéter ce processus de subdivision pour chacune des plus petites étapes que vous avez définies entre le cadre 1 et le cadre 2, comme le montre le schéma suivant.

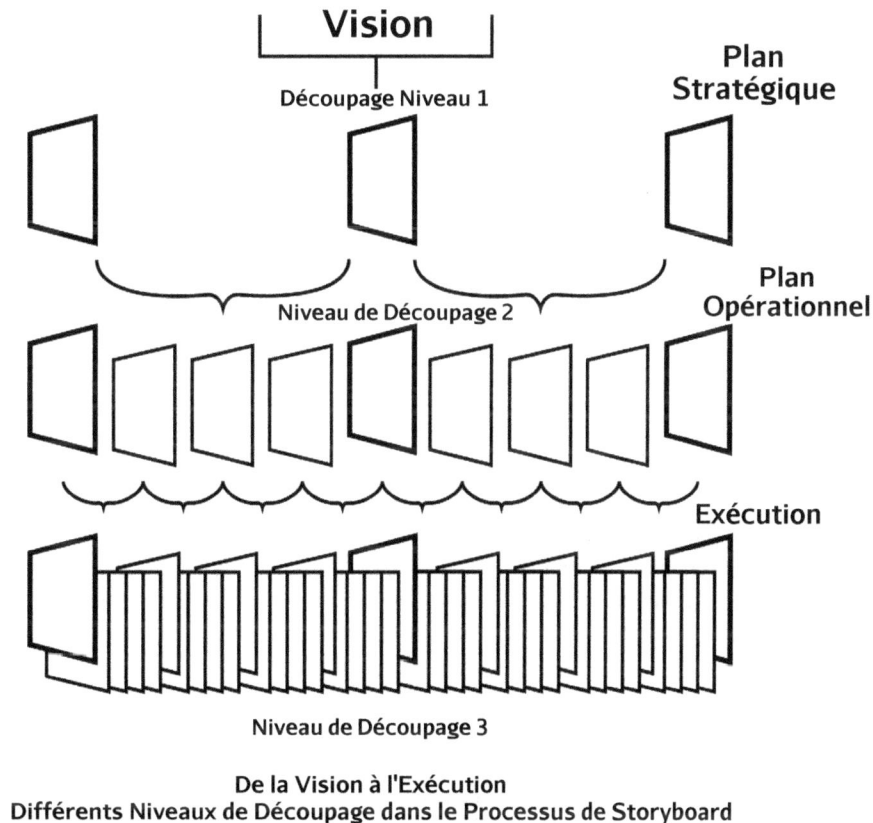

De la Vision à l'Exécution
Différents Niveaux de Découpage dans le Processus de Storyboard

Par exemple, disons que l'une des étapes clés de votre storyboard est d'*organiser un colloque* sur un sujet particulier. Certaines des sous-étapes pourraient consister à: 1) finaliser le calendrier, 2) contacter les principaux intervenants et 3) assembler la documentation de l'événement.

Pour *finaliser le calendrier*, les mesures plus spécifiques consisteraient à a) préciser les objectifs du colloque, b) coordonner les différentes manifestations et c) répartir les activités.

Contacter les principaux intervenants consisterait à : a) identifier les rôles clefs, b) définir les exposés et c) vérifier l'engagement des intervenants potentiels.

Assembler la documentation de l'évènement nécessiterait de : a) déterminer la séquence des exposés ; b) rassembler la documentation possible pour chaque exposé ; et c) organiser et formater cette documentation dans une brochure.

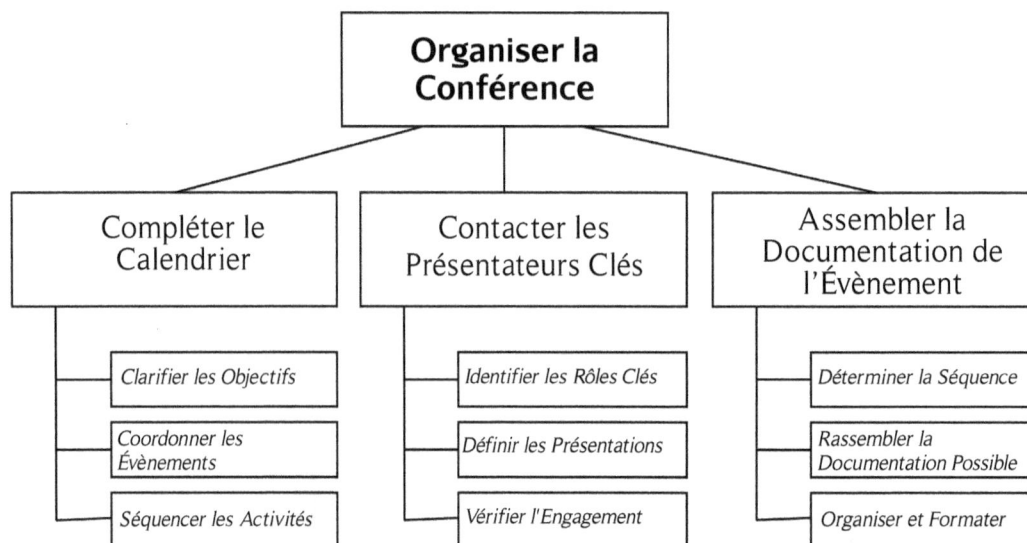

Exemple de Découpage d'Actions en Sous-Actions

Ce type de découpage est précisément le processus que les animateurs utilisent pour créer un film d'animation ; passer de l'histoire globale aux différentes scènes qui composent l'histoire et, finalement, aux actions spécifiques donnent vie à chaque scène.

C'est le même processus que les entrepreneurs qui réussissent utilisent pour créer leurs entreprises.[*] Une telle approche contribue à garder le tout en perspective sans « perdre la forêt de vue à cause des arbres ».

---

[*] Un autre processus précieux et un ensemble de distinctions permettant de transformer votre vision de votre entreprise en un plan opérationnel est le format « génération de modèles d'affaires » défini dans les livres *Business Model Generation* (2010) and *Business Model You (2012)*. – Les Neuf Blocs de Construction de la Grille de Génération de Modèles d'Affaires (voir *Annexe A*) aident les entrepreneurs à définir la « logique » par laquelle leur projet ou entreprise peut gagner sa vie et être financièrement autonome. Cela se fait en identifiant et en explorant la valeur que leur projet ou entreprise fournit aux clients en termes de résolution de problèmes ou de satisfaction des besoins et des revenus qui peuvent en résulter. Les principaux canaux, ressources, activités et partenaires nécessaires pour apporter de la valeur aux clients sont étudiés en même temps que les coûts liés à l'acquisition des ressources nécessaires, à la réalisation d'activités clés et à la collaboration avec les principaux partenaires.

Exemple de Storyboard du Leadership chez Microsoft

À titre d'exemple de la manière d'appliquer ce processus de « découpage » dans une entreprise, j'ai participé en 2007 à un important projet de développement du leadership pour Microsoft. Le projet, animé par le vice-président Vahé Torossian, impliquait plus de 30 dirigeants de pays pour Microsoft en Europe centrale et orientale. Ma partie du programme consistait à concevoir une série d'activités dont l'objectif général était d'élaborer un plan pratique de développement du leadership pour chaque participant*. Ces activités comprenaient :

Le processus de Storyboard du Dilts Strategy Group pour le programme de développement du leadership de Microsoft constitue un bon exemple de découpage de la vision en actions.

1. Formuler une vision à long terme pour eux-mêmes et leurs activités (un BHAG, un grand objectif audacieux et effrayant).

2. Mettre en place le chemin critique et les principaux défis à relever pour atteindre cette vision.

3. Identifier les principaux moments de leadership et les possibilités de développement au travail.

4. S'aligner pour le changement.

5. Définir les pratiques de leadership.

6. S'engager sur le voie de développement.

Ces activités illustrent bien comment mettre en pratique un certain nombre des principes et processus que nous avons abordés jusqu 'ici dans ce livre.

De chaque activité est sorti une production (tels que dessins, questions, descriptions, etc.) qui ont contribué au plan général. Ces productions ont été enregistrées et disposées sur un tableau à feuilles mobiles (comme illustré dans le schéma suivant). De cette manière, les participants ont pu suivre et intégrer les résultats de chaque activité et disposer d'un bilan qu'ils pourraient emporter à la fin de l'atelier afin de transférer leurs travaux à leurs réalités de travail.

Ce projet fournit un résumé utile de bon nombre des principes que nous avons étudiés dans ce chapitre et les précédents. On trouvera ci-après une brève description des principales activités de développement.

---

* Il est intéressant de noter que cette division géographique particulière de Microsoft a été la division la plus rentable de la société au cours de cette période.

Créer une Vision Stratégique pour le Futur

Explorer la vision à long terme et la question, « Quel avenir voulez-vous créer ? »

1. Les participants ont reçu pour instruction de réfléchir à leur vision, leur mission et leur ambition à long terme, en examinant la question suivante : « Quel avenir voulez-vous créer ? »

2. Chaque participant a ensuite dessiné une représentation de son avenir et a écrit quelques éléments clefs en courtes phrases ou expressions. Cette image a été placée en haut d'une page de tableau à feuilles mobiles.

3. *Intervision* (voir *SFM Vol. II*, pp. 120 – 123) : Chaque personne a décrit sa vision à un groupe de trois à quatre autres. En l'écoutant, chacun dessinait sa propre image de cette vision. Les auditeurs partageaient ensuite leur image de la vision du présentateur avec le groupe avec les contributions suivantes :

   a) un mot ou une phrase brève reflétant ce qu'il ou elle ressentait à propos de la vision du présentateur
   b) une question pour le présentateur sur la vision
   c) une ressource (article, livre, contact, site internet, etc.) qui pourrait aider le présentateur à atteindre sa vision

4. Les présentateurs ont apposé les différents dessins de leurs visions en haut de leur feuille.

Faire le Storyboard du Chemin Critique et des Défis Clés

Enregistrement des cinq à neuf étapes essentielles nécessaires pour atteindre la vision.

1. En application de la technique de storyboard de Disney, chaque personne a reçu un jeu de cartes pour décrire les cinq à neuf étapes clefs (7 plus ou moins 2) du chemin critique et des principaux défis à surmonter, et l'ordre dans lequel les traiter pour atteindre la vision du leadership. Les participants ont fixé les cartes sur leur feuille sous les dessins de leurs visions.

2. Les participants se sont ensuite associés à un partenaire. Chacun a passé en revue sa vision et son storyboard. Le partenaire a formulé et écrit des questions et des préoccupations sur des post-it qui ont été placés sous le storyboard.

Définir des Moments de Leadership

Définir les défis et les « moments de leadership » en ce qui concerne le storyboard.

1. Chaque participant a reçu une feuille de travail pour identifier les situations et événements à venir (moments de leadership) où il pourrait commencer à pratiquer de nouvelles approches de leadership.

2. Les participants ont joint la liste à leur feuille sous leur storyboard et se sont mis en binômes pour préciser ce qui serait nécessaire pour faire face efficacement à cette situation et partager et échanger des idées.

S'Aligner pour Réussir

1. Les participants se sont vu attribuer une feuille de travail d'alignement et ont été guidés pour remplir les différents niveaux de changement et d'expérience qui devraient être mobilisés afin de gérer avec succès leurs moments de leadership : environnement, comportement, capacités, croyances, valeurs, identité et but. (Voir le processus *d'alignement des niveaux* décrit aux pages 209 – 211.)

2. Après avoir terminé, les participants ont fixé la feuille de travail en bas de leur page.

Aligner les principaux niveaux de facteurs de succès nécessaires pour faire face efficacement à des moments de leadership importants.

Établir les Pratiques de Fond du Leadership

1. Chaque participant a reçu pour instruction de définir les valeurs, principes et capacités de leadership fondamentaux qu'il ou elle aurait besoin d'intégrer systématiquement à sa réalité de travail afin d'atteindre la vision qu'il avait créée.

2. Les participants devaient alors mettre au point un certain nombre de pratiques qui mettraient ces valeurs, principes et capacités en œuvre d'une manière qui les amènerait à atteindre sa vision. Chaque personne devait définir le *Quoi* et le *Pourquoi* ; c.à.d., « les choses que je vais faire et la raison qui les sous-tend ». (Voir le processus *Mettre les Valeurs en Action* décrit au chapitre précédent.)

3. Les participants ont joint leurs listes de pratiques en bas à droite de leur feuilles.

Mettre en place les pratiques de leadership nécessaires pour mettre en place les capacités, principes et valeurs nécessaires dans la réalité du travail.

S'engager dans le Chemin

Enfin, chacun a passé un accord avec au moins une autre personne, un « partenaire responsable », concernant ses engagements à l'égard des pratiques de leadership et du processus général de changement défini dans son storyboard. Des rendez-vous spécifiques ont été fixés ainsi que les conséquences ou éventualités si les engagements n'étaient pas tenus.

Faire un contrat avec un « partenaire responsable » pour donner suite au plan.

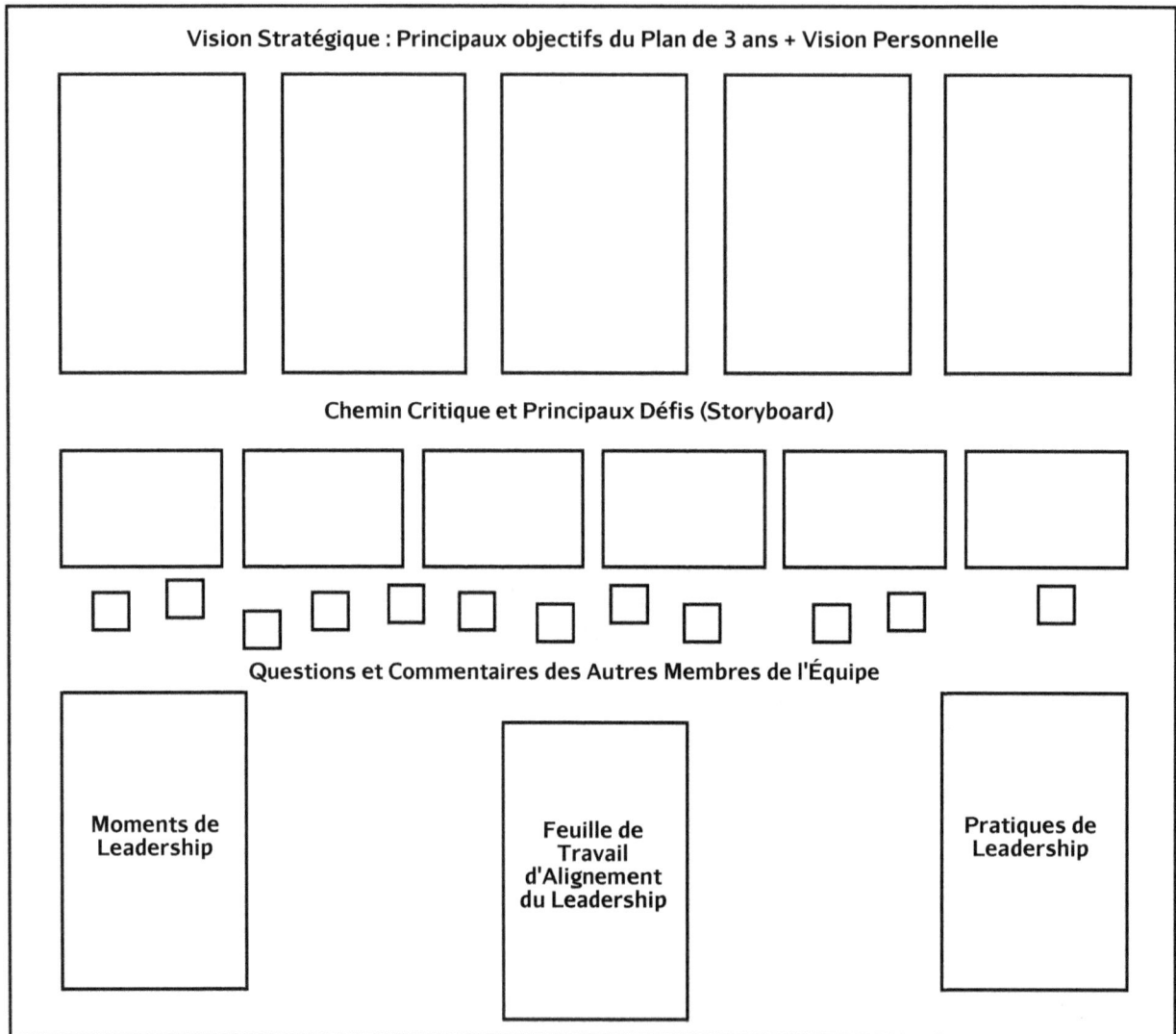

Vision Stratégique : Principaux objectifs du Plan de 3 ans + Vision Personnelle

Chemin Critique et Principaux Défis (Storyboard)

Questions et Commentaires des Autres Membres de l'Équipe

Moments de Leadership

Feuille de Travail d'Alignement du Leadership

Pratiques de Leadership

Exemple de Différents Niveaux de Découpage dans les Scénarimages de Développement du Leadership chez Microsoft

Accueillir Critiqueurs et Critiques

La dernière composante, et généralement la plus difficile, du processus d'imagineering est de solliciter le Critique. Comme le conseille Elon Musk :

> *Recherchez constamment la critique. Une critique bien pensée de ce que vous faites vaut de l'or. Et vous devriez la rechercher auprès de tous ceux que vous pouvez... Prenez tous les retours d'informations et commentaires de la part du plus grand nombre de personnes possible pour chacune de vos idées.*

En fait, la recherche d'informations en retour et l'établissement de moyens d'obtenir un retour d'information honnête et fréquent sont l'une des cinq *habitudes de la réussite* identifiées au chapitre 3 dans le cadre d'un « État d'Esprit Méta ». Comme je l'ai souligné, il est important d'obtenir des réactions honnêtes et fréquentes afin d'éviter les problèmes et les obstacles et d'apporter les corrections de cap nécessaires.

L'état d'esprit Critiqueur est essentiel pour « imaginiérer » efficacement un plan et un résultat de haute qualité.

D'un autre côté, si de bonnes critiques sont nécessaires pour obtenir des résultats efficaces et assurer une qualité élevée, les critiqueurs sont souvent considérées comme des personnes « difficiles » à gérer dans une interaction en raison de leur orientation apparemment négative et de leur tendance à trouver des problèmes dans les idées et suggestions d'autrui. Les critiqueurs sont souvent perçus comme des « saboteurs », car ils fonctionnent à partir d'un « cadre de problème » ou d'un « cadre d'échec ».

Résistance au Changement

Comme nous l'avons vu dans les cas de Charles Matthews et Jan Smith, la critique se présente souvent comme une réaction négative et une résistance au changement, même si le changement est nécessaire. D'une manière générale, les gens résistent au changement – nouveaux comportements et façons de faire les choses – pour l'une des quatre raisons suivantes :

Comprendre et gérer la résistance au changement est une capacité cruciale pour les leaders et les entrepreneurs.

- *Différent* – Toute nouveauté est par essence inhabituelle. Il y a une inertie naturelle créée par de vieilles habitudes.

- *Difficile* – Le changement exige généralement des efforts supplémentaires et peut créer un sentiment de pression accru.

- *Perturbateur* – De nouvelles façons de faire les choses peuvent perturber le statu quo, provoquer l'instabilité et créer l'incertitude.

- *Dangereux* – Faire les choses différemment est risqué à bien des égards. Il n'y a aucune garantie de réussite ou que les choses soient mieux qu'avant.

La critique et la résistance au changement révèlent souvent des points de vue des principales parties prenantes qui n'ont pas été pris en compte ou suffisamment reconnus et pris en considération.

Si certains de ces défis sont inévitables, c'est important d'utiliser l'intelligence émotionnelle et de reconnaître les préoccupations des gens et, comme le conseille Elon Musk, « penser constamment à la manière dont vous pourriez faire mieux les choses ». La critique révèle souvent les points de vue de parties prenantes importantes qui n'ont pas été prises en compte ou suffisamment reconnues et prises en considération. Les gens deviennent encore plus critiques lorsqu'ils se sentent exclus et non reconnus, ils se renferment plus dans leur propre point de vue plutôt que de se sentir partie d'un holon plus vaste.

C'est important de garder à l'esprit que la critique, comme tous les autres comportements, a une intention positive. La finalité du Critiqueur est d'évaluer la production du Rêveur et du Réaliste. Un critiqueur efficace fait une analyse du plan ou du chemin proposés afin de découvrir ce qui pourrait mal se passer et ce qui devrait être évité. Les critiqueurs trouvent des liens manquants en examinant logiquement « ce qui se passerait si » des problèmes se présentaient.

Les bons Critiqueurs prennent souvent le point de vue de personnes qui ne sont pas directement impliquées dans le plan ou l'activité présentés, mais qui peuvent en être affectées ou influer sur sa mise en œuvre (soit positivement, soit négativement). En d'autres termes, ils contribuent à garantir l'écologie de la plus grande holarchie concernée. Pour parvenir efficacement et écologiquement au résultat organisationnel fondamental de la promotion du changement, les leaders doivent authentiquement accueillir les Critiqueurs et la critique.

La critique destructrice est présentée dans un « cadre d'échec » centré sur ce qui ne va pas. **La critique constructive** est proposée dans un « cadre de retour d'information » et propose des suggestions sur ce qui pourrait être amélioré.

Analyser les Parties Prenantes

Une fonction essentielle d'une Critique constructive consiste à s'assurer que toutes les parties prenantes ont été prises en compte et que leurs préoccupations ont été réglées ou, du moins, véritablement reconnues. En fait, la première question du Critique du processus d'Imaginiérie de Disney décrit plus haut est « Qui pourrait être affecté positivement ou négativement par le projet ou l'entreprise ? » Une définition plus complète d'une partie prenante serait toute personne ou tout groupe qui :

- a un impact sur les décisions ;
- est affecté – positivement ou négativement – par les effets des décisions et les résultats escomptés ;
- peut entraver ou faciliter l'obtention des résultats attendus ;
- dispose de ressources ou de compétences susceptibles d'influer sensiblement sur la qualité des résultats.

Nous avons déjà établi que l'une des caractéristiques essentielles du leadership conscient est « de vivre vos plus hautes valeurs au service d'un objectif plus large au profit de *toutes* les parties prenantes ». L'un des défis à relever pour y parvenir vraiment consiste à s'assurer que vous avez identifié toutes les parties prenantes importantes de l'holarchie autour de votre projet ou de votre entreprise.

C'est donc important de s'assurer que vous comprenez leurs besoins et attentes, et si ils ont une raison de s'opposer au projet ou à l'entreprise. Cela vous permet de savoir où il pourrait y avoir des lacunes ou des liens manquants dans votre vision d'ensemble, votre storyboard ou votre plan stratégique. Cela vous aide également à déterminer ce qui doit être clarifié, amélioré, ajouté ou enrichi afin d'augmenter le niveau de soutien des parties prenantes.

Identifier les Principales Parties Prenantes et leur Niveau Actuel de Soutien

L'exercice qui suit a pour objet de vous aider à mettre au point une carte détaillée des principales parties prenantes liées à votre projet ou à votre entreprise, de mettre en lumière leurs opinions actuelles sur l'initiative et de définir le niveau de soutien nécessaire à la réussite du projet ou de l'entreprise. Nous examinerons ensuite la manière d'utiliser diverses stratégies pour contribuer à augmenter le niveau de soutien là où c'est nécessaire.

La réalisation d'une analyse des Parties Prenantes vous permet de vous assurer que vous avez identifié toutes les parties prenantes importantes de l'holarchie entourant votre projet ou entreprise.

Ce processus suppose que :

1. Une « masse critique » doit exister ou être constituée pour entreprendre et réussir un projet ou une entreprise donnée.

2. Une ou plusieurs parties prenantes peuvent être amenées à un niveau de soutien plus élevé.

3. Certaines parties prenantes doivent simplement être « neutres » ou seulement « modérément défavorables » à la réussite du projet ou de l'entreprise.

La première étape consiste à explorer les questions suivantes :

« Qui est impliqué dans mon projet ou entreprise et qui est intéressé ou affecté par ce projet? »

« Que pensent-ils actuellement de mon projet ou entreprise ou que ressentent-ils? »

« Quelle position doivent-ils adopter concernant leur niveau de soutien pour mon projet ou mon entreprise pour qu'elle soit couronnée de succès? »

En utilisant le tableau de la page opposée, passez par les étapes suivantes :

1. Identifiez les collaborateurs clés à inclure dans votre carte et listez-les dans la colonne de gauche du tableau. Là encore, une partie prenante est une personne qui contrôle des ressources critiques, ou qui peut influencer directement ou indirectement le progrès ou la réussite du projet ou de l'entreprise.

2. Réfléchissez à la position actuelle de chaque partie prenante à l'égard du projet ou de l'entreprise. En utilisant des réactions directes, des preuves objectives ou une intuition venue en prenant la « deuxième position » avec la personne, faites un « X » dans la colonne qui représente le mieux le niveau actuel de soutien de ce collaborateur clef.

3. Considérez le niveau de soutien que les différents collaborateurs clés devront atteindre pour que vous puissiez entreprendre et réussir votre projet ou entreprise. Tracez une flèche de l'état actuel de soutien à l'état de soutien désiré.

L'analyse des Parties Prenantes vous aide à élaborer une carte détaillée des principales parties prenantes liées à votre projet ou à votre entreprise, à mettre en lumière leurs opinions actuelles sur l'initiative et à définir le niveau de support nécessaire à la réussite du projet ou de l'entreprise.

Partie Prenante	Niveau de Soutien				
	Très Défavorable	Modérément Défavorable	Neutre	Soutien Modéré	Soutien Important

Graphique pour l'Analyse des Parties Prenantes

On trouvera ci-après un exemple de soutien représentant certaines des principales parties prenantes dans la situation de Jan Smith avec Disney Interactive. Les flèches indiquent leur niveau de soutien de départ par rapport au niveau nécessaire.

Partie Prenante	Niveau de Soutien				
	Très Défavorable	Modérément Défavorable	Neutre	Soutien Modéré	Soutien Important
L'HÔTE DU SPECTACLE					X
PRODUCTEUR			X ⟶		
PDG	X ⟶				
ÉQUIPE DE DÉVELOPPEMENT		X ⟶			
CONSEIL D'ADMINISTRATION DISNEY		X ⟶			

Exemple d'Analyse des Parties Prenantes pour l'Intervention de Jan Smith chez Disney Interactive

C'est important de considérer votre groupe de parties prenantes comme un système à part entière. Parfois l'attitude d'une partie prenante influe sur la position d'une autre partie, soit positivement, soit négativement. Par exemple, si l'une des parties prenantes augmente son soutien, elle peut en influencer une autre à devenir plus favorable. Cela pourrait aussi avoir l'effet inverse. Si une personne est trop enthousiaste, une autre partie prenante peut devenir plus négative. De temps en temps il peut même s'avérer nécessaire de persuader une partie prenante de réduire son niveau de soutien.

Stratégies pour Transformer la Critique et Augmenter le Niveau de Soutien des Parties Prenantes

Dans le reste de ce chapitre, je présenterai plusieurs stratégies pour augmenter le soutien des parties prenantes. La structure plus profonde qui sous-tend toutes ces stratégies comporte principalement deux étapes :

1. Comprendre les gens et leurs motivations.

2. Créer un pont mental et émotionnel qui les connecte (ou reconnecte) eux-mêmes et leur motivation à la plus grande holarchie – c'est-à-dire les aider à passer d'une perspective du « moi » à une perspective plus large du « nous » dans laquelle il existe un but commun.

L'une des compétences essentielles de l'intelligence émotionnelle pour comprendre les gens et leurs motivations est la capacité de regarder au-delà du « contenu » de leurs critiques ou de leur résistance l'intention plus profonde derrière leurs préoccupations.

Le Principe de « l'Intention Positive »

L'un des principes les plus importants et les plus utiles pour traiter les critiqueurs et les critiques concerne la notion d'« intention positive ». Ce principe est particulièrement utile pour gérer la résistance et les objections. Le principe pose en essentiel que : *À un niveau ou à un autre, tout comportement recherchait ou a été développé à des fins « positives »*. Selon ce principe, par exemple, des résistances ou des objections découleraient d'une intention ou d'un but positif sous-jacent. Par exemple, le but positif de l'objection, « il n'est pas souhaitable d'essayer quelque chose de nouveau », peut être de « protéger » le déclarant contre la sursaturation ou l'échec. L'intention positive derrière une résistance telle que « il n'est pas possible que les choses changent » pourrait être d'empêcher « de faux espoirs » ou d'éviter des efforts non récompensés.

Le principe de l'intention positive implique que, pour répondre avec succès à la résistance ou à la critique, ces préoccupations sous-jacentes ou buts positifs doivent être reconnus et abordés d'une façon ou d'une autre. L'intention positive derrière une résistance ou une critique peut être abordée directement ou en élargissant la carte de la situation de la personne de telle sorte qu'elle puisse voir d'autres choix que la résistance ou l'objection pour satisfaire son intention positive.

En fait, les résistances créées par des intentions positives résultent souvent d'autres hypothèses limitantes (et souvent non reconnues). Par exemple, la raison pour laquelle une personne pourrait se sentir menacée par le « changement »

Transformer les critiques implique de regarder au-delà de l'objection de la partie prenante à l'intention positive qui sous-tend la critique ou la résistance au changement.

S'agissant des objections ou de la résistance, une stratégie efficace consiste d'abord à reconnaître la personne ou son intention positive, puis à répondre à la question ou au problème que soulève la personne en tant que sujet distinct.

pourrait être qu'elle ne pense pas avoir les compétences ou le soutien nécessaires pour faire face à l'impact personnel ou social du changement. Cette préoccupation peut être abordée en fournissant le coaching et l'accompagnement appropriés pour développer les ressources nécessaires. Une autre façon d'y remédier pourrait être d'aider la personne à réaliser qu'elle a déjà les capacités nécessaires et qu'elle va recevoir du soutien.

Le principe de l'intention positive est dérivé de la présuposition plus profonde que les gens font les meilleurs choix qui leurs sont possibles en fonction des possibilités et des capacités qu'ils perçoivent comme accessibles dans leur modèle du monde. L'un des objectifs du leadership conscient est d'aider les gens à élargir leur carte d'une situation et percevoir d'autres choix et options.

Donc pour gérer une objection ou une résistance, c'est utile de commencer par reconnaître son intention positive et ensuite d'élargir l'espace de perception ou de réflexion. C'est particulièrement important de séparer l'identité et l'intention positive d'une personne de ses comportements. Pour gérer la résistance ou la réticence, une stratégie efficace consiste à d'abord reconnaître la personne ou son intention positive, puis à répondre à la question ou au problème en tant que sujet distinct.

C'est important de réaliser que vous pouvez reconnaître le point de vue d'une autre personne sans avoir à être d'accord avec elle, c.à.d. que ce n'est pas la même chose de dire « je comprends votre point de vue », ou de dire « je suis d'accord avec vous ». Comme le montre l'exemple de Charles Matthews chez Rolls Royce au chapitre 4, en disant « J'apprécie votre inquiétude », ou « C'est une question importante » est un moyen de reconnaître la personne ou son intention sans nécessairement impliquer que sa carte du monde est la bonne.

En résumé, conformément au principe de l'intention positive, lorsqu 'il s'agit de résistance ou d'objection, il est important et utile de :

1. Présupposer que tous les comportements (y compris la résistance et les croyances limitantes) sont bien intentionnés.

2. Séparer les aspects négatifs du comportement de l'intention positive qui le sous-tend.

3. Identifier et répondre à l'intention positive de la personne qui a une résistance.

4. Offrir à la personne d'autres choix de comportement pour atteindre la même intention positive.

Obtenir des Expressions Positives des Intentions Positives

L'un des problèmes soulevés par de nombreuses critiques est qu'en plus d'être des jugements « négatifs », elles sont prononcées en termes négatifs sur le plan linguistique, c.à.d. sous la forme d'une négation verbale. « Éviter le stress » et « se détendre et être à l'aise », par exemple, sont deux façons de décrire verbalement un état interne similaire, même s'ils utilisent des termes tout à fait différents. Une déclaration (« Éviter le stress ») décrit ce qui n'est pas désiré. L'autre déclaration (« Se détendre et être à l'aise ») décrit ce qui est recherché.

De même, de nombreuses critiques sont formulées en termes de ce qui n'est pas désiré, plutôt que ce qui est désiré. À titre d'exemple, l'intention positive (ou critère) qui sous-tend la critique, « il s'agit d'une perte de temps », est probablement le désir d'« utiliser les ressources disponibles avec sagesse et efficacité ». Toutefois, cette intention n'est pas facile à déterminer à partir de la « structure de surface » de la critique, car elle a été exprimée en termes de ce qui doit être évité. Ainsi, l'une des compétences linguistiques essentielles pour faire face aux critiques et transformer les cadres de problèmes en cadres de résultats est la capacité à reconnaître et obtenir des formulations positives des intentions positives.

Cela peut parfois être un vrai défi, parce que les Critiqueurs fonctionnent tellement à partir d'un cadre de problème. Par exemple, si vous demandez à un Critiqueur l'intention positive derrière une critique telle que « Cette proposition est trop coûteuse », vous aurez probablement d'abord une réponse comme : « L'intention est d'éviter des coûts excessifs ». Remarquez que bien qu'il s'agisse d'une « intention positive », elle est formulée ou encadrée négativement – c.à.d. qu'elle indique ce qui doit être « évité » plutôt que l'état à atteindre. La déclaration positive de cette intention serait du style : « S'assurer que c'est abordable » ou « Être certain que nous sommes dans le cadre de notre budget ».

Pour obtenir des formulations positives des intentions et critères, il faut poser des questions telles que : « Si vous ne voulez pas (le stress/la dépense/l'échec/le gaspillage), alors qu'est-ce que vous voulez ? » ou « Qu'est-ce que cela vous apporterait (quel bénéfice retireriez-vous ?) si vous pouviez éviter ou vous débarrasser de ce que vous ne voulez pas ? »

Vous trouverez ci-après quelques exemples de reformulation positive des déclarations négatives.

Déclaration Négative	Reformulation Positive
trop cher	*abordable*
perte de temps	*sage utilisation des ressources disponibles*
peur de l'échec	*désir de réussir*
irréaliste	*concret et réalisable*
trop d'effort	*facile et confortable*
stupide	*sage et intelligent*

Transformer les Critiques en Questions

Un autre problème majeur avec les critiques, sur le plan linguistique, est qu'elles sont généralement assénées sous forme de jugements généralisés, tels que : « Cette proposition est trop coûteuse », « Cette idée ne marchera jamais », « Ce plan n'est pas réaliste », « Ce projet requiert trop d'efforts », etc. Un problème avec ces généralisations verbales est que, compte tenu de la manière dont elles sont formulées, on ne peut qu'être en accord ou en désaccord avec elles. Si une personne dit, « Cette idée ne marchera jamais », ou « C'est trop cher », la seule façon de répondre directement est de dire, « Je suppose que vous avez raison », ou « Non, vous avez tort, l'idée fonctionnera », ou « Non, ce n'est pas trop cher ». Ainsi, les critiques conduisent généralement à la polarisation, au mismatching et finalement au conflit si l'on n'est pas d'accord avec la critique.

L'un des moyens les plus utiles de répondre aux critiques est de transformer le jugement en question. Cela ouvre beaucoup plus d'options pour répondre à l'intention positive qui sous-tend la critique.

Une fois que l'intention positive de ces critiques aura été identifiée et exprimée en termes positifs, la critique peut toutefois se transformer en question. Lorsqu'une critique est transformée en question, les options de réponse à cette critique sont totalement différentes de celles disponibles lorsqu'elle est énoncée comme une généralisation ou un jugement. Par exemple, si lieu de dire : « C'est trop cher », le Critiqueur demande : « Comment pouvons-nous nous le payer ? » Face à cette question, l'autre personne a la possibilité d'exposer les détails du plan, plutôt que d'avoir à être en désaccord avec le Critiqueur ou de se battre avec lui. C'est vrai pour presque toutes les critiques. La critique, « Cette idée ne marchera jamais », peut devenir la question : « Factuellement, comment allez-vous mettre cette idée en œuvre ? » « Ce n'est pas un plan réaliste », peut être reformulé comme suit : « Comment pouvez-vous rendre les étapes de votre plan plus tangibles et concrètes ? » La plainte, « Ça demande trop de travail », peut être reformulée comme suit : « Comment peut-on faciliter et simplifier la mise en œuvre ? » En règle générale, ces questions ont non seulement le même but que la critique, mais sont en fait plus productives.

Remarquez que les questions ci-dessus sont toutes des « comment ». Ces questions tendent à être les plus utiles. Les questions « pourquoi », par exemple, présupposent souvent d'autres jugements, qui peuvent ramener à un conflit ou à un désaccord. En demandant « Pourquoi cette proposition est-elle si couteuse ? » ou « Pourquoi tu ne peux pas être plus réaliste ? » présuppose encore un cadre problématique. Il en va de même pour des questions comme : « Qu'est-ce qui fait que votre proposition est si couteuse ? » ou « Qui va payer ça ? » En général, les questions « comment » sont plus efficaces pour se recentrer sur l'objectif et transformer les problèmes potentiels en retours d'information.

Aider les Critiqueurs à être des Conseillers

En résumé, pour être un critiqueur « constructif » ou un conseiller, c'est utile de : 1) trouver l'objectif positif de la critique, 2) s'assurer que l'intention positive est exprimée (encadrée) positivement, et 3) transformer la critique en question – et en particulier en question de « comment ».

On peut le faire en utilisant la séquence de questions suivantes :

1. *Quelles sont vos critiques ou objections ?*
   par ex. « Ce que vous proposez est trop risqué ».

2. *Quelle est la valeur ou l'intention positive qui sous-tend cette critique ? Que cherchez-vous à réaliser ou à préserver par votre critique ?*
   par ex. « Sécurité et stabilité ».

3. *Étant donné que c'est l'intention, quelle est la question COMMENT qu'il faut poser ?*
   par ex. « Comment pouvons-nous nous assurer que le projet ou l'entreprise ne menacera pas la sécurité et la stabilité auxquelles nous sommes parvenus ? »

En fin de compte, les objectifs du Critiqueur sont de garantir que les nouveaux projets ou entreprises sont sains et préservent tous les avantages ou sous-produits positifs de la (des) manière(s) actuelle(s) de faire les choses. Quand un Critiqueur pose des questions *comment*, il sort du rôle de « saboteur » ou « tueur » et devient « conseiller ».

C'est utile de s'entrainer à ce processus de transformation des critiques en questions en essayant d'abord de le faire pour vous-même. Par exemple, pensez à une présentation que vous prévoyez de faire ou avez faite au sujet de votre projet ou de votre entreprise auprès d'une partie prenante (ou potentielle) et prenez une position de « critiqueur » à son égard. Quelles sont les objections ou les problèmes que vous trouvez dans votre présentation ? C'est trop long ? Ça manque de passion ? Est-ce que c'est logique ? Est-ce que c'est attrayant pour les parties prenantes potentielles ?

Lorsque vous avez identifié certains problèmes ou objections potentiels, passez par les trois étapes définies ci-dessus par vous-même ou avec un partenaire, afin de transformer vos critiques en questions.

Une fois que les critiques sont devenues des questions, vous pouvez les poser au « Rêveur » ou au « Réaliste » en vous afin de leur formuler des réponses appropriées.

Ensuite, testez ce processus avec de l'une des parties prenantes identifiées sur votre tableau qui doit être portée à un niveau de soutien plus élevé. Mettez-vous en « deuxième position » avec cette partie prenante et sentez intuitivement quelles seraient ses objections ou ses résistances.

Pour aider un Critiqueur à devenir un conseiller, c'est utile de : 1) trouver le but positif de la critique, 2) s'assurer que l'intention positive est exprimée positivement, et 3) transformer la critique en question.

Lorsque vous avez identifié une objection potentielle, passez par trois étapes définies ci-dessus afin de transformer l'objection en question. Trouvez l'intention positive et la question « comment » liées à l'objection ou à la résistance. Là encore, une fois que les objections sont devenues des questions, vous pouvez revenir à l'état d'esprit « Rêveur » ou « Réaliste » afin d'explorer d'autres possibilités et choix.

L'Art de la Persuasion Raisonnée

Une fois les résistances ou critiques des principales parties prenantes reconnues, leurs intentions positives identifiées et leurs expressions verbales transformées en questions, augmenter le niveau de soutien des parties prenantes est une question de persuasion. Au tout début de ce livre, nous avons établi que l'une des quatre principales capacités de tous les leaders est la capacité *d'influencer les autres vers l'obtention de résultats*. Les leaders conscients le font d'une manière éthique et émotionnellement intelligente au service de quelque chose de plus grand qu'eux-mêmes. Plutôt que d'utiliser des menaces, la pression ou la manipulation, les leaders conscients maitrisent l'art de la persuasion raisonnée.

La persuasion raisonnée consiste à influencer les autres à agir d'une manière éthique, émotionnellement intelligente et au service d'une finalité plus élevée.

Le terme *persuasion* provient du latin *persuadere*, dérivé de per (signifiant « minutieusement ») et de *suadere* (signifiant « conseiller ou insister »). Ainsi, « persuasion » signifie littéralement « conseil approfondi ». L'utilisation moderne du mot signifie « faire évoluer par l'argumentation, la supplication ou l'exposition à une croyance, une position ou une voie d'action » (Webster). En d'autres termes, la persuasion est essentiellement la tentative d'utiliser le langage (et la communication non verbale) pour influencer les pensées et les actions d'autrui en faisant appel à leurs valeurs, croyances et motivations.

Le grand philosophe grec Aristote a identifié trois moyens de persuasion :

1. l'appel à **la raison** (*logos*)
2. l'appel à **l'émotion** (*pathos*)
3. l'appel à la **crédibilité** de l'orateur (*ethos*)

Engager la Tête, le Cœur et les Tripes

Du point de vue de la Modélisation des facteurs de succès, la raison (ou *logos*) est orientée vers le niveau de *capacité* mental – c'est un appel à la *tête* ; le *pathos* ou émotion apparaissent en se connectant avec le niveau des *croyances et des valeurs* – un appel au cœur ; la crédibilité (*ethos*) est au niveau de l'identité – elle fait appel à l'intuition et aux ressentis des *tripes*.

La fameuse capacité de Steve Jobs à créer un « champ de distorsion de la réalité » à travers ce qui a été décrit comme « un mélange de charme, charisme, bravade, hyperbole, marketing, apaisement et persistance » est un exemple de persuasion efficace qui implique une combinaison de ces trois facteurs. Les succès de Jan Smith chez Disney Store et Disney Interactive démontrent également le pouvoir de persuasion pour un méta-leadership efficace et pour « faire l'impossible ».

Sur la base des définitions d'Aristote, nous pouvons dire que le *logos* (raison) est le canal principal pour donner la *direction*. Le *pathos* (émotion) est la source d'*énergie*. L'*ethos* (le caractère et l'exemplarité du leader) est la « sauce secrète » nécessaire à la persuasion pour convaincre les gens de *risquer* de tenter l'impossible. Comme l'indique Aristote :

> La persuasion est assurée par le caractère personnel de l'orateur lorsque le discours est prononcé de façon à nous faire penser que l'orateur est crédible. Nous croyons les bonnes personnes plus pleinement et plus facilement que les autres : c'est généralement vrai quelle que soit la question, et c'est totalement vrai là où la certitude absolue est impossible et où les avis sont partagés.

« Faire l'impossible » est clairement une situation où « la certitude absolue est impossible et où les opinions sont partagées ». C'est pourquoi les caractéristiques d'authenticité, de volonté et de responsabilité, ainsi que les qualités de cohérence et d'exemplarité du leadership conscient sont si cruciales. Comme l'a dit John Maxwell (cité plus tôt), « Les gens adhèrent au leader avant d'adhérer à la vision ».

Aligner les Motivations au Service d'une Finalité Supérieure

L'objectif premier de la persuasion raisonnée est d'aligner les motivations des gens les unes sur les autres et de les orienter vers la vision et l'objectif supérieur. Le succès de David Guo à faire sortir l'ingénieur du phosphore de sa retraite et à rejoindre son entreprise décrite au début de ce chapitre est un bel exemple de cette capacité de persuasion.

Pour être efficace, il faut faire appel à la raison (la tête), à l'émotion (le cœur) et à l'intuition (les tripes).

La persuasion raisonnée repose sur l'intelligence émotionnelle et sur la capacité à contenir des perspectives multiples avec équanimité. Une clé de la persuasion efficace en tant que capacité de méta leadership est d'éviter de finir dans une bataille d'ego sur qui a raison et qui a tort. La chose la plus importante pour un entrepreneur ou un leader n'est pas de gagner un débat, mais plutôt de soutenir la progression vers une vision et un but plus larges.

La persuasion raisonnée commence par construire et /ou renforcer le pont entre les motivations et les valeurs de vos parties prenantes et vos propres motivations et valeurs.

La Motivation en tant qu'Expression des Valeurs et des Croyances

La motivation est principalement motivée par *les valeurs et les croyances* – c.à.d. le niveau de facteurs de réussite lié au *pourquoi* nous pensons et agissons comme nous le faisons. Valeurs et Croyances façonnent la façon dont une personne « ponctue » et donne du « sens » à sa perception d'une situation. Cela détermine, à son tour, le type de stratégies et de comportements que la personne choisit et s'engage à adopter pour approcher cette situation. Ainsi, nos croyances et nos valeurs fournissent le renforcement interne qui soutient ou inhibe des capacités et des comportements particuliers. Cela fait d'elles un facteur d'influence important sur le degré d'effort et la qualité des performances des personnes.

Nos valeurs et croyances fournissent le renforcement interne qui soutient ou inhibe ce que nous pensons et faisons.

Comme je l'ai souligné dans le chapitre précédent, les valeurs et les croyances d'une personne influenceront grandement la façon dont elle agit dans le monde. Nos valeurs, par exemple, déterminent le degré d'importance ou le sens que nous attachons à diverses actions et expériences. Une personne qui apprécie les « relations », par exemple, structurera davantage sa vie en maintenant de bonnes connections et interactions avec les autres. Par contre, une personne qui apprécie les « réalisations » plutôt que les « relations » s'attachera davantage à l'aboutissement des tâches et aux résultats. Il ou elle pourrait sacrifier ses relations afin d'obtenir ces résultats.

Vous pouvez augmenter le niveau de soutien d'une partie prenante en trouvant un moyen d'aligner votre projet ou votre entreprise sur ses valeurs et motivations clés.

Le moyen le plus direct d'augmenter le niveau de soutien d'une partie prenante consiste à trouver un moyen d'aligner votre projet ou votre entreprise sur ses valeurs et motivations clés.

Mettre à jour les « Méta Résultats » pour Identifier les Valeurs Fondamentales

Dans le chapitre précédent, j'ai évoqué la distinction entre les « valeurs fondamentales » et les « valeurs instrumentales ». La persuasion raisonnée implique la découverte, le respect et la création de ponts entre les valeurs fondamentales importantes que vous partagez avec vos parties prenantes. Cela exige souvent d'abord une clarification sur les valeurs et leur priorité. Une méthode efficace à cette fin consiste à mettre à jour les « méta résultats ».

Un *méta résultat* est le « résultat d'un résultat ». Tout résultat ou tâche spécifique peut être défini dans le cadre d'un résultat d'un ordre plus élevé, c.à.d. un principe d'organisation ou un « méta résultat ». Un méta résultat est un résultat qui organise le comportement du système en termes d'objectifs généraux à long terme, tels que « préservation et survie », « croissance et évolution », « protection », « amélioration », « adaptation », etc. du système, de l'individu ou de l'organisation. Les méta résultats sont à l'origine de ce que l'on a appelé précédemment les « intentions positives ». Ce sont souvent les effets désirés d'un résultat ou d'un objectif particulier. Pour être écologique, toute stratégie ou objectif particulier doit contribuer aux méta résultats de base de la personne et de l'holarchie.

C'est donc important d'identifier les méta résultats d'un comportement, d'une tâche ou d'un projet particulier et de vérifier si le comportement ou la tâche étaye ou non le méta résultat de niveau supérieur pour préserver l'intégrité et l'écologie d'un système. L'identification des méta résultats est également importante pour une persuasion raisonnée efficace. Les gens ne sont souvent pas d'accord sur des buts et objectifs spécifiques, mais parviennent à un consensus sur des méta résultats de niveau supérieur. Les méta résultats des objectifs apparemment contradictoires, tels que « l'expansion » et « la réduction », par exemple, peuvent être les mêmes : « adaptation et survie dans un monde en mutation ».

Par exemple, pour transformer la résistance et persuader le directeur financier et la direction générale de Disney d'augmenter leur soutien à son projet chez Disney Interactive, Jan Smith lui a rappelé qu'il existait un objectif stratégique au niveau de l'entreprise (c.à.d., un « méta résultat ») d'élargir tout le contenu de Disney. Elle lui a expliqué : « C'est ce qu'on veut être de toute façon. C'est juste plus tôt que prévu. »

Un méta résultat est le « résultat d'un résultat » – l'effet désiré à long terme de la réalisation d'un résultat ou d'un objectif plus immédiat. Il s'agit souvent d'une expression de valeurs fondamentales.

Les gens ne sont souvent pas d'accord sur des buts et objectifs spécifiques, mais parviennent à un consensus sur des méta résultats de niveau supérieur.

La raison pour laquelle les gens ont des divergences d'opinion sur les stratégies ou les voies spécifiques qui aboutissent à des méta résultats mutuellement acceptables est généralement qu'ils ont des cartes et des hypothèses mentales différentes en rapport avec la situation. En trouvant les méta résultats partagés, il est plus facile d'identifier et de communiquer sur les endroits où leurs cartes et hypothèses mentales diffèrent.

Trouver les méta résultats offre également la possibilité d'avoir plus de choix dans la prise de décisions et la négociation. Cela est dû au fait que le même méta résultat peut souvent être atteint par des chemins différents. Étant donné que le méta résultat est l'objectif plus profond et plus important, définir le méta résultat d'un comportement ou d'une position particuliers ouvre la possibilité de trouver davantage d'options qui peuvent aboutir au même méta résultat, mais d'une manière différente. On peut explorer de nouvelles voies et stratégies, qui sont tout aussi efficaces pour atteindre le méta résultat, mais évitent d'autres problèmes et défis.

À titre d'exemple, disons qu'une personne a le but de « gagner au loto ». Les chances de parvenir à un tel résultat peuvent être faibles, la personne risque la déception. Le « méta résultat » de ce résultat peut cependant être découvert en demandant : « Qu'est-ce que ça vous apportera de gagner au loto ? » La réponse pourrait être : « Alors j'aurai beaucoup d'argent, et je n'aurai pas à m'inquiéter pour payer mes factures ». Si vous demandez encore, « Et qu'est-ce que ça vous apportera d'avoir beaucoup d'argent et ne pas avoir à vous inquiéter du paiement de vos factures ? » Vous pourriez avoir la réponse, « Alors ma vie serait plus facile et plus libre de stress ». Ainsi, le méta résultat plus profond de « gagner au loto » est d'avoir « une vie plus facile et plus libre de stress ». Gagner au loto n'est qu'un moyen d'obtenir ce méta résultat. Il existe de nombreuses autres stratégies et buts (comme la pratique des techniques de gestion du stress, la réalisation d'investissements sains, l'apprentissage de compétences efficaces en planification financière et gestion de l'argent, etc.) qui peuvent également contribuer à atteindre le même méta résultat, et qui peuvent être plus facilement réalisables. Les connaître et les poursuivre n'exige pas d'abandonner le but initialement déclaré (Gagner au loto), mais peut ajouter d'autres options qui rendent beaucoup plus probable l'atteinte du méta résultat.

"Méta Résultat"
« Adaptation et survie dans un monde en mutation ».

Résultat 1
« Expansion »

Résultat 2
« Réduction »

Des Enjeux Contradictoires Peuvent Partager le Même Méta Enjeu

La Question du « Méta Résultat »

Les méta résultats sont mis au jour en posant la question : « Qu'est-ce que cela va vous apporter d'atteindre ce résultat ? » La réponse à cette question sera le résultat du résultat escompté. Le fait de poser cette question à plusieurs reprises conduit généralement à des méta résultats successivement plus élevés. Par exemple, disons qu'une personne a pour but de « punir quelqu'un d'autre ». Le méta résultat de la « punition » pourrait être « leur donner une leçon ». Le méta résultat de « leur donner une leçon » pourrait être de « changer leur comportement ». Le méta résultat de « changer leur comportement » pourrait être de « me faire me sentir plus en sécurité ». Le méta résultat de « me sentir plus en sécurité » pourrait être « la liberté d'être moi-même », et ainsi de suite.

Pour explorer les méta résultats pour vous, essayez l'exercice suivant :

1. Pensez à un objectif particulier ou à un résultat que vous souhaitez atteindre (Appelons-le « A »).
2. Demandez-vous : « Si j'obtiens ce résultat, qu'est-ce que ça va faire pour moi ? Qu'est-ce que ça m'apportera ? » (Appelons résultat « B » le résultat du résultat A – ou le « méta résultat »du résultat A)
3. Demandez-vous maintenant : « Si j'obtiens ce résultat (B), qu'est-ce que ça m'apportera ? » (Appelons « C » le méta résultat de B)
4. Continuez à poser cette question plusieurs fois, en utilisant le « méta résultat » que vous avez identifié dans votre réponse précédente comme votre nouveau but. Où est-ce que cela vous mène ? Quels nouveaux éclairages obtenez-vous sur vos propres valeurs et critères ?

Remplir les blancs ci-dessous peut vous aider à découvrir certains de vos méta résultats.

Que voulez-vous ?

Je veux _____

Qu'est-ce que ça va vous apporter ?

Si j'obtiens ça, alors _____

Qu'est-ce que ça va vous apporter ?

Si j'obtiens ça, alors _____

Qu'est-ce que ça va vous apporter ?

Si j'obtiens ça, alors _____

David Guo a appliqué cette stratégie pour convaincre l'expert en phosphore de sortir de sa retraite et de travailler pour l'entreprise de Guo. L'homme n'était pas intéressé par plus d'argent et n'avait pas besoin de prouver sa valeur professionnelle, donc Guo devait trouver ce qui serait assez intéressant pour qu'il veuille retourner travailler. Il a réussi découvrir que le « méta résultat » de l'expert en phosphore était d'explorer certaines de ses propres théories et idées et de les voir mises en œuvre pour faire ce que les gens pensaient impossible. Guo a ensuite pu convaincre l'ingénieur en phosphore que sa vision d'un écran à haute définition de la taille et de l'épaisseur d'une nappe était une excellente occasion pour lui de mettre ses théories en pratique.

Recadrage Verbal en tant qu'Outil d'Alignement des Valeurs

Un autre moyen de créer une résonance et un alignement des valeurs et des motivations clefs est de faire appel à ce que l'on appelle le « recadrage verbal ». *Le recadrage verbal* implique de prendre un mot ou une phrase exprimant une idée ou un concept particulier et de trouver un autre mot ou une autre expression de cette idée ou ce concept qui lui donne une tendance plus positive ou négative. Comme le philosophe Bertrand Russell l'a souligné avec humour, « *Je* suis ferme ; *tu* es obstiné ; *lui* est une fichue tête de mule ». En empruntant la formule de Russell, nous pourrions générer d'autres exemples, comme :

> *Je* m'indigne à juste titre ; *tu* es ennuyé ; *il* fait des histoires pour rien.

> *Je* l'ai reconsidéré ; *tu* as changé d'avis ; *il* n'a pas tenu sa parole.

> *J'ai* fait une erreur de bonne foi ; *tu* as déformé les faits ; *lui*, c'est un foutu menteur.

> *Je* suis compatissant ; *tu* es douce ; *lui* est une vraie « chiffe molle».

Chacune de ces affirmations prend un concept ou une expérience particulière et la place dans plusieurs perspectives différentes en le « recadrant » avec des termes différents. Considérez le mot « argent », par exemple. « réussite », « outil », « responsabilité », « corruption », « énergie verte », etc., sont tous des mots ou des phrases qui mettent différents « cadres » autour de la notion d'« argent », apportant différentes perspectives potentielles. Essayez de former vos propres recadrages en un mot pour les termes de valeurs suivants :

Le recadrage verbal implique de prendre un mot ou une phrase exprimant une idée ou un concept particulier et de trouver un autre mot ou une autre expression pour cette idée ou ce concept qui chevauche son sens et lui donne une tendance plus positive ou négative.

- *responsable* (par ex. stable, rigide)
- *joueur* (par ex. flexible, hypocrite)
- *stable* (par ex. confortable, ennuyeux)
- *économe* (par ex. sage, avare)
- *amical* (par ex. agréable, naïf)
- *assertif* (par ex., assuré, méchant)
- *respectueux* (par ex. attentionné, conciliant)
- *global* (par ex., expansif, encombrant)

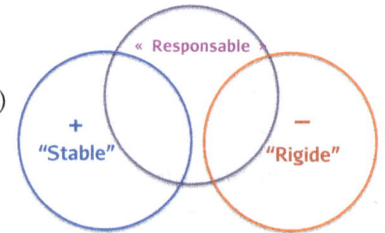

Des recadrages verbaux peuvent être utilisés pour contribuer à créer un pont entre des valeurs et des motivations apparemment incompatibles.

Ces recadrages verbaux peuvent aider à créer un pont entre des valeurs et des motivations apparemment incompatibles. Un entrepreneur, par exemple, peut souhaiter la « croissance » alors qu'un investisseur cherche la « sécurité ». L'investisseur peut toutefois penser que les mesures nécessaires pour promouvoir la croissance menacent son sens de la sécurité. Ces types d'incompatibilités apparemment fondamentales peuvent créer des conflits et des résistances si elles ne sont pas correctement traitées.

Utiliser le Recadrage Verbal pour Bâtir un Pont des Valeurs

Un moyen de créer plus d'alignement entre des valeurs apparemment contradictoires est d'utiliser le recadrage verbal pour créer un « pont » qui les relie. À titre d'exemple, un entrepreneur peut avoir une valeur fondamentale de « contribution » alors qu'un investisseur potentiel peut avoir une valeur fondamentale de « contrôle ». À première vue, elles semblent potentiellement en conflit. Toutefois, la « contribution » pourrait être facilement recadrée en « satisfaire les besoins ». Le « contrôle » pourrait être recadré en « prendre soin des affaires ». À bien des égards, « répondre aux besoins » et « prendre soin des affaires » sont assez similaires. Ainsi, les recadrages verbaux simples ont comblé l'écart entre les deux valeurs apparemment incompatibles.

Autre exemple, disons qu'une partie prenante a une valeur fondamentale de « qualité », mais l'entrepreneur tient à la « créativité ». Là encore, ces deux valeurs pourraient d'abord sembler en contradiction l'une avec l'autre (la « qualité » implique de « respecter les normes » mais la « créativité » implique de « changer les choses »). Toutefois, la « qualité » pourrait être verbalement recadrée en « amélioration continue ». La « créativité » pourrait être recadrée en « produire de meilleures alternatives ». Les recadrages simples peuvent aider à combler l'écart et commencer à créer un pont entre les deux valeurs apparemment différentes.

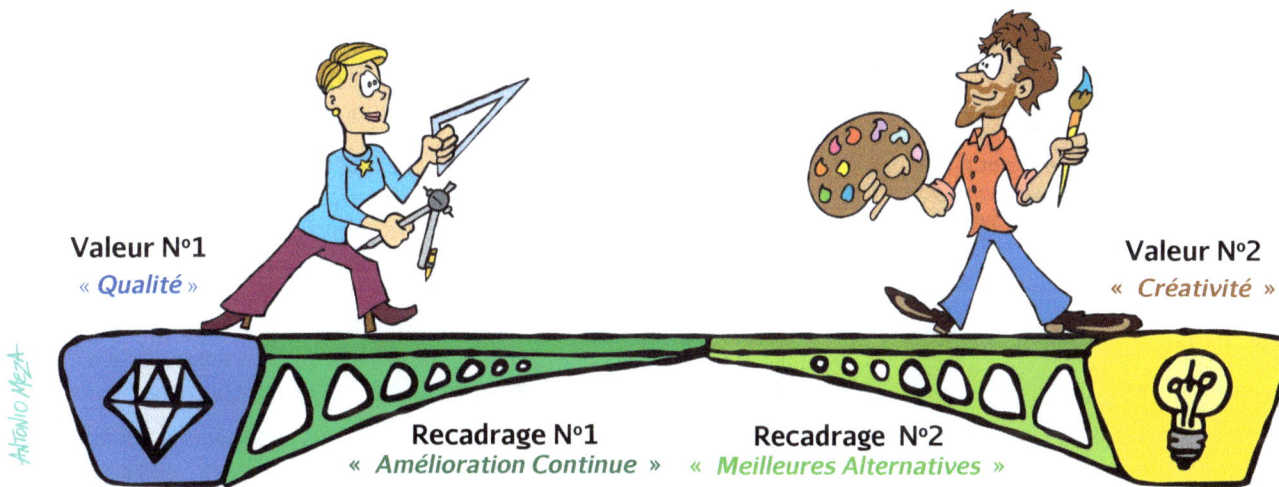

Valeur N°1
« Qualité »

Valeur N°2
« Créativité »

Recadrage N°1
« Amélioration Continue »

Recadrage N°2
« Meilleures Alternatives »

**Un Pont de Valeurs ferme le Fossé Entre des Motivations
Apparemment Incompatibles**

L'Importance des Positions Perceptuelles Multiples pour la Persuasion Raisonnée

Dans *le volume II de SFM* (p. 164 – 167), j'ai présenté la compétence à intégrer des « positions perceptuelles » multiples. *Les positions perceptuelles* font référence aux points de vue fondamentaux que vous pouvez prendre concernant une relation entre vous et une autre personne ou un groupe de personnes dans n'importe quelle situation.

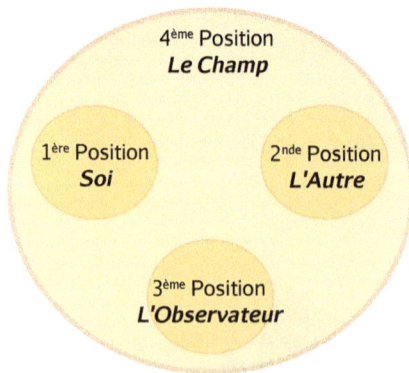

Il y a quatre positions de perception fondamentales à partir desquels nous pouvons percevoir un moment de leadership.

- **1ère Position :** Associé à votre propre point de vue, croyances, valeurs et suppositions, voyant le monde extérieur par vos propres yeux – une position « *Je* » ou *votre* position.

- **2nde Position :** Associé au point de vue, aux croyances, aux valeurs et aux suppositions d'une autre personne, voyant le monde extérieur à travers ses yeux – une position *vous* ou la position de l'*autre*.

- **3ème Position :** Associé à un point de vue extérieur à la relation entre vous et l'autre personne comme un témoin de l'interaction ; la position du « *il/elle* » ou position de l'*observateur*.

- **4ème Position :** Associé à la perspective du système plus vaste (l'holarchie) – une position « *nous* » ou position du *champ*.

Afin de créer des ponts de valeurs efficaces et éthiques, il est important de prendre en compte toutes ces perspectives pour faire face au moment de leadership présent. *La 1ère* Position vous aide à être clair sur vos propres valeurs et méta résultats. *La 2ème* Position vous permet de comprendre vos parties prenantes et leurs motivations. C'est l'un des fondements de l'intelligence émotionnelle. *La 3ème* Position vous permet de réfléchir attentivement à votre relation avec l'intéressé et de trouver des domaines de résonance. *La 4ème* position est nécessaire pour avoir un sens de la manière dont votre interaction avec la ou les parties prenantes peut servir le but le plus élevé du système plus large.

La 4ème Position est l'une des perspectives les plus importantes pour le leadership conscient et le méta leadership, car elle implique une identification avec le système plus large, produisant l'expérience de faire partie d'un collectif, caractérisé par un langage tel que « nous » (la première personne plurielle). Bon nombre des dirigeants de mon étude font souvent référence au processus d'adopter une « position d'entreprise » ou une « position du système » par exemple pour les décisions essentielles. La quatrième position est essentielle pour produire une « conscience de groupe » ou « esprit d'équipe ». C'est l'objectif ultime de la persuasion raisonnée. Comme Jan Smith l'a fait remarquer, elle savait qu'elle réussissait quand, avec le temps, les gens ont arrêté de parler de « l'idée folle de Jan » pour passer à « *notre* projet ».

Engager l'Esprit Somatique dans une Persuasion Raisonnée

Il est également utile et important d'impliquer votre esprit somatique et votre intelligence émotionnelle dans la création des ponts de valeurs et la persuasion raisonnée. Une bonne façon de le faire est de construire somatiquement le pont entre vous et votre partie prenante. En appliquant les principes que nous avons explorés au chapitre 2, vous pouvez le faire en prenant physiquement deux positions, comme vous le feriez dans un exercice de jeu de rôle.

1. À partir de votre première position, trouvez la valeur qui est importante pour vous et votre entreprise, par exemple « en croissance ». Faites un geste physique ou un mouvement qui représente cette valeur. Ensuite, à un autre endroit, entrez en deuxième position avec la partie prenante dont vous souhaitez augmenter le soutien. Entrez dans sa perspective et identifiez la valeur la plus importante pour cette personne – être « en sécurité », par exemple. Faites un geste physique ou un mouvement qui représente cette valeur. Habituellement, vous constaterez que ces gestes sont très différents les uns des autres, comme le suggère l'illustration adjacente.

2. Pour construire un pont somatique, retournez à votre première position et faites le geste ou le mouvement associé à votre valeur. Puis, faites littéralement un pas vers l'emplacement représentant la position de la partie prenante. Ajustez votre position ou votre mouvement afin qu'il soit un peu plus proche du geste ou du mouvement de l'intéressé dont vous voulez augmenter le soutien. Réfléchissez au type d'état intérieur ou à la valeur que représenterait cette posture. Comme le montre l'illustration adjacente, ce serait peut-être « ouvert aux possibilités ».

3. Répéter le même processus avec la position de la partie prenante. À l'endroit qui représente votre partie prenante, faites le geste ou le mouvement associé à sa valeur. Puis, faites un pas vers l'emplacement qui représente votre propre position. Ajustez votre position ou votre mouvement afin qu'il soit un peu plus proche de votre geste ou de votre mouvement. Réfléchissez au type d'état intérieur ou à la valeur que représenterait cette posture. Ce serait peut-être quelque chose comme « attention ».

4. Pour terminer, complétez le pont somatique en trouvant le geste ou le mouvement qui se trouve entre les deux nouveaux gestes que vous venez de créer, comme le montre l'illustration adjacente. Quel type d'état intérieur ou de valeur cette posture représenterait-elle ? Peut-être que ce serait quelque chose comme « enraciné ». Vous avez maintenant un pont somatique qui peut constituer une source puissante d'intuition et la base d'une conversation très fructueuse avec votre partie prenante.

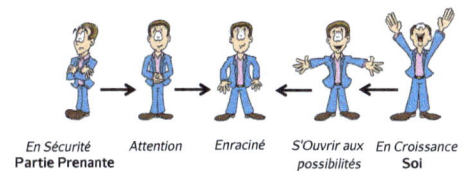

En Sécurité
Partie Prenante

En Croissance
Soi

En Sécurité
Partie Prenante

S'Ouvrir aux possibilités · En Croissance
Soi

En Sécurité
Partie Prenante · Attention

S'Ouvrir aux possibilités · En Croissance
Soi

En Sécurité
Partie Prenante · Attention · Enraciné · S'Ouvrir aux possibilités · En Croissance
Soi

Exercice du Pont des Valeurs

L'exercice suivant regroupe les trois compétences des positions perceptuelles, de l'intelligence somatique et du recadrage verbal pour vous aider à créer un puissant pont de valeurs potentiel.

1. Choisissez l'une des parties prenantes de votre tableau dont vous souhaitez augmenter le niveau de soutien. Établissez deux emplacements pour vous et l'intéressé.

2. Commencez avec votre propre perspective (1ère position) et considérez les valeurs et motivations importantes pour vous concernant votre projet ou entreprise. Pour quoi voulez-vous obtenir du soutien ? Choisissez la plus importante et exprimez-la sous forme de geste ou de mouvement. Écrivez le mot ou la phrase qui décrit le mieux votre valeur ou motivation dans l'espace au-dessus de la **valeur Nº1** sous la forme ci-dessous (par ex. *l'Innovation*).

3. Maintenant mettez-vous pleinement à la place de cette partie prenante, « dans ses chaussures » (2e position). En entrant dans la perspective de votre partie prenante, considérez ce qui est important pour vous en tant que cette partie prenante ? Quelles sont vos valeurs ou motivations principales pour prendre des décisions ? Laquelle semble le plus en conflit avec la valeur ou la motivation que vous avez listée dans l'espace au-dessus de la **Valeur Nº1 ?** Exprimez la valeur de la partie prenante sous forme de geste ou mouvement. Écrire le mot ou la phrase décrivant cette valeur sur la ligne au-dessus de la **valeur Nº2** sous la forme ci-dessous (par ex. *le Prestige*).

4. Voyez la relation entre vous et l'autre personne/partie comme si vous étiez un observateur observant les deux personnes (3e position). Où y a-t-il de la résonance entre leurs perspectives et valeurs ? Où se connectent-elles ?

5. Prenez le point de vue du champ entre vous (4e position) et considérez que vous êtes tous deux comme une équipe au service d'un objectif plus élevé (un « nous »). Faites un pas physique entre les deux positions et réfléchissez : « Qu'est-ce qu'on veut tous les deux ? Quel est notre méta résultat partagé ? » Exprimer cela sous forme de geste ou de mouvement et écrivez le mot ou la phrase dans l'espace sous le ***Méta Résultat*** sous la forme ci-dessous (par ex. *Faire quelque chose de spécial*).

    • Quel mot ou phrase pourriez-vous utiliser pour « recadrer » votre valeur ou motivation afin qu'elle semble plus proche de celle de l'autre personne et de votre méta résultat partagé ? Écrivez le mot ou la phrase dans l'espace au-dessus du **Recadrage Nº1** sous la forme ci-dessous (par ex., *l'Accomplissement*).

    • Quel mot ou phrase pourriez-vous utiliser pour « recadrer » la valeur ou la motivation de l'autre personne afin qu'elle semble plus proche de la vôtre et de votre méta résultat partagé ? Écrivez le mot ou la phrase dans l'espace au-dessus du **Recadrage Nº2** sous la forme ci-dessous (par ex. *la Reconnaissance*).

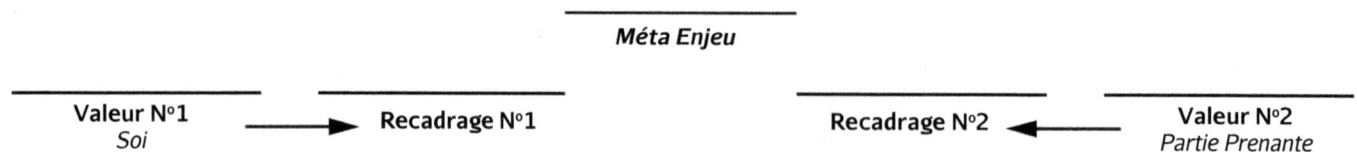

Méta Enjeu

Valeur Nº1	→ Recadrage Nº1	Recadrage Nº2 ←	Valeur Nº2
Soi			*Partie Prenante*

	Faire Quelque Chose de Spécial	
	Méta Enjeu	

Innovation	Réalisation		Reconnaissance	Prestige
Valeur N°1 *Soi*	**Recadrage N°1**		**Recadrage N°2**	**Valeur N°2** *Partie Prenante*

Exemple de Pont de Valeurs

6. Finissez en retournant dans la perspective de votre partie prenante. Comment ressentez-vous le pont créé par ce recadrage somatique et verbal ? Comment cela influence-t-il votre vision du projet ou de l'entreprise ? Comment cela affecte-t-il votre niveau de soutien ?

Continuez d'essayer différentes positions somatiques et recadrages verbaux, et de passer par les différentes positions perceptuelles, jusqu'à ce que vous trouviez les gestes somatiques et les recadrages verbaux qui rapprochent les valeurs apparemment incompatibles d'une manière qui les met plus en harmonie ou les rend complémentaires.

L'exemple de Disney et du Banquier

Il y a une anecdote fascinante sur Walt Disney qui illustre comment ce processus peut être appliqué. Apparemment, pendant qu'il réalisait *Blanche-Neige*, Disney a manqué d'argent et était sur le point de faire faillite. Il savait qu'il devait aller voir le directeur de la banque – son « investisseur » – et demander un nouveau prêt. Étant donné que c'était au milieu de la Grande Dépression des années 1930 et que personne n'avait jamais réalisé de long métrage d'animation auparavant, le banquier allait probablement montrer beaucoup de résistance à prêter plus d'argent en raison du niveau élevé d'incertitude.

Avant d'aller voir le directeur de la banque, Disney a joué à un jeu de rôle avec son frère Roy (qui était le responsable financier de la société). L'un d'eux se mettait à la place du banquier. L'autre essayait alors de convaincre le banquier de prêter plus d'argent à l'entreprise. Le frère en deuxième position avec le banquier soulevait des préoccupations et des questions du point de vue du directeur de la banque. Au bout d'un moment, ils changeaient de position – celui qui essayait d'obtenir le prêt devenait le banquier et inversement – et ils poursuivaient le dialogue.

En le refaisant plusieurs fois, ils ont trouvé des moyens de construire un pont entre leur vision et les motivations du banquier. Le résultat est entré dans l'histoire. Ils ont obtenu le prêt, ont fini le dessin animé et *Blanche-Neige* est devenu un énorme succès.

Barrières de Croyances et Ponts de Croyances

La persuasion raisonnée efficace consiste à trouver une résonance entre les valeurs, mais il s'agit également de traiter les croyances. Souvent, une partie prenante refuse un soutien en raison de ses croyances limitantes concernant un projet, une entreprise ou une vision particuliers. Outre la construction de ponts de valeurs, les leaders et les entrepreneurs conscients devront créer des ponts de croyances.

Dans le chapitre précédent, nous avons étudié la notion de « système de croyance gagnant », qui se caractérise par :

- L'espoir d'un avenir positif
- Un sentiment de capacité et de responsabilité
- Un sentiment d'estime de soi et d'appartenance

Les Barrières de Croyances Interfèrent avec la Progression Vers la Vision

Les barrières de croyances limitent les croyances ou les suppositions qui interfèrent ou sapent notre motivation et notre progression vers la réussite de nos projets ou entreprises.

Les croyances limitantes, ou « barrières de croyances », produisent le contraire de ces expériences : par ex., craintes pour l'avenir, doute et manque de confiance et jugements autodénigrants. Les barrières de croyances sont des croyances ou des suppositions qui entravent ou sapent notre motivation et notre progression vers la réussite de nos projets ou entreprises. L'exemple du mile en quatre minutes cité dans le chapitre précédent illustre bien une barrière de croyances. Elle créait une limite artificielle à ce qu'il était possible de réaliser.

Les croyances limitantes sont essentiellement celles qui affirment ou impliquent que votre vision, votre mission et/ou votre ambition ne sont 1) pas désirables ou n'en valent pas la peine 2) pas possibles, 3) pas appropriés, 4) que vous n'êtes pas capable de les réaliser, 5) que vous n'êtes pas responsable, ne le méritez pas ou n'avez pas la permission.

Les Passerelles de Croyances Reconnectent les Gens au But Supérieur du Projet ou de l'Entreprise

Les ponts de croyances transforment ou contournent les croyances et les barrières de croyances en reconnectant les gens à une perspective plus large et en les concentrant sur l'objectif supérieur du projet ou de l'entreprise.

Pour motiver les parties prenantes et les principaux collaborateurs et « faire l'impossible », les entrepreneurs et les leaders efficaces doivent être capables de créer des « ponts de croyances » qui transforment ou contournent ces croyances limitantes et ces barrières de croyances. Les ponts de croyances les plus efficaces sont ceux qui y parviennent en reconnectant les gens à une perspective plus large et en les concentrant sur l'objectif supérieur du projet ou de l'entreprise.

À titre d'exemple, le rappel de Jan Smith au directeur financier et à la direction générale de Disney Company selon lequel « il y avait un objectif stratégique d'étendre tout le contenu de Disney » et que ses idées pour Disney Store et Disney Interactive étaient « ce que nous voulons être de toutes façons... Juste plus tôt que prévu, » a créé un pont de croyances autour de leurs préoccupations et de leur résistance. La barrière de croyances s'est traduite par la crainte que son projet ne soit pas pertinent pour l'entreprise (compte tenu du caractère sans précédent du Disney Store et de la mauvaise histoire financière de Disney Interactive) et ne valait donc pas la prise de risque. Jan a créé un pont en reliant son projet à un objectif stratégique majeur de l'organisation plus vaste (son méta résultat au niveau de l'identité), montrant clairement qu'il était pertinent et ajoutant que cela en valait la peine parce qu'il accélérerait en fait la réalisation de cet objectif supérieur.

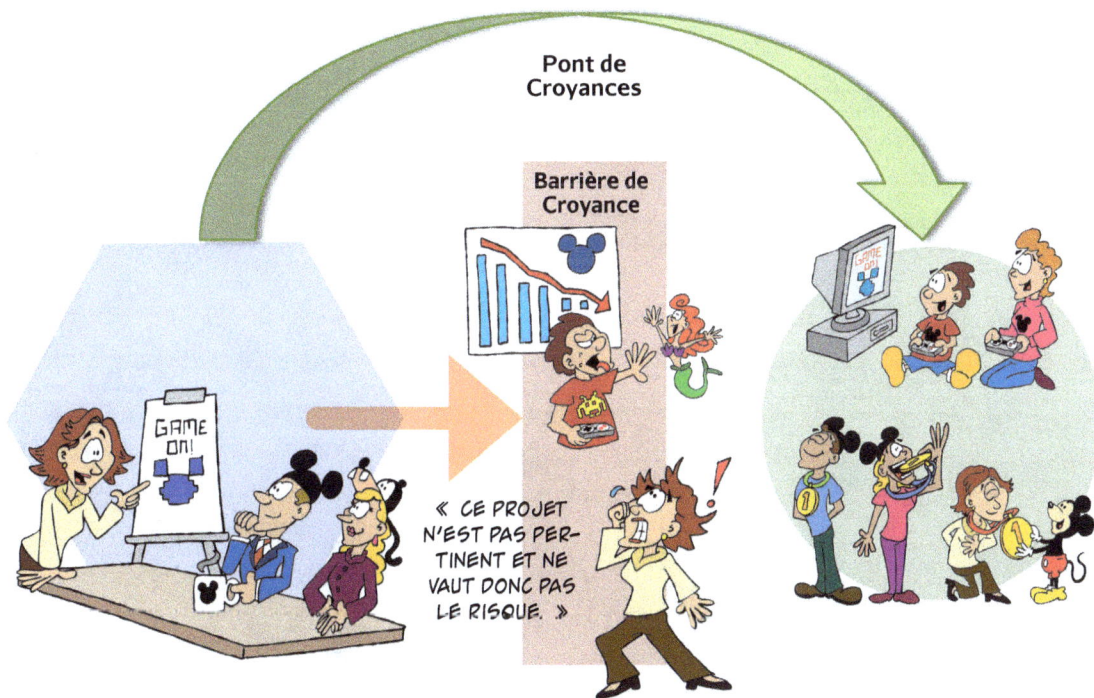

« IL Y A UN OBJECTIF STRATÉGIQUE D'ÉTENDRE TOUT LE CONTENU DE DISNEY. C'EST CE QU'ON VEUT ÊTRE DE TOUTE FAÇON... JUSTE PLUS TÔT QUE PRÉVU. »

Pont de Croyances

Barrière de Croyance

« CE PROJET N'EST PAS PERTINENT ET NE VAUT DONC PAS LE RISQUE. »

Jan Smith a créé un pont de croyances en reliant son projet à un objectif stratégique majeur de l'ensemble de l'organisation et en ajoutant qu'il valait le risque car il accélérerait effectivement la réalisation de cet objectif supérieur.

S'entraîner à Créer un Pont de Croyances avec ses Propres Barrières de Croyances

Un bon endroit pour commencer à créer des ponts de croyances : avec vous-même. Si vous ne croyez pas en votre projet ou entreprise, il sera difficile de convaincre quelqu'un d'autre. Prenez quelques instants et explorez la construction de ponts de croyance pour contourner vos propres barrières de croyances. On trouvera ci-après une grille à cet effet que nous utilisons lors de nos séances de formation de leaders et entrepreneurs conscients.

1. Pensez à une situation compliquée en relation avec votre projet ou entreprise dans laquelle il vous est difficile de rester motivé, clair et confiant. Créez un emplacement physique pour cette situation et entrez-y. Comme dans l'exercice *Contenir un Sentiment Difficile* au chapitre 2, prenez conscience de la façon dont vous ressentez la situation maintenant ; voyez ce que vous voyez, entendez ce que vous entendez et ressentez ce que vous ressentez. Notez la qualité de votre jeu intérieur en réponse au jeu extérieur auquel vous faites face.

2. Sortez de cette situation et allez dans un nouvel endroit. Réfléchissez à la situation et demandez-vous : « Quelles sont les croyances qui m'empêchent d'être naturellement clair et confiant dans ce contexte ? Quelles sont les « barrières de croyances » qui m'empêchent d'éprouver de la clarté et de la confiance dans cette situation ? » Vous pouvez utiliser la liste de croyances que nous avons explorées dans le chapitre précédent pour vous aider à trouver des barrières de croyances : c.à.d. : Y a -t-il une croyance que ce n'est pas souhaitable ou que ça n'en vaut pas la peine ? Pas possible ? Pas approprié ? Que vous n'êtes pas capable ? Pas responsable ? Vous ne le méritez pas ? Vous n'avez pas la permission ?

Par exemple, vous avez peut-être la conviction que « Ma *vision et mon ambition sont telle-ment grandes. Je suis trop petit / inexpérimenté / non préparé pour y arriver* ». Cela reviendrait essentiel-lement à la croyance que « je ne suis pas capable ou pas assez bon ».

Barrière de Croyances

BUSSINESS INCUBATOR*

* Pepinière d'entreprises

« JE SUIS TROP PETIT / INEXPÉRIMENTÉ / NON PRÉPARÉ »

Les Barrières de Croyances Émergent Fréquemment quand nous Rencontrons une Situation Difficile

3. Une fois que vous aurez identifié les barrières de croyances, centrez-vous dans votre état COACH, connectez-vous à votre vision et utilisez l'ancre ou le déclencheur que vous avez établi dans *Trouvez Votre Connexion à l'« Holarchie » plus grande* au chapitre 1. Depuis cette position de clarté et de confiance, posez-vous la question : « De quelles croyances aurais-je besoin pour me sentir naturellement clair et confiant dans cette situation ? Quels sont les éventuels « ponts de croyances » qui me permettraient d'apporter plus de clarté et de confiance dans ce contexte, même face aux barrières de croyances ? « Quelles croyances m'aideraient à rester connecté à mon objectif supérieur ? Plutôt que d'essayer de le trouver de façon cognitive, laissez-le venir à travers votre état COACH. Par exemple, ça peut être quelque chose comme, « *Ma vision est inévitable et mon objectif supérieur vaut la peine d'être défendu. Quelle que soit la quantité de progrès que je fais, ça vaut le coup* ».

Appliquez le *le Processus d'Évaluation des Croyances* et les étapes pour *Utiliser les Mentors et les Modèles de Rôle pour Bâtir la Confiance et Renforcer les Croyances* du chapitre précédent pour vous assurer que le pont de croyances est fortement aligné dans votre tête, votre cœur et vos tripes.

4. Restez centré et présent, gardez les croyances associées au « pont de croyances » dans votre tête, votre cœur et vos tripes. Revenez dans la situation difficile, en maintenant votre attention sur ces croyances. Remarquez comment votre expérience de cette situation change.

« MA VISION EST INÉVITABLE ET MON OBJECTIF SUPÉRIEUR VAUT LA PEINE D'ÊTRE DÉFENDU. QUELLE QUE SOIT LA QUANTITÉ DE PROGRÈS QUE JE FAIS, ÇA VAUT LE COUR »

Pont de Croyances

Barrière de Croyances

« JE SUIS TROP PETIT / INEXPÉRIMENTÉ / NON PRÉPARÉ. »

BUSSINESS INCUBATOR *

* Pépinière d'entreprises

Créer un « Pont de Croyances » peut vous aider à Contourner les « Barrières de Croyances » qui vous Empêchent d'être Clair et Confiant dans des Situations Difficiles.

Appliquer le Cadre du « Comme Si » pour Créer des Ponts de Croyances

Le cadre du « comme si » est un autre outil puissant pour créer des ponts de croyances. Le *cadre* du « *comme si* » est un processus qui permet à une personne ou un groupe d'agir « comme si » un état ou un résultat désiré avait déjà été atteint. Le cadre du « comme si » est un moyen puissant d'aider les gens à identifier et à enrichir leur perception du monde et de leurs futurs états désirés. C'est aussi un moyen utile d'aider les gens à surmonter les résistances et les limitations de leur carte actuelle du monde. Comme le soutient Jan Smith, « Vous devez montrer que c'est possible et ensuite demander *pourquoi ça ne marcherait pas?* »

Par exemple, si une personne dit, « On ne peut pas faire X » ou « Il est impossible de faire X », le cadre du « comme si » serait appliqué en demandant, « Que se passerait-il si on pouvait faire X ? » ou « Agissons comme si on pouvait faire X. Ca ressemblerait à quoi ? » ou « Si nous étions (déjà) capables de faire X, que ferions-nous ? » Par exemple, si un dirigeant de l'entreprise n'a pas été en mesure de décrire son état désiré pour un projet donné, un coach ou un consultant SFM pourrait dire : « Imaginez qu'on soit dans cinq ans. En regardant en arrière, qu'est-ce qui a changé ? Qu'avez-vous accompli ? Quelles ressources et croyances vous ont permis de faire ça ? »

Agir « comme si » nous permet d'abandonner notre perception actuelle des contraintes de la réalité et d'utiliser plus pleinement notre imagination. Il utilise notre capacité innée à imaginer et à faire semblant. Cela nous permet également de laisser tomber les frontières de notre histoire personnelle, de nos systèmes de croyances et de notre ego. Agir « comme si » était l'une des principales méthodes de Steve Jobs pour créer ce que les gens appelaient un « champ de distorsion de la réalité ».

Pour atteindre nos visions et nos ambitions, nous devons d'abord agir « comme si » ce sont des possibilités. Nous en créons des images visuelles avec nos yeux mentaux, et leur donnons les qualités que nous désirons. Nous commençons alors à les ramener à la vie en agissant « comme si » nous éprouvions les sentiments et en pratiquant les comportements spécifiques qui correspondent à ces rêves et objectifs.

La Création d'un Pont de Croyances peut être Facilitée en agissant « Comme si » quelque chose est possible et en Regardant en Arrière depuis une Perspective d'Avenir

Exercice du « Comme Si » pour Créer des Ponts de Croyances

Le cadre du « comme si » est l'un des principaux outils pour les leaders conscients et les entrepreneurs de la nouvelle génération. L'exercice suivant montre comment utiliser le cadre du « comme si » comme moyen d'aider les gens à créer des ponts de croyances.

1. Avec votre équipe, parties prenantes ou partenaires, identifiez la question sur laquelle vous avez des doutes. Exprimez verbalement la croyance limitante – par ex., « Ce n'est pas possible pour nous… », « Nous n'en sommes pas capables… », « Nous ne méritons pas… », etc.

2. En tant que groupe, explorez le cadre du « comme si ». Demandez : « Que se passerait-il si (c'était possible / nous étions capables / nous le méritions)? Ce serait comment? »

   Imaginez que vous ayez déjà traité toutes les préoccupations relatives à votre croyance que (ce n'est pas possible / vous n'êtes pas capable / vous ne le méritez pas). En quoi vos réflexions, actions et croyances seraient-elles différentes?

3. Si d'autres objections ou interférences émergent, continuez à demander :

   « Agissons 'comme si' nous avions déjà réglé cette interférence ou cette objection. Comment réagirions-nous différemment? » Explorez les questions suivantes :

   Allez dans le futur et regardez en arrière…

   - *Qu'est-ce qui s'est passé ou a changé à la suite de vos actions?*

   - *Comment vous / les autres le repérez-vous?*

   - *Qu'est-ce qui vous rend le plus fier / excité?*

   - *Quelle nouvelle prise de conscience faites-vous?*

   - *Quels sont vos conseils à l'égard de votre ancien / présent vous-même?*

   - *Comment avez-vous transformé la barrière de croyances? Quelle autre croyance vous a fait dépasser la barrière de croyances?*

Agir « comme si » aide à créer des ponts de croyances en nous permettant d'abandonner notre perception actuelle des contraintes de la réalité et d'utiliser plus pleinement notre imagination.

L'entrepreneur qui a réussi Barney Pell (profilé dans *SFM Vol. I*, p. 102 – 115), fournit un exemple puissant de la façon dont il s'est appliqué cette méthode lorsqu'il envisageait de lancer son propre moteur de recherche en langue naturelle. Barney a cartographié ses barrières de croyances en faisant « une liste de toutes les raisons de ne pas le faire ». L'une des principales raisons était sa crainte qu'une autre entreprise plus grande soit mieux à même de réaliser son idée qu'il ne le ferait. Il s'est dit : « Il faut que je confronte cette peur. »

Barney rapporte : « J'ai commencé à supposer 'et s'ils le font'? Alors ça valide mon idée, » pensa-t-il. « J'ai fait 'bouger les géants.' Le monde est devenu meilleur et c'est le plus important pour moi. » En fait, « Si ça n'est pas toi, c'est encore mieux, » pensa-t-il en lui-même, « Il s'agit du pouvoir de l'idée à faire un monde meilleur. » De plus, il devrait y avoir d'autres grandes entreprises en concurrence pour les technologies de recherche et « dans une bataille acharnée, d'autres seront prêts à tout pour ce que je détiens. »

Finalement, Barney conclut qu'« il y avait un bon côté illimité et pratiquement pas de mauvais côté, » « Au pire, » raisonna-t-il, « nous aurions rassemblé des équipements et une équipe de génie qui seraient probablement rachetés pour plus cher que l'investissement. »

Singulièrement, c'est exactement ce qui s'est passé. Barney a fini par vendre sa société Powerset à Microsoft pour plus de 100 millions de dollars moins de trois ans après sa création. Barney lui-même est devenu multi-millionnaire. Des éléments de la technologie et de la structure ont été intégrés dans le moteur de recherche Bing utilisé par Microsoft et Yahoo et ont également été adoptées par Google. Les développements de Powerset ont transformé l'expérience des utilisateurs dans de nombreux domaines clés et ont eu une influence importante sur l'industrie de la recherche d'information. Par exemple, la technologie de Powerset est devenue la base du système de guidage vocal Siri d'Apple utilisé sur l'iPhone et l'iPad.

L'entrepreneur Barney Pell a appliqué le cadre du « comme si » pour transformer sa principale barrière de croyances au lancement de sa société Powerset, qu'il a vendue à Microsoft pour plus de 100 millions de dollars moins de trois ans après.

Autres Ressources pour la Persuasion Raisonnée

L'identification des méta résultats et la pratique du recadrage verbal, la construction de ponts de valeurs et la création de ponts de croyances ne sont que quelques-unes des techniques possibles de persuasion raisonnée. Un autre groupe de ressources est appelé les schémas de la magie du langage (voir annexe B).

Les schémas de la Magie du Langage (voir Dilts, 2021) sont une forme de persuasion verbale que les leaders et les entrepreneurs peuvent utiliser pour aider à créer des ponts de croyances afin d'aborder et de contourner ou de transformer les croyances limitantes, pour eux-mêmes ou leurs principaux collaborateurs et parties prenantes. Un petit nombre de schémas de la Magie du Langage peuvent être considérés comme des catégories de « recadrages verbaux » qui influencent les croyances – et les cartes mentales à partir desquelles les croyances ont été formées – en apportant de nouvelles perspectives et plus de conscience aux cartes mentales et aux suppositions. Les questions de la Magie du Langage peuvent aider les entrepreneurs, les dirigeants et leurs collaborateurs à « avoir un dialogue ouvert et honnête sur les préoccupations » et « continuer à trouver différents moyens de surmonter ou transformer les obstacles ».

Résumé du Chapitre

Être un entrepreneur ou un leader qui réussit exige souvent la capacité à *faire l'impossible*. La vision et le rêve nous conduisent à imaginer des scénarios futurs qui n'ont pas existé auparavant et que nous ne savons pas comment réaliser avec nos outils et savoir-faire actuels. Ces nouvelles possibilités sont souvent qualifiées d'« impossibles », « irréalistes » ou « non pertinentes » parce qu'elles sont « au-delà de ce que les gens connaissent actuellement ou avec quoi ils sont à l'aise ».

Quand notre esprit cognitif et notre ego se penchent sur l'avenir, ils ne peuvent en général projeter qu'à travers les filtres de ce que nous savons déjà. Extrapoler à partir de nos connaissances actuelles ne nous donne qu'une idée étriquée des possibilités à venir. C'est pourquoi Albert Einstein a affirmé : « L'imagination est plus importante que le savoir ». Faire l'impossible exige une forte connexion avec l'inconscient créatif et le « champ ».

L'histoire est pleine d'exemples de la façon dont les gens ont imaginé l'avenir de façon inexacte et incomplète en raison des limites de leurs propres filtres cognitifs. Elle est également pleine de cas de choses jugées impossibles, irréalistes ou sans intérêt qui se sont avérées possibles, réalisables et précieuses.

Faire l'impossible demande des capacités à « Créer le Futur », « Agrandir le Gâteau » et « Surmonter l'Adversité », mais il en faut aussi plusieurs autres. Il s'agit notamment des compétences des méta leadership, du « découpage » de la vision vers l'exécution et de la persuasion effective.

Le *méta leadership* est la capacité à créer et diriger d'autres leaders. Cela exige, comme l'a dit l'entrepreneur David Guo, la capacité à communiquer sa vision et ses idées, et à « comprendre les gens et leur motivation » afin de les aider à prendre leurs responsabilités et à devenir des leaders eux-mêmes.

Le *Cas de Facteur de Succès de Jan Smith* montre comment les compétences du leadership conscient et du méta leadership travaillent ensemble pour aider à faire l'impossible. Le succès de Jan Smith avec The Disney Store et Disney Interactive illustre le pouvoir de « coacher et capaciter les gens à s'approprier la vision » et la capacité des gens à « se montrer à la hauteur si la vision est claire » et si le leader est engagé et congruent.

Le processus *d'Imagineering* de Walt Disney d'un cycle équilibré entre les états d'esprit *Rêveur, Réaliste* et *Critiqueur* est une méthode puissante pour créer le chemin de la vision à l'exécution. Les questions d'imagineering aident à guider un individu ou une équipe pour examiner les questions clefs liées à chaque étape du processus et à aligner l'*efficience* (« Faire les choses bien ») sur l'*efficacité* (« Faire les bonnes choses »). *Faire le Storyboard* des étapes vers le rêve est une procédure qui permet aux leaders, entrepreneurs et équipes de prendre en compte les résultats du processus d'imagineering et de « *découper* » la vision en un chemin critique et, en fin de compte, un plan opérationnel. L'exemple de *Storyboard du Leadership chez Microsoft* illustre comment un certain nombre d'autres grilles que nous avons balayées dans ce livre peuvent être intégrés dans le processus de storyboard et de découpage.

Accueillir les Critiqueurs et la critique est une autre compétence importante pour faire l'impossible. Si de bonnes critiques sont nécessaires pour obtenir des résultats efficaces et assurer une qualité élevée, les Critiqueurs sont souvent considérés comme des personnes « difficiles » à gérer dans une interaction en raison de leur orientation négative et de leur tendance à trouver des problèmes dans les idées et suggestions d'autrui. Les critiques viennent souvent de la *résistance au changement*. Les critiques révèlent aussi souvent les points de vue des principales parties prenantes qui n'ont pas été prises en compte ou suffisamment reconnues et prises en considération.

C'est important de garder à l'esprit que la critique est finalement positive. Les bons critiqueurs prennent souvent en compte le point de vue des personnes qui ne sont pas directement impliquées dans le plan ou l'activité présentée, mais qui peuvent en être affectées (soit positivement, soit négativement). En d'autres termes, ils contribuent à garantir l'écologie de la plus grande holarchie concernée.

Le processus d'analyse des *Parties Prenantes* fournit une carte détaillée des principales parties prenantes liées à un projet ou entreprise donné, met en lumière leurs opinions actuelles concernant un projet ou une entreprise et définit le niveau de soutien requis des différentes parties prenantes pour que l'initiative puisse aboutir. Ces informations peuvent servir à déterminer quelles parties prenantes doivent être amenées à un niveau de soutien plus élevé.

Les objections et les critiques des principales parties prenantes peuvent être traitées en identifiant, en comprenant et en répondant aux *intentions positives* qui sous-tendent ces critiques ou objections. Il faut pour cela porter l'attention sur ces intentions, obtenir des *formulations positives des intentions positives* à la base d'une *critique* et *transformer les critiques en questions « comment »*. Identifier et honorer les intentions positives de cette manière aide à transformer les critiques en conseillers.

L'énergie nécessaire pour exécuter et persévérer dans les stratégies et les plans une fois qu'ils sont élaborés est étroitement liée à la *motivation* des personnes concernées. La motivation est nécessaire pour obtenir la coopération volontaire pour exécuter efficacement le plan opérationnel et obtenir des résultats. La motivation est principalement pilotée par les *valeurs et croyances*, qui fournissent le renforcement interne qui soutient ou inhibe l'application des capacités et des comportements.

La *persuasion raisonnée*, qui consiste à utiliser le langage pour aligner les valeurs et les motivations des personnes et les orienter vers la vision, est une compétence essentielle pour les entrepreneurs et les leaders. Identifier les *méta résultats* est un moyen puissant de mettre à jour l'objectif plus élevé derrière les motivations et les buts des personnes et de mettre l'accent sur les valeurs fondamentales.

Une fois les valeurs fondamentales reconnues et clarifiées, des processus tels que *le recadrage verbal*, *les positions perceptuelles* et *l'intelligence somatique* peuvent être appliqués afin de créer un *pont de valeurs* entre les motivations de la partie prenante et celles liées au leader ou à l'entrepreneur et à son projet ou son entreprise.

Les objections, la résistance et les critiques sont aussi souvent le résultat de *barrières de croyances* – des croyances limitantes ou des suppositions qui interfèrent ou sapent notre motivation et notre progression vers la réussite de nos projets ou entreprises. Une autre forme de persuasion efficace consiste à créer des *ponts de croyances* qui contournent ou transforment les croyances limitantes et les barrières de croyances en reconnectant les personnes à une perspective plus large qui maintient l'accent sur l'objectif le plus élevé. Les *Barrières de Croyances* et *les Ponts de Croyances* constituent pour les leaders et les entrepreneurs un moyen de prendre conscience de certaines de leurs propres barrières de croyances et de trouver des ponts de croyances qui les aident à faire preuve de plus de clarté et de confiance et à rester connectés à leur objectif supérieur.

Références et Lectures Connexes

- *Skills for the Future*, Dilts, R., Meta Publications, Capitola, CA, 1993.
- *Strategies of Genius Vol. I*, Dilts, R., Meta Publications, Capitola, CA,1994.
- *Business Model Generation*, Osterwalder, A. & Pigneur, Y., John Wiley & Sons, Inc., Hoboken, New Jersey, 2010.
- Business Model You : A One-Page Method For Reinventing Your Career
- *The Lean Startup*, Reis, E., Crown Business, New York, NY, 2011.
- *NLP II : The Next Generation*, Dilts, R. and DeLozier, J. with Bacon Dilts, D., Meta Publications, Capitola, CA, 2010.
- *Dilts, R., Sleight of Mouth* : The Magic of Conversational Belief Change, Meta Publications, Capitola, CA, 1999.

Conclusion

Je commence par le postulat que la fonction de leader consiste à pro-
duire davantage de leaders, et non davantage de suiveurs.
Ralph Nader

Le changement ne viendra pas si on attend une autre personne ou une
autre fois. Nous sommes ceux que nous attendions.
Nous sommes le changement que nous cherchons.
Barack Obama

Conclusion

Nous vivons dans un monde difficile et en constante évolution. À mesure que le taux de changement s'accélère, il accroît l'instabilité, l'incertitude et le risque. La création d'une entreprise réussie et durable dans de telles conditions exige un haut degré de leadership conscient, d'innovation et de résilience. Les personnes, équipes et entreprises robustes et durables sont celles qui sont « aptes à le futur » ; par exemple, capables de surfer sur les inévitables vagues du changement et de naviguer sur la voie des dangers et des opportunités qui viennent avec ces vagues.

L'objectif principal de ce livre est de fournir des principes, des modèles, des exercices et autres ressources pour vous aider à développer une plus grande maitrise et une meilleure aptitude pour le *leadership conscient* – pour construire une entreprise durable et vous guider vous-même et votre équipe depuis un état de présence centrée, accéder à de multiples intelligences et vivre vos plus hautes valeurs au service d'un objectif plus vaste au profit de toutes les parties prenantes. Avec le soutien de ces ressources, nous espérons que vous deviendrez de plus en plus authentiques, émotionnellement intelligents, intentionnels et responsables, et que vous créerez des équipes et des entreprises plus productives, écologiques, durables et amusantes.

Résumé des Thèmes Clés

Au *Chapitre 1*, j'ai affirmé que les dirigeants véritablement conscients se considéraient comme un membre contributeur d'une « holarchie » plus grande, allant des cellules et organes de leur propre corps à leur famille, à leurs professions, à leurs communautés, à leurs sociétés et à l'environnement plus large. La principale mesure de la « conscience » d'un leader conscient est la taille de *l'holarchie* la plus grande qu'il est en mesure de garder en conscience lorsqu'il ou elle fait des plans pour l'avenir, prend des décisions et agit. Trouver Votre Connexion à la Plus Grande « Holarchie », Équilibrer Ego et Âme et Développer la Sagesse sont des moyens d'aider à renforcer votre capacité à vivre, diriger et prendre des décisions en conscience.

Le chapitre 2 a exploré certaines des compétences personnelles de leadership nécessaires pour *surmonter l'adversité*. J'ai souligné l'importance de *l'intelligence émotionnelle* pour le leadership conscient et la résilience. J'ai présenté

L'objectif de ce livre est de fournir des ressources pour développer une plus grande compétence et une plus grande aptitude pour le leadership conscient et pour construire une entreprise durable en vous guidant vous-même et votre équipe depuis un état de présence centrée, en ayant accès à des intelligences multiples et en vivant vos plus hautes valeurs au service d'un objectif plus large dans l'intérêt de toutes les parties prenantes.

quelques processus et exercices clefs visant à renforcer les cinq composantes fondamentales de l'intelligence émotionnelle – Conscience de Soi, Auto Régulation, Auto Motivation, Empathie et Compétences Sociales. Ils incluaient des compétences pour *gérer les émotions « négatives »*, *coordonner la tête, le cœur et les tripes, maîtriser votre jeu intérieur* et distinguer *un état COACH d'un état CRASH*. Parmi ces compétences figurent Créer des Ancres Ressources, Gérer votre Énergie, Trouver votre « Zone Intérieure d'Excellence », Contenir des Sentiments Difficiles en vous et dans un groupe et Transformer les États CRASH.

L'une des principales compréhension des leaders émotionnellement intelligents et conscients est que la promotion du changement dans quelque direction que ce soit exigera nécessairement d'accueillir et de gérer sa qualité opposée ou complémentaire. C'est à dire que si vous voulez apporter plus de bonheur au monde, vous devez avoir une bonne relation avec la tristesse. Si vous avez l'intention d'apporter plus d'harmonie dans le monde, vous aurez besoin d'être en très bonne entente avec la dissonance et le conflit, de les comprendre.

Le chapitre 3 était axé sur le développement d'un *État d'Esprit de la Réussite* afin de construire un *Cercle de Succès* pour votre entreprise. J'ai identifié trois domaines clés de l'état d'esprit : *État d'Esprit Méta* (clarté de la grande image), *État d'Esprit Macro* (habitudes de réussite) et *État d'Esprit Micro* (priorités permanentes). En évaluant vos forces naturelles dans chacun de ces domaines et en identifiant votre *Méta Objectif*, ou votre focus actuel pour votre entreprise, vous pouvez créer une Carte Mentale et une Boussole de l'État d'Esprit qui vous aident à *Identifier vos Zones de Développement Principales*.

Les Chapitres 4 et 5 portaient sur le *Modèle de Leadership SFM*. Le modèle définit les quatre *Aboutissements Organisationnels* essentiels, les quatre *Actions de Lea-*dership fondamentales et les neuf *Qualités Internes* clés partagées par des leaders efficaces du monde entier. En appliquant des actions de leadership pour *orchestrer l'innovation*, les leaders conscients commencent par *Capaciter* puis *Accompagnent* avant de *Partager* et finalement amènent au *Dépassement de Soi*, eux-mêmes et les membres de leur équipe. Se dépasser d'abord sans le soutien des autres actions de leadership crée simplement du stress et de l'accablement.

La capacitation, l'autonomisation, implique de soutenir le développement du potentiel des personnes en reconnaissant l'individualité et en promouvant l'estime de soi, en encourageant l'autonomie et en stimulant la motivation pour la croissance. *Construire un Système de Croyances Gagnantes est* l'un des moyens les plus profonds et les plus puissants pour que les entrepreneurs et les leaders puissent y parvenir. *L'évaluation de notre degré de croyance* et *l'utilisation de mentors et de modèles pour construire la confiance et renforcer la croyance* sont le *Coaching, l'accompagnement*, implique de développer l'expérience et les compétences des personnes, de construire la confiance, d'écouter avec attention, de guider les gens dans leur processus d'apprentissage et de développer l'esprit d'équipe. Aider les autres à clarifier et à manifester des *valeurs fondamentales*, en particulier grâce à son propre exemple, est une compétence essentielle en matière de coaching. *Créer un État Aligné* est un moyen puissant de rester connecté au meilleur de vous-même et d'être un exemple efficace lorsque vous accompagnez les autres.

Le partage stimule l'innovation et renforce la résilience par l'échange d'informations, d'idées, de ressources et d'énergie. Le partage implique la capacité à promouvoir une communication ouverte et le dialogue entre les personnes. Le partage est particulièrement important dans le contexte de *la résolution efficace des problèmes*. Le *Modèle S.C.O.R.E.* offre une matrice simple mais complète pour définir un espace problème et un espace solution en aidant à identifier les *symptômes*, leurs *causes*, les *résultats* qui vont remplacer les symptômes et les *ressources* nécessaires pour transformer les causes des symptômes et atteindre les résultats qui apporteront les *effets* désirés.

Lors du *Dépassement de Soi*, un leader et ses équipes doivent relever le niveau des attentes, stimuler l'innovation, rechercher une amélioration continue et remettre en cause les habitudes consolidées. Le *Voyage du Héros* fournit une feuille de route puissante pour Se Dépasser efficacement en aidant à définir *l'appel à l'action* que la situation exige de nous, le *seuil* du nouveau territoire à franchir, les « *démons* » *et les ombre*s auxquels nous devons faire face et transformer et les *ressources et tuteurs* dont nous aurons besoin pour réussir le voyage.

Le thème du *Chapitre 6* était de *Faire l'Impossible*. Cela devient nécessaire lorsque notre vision nous incite à tenter de créer ou de réaliser quelque chose qui n'a pas existé auparavant et que nous ne savons pas comment réaliser avec nos outils et savoir-faire actuels. Ces nouvelles idées et ces nouveaux objectifs sont souvent qualifiés d'« impossible », « irréaliste » ou « sans intérêt » parce qu'ils sont « au-delà de ce que les gens connaissent actuellement ou avec quoi ils sont à l'aise ». Outre les autres compétences de direction présentées dans ce livre, faire l'impossible nécessite les compétences de *méta leadership* – la capacité de former et de diriger d'autres leaders.

Toutes les formes de leadership sont fondées sur la capacité à fournir les conseils et la motivation nécessaires (direction et énergie) à soi-même et aux membres de son équipe. Le méta leadership exige la capacité à communiquer sa vision et ses idées et à « comprendre les gens et leur motivation » afin de les aider à prendre leurs responsabilités et à devenir eux-mêmes des leaders. Des compétences telles que passer de la vision à l'exécution par les processus d' *imagineering* et *storyboard* de Walt Disney sont importantes pour les méta leaders afin de donner aux membres de l'équipe les moyens de devenir de meilleurs leaders eux-mêmes.

Accueillir les Critiqueurs et les critiques est une autre compétence importante pour faire l'impossible. Les objections et les critiques des principales parties prenantes peuvent être traitées en identifiant, en comprenant et en répondant aux *intentions positives* qui sous-tendent ces critiques ou objections et en *transformant ensuite les critiques en questions*. *La persuasion raisonnée* est une autre compétence essentielle pour faire l'impossible qui implique le *recadrage verbal* et d'autres schémas linguistiques pour construire des *ponts de valeurs* et des *ponts de croyances* qui alignent les valeurs et les motivations des personnes et les recentrent vers la vision et l'objectif plus larges.

« Culture » du Leadership Versus « Culte » du Leader

Clairement, le principal objectif du méta leadership conscient est de former d'autres dirigeants autonomes plutôt que de simples simples suiveurs obéissants. C'est non seulement important pour obtenir des résultats efficaces, mais aussi essentiel pour la survie de l'entreprise. Si une entreprise perd la direction et la motivation et s'écroule après le départ du fondateur ou du dirigeant actuel, la ruine qui s'ensuit prouve que ce dirigeant n'a pas réussi à entretenir les conditions dans lesquelles le leadership peut prospérer.

Des entreprises et des organisations robustes et durables sont construites sur une culture du leadership autonome par opposition à une secte, un culte formé autour d'un dirigeant particulier. Une *secte* est une structure sociale rudimentaire, incomplète, intrinsèquement éphémère, qui disparaît lorsque la personnalité qui l'a créée disparaît. Dans une secte, la réussite du groupe ou de l'organisation repose principalement sur l'ego et la personnalité du dirigeant. Le dirigeant est la principale source de vision, de mission, de valeurs et de motivation de l'organisation. Ainsi, l'organisation existe et réussit presque entièrement grâce aux idées, à l'énergie et au charisme du dirigeant.

Les sectes sont souvent basées sur la perception d'une inégalité fondamentale entre les personnes. Elles sont fondées sur une hiérarchie dans laquelle les personnes au sommet sont par nature « meilleures que » celles des autres niveaux. En conséquence, les personnes sont considérées comme des entités sans valeur qui peuvent être facilement remplacées par d'autres.

Une culture est beaucoup plus durable et robuste qu'une secte, car sa survie et sa croissance ne dépendent pas de la présence et de la personnalité d'un seul individu. La « culture » est généralement quelque chose qui émerge de tous les membres d'une organisation ou d'un système social et qu'ils partagent. Le dictionnaire Merriam-Webster définit généralement la *culture* comme « le schéma intégré des connaissances, croyances et comportements humains qui dépend de la capacité de l'homme à apprendre et à transmettre les connaissances aux générations suivantes ». Un aspect clef d'une culture est donc sa capacité à transmettre les connaissances et les compétences à d'autres membres de la culture.

Parce que la culture est partagée, elle peut rester influente longtemps après que son créateur soit parti. Et, bien que la culture provienne certainement des relations entre les personnes *dans* d'une organisation ou d'un système social, elle est en fin de compte déterminée par la relation de ce système à une holarchie plus grande.

Tant dans la création d'entreprises que dans les organisations existantes, il importe de faire la distinction entre une *culture du leadership* et le *culte du leader*. Dans le culte du leader, il y a généralement une personne puissante qui prend les décisions et détermine la direction que prendra l'entreprise. Il en résulte que les actions et les plans de l'organisation sont contrôlés par un unique personnage charismatique. Les plans et actions des personnes au sein de l'organisation sont principalement motivés soit par la peur, soit par l'amour pour le chef. (Une dictature, par exemple, est généralement un culte du leader fondé sur la peur.)

Dans ce type de situation, il n'y a de place que pour un petit nombre de leaders, et le crédit de la réussite est réservé au chef ou à quelques personnes clefs au sommet. Il n'y a pas de plans ni de travail en cours pour développer de futurs dirigeants. En fait, les personnes qui tentent d'être proactives et de promulguer le leadership risquent d'être réprimées et punies.

En conséquence, les gens attendent d'être autorisés par le leader ou un de ses proches et sont censés suivre aveuglément les ordres et les directives. Les sectes tendent à se caractériser par beaucoup de rhétorique. Les dirigeants n'écoutent pas, et les gens ont peur de parler ouvertement de ce qu'ils pensent.

Caractéristiques d'une Culture du Leadership

Dans une culture du leadership, par contre, chacun doit développer et exprimer dans une certaine mesure des actions et des qualités clés de leadership. S'il existe encore des individus symboliques qui ont des responsabilités essentielles, représentent des valeurs culturelles et donnent un exemple de leadership, de nombreux autres membres de l'organisation sont également habilités à prendre des décisions et encouragés à avoir leurs propres visions parallèlement à la vision plus large qui anime l'organisation.

Dans une culture du leadership, la réussite de l'organisation repose sur l'énergie et les efforts conjugués de nombreuses personnes alignées sur une vision commune. Les actions et les plans de l'organisation sont déterminés par le désir et les efforts des gens à tous les niveaux de l'organisation, et le crédit de la réussite est élargi à de nombreux contributeurs.

De manière générale, les gens sont considérés comme des égaux qui occupent des rôles différents. Les rôles sont basés sur le développement des capacités individuelles et ne reflètent pas la valeur intrinsèque de la personne. En conséquence, les personnes à tous les niveaux du groupe ou de l'organisation sont reconnues et considérées comme des contributeurs précieux et indispensables.

Dans une culture du leadership, de nombreuses personnes sont encouragées à diriger et à exprimer leurs idées et leurs visions. Il y a une vraie conversation – les leaders écoutent ce que les gens disent. Les gens à tous les niveaux sont encouragés et soutenus à parler ouvertement et honnêtement de ce qu'ils pensent.

Il existe un effort authentique et soutenu pour former et développer de futurs leaders. Les personnes à tous les niveaux sont encouragées à être proactives et prendre le leadership. En conséquence, l'organisation continuera de fonctionner sans heurt et de manière efficace en l'absence du leader.

Ainsi, une culture du leadership est une culture « gagnante » en ce sens qu'elle :

- Promeut la contribution de tous les membres

- Reconnaît les personnes et soutient leur croissance et leur réussite, et chacun contribue à la réussite du système plus vaste

- Recherche l'amélioration continue – agit pour « garder une longueur d'avance »

- Entretient un environnement ouvert dans lequel chacun peut apporter sa contribution (retour d'information)

- Est un environnement qui bénéficie aux personnes et auquel elles peuvent contribuer – c'est-à-dire « un monde auquel les gens veulent appartenir »

- Produit un tout supérieur à la somme de ses parties

Nous voyons ces caractéristiques en action dans les exemples des différents leaders et entreprises que j'ai profilés dans ce livre : Elon Musk (SpaceX, Tesla, SolarCity), Dr. Lim Suet Wun (Hôpital Tan Tock Seng, Singapour), John Yokoyama (Poissonnerie de Pike Place), Charles Matthews (Rolls Royce Motors), William McKnight (3M), David Guo (Display Research Laboratories), Jan E. Smith (Disney Store, Disney Interactive) et Vahé Torossian (Microsoft).

En résumé, si la réussite d'un leader repose sur le pouvoir de sa personnalité, son travail n'est qu'à moitié fait. Comme l'a dit le journaliste américain Walter Lippmann : « Le dernier test d'un leader c'est qu'il laisse derrière lui, à d'autres hommes [et femmes], la conviction et la volonté de poursuivre. » Les leaders efficaces développent d'autres leaders en tant que successeurs et développent le leadership à grande échelle au sein de leurs organisations.

Parce-que le leadership efficace est réparti dans l'ensemble de la population, les cultures du leadership sont autonomes. Les cultes de leaders s'écroulent souvent ou se désintègrent dans les luttes de pouvoir et les conflits lorsque le leader ne peut plus être présent.

Pour vérifier si votre organisation est davantage une culture du leadership ou un culte, vérifiez la liste suivante. Comptez le nombre de croix que vous avez dans la colonne « culte ». Si vous avez coché plus de six éléments de la colonne « culte », votre organisation risque sérieusement d'être ou de devenir un culte du leader.

Évaluation : Culture du Leadership Versus Culte

Culture	*Culte*
- De nombreuses personnes sont encouragées à diriger et exprimer leurs idées et leurs visions.	- Il n'y a de place que pour que quelques personnes soient des leaders.
- L'organisation continuera de fonctionner sans heurt et de manière efficace en l'absence du leader.	- L'organisation connaîtra de nombreux problèmes (tels que les luttes de pouvoir et les conflits) et pourrait s'effondrer si le dirigeant partait.
- Le leader est un reflet et un exemple de la vision, de la mission et des valeurs partagées par les gens à tous les niveaux de l'organisation.	- Le leader est la source de la vision, de la mission et des valeurs de l'organisation.
- Les valeurs, objectifs et actions sont déterminés et partagés par les gens à tous les niveaux de l'organisation.	- Les valeurs, les objectifs et les actions sont déterminés et imposés par quelques personnes au sommet.
- La réussite de l'organisation repose principalement sur l'énergie et les efforts de nombreuses personnes alignées sur une vision commune.	- La réussite de l'organisation repose principalement sur la personnalité du dirigeant.
- Le crédit de la réussite est réparti entre de nombreux contributeurs.	- Le crédit de la réussite est réservé au leader ou à quelques personnes clefs au sommet.
- Les gens sont encouragés à penser par eux-mêmes et à prendre des mesures responsables sur la base de ce qu'ils comprennent comme étant important pour la réussite de l'organisation.	- Les gens attendent d'être autorisés par le dirigeant ou un de ses proches.

Culture

- Les objectifs et les valeurs de l'organisation reflètent ceux des personnes à tous les niveaux au sein de l'organisation.

- Les gens agissent selon ce qu'ils pensent et croient être le plus important pour la réussite de l'organisation.

- Les gens à tous les niveaux sont encouragés et soutenus à parler ouvertement et honnêtement de ce qu'ils pensent.

- Il y a de vrais échanges – les dirigeants écoutent ce que les gens disent.

- Les actions et les plans de l'organisation sont déterminés par les souhaits et les efforts des personnes à tous les niveaux de l'organisation.

- La raison principale de l'action des personnes au sein de l'organisation provient d'un objectif ou d'un service qui dépasse le leader et l'organisation elle-même.

- Les plans et actions des personnes au sein de l'organisation sont principalement motivés par leur alignement sur les valeurs communes et la vision partagée.

- L'organisation réussit essentiellement grâce à la vision et à l'autonomisation des personnes à tous les niveaux.

- Un effort réel et soutenu est déployé pour former et développer de futurs leaders.

- Les personnes à tous les niveaux sont encouragées à être proactives et prendre le leadership.

Culte

- Les buts et les valeurs de l'organisation reflètent principalement les intérêts et les idées du dirigeant.

- Les gens sont censés suivre aveuglément les ordres et les directives du leader.

- Les gens ont peur de parler ouvertement de ce qu'ils pensent.

- Il y a beaucoup de rhétorique – les dirigeants n'écoutent pas.

- Les actions et les plans de l'organisation sont contrôlés par un seul personnage charismatique.

- Le but principal de l'action des personnes au sein de l'organisation vient de ce que le chef dit.

- Les plans et actions des personnes au sein de l'organisation sont principalement motivés par la peur ou l'amour pour le leader.

- L'organisation réussit principalement en raison de la vision et de l'énergie du leader.

- Il n'y a pas de plans ni de travail en cours pour développer de futurs leaders.

- Les personnes qui tentent d'être proactives et de prendre le leadership sont réprimées et punies.

Dernières Réflexions

Il semble évident que le besoin d'un leadership authentique et conscient augmente dans le monde aujourd'hui ; y compris la façon dont nous nous dirigeons nous-mêmes, nos familles, nos clients, nos équipes et nos communautés, ainsi que nos entreprises. L'objectif de ce livre a été de fournir des principes, des cartes et des exercices pour vous aider à devenir un leader plus conscient et plus efficace de vous-même et des autres et à créer une entreprise résiliente et durable.

Comme je l'ai souligné dans la préface de ce volume, pour réaliser davantage dans le monde autour de nous, nous devons d'abord grandir et évoluer personnellement. Pour contribuer davantage, nous devons nous développer davantage. Cela implique d'accroître notre intelligence émotionnelle autant que notre compréhension intellectuelle et nos connaissances. En optimisant votre état d'esprit et en vous connectant davantage à votre intelligence somatique, vous devenez plus perspicace, innovant et apte pour le futur.

Une conclusion majeure de la Modélisation des Facteurs de Succès est que pour réaliser plus de choses dans le monde qui vous entoure, vous devez grandir et évoluer personnellement.

Alors que vous finissez de lire ce livre, il est maintenant temps de commencer à mettre en pratique les compétences et les ressources que vous avez apprises. Il est temps que vous preniez les mesures nécessaires pour vous capaciter ainsi que les autres, orchestrer l'innovation, surmonter l'adversité et emmener vos projets et vos entreprises de la vision à l'exécution. Je vous souhaite beaucoup de réussite dans votre voyage pour vivre vos rêves et faire un monde meilleur grâce à vos projets et entreprises. Créons l'avenir ensemble !

Postface

J'espère que vous avez apprécié cette exploration de la Modélisation des Facteurs de Succès SFM™ et du Modèle de Leadership SFM™. Si vous souhaitez approfondir vos connaissances sur les principes et techniques de la Modélisation des Facteurs de Succès, il existe d'autres ressources et outils pour aller plus loin dans l'assimilation et l'utilisation des distinctions conceptuelles, stratégies et compétences décrites dans ces pages.

Dilts Strategy Group

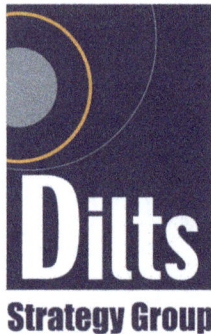

Le Dilts Strategy Group est une organisation dédiée à proposer de la formation, du conseil et du coaching sur les applications de la Modélisation des Facteurs de Succès SFM™, dont l'Entrepreneuriat de la Nouvelle Génération, l'Intelligence Collective, le Leadership et l'Innovation. Le Dilts Strategy Group parraine également des projets qui favorisent le développement de nouveaux modèles et l'identification de facteurs évolutifs de réussite dans le monde socio-économique dynamique dans lequel nous vivons. Le Dilts Strategy Group propose des cursus de formation et des programmes de certification en Modélisation des Facteurs de Succès dans le monde entier.

Pour plus d'informations, merci de contacter :

Dilts Strategy Group
P . Box 67448
Scotts Valley CA 95067 - 7448
USA
Téléphone : (831) 438-8314
info@diltstrategygroup.com
www.diltsstrategygroup.com

Indépendamment des programmes que je propose avec le Dilts Strategy Group, j'anime par ailleurs dans le monde entier des séminaires et des ateliers sur différents sujets en lien avec le développement personnel et professionnel.

Pour plus d'informations sur les programmes proposés, merci de consulter mon site :

http://www.robertdilts.com ou de m'écrire à : rdilts@nlpu.com.

Journey to Genius

J'ai également écrit de nombreux autres ouvrages et élaboré des enregistrements audio sur les principes et particularités de la Modélisation des Facteurs de Succès SFM™ et la PNL. Par exemple, j'ai publié plusieurs productions sur la base de mes modélisations des Stratégies de Génie dont des enregistrements audio décrivant le processus créatif de génies tels que Mozart, Walt Disney et Léonard de Vinci.

Pour plus d'information sur ces produits et autres ressources, merci de contacter :

Journey to Genius
P.O. Box 67448
Scotts Valley, CA 95067-7448
Téléphone (831) 438-8314
info@diltstrategygroup.com
www.journeytogenius.com

NLP University

Je suis également co-fondateur, directeur et formateur à *NLP University*, organisation qui s'est engagée à dispenser les formations de la meilleure qualité en matière de compétences de base et de perfectionnement de la programmation neurolinguistique et à promouvoir le développement de nouveaux modèles et applications de la PNL dans les domaines de la santé, des entreprises et des organisations, de la créativité et de l'apprentissage. Tous les été, NLP University programme des formations résidentielles à l'UCLA (University of California at Santa Cruz), proposant des séminaires de formation approfondie aux savoir-faire de la PNL, y compris dans les domaines du conseil et du coaching.

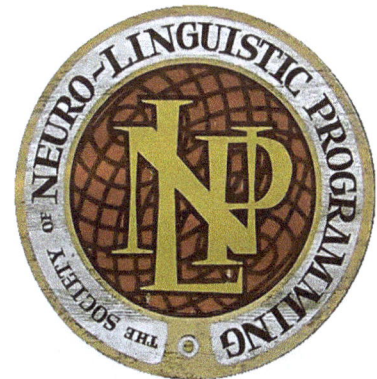

Pour toute information, merci de contacter Teresa Epstein à :

NLP University
P.O. Box 1112
Ben Lomond, California 95005
Téléhone : (831) 336-3457
Teresanlp@aol.com
www.nlpu.com

Produits et Illustrations – Success Factor Modeling™.

Antonio Meza et moi-même avons créé cette collection d'ouvrages dans l'intention de vous proposer quelque chose de différent, de ludique et riche sur le plan visuel. Tout au long des pages de cet ouvrage et des tomes suivants, vous découvrirez de nombreux dessins et personnages pour vous aider à vous connecter au contenu de l'ouvrage et à l'intégrer.

Nous avons créé une boutique en ligne dédiée dans laquelle vous trouverez différents articles tels que des posters, des T-shirts, des mugs, etc., qui pourront vous aider à rester connecté aux idées majeures de La Nouvelle Génération d'Entrepreneuriat.

Pour plus d'information sur ces produits et autres ressources, vous pouvez aller sur :

Site de la Modélisation des Facteurs de Succès, Success Factor Modeling

www.successfactormodeling.com

Success Factor Modeling product store

www.society6.com/successfactormodeling

Antonio Meza illustre des livres, des articles et des présentations, il assure également la facilitation graphique lors de conférences et séminaires. Il est par ailleurs consultant, formateur et coach dans l'équipe du Dilts Strategy Group.

Si vous êtes curieux du travail d'illustrateur d'Antonio, vous pouvez le contacter à :

Antoons

hola@antoons.net

www.antoons.net

Mindset Maps International

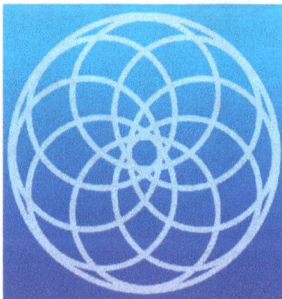

Cofondée par Robert Dilts et Miklos (Mickey) Feher, Mindset Maps International a appliqué les distinctions et découvertes de Success Factor Modeling™ pour créer la Carte de l'État d'Esprit du Succès SFM™. Cette carte identifie trois grands axes de réussite :

1. *État d'Esprit Méta (Meta Mindset)* – Clarté de la grande image
2. *État d'Esprit Macro (Macro Mindset)* – Habitudes de réussite
3. *État d'Esprit Micro (Micro Mindset)* – Priorités permanentes

Mindset Maps International a créé une application qui intègre ces trois domaines d'État d'Esprit ensemble pour créer la « SFM Mindset Compass ». La Boussole de l'État d'Esprit (SFM Mindset Compass) vous aide à identifier vos aptitudes et tendances particulières et à savoir lesquelles vous devez hiérarchiser et renforcer pour porter votre projet ou votre entreprise au niveau suivant.

www.mindsetmaps.com.

Conscious Leaders Mastermind

Le Conscious Leaders Mastermind est un programme exclusif de croissance accélérée pour les entrepreneurs et propriétaires d'entreprises qui réussissent. Ce programme enseigne les sept stratégies fondamentales de la pratique du leadership conscient partagées par des personnes reconnues dans le monde pour leur réussite. Il fournit aux participants une feuille de route claire pour une réussite durable, une croissance accélérée et un impact positif (voir *SFM II*, Chapitre 1, pp. 66 – 71). On compte parmi les membres actuels des leaders influents de différents domaines qui ont eu un impact positif sur la vie de centaines de millions de personnes.

Le Conscious Leaders Mastermind a été créé par l'auteur Robert Dilts, Mitchell Stevko (un expert en développement de la Silicon Valley qui a aidé plus de 150 entrepreneurs à réaliser leurs rêves, en levant plus de 5 milliards de dollars de capital) et le Dr. Olga Stevko (un médecin Russe experte en thérapie des croyances – Belief Medicine™ – spécialisée dans le travail avec des professionnels de haut niveau). Le programme n'est accessible qu'après validation de candidature et entretien ou recommandation par un membre.

Si vous êtes prêt à emmener votre affaire à un tout autre niveau d'impact et d'influence, vous trouverez plus d'informations et la possibilité de poser votre candidature auprès de :

mitchell@consciousleadersmm.com

www.consciousleadersmastermind.com/about/

Logical Levels Inventory

Le Logical Levels Inventory (*lli*) est un outil innovant de profilage de leadership en ligne basé sur les différents niveaux de facteurs de succès que nous avons explorés dans cet ouvrage. *lli* identifie les qualités fondamentales que les leaders doivent posséder pour tirer parti des opportunités et continuer à réussir en périodes d'incertitude et de crise. Développé comme un prolongement direct du premier programme de certification en Modélisation des Facteurs de Succès SFM™, *lli* vous conduit à travers un processus d'autoévaluation qui vous permet de mettre à jour les forces dominantes qui sous-tendent vos actions et de cerner en quoi vous pouvez évoluer pour devenir un leader plus performant quel que soit votre domaine.

info@lli.uk.com

www.logicallevels.co.uk

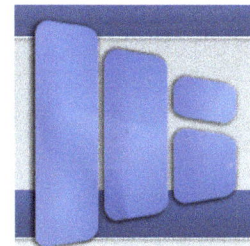

Annexe A : Le Business Model Canvas

Le *Business Model Canvas* fournit un ensemble utile de caractéristiques pour aider à découper votre vision pour votre entreprise en un plan opérationnel. Dans les livres *Business Model Generation* (2010) et *Business Model You*, les auteurs définissent un « modèle économique » comme la logique par laquelle une entreprise se maintient financièrement. En d'autres termes, c'est *la logique par laquelle une entreprise gagne sa vie*.

Ils fondent leur approche sur ce qu'ils appellent les *Neuf Blocs de Construction* sur la façon dont les organisations fournissent de la *Valeur aux Clients*. On trouvera ci-après un bref résumé des neuf blocs de construction et des questions à examiner pour identifier et clarifier chacun de ces blocs en relation avec votre projet ou entreprise.

1. ***Clients...*** Une organisation sert des Clients...

    Pour qui créez-vous de la valeur ?

    Qui sont vos clients les plus importants ?

2. ***Valeur Fournie***... en résolvant les problèmes du Client ou en répondant aux besoins du Client.

    Quelle valeur apportez-vous au client ?

    Quel problème de votre client aidez-vous à résoudre ?

    Quels bouquets de produits et services proposez-vous à chaque secteur de clients ?

    À quels besoins des clients répondez-vous ?

3. ***Les Canaux***... Les organisations communiquent et délivrent de la Valeur de différentes manières...

    Par quels Canaux vos Segments Clients veulent-ils être contactés ?

    Comment allez-vous les joindre maintenant ?

    Comment vos Canaux sont-ils intégrés ?

    Quel est le plus efficace ?

    Quel est le plus rentable ?

    Comment les intégrez-vous aux routines clients ?

4. ***Relation Clients***... et établir et entretenir différents types de relations avec les Clients.

    Quel type de relation chaque Segment de Clientèle attend-il que vous établissiez et entreteniez avec eux ?

    Lesquels avez-vous établis ?

Comment sont-ils intégrés au reste de votre modèle économique ?

Combien coûtent-ils ?

5. **Revenu...** L'argent arrive quand les Clients paient la Valeur Fournie.

Pour quelle valeur vos clients sont-ils vraiment prêts à payer ?

Pour quoi paient-ils actuellement ?

Comment paient-ils actuellement ?

Comment préféreraient-ils payer ?

Comment chaque flux de revenus contribue-t-il à l'ensemble des recettes ?

6. **Ressources Clés...** Les actifs nécessaires pour créer et/ou livrer les éléments décrits précédemment.

Quelles Ressources Clés requièrent vos Propositions de Valeur ? Vos Canaux de Distribution ? Relation Client ? Flux de Revenus ?

7. **Activités Clés...** Les tâches et les actions nécessaires pour créer et livrer les éléments décrits précédemment.

Quelles Activités Clés requièrent vos Propositions de Valeur ? Vos Canaux de Distribution ? Relation Client ? Flux de Revenus ?

8. **Partenaires Clés...** Certaines activités sont externalisées, et certaines ressources sont acquises en dehors de l'organisation.

Qui sont vos Partenaires Clés ?

Qui sont vos fournisseurs clés ?

Quelles Ressources Clés achetez-vous à vos partenaires ?

Quelles sont les Activités Clés des partenaires ?

9. **Coûts...** Les dépenses liées à l'acquisition des Principales Ressources, à mener des Activités Clés et à travailler avec des Partenaires Clés.

Quels sont les coûts les plus importants inhérents à votre modèle économique ?

Quelles Ressources Clés sont les plus chères ?

Quelles Activités Clés sont les plus coûteuses ?

Les auteurs du processus de *Business Model Generation* conseillent aux entrepreneurs de collecter les réponses à ces questions sous la forme de ce qu'ils appellent un « canvas » (en français 'toile'). Contrairement à un storyboard qui montre un chemin critique, le business model canvas ressemble plus à une peinture, fournissant une sorte d'aperçu stratégique de votre projet ou de votre entreprise. La structure recommandée pour la toile est illustrée ci-dessous :

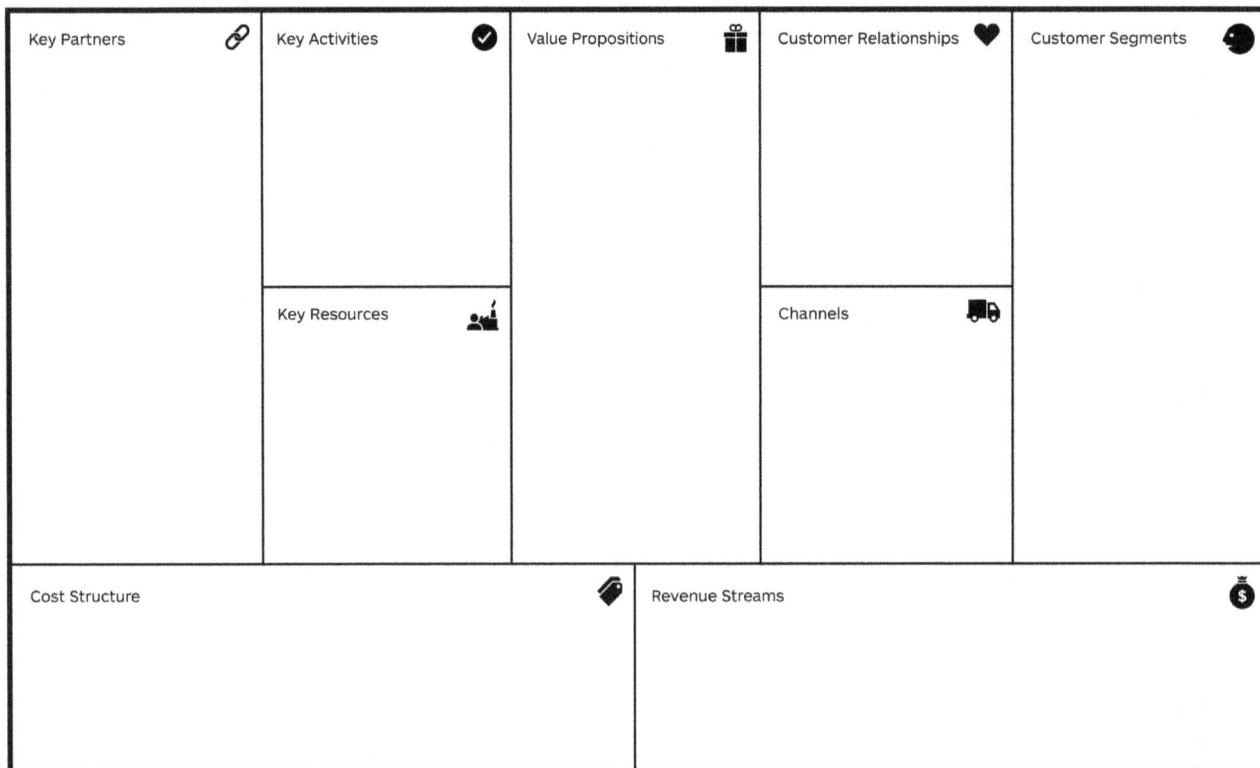

Key Partners 🔗	Key Activities ✔	Value Propositions 🎁	Customer Relationships ♥	Customer Segments ◗
	Key Resources 👷		Channels 🚚	
Cost Structure 🏷			Revenue Streams 💰	

La toile de génération de modèle économique est un complément très utile au Cercle de Succès SFM et à vos niveaux successifs de storyboard. Vous pouvez la télécharger gratuitement sur : Business ModelGeneration.com/canvas.

Les neuf piliers du Business Model Canvas sont clairement centrés principalement sur la définition des activités et des ressources relatives aux clients et partenaires (contrairement aux membres de l'équipe et aux parties prenantes) en termes de Cercle de Succès.

Annexe B :

La Magie du Langage – Recadrage Verbal, Persuasion Raisonnée et Changement Conversationnel des Croyances

La persuasion raisonnée efficace est une fonction de la capacité à créer des ponts de croyances qui recadrent les barrières de croyances et construisent un système de croyance gagnant. Mon livre *Sleight of Mouth : The Magic of Conversational Belief Change (La magie du langage : changer les croyances avec les mots*, 2021) décrit l'utilisation d'un groupe particulier de schémas linguistiques qui étayent le processus de persuasion efficace. Le but des schémas de la « magie du langage » est d'amener les gens à « ponctuer » leurs expériences de nouvelles manières et à adopter des perspectives différentes pour établir, recadrer ou transformer leurs croyances.

D'une manière générale, les schémas de la « magie du langage » peuvent être qualifiés de catégories de « recadrages verbaux » qui influencent les croyances et les cartes mentales à partir desquelles ces croyances ont été formées. Le terme « Sleight of Mouth » (prestidigitation orale) est tiré de la notion de « Sleight of Hand » (tour de passe-passe, littéralement prestidigitation manuelle). Le mot « sleight » vient d'un vieux mot nordique signifiant « rusé », « sournois », « astucieux » ou « agile ». La « prestidigitation manuelle » est le type de tour de passe-passe que font les magiciens près de leur public avec des cartes. Cette forme de magie se caractérise par l'expérience, « maintenant vous la voyez, maintenant vous ne la voyez plus ». Une personne peut placer un as de pique en haut du paquet, par exemple, mais, lorsque le magicien passe sa main au-dessus de la carte, il s'est transformé en reine de cœur. Les schémas verbaux de la magie du langage ont la même qualité « magique » car ils peuvent souvent créer des changements spectaculaires dans la perception et les suppositions sur lesquelles reposent des perceptions particulières.

Il y a un certain nombre de façons d'appliquer les schémas de la magie du langage pour créer les ponts de croyances nécessaires pour prendre en charge l'impossible. Toutefois, du point de vue du méta leadership, il est préférable d'encourager les collaborateurs à découvrir et à créer leurs propres ponts de croyances. C'est-à-dire qu'il est plus puissant de fournir des questions aux gens que de leur donner des réponses. Les questions sont un moyen puissant de créer de nouvelles réalités qui conduisent à faire l'impossible. Gregory Bateson a fait observer qu'un grand nombre des problèmes d'aujourd'hui sont apparus parce nous sommes trop sûr de nos réponses et trop hésitants à poser des questions. Pour faire l'impossible, nous devons faire preuve de plus d'hésitation à l'égard de nos réponses et de plus d'audace à poser des questions. Comme Jan Smith l'a fait remarquer, « Vous devez montrer que c'est possible puis demander 'pourquoi ça ne marcherait pas ?' »

Les schémas de la magie du langage sont des catégories de « recadrages verbaux » qui peuvent souvent entraîner des changements spectaculaires dans la perception et les suppositions sur lesquelles reposent des perceptions particulières.

Ainsi, l'un des meilleurs moyens de surmonter ou de transformer les barrières de croyances est de poser des questions en lien avec les différentes catégories de la magie du langage afin de pousser les gens à envisager différentes perspectives et positions perceptuelles. En le faisant, c'est également important de garder à l'esprit le commentaire de Jan Smith « le rêve doit l'emporter sur la critique ». À cet égard, la clef d'une persuasion efficace est de ramener continuellement l'attention sur la vision ou le rêve plus vaste.

Les Questions de la Magie du Langage

L'exercice suivant gagne à être réalisé avec d'autres membres du groupe ou de l'équipe sur des questions liées à votre projet ou à votre entreprise. Il s'agit d'explorer des questions qui peuvent contribuer à créer des ponts de croyances potentiels qui contournent ou transforment les barrières de croyances. Il importe de créer un solide contenant COACH (voir page 77) avant d'étudier ces questions afin d'éviter d'être pris dans des défenses ou des conflits d'ego.

Identifiez une croyance limitante ou une « barrière de croyances » provenant de vous-même, d'une partie prenante ou d'un collaborateur clé en relation avec votre projet ou entreprise que vous souhaitez déplacer ou transformer.

Exemple de Barrière de Croyances

« ***Ce n'est pas possible*** *de réaliser l'objectif **parce que** nous n'avons pas assez de temps ou de ressources.* »

Barrière de Croyances : *C'est impossible de* _____ *parce-que* _____ .

Exemple : « C'est impossible *d'atteindre l'objectif* parce-ce que *nous n'avons pas assez de temps ou de ressources* ».

Avec l'aide d'autres membres du groupe, étudiez les cadres et questions suivants pour trouver ou ouvrir de nouvelles perspectives possibles. Entrez dans l'état COACH et explorez vos réponses aux questions suivantes :

Exemple **Intention** Réponses :

Intention positive = « Ne pas construire de faux espoirs » et éviter de gaspiller le peu de ressources que nous ayons ».

1. **Intention** : Dirigez l'attention sur l'intention ou le but positifs de la barrière de croyances.

Questions : *Quel est le but ou l'intention positive de cette objection ?*

Comment pouvons-nous procéder d'une manière qui soit réaliste et qui utilise notre temps et les ressources disponibles avec prudence et sagesse afin que nous puissions continuer à progresser vers notre vision plus vaste ?

_____

Comment pouvez-vous reconnaitre l'intention positive et y répondre d'une manière qui n'empêche pas les progrès vers la vision ?

_____

Exemple **Redéfinir** Réponses :

Mots clés = « impossible »,« atteindre l'objectif », « le temps », « les ressources »

2. **Redéfinir** : Remplacer ou déplacer certains mots utilisés dans la déclaration de barrière de croyances par d'autres qui signifient quelque chose de similaire mais qui ont des implications plus ouvertes.

Questions : *Quels sont les mots ou expressions clefs de la déclaration de croyance limitante ?*

_____

Quel autre mot ou groupe de mots pourrait remplacer ou être ajouté à l'un des mots ou expressions clefs qui signifie quelque chose de similaire mais a des implications plus ouvertes qui n'empêchent pas la progression vers la vision ?

_____

3. **Conséquence** : Dirigez l'attention sur un effet positif de la barrière de croyance ou de la relation définie par la barrière de croyance.

Question : *Quel est l'effet positif de la barrière de croyance ou de la relation définie par la barrière de croyance qui pourrait réellement soutenir la progression vers la vision ?*

_____

4. **Découper** : Cassez les éléments de la barrière de croyances en petits morceaux pour changer la relation définie par la barrière de croyances.

Question : *Quels sont les éléments ou les morceaux plus petits contenus dans la croyance limitante, mais qui ont une relation plus riche ou plus positive que ceux qui sont énoncés dans la croyance et qui pourraient réellement soutenir la progression vers la vision ?*

_____

5. **Exemple :** Trouvez un exemple qui conteste la règle définie par la barrière de croyance.

Question : *Quel est l'exemple ou l'expérience qui fait exception à la règle définie par la croyance limitante qui soutient la progressions vers la vision ?*

_____

Exemple de Barrière de Croyances
*« **Ce n'est pas possible** de réaliser l'objectif **parce que** nous n'avons pas assez de temps ou de ressources ».*

Au lieu de dire « impossible », nous pourrions dire « plus difficile » ou « nous ne savons pas encore comment cela pourrait être possible ».

Au lieu de dire que c'est impossible de « réaliser l'objectif », nous pourrions dire que c'est impossible de « faire l'étape suivante comme nous le ferions normalement ».

Au lieu de dire « ressources », on pourrait dire « les ressources habituelles ».

Exemple **Conséquence** Réponse :

S'il n'est vraiment pas possible d'atteindre cet objectif, alors c'est l'occasion de s'attacher à faire de notre mieux et d'apprendre tout ce que nous pouvons de l'expérience.

Exemple **Découpez** Réponse :

Il vaut peut-être mieux commencer par se concentrer sur l'objectif que nous pouvons atteindre avec le temps et les ressources dont nous disposons. Combien de temps et de ressources avons-nous ? Pouvons-nous faire la moitié ? Les deux tiers ? Trois quarts ?

Exemple **Contre-Exemple** Réponse :

Il existe de nombreux exemples de projets et d'entreprises qui ont réussi, même s'ils n'avaient que de maigres ressources et un temps limité. Apple et Hewlett-Packard, par exemple, ont commencé dans des garages. Il existe également de nombreux exemples d'entreprises qui disposaient de tout le temps et les ressources nécessaires qui n'ont pas réalisé grand-chose et n'ont pas réussi. Le temps et les ressources ne sont pas toujours les différences qui font la différence.

Exemple de Barrière de Croyances

« *Ce n'est pas possible* de réaliser l'objectif *parce que* nous n'avons pas assez de temps ou de ressources ».

Exemple Un autre Résultat Réponse :

Peut-être que la réalisation de cet objectif n'est pas tant le résultat sur lequel nous devrions nous concentrer, mais plutôt chercher sincèrement ce qui est possible compte tenu du temps et des ressources dont nous disposons.

Exemple Analogie Réponses :

Considérez l'histoire biblique des « pains et poissons » où un petit nombre de miches de pain et quelques poissons ont fini par nourrir 5000 personnes (avec 12 paniers restants). Il s'agit d'une métaphore intéressante sur le fait que les ressources limitées vont parfois bien plus loin que nous ne le prévoyons, et qu'il existe des ressources au sein du système plus vaste que nous ne prenons peut-être pas en considération. Il illustre le « miracle » de la collaboration générative et de la synergie entre les ressources ; c'est-à-dire, 1 + 1 = 3.

Le « mile en quatre minutes » est une autre analogie intéressante de ce que les gens pensaient ne pas pouvoir réaliser pendant de nombreuses années.

Exemple Hiérarchie des Critères Réponse :

La réalisation n'est pas nécessairement aussi importante que notre engagement à faire de notre mieux pour réaliser nos valeurs et progresser vers notre vision. Comme Steve Jobs l'a dit, la chose la plus importante est d'aller au lit chaque nuit en disant « nous avons fait quelque chose de merveilleux ».

6. **Un Autre Résultat** : Passez à un autre résultat ou à une autre question plus pertinente pour atteindre la vision.

Question : *Quel autre résultat ou question pourrait être plus pertinent que celui qui a été déclaré ou sous-entendu par la croyance limitante qui soutient réellement la progression vers la vision ?*

_____

7. **Analogie** : Trouvez une situation ou un contexte analogue à celui défini par la barrière de croyance, mais qui a des implications différentes.

Question : *Quelle autre situation analogue à celle définie par la croyance limitante (une métaphore de la croyance), mais qui a des implications différentes qui soutiennent réellement la progression vers la vision ?*

_____

8. **Hiérarchie des Critères** : Réévaluer la barrière de croyance selon un critère (ou valeur) plus important que celui qui est abordé par la croyance.

Question : *Quel est le critère (valeur) qui est potentiellement plus important que celui qui est abordé par la croyance limitante qui n'a pas encore été considéré et serait susceptible de soutenir réellement la progression vers la vision ?*

_____

9. **Changer la Taille du Cadre** : Réévaluer l'incidence de la barrière de croyances dans le contexte d'un délai plus long (ou plus court), d'un plus grand nombre de personnes (ou d'un point de vue individuel) ou d'une perspective plus ou moins grande.

   Question : *Quel délai plus long ou plus court, quel effectif plus ou moins important, quelle perspective plus large ou plus étroite modifierait les implications de la croyance limitante vers quelque chose de plus positif qui soutient la progression vers la vision ?*

   _____

Exemple **Changer la Taille du Cadre**
Réponse :

Quelqu'un finira par accomplir ça. Si ce n'est pas nous, qui ? Si c'est pas maintenant, quand ? Ce sont probablement les personnes qui pensent pouvoir le faire quelles que soient les contraintes qui y parviendront en premier.

10. **Méta Cadre** : Réfléchissez à la barrière de croyance en tant que « croyance » d'une manière qui fasse prendre conscience des suppositions et autres croyances qui la sous-tendent.

    Question : *Quelle croyance à propos de cette croyance limitante pourrait changer ou enrichir sa perception d'une manière qui soutienne les progrès vers la vision ?*

    _____

Exemple **Méta Cadre** Réponse :

Peut-être que cela ne semble impossible que parce que nous n'examinons pas tous les niveaux de facteurs de succès qui contribuent à la réalisation des objectifs. C'est peut-être la croyance que « ce n'est pas possible » qui nous limite plus que la réalité.

À titre de pratique, il s'agit des mêmes questions avec une barrière de croyances différente, comme : « C'est impossible de faire ce que vous voulez parce que ça n'a jamais été fait avant. »

Références :

* **Sleight of Mouth: The Magic of Conversational Belief Change**, Dilts, R., Meta Publications, Capitola, CA, 1999.

Photos

Bibliographie en Anglais

- *Success Factor Modeling, Volume I – Next Generation Entrepreneurs : Live Your Dream and Create a Better World through Your Business*, Dilts, R., Dilts Strategy Group, Santa Cruz, CA, 2015

- *Success Factor Modeling, Volume II – Generative Collaboration : Releasing the Creative Power of Collective Intelligence*, Dilts, R., Dilts Strategy Group, Santa Cruz, CA, 2016

- *Alpha Leadership : Tools for Leaders Who Want More From Life*, Deering, A., Dilts, R. and Russell, J., John Wiley & Sons, London, England, 2002.

- *Visionary Leadership Skills*, Dilts, R., Meta Publications, Capitola, CA, 1996.

- *Modeling with NLP*, Dilts, R., Meta Publications, Capitola, CA, 1998.

- *From Coach to Awakener*, Dilts, R., Meta Publications, Capitola, CA, 2003.

- *Strategies of Genius Vols I, II &; III*, Dilts, R., Meta Publications, Capitola, CA,1994-1995.

- *Skills for the Future*, Dilts, R., Meta Publications, Capitola, CA, 1993.

- *The Hero's Journey : A Voyage of Self-Discovery*, Gilligan, S. and Dilts, R., Crowne House Publishers, London, UK, 2009.

- *Sleight of Mouth : The Magic of Conversational Belief Change*, Dilts, R., Meta Publications, Capitola, CA, 1999.

- *Beliefs : Pathways to Health and Well-Being*, Dilts, R., Hallbom, T., Smith, S., Crown House Publishing 2012

- *Tools for Dreamers*, Dilts, R. B., Epstein, T. and Dilts, R. W., Meta Publications, Capitola, CA, 1991.

- *Effective Presentation Skills*, Dilts, R., Meta Publications, Capitola, CA, 1994.

- *Encyclopedia of Systemic Neuro-Linguistic Programming and NLP New Coding*, Dilts, R. and DeLozier, J., NLP University Press, Santa Cruz, CA, 2000.

- *NLP II : The Next Generation*, Dilts, R. and DeLozier, J. with Bacon Dilts, D., Meta Publications, Capitola, CA, 2010.

Bibliographie en Français

- *La Modélisation des Facteurs de Succès Tome I : Entrepreneurs Nouvelle Génération: Vivez Vos Rêves et Créez un Monde Meilleur par Votre Entreprise*, Dilts, R., Dilts Strategy Group, Santa Cruz, CA, 2017

- *La Modélisation des Facteurs de Succès Tome II : Collaboration Générative : Libérer la puissance créative de L'Intelligence Collective*, Dilts, R., Dilts Strategy Group, Santa Cruz, CA, 2018

- *Alpha Leadership : Les 3 A : Anticiper, Aligner, Agir*, Deering A., Dilts, R., Russel, J., De Boeck, 2009

- *Leadership visionnaire : Outils et compétences pour réussir le changement par la PNL*, Dilts,R., De Boeck, 2009

- *Modéliser avec la PNL, Voyage au coeur des comportements et des pratiques efficaces*, Dilts, R., Intereditions, 2014

- *Être coach : De la recherche de la performance à l'éveil*, Dilts.R, Intereditions, 2008

- *Stratégies du génie Volumes I, II et III*, Dilts, R., Brouwer, 1992 - 1996

- *Des outils pour l'avenir*, Bonissone, G., Dilts, R., Brouwer, 2003

- *Le voyage du héros Un éveil à soi-même*, Dilts, R., Gilligan, S., Intereditions, 2011

- *La Magie du Langage : Changer les croyances avec les mots*, Dilts, R., Interéditions, Paris 2021.

- *Croyances et santé*, Dits, R., Hallbom, T., Smith, S., Brouwer, 1994

Photo: Susanne Kischnick

Robert Dilts – Auteur

rdilts@nlpu.com
www.robertdilts.com

Robert B. Dilts – Auteur

Robert Dilts est reconnu depuis la fin des années 1970 comme coach, formateur en compétences comportementales et consultant. En tant qu'expert, Robert a apporté des développements majeurs dans le domaine de la Programmation Neuro-Linguistique (PNL), et dispensé du coaching, du conseil et de la formation à un large éventail de personnes et organisations à travers le monde.

Avec son frère John, Robert initie les principes et techniques de la Modélisation des Facteurs de Succès SFM™; il est l'auteur de nombreux ouvrages et articles sur leur application pour renforcer le leadership, la créativité, la communication et le développement des équipes. Son livre *Visionary Leadership Skills* s'inspire de l'étude approfondie de Robert sur les dirigeants historiques et d'entreprises pour présenter les outils et les compétences nécessaires à « la création d'un monde auquel les gens veulent appartenir ». *Alpha Leadership : Anticiper, Aligner, Agir* Saisit et partage les meilleures pratiques en matière de leadership efficace, proposant des approches pour réduire le stress et promouvoir la satisfaction (avec Ann Deering et Julian Russell). *Être coach, de la performance à l'éveil* propose une feuille de route et un ensemble d'outils aux coachs pour leur permettre d'aider leurs clients à atteindre des objectifs à différents niveaux d'apprentissage et de changement. *Le voyage du Héros : un éveil à soi même* (avec Stephen Gilligan) concerne la façon de se reconnecter à ses aspirations les plus profondes, de transformer ses croyances limitantes et ses habitudes, et améliorer le regard sur soi.

Parmi ses clients et sponsors, on compte Apple Computer, Microsoft, Hewlett-Packard, IBM, Lucasfilms Ltd. et la Compagnie Nationale des Chemins de Fer Italiens. Il a donné de nombreuses conférences sur le coaching, le leadership, l'innovation, l'intelligence collective, l'apprentissage organisationnel et le management du changement et réalisé des présentations et des discours pour l'International Federation of Coaching (ICF), HEC, Paris, Les Nations unies, L'Organisation Mondiale de la santé, Harvard University et l'International University of Monaco. En 1997 et 1998, Robert a supervisé la conception de *Tools For Living*, la partie sur la gestion des comportements du programme utilisé par Weight Watcher's International.

Robert a été professeur associé de l'ISVOR Fiat School of Management pendant plus de 15 ans, aidant à développer des programmes sur le leadership, l'innovation, les valeurs et la pensée systémique. De 2001 à 2004, il a occupé les fonctions de directeur scientifique et président du conseil d'administration de ISVOR DILTS Leadership Systems, une joint-venture avec ISVOR Fiat (l'ancienne université d'entreprise du groupe Fiat) qui proposait un large éventail de programmes de développement global du leadership innovant à de grandes entreprises.

Co-fondateur du Dilts Strategy Group, Robert a également fondé et dirigé Behavioral Engineering, une entreprise qui développait des logiciels et des accessoires informatiques pour le changement comportemental. Robert est diplômé en technologie comportementale (Behavioral Technology) de l'University of California à Santa Cruz.

Antonio Meza – Illustrateur

Antonio Meza dessine depuis aussi longtemps qu'il se souvienne, mais son travail de dessinateur professionnel a commencé plus récemment dans sa vie.

Né à Pachuca, au Mexique, Antonio est Maitre Praticien et Enseignant en Programmation Neuro-Linguistique (PNL). Il est diplômé en Sciences de la Communication de la Fundación Universidad de las Américas Puebla, titulaire d'un Master en Études Cinématographiques de l'Université de Paris 3 – Sorbonne Nouvelle, d'un diplôme d'Écriture pour le Cinema de la Société Générale d'Écrivains du Mexique (SOGEM), et d'un diplôme en Films Documentaires de l'École Nationale des Métiers de l'Image et du Son (La Fémis), France.

Il a récemment été certifié coach génératif avec Robert Dilts et Stephen Gilligan à l'Institut Repère de Paris, et à la Modélisation des Facteurs de Succès à NLP University avec le Dilts Strategy Group.

Il a travaillé avec des start-up de dessins animés au Mexique avant de venir s'installer en France où il travaille comme consultant, coach et formateur, spécialisé dans la pensée créative et l'intelligence collective.

Sa clientèle d'ONG et Fondations comporte le Groupe Européen sur les Traitements du SIDA (European AIDS Treatment Group – EATG), OXFAM, le European HIV/AIDS Funders Group, la Fondation pour une Société Ouverte (Open Society Foundation – OSF), l'Alliance Européenne de Santé Publique (European Public Health Alliance – EPHA). Il a animé des ateliers de formation pour des écoles de commerce comme ESCP-Europe et des organisations internationales comme IABC (International Association of Business Communicators).

Antonio est également un orateur public expérimenté et membre de Toastmaster International. En 2015, il a reçu le prix du meilleur orateur au concours international de discours du district 59, couvrant l'Europe du Sud-Ouest, et a atteint les demi-finales au niveau international.

Ses illustrations ont été publiés par l'Université Panthéon-Assas (Paris 2). Il est co-auteur de plus de quinze livres (en tant qu'illustrateur), dont deux avec Jean-Eric Branaa : « English Law Made Simple – Le Droit Anglais Facile » et « American Government Made Simple – Le Gouvernement Américain Facile » publié chez Ellipses à Paris et « Les Vrais Secrets de la Communication » avec Béatrice Arnaud.

Il utilise également ses compétences de dessinateur et d'entraîneur pour collaborer à des séminaires, conférences et séances de réflexion en tant que facilitateur graphique, et pour produire des vidéos animées pour expliquer de manière amusante les informations complexes.

Antonio a illustré les trois volumes de *La Modélisation des Facteurs de Succès* avec Robert Dilts ainsi que la série « Coaching Génératif » avec Robert Dilts et Stephen Gilligan.

Antonio Meza – Illustrateur

Photo: Susanne Kischnick

hola@antoons.net
www.antoons.net

Modélisation des facteurs de succès Volume III – Conscious Leadership and Resilience a été réalisé avec:

- Aurulent Sans - par Stephen G. Hartke
- Roman Serif - par Mandred Klein
- COMIC GEEK – WWW.BLAMBOT.COM
- Comic Book – www.pixelsagas.com
- BADABOOM BB - WWW.BLAMBOT.COM